大伏藏師
秋吉林巴行傳

The Great Tertön
The Life and Activities of Chokgyur Lingpa

蓮花生大士｜秋吉林巴｜蔣揚欽哲旺波｜
蔣貢康楚羅卓泰耶｜烏金督佳仁波切｜帕秋仁波切／著

袞邦香巴群增／譯

目錄

前言

簡介

第一部｜最勝本基——蓮花生大士

第三部｜消融妙果—蓮花遍滿剎土

結語

後記

英文修訂版編輯簡介

　　英文版《大伏藏師》於二○一六年蓮師猴年首次出版發行，它的問世對《秋林德薩》的行者來說，實為一份珍貴厚禮。此書在怙主帕秋仁波切和佛母諾布拉的指導下完成，令眾多讀者得以感懷大伏藏師秋吉林巴生平事蹟的深遠、他的智慧與慈悲，以及他在世間持留的遺贈。

　　為紀念這位聖者圓寂一百五十週年，暨怙主祖古烏金仁波切誕辰一百週年，拉瑟洛匝瓦翻譯組著手對此書進行全面改版與修訂。這一過程仿若打磨一顆偉大的寶石，如今它煥然一新重現於世。此外，新版還收錄有怙主頂果欽哲仁波切對大伏藏師秋吉德千錫波林巴三個名諱所作釋論的全新譯本。

　　感謝所有為此書付出時間、精力和關注的朋友們，尤其感謝編審克里斯汀・莫恩和編輯莉比・霍格。同時，非常感謝塑造這部作品的諸多譯者，由於人數眾多，不在此逐一提及，致謝名錄詳見本書末尾處。

　　當然，如果沒有傳承祖師留給我們的無價佛法遺贈，所有這一切都將無從談起。祖師們透過實修保持了金剛乘的生命力，並且通過教導及著作與我們分享他們修行的成果。願我們皆能真正感懷祖師的深恩，將他們賜予的深奧教法銘記於心！

彼得・伍茲

於美國加州禪修中心，

二○二○年十一月十日，藏曆鐵鼠年九月空行日

英譯者介紹與致謝

在蓮師猴年，適值第四世慈克秋林仁波切賜予《上師意修遍除道障》伏藏法類大灌頂，我們懷著極大的喜悅與榮幸推出首版《大伏藏師》。撰寫此書是兩年前由帕秋仁波切的佛母、一直心繫弟子的諾布拉發起，這源自於她希望所有《秋林德薩》（即秋林新伏藏）的有緣者都能與秋林傳承、與秋吉林巴、與蓮師的銅色吉祥山獲得更深切連結的願望。隨著這項工作的開展，我們極為幸運地得到帕秋仁波切的證悟指引和個人資助。如今，《大伏藏師》儼然成為一座原典教法寶庫，擁有帕秋仁波切鮮明的個人風格——直接、真誠、充滿所有金剛乘行者可以牢記於心的竅訣。

《大伏藏師》同時是歷史書籍、口訣指導和修行所依。它呈現了蓮花生大士、秋吉林巴及後來的秋林轉世，直至帕秋仁波切之前所有重要傳承上師的生平。這些傳記要麼出自藏文原典，要麼來自近代大師們的口傳教授。每篇原典都有帕秋仁波切所作釋論，每個章節都有一篇祈請文或祈願文，給予我們將所學直接付諸於實修的方便。這些原典的選擇和本書架構均由帕秋仁波切親自制定，他溫和引領我們達至對貫穿全書的金剛乘修行之基、道、果的更深刻了悟。

書中大部分教法及闡釋均來自帕秋仁波切在阿蘇拉山洞閉關期間慷慨給予少數弟子和朋友的開示，我們在短短一個月內走過的歷程，唯有透過菩提事業聖地的加持方得以實現。其餘部分的教法則是帕秋仁波切在藏曆猴年猴月於聖地菩提伽耶和扎西嶺主法大成就法會期間所授。因此，我們這項工作持續得到釋迦牟尼佛和蓮師加持的滋養。

另外，許多大師的著作和教法也為本書賦予了生命，其中最為重要者當屬烏金督佳仁波切。我們必須要感謝他為弘揚《秋林德薩》所做的巨大貢獻，本書僅呈現了他著作中的較少部分。

《大伏藏師》也是無數法友和師兄辛勤努力與慷慨支持的成果。最初在構思本書時，保羅·夏普和史蒂芬·芒即在場，他們隨之將此構想踐行成為一個遠大項目。然而，如果沒有埃里克·貝瑪昆桑的慷慨相助，本書將永遠無法如期完成。他不僅將蓮師生平傳記《如意寶樹》做了優美的翻譯，還與我們分享了豐富的資訊與資料，這為本書其他部分的翻譯厚實了基礎。瑪西亞·德千旺姆也為此提供亟需的建議與定期支援，本書在很大程度上歸功於她的專業知識。此外，除非另做說明，書中譯本均由拉瑟洛匝瓦的作家與譯者完成，尤其是阿尼勞拉·丹蒂、保羅·托馬斯、盧克·漢雷、克萊伯·延尼戈和彼得·伍茲。同時，非常感謝洛匝瓦之家一直同我們慷慨分享譯作。感謝格雷厄姆·桑斯坦提供的鼓舞人心的圖片和故事。最後，如果沒有編輯莉比·霍格的不懈努力，《大伏藏師》定會黯然失色。如果沒有琳達·喬伊絲·貝爾的排版和朱利安·龐的專業平面設計，《大伏藏師》難以如此光彩奪目。我們還應記取帕秋仁波切的祕書喬書亞·福斯的辛勤付出，他在仁波切緊湊繁忙的行程中令許多不可能變為可能。還有很多人以不同方式為本書貢獻了他們的時間、資訊和支持，雖然無法在此全都提及，但我們的感激之情絲毫未減。

作為一名新手翻譯，能夠直接從珍貴上師帕秋仁波切那裡領受《大伏藏師》中呈現的甚深教法，並有機緣將這些教法翻譯成書，我感到難以置信的幸運與加持。當然，這項任務十分艱鉅，它的完成只能說是發願的力量、殊勝的連結和上師加持的證明。請原諒本書中可能存在的任何錯誤，我個人對此承擔全部責任。

我對上師帕秋仁波切的感激之情難以言表，他以如此開放真誠的姿態，提供諸多真知灼見，無限慷慨地分享他從珍貴上師處獲得的所學。萬分讚嘆佛母諾布拉貝瑪薩的慷慨、幫助和耐心指導——她是整個專案的領頭者、推動者和贊助者。她對蓮師和《秋林德薩》的虔敬心與誓願是靈感不竭的源泉。願本書能激發與它相遇之人的信心與虔敬，願它成為《秋林德薩》廣傳的助力。

　　願對《大伏藏師》一書做出貢獻者所累積的功德，或僅僅拿起本書所累積的功德，悉皆迴向一切有情達至正等正覺。直至證悟前，願我們生生世世永不離珍貴上師。

歐瑞安・喜饒拉姆

於尼泊爾博達滿願大佛塔，

二〇一六年九月二十五日，藏曆火猴年七月空行日

一切皆從祈願開始

　　當有緣讀者讀到《大伏藏師》這本書時，願以此善德做迴向，創造更多吉祥緣起。感謝帕秋仁波切給予我們參與完成此書的機會。這項工作適逢其會，尤其於猴年進行並圓滿。

　　我發願生生世世不離仁波切，並承侍與蓮花生大士無二無別的大伏藏師秋吉林巴尊者。本書於空行日，在一切開始之地──滿願大佛塔完稿。

── 貝瑪薩

於美國加州禪修中心，

二○二○年十一月十日，藏曆鐵鼠年九月空行日

前言｜正法寶樹

帕秋仁波切作

　　值此紀念蓮師的火猴年，我想向所有弟子和《秋林德薩》的有緣者講述關於我們傳承的故事。

　　秋林傳承極近我心。雖然自幼被認證為達隆噶舉派的祖古，但我修行的重心卻一直在修持並弘揚秋林新伏藏上。我的前世之一——第四世帕秋仁波切是大伏藏師秋吉林巴當時的一位重要護持者，他與類烏齊寺的其他上師一起，供養了大伏藏師修建的第一座寺院——涅頓寺的土地。自此，秋林與帕秋世系一直保持緊密連結。

　　就個人來說，我恰好也是大伏藏師的後人。秋吉林巴是我天祖，我的父親慈克秋林仁波切是秋吉林巴的轉世之一。我的祖父，亦是我根本上師的祖古烏金仁波切是秋吉林巴的曾孫，他給予我完整的傳承教法。祖古烏金的傳承脈絡極為直接：他從伯父桑天加措那裡獲得《秋林德薩》傳承，桑天加措從舅父策旺諾布那裡獲得，策旺諾布直接從父親秋吉林巴處獲得。因此，我們傳承只經過五代，在家族內部世代相傳，屬於極近傳。

　　我的曾祖母瑪雍貢秋巴炯是秋吉林巴之女，她對秋林傳承在家族內的存續和弘揚起到舉足輕重的作用。她是父兄與子孫間的重要橋樑，令秋林傳承得以延續，這也是為什麼她會出現在我們傳承祈請文中的原因。特別是，她直接從父親那裡學會並精準掌握了《秋林德薩》的全部食子製作技藝和唱誦曲調，此後又將這些全部傳授給孫子

祖古烏金仁波切，令後者純正傳續了法脈。

祖古烏金仁波切的父系在歷史上屬於巴戎噶舉。同樣，在我叔伯和其他家族成員中，他們許多都是噶舉派大修行者，然而，透過他們的宿願和傳承祖師的悲心加持，他們也大都主修《秋林德薩》。

祖古烏金仁波切曾說過，《秋林德薩》對我們當今這個時代至關重要。在這些珍貴的教法中，他向所有弟子教授了《普賢意滴》，還向同時期的許多偉大上師傳授了《大圓滿三部》教法，諸如怙主敦珠仁波切、第十六世噶瑪巴等。

我的目的並非要在此讚譽自己的家族，亦非出於家庭自豪感來弘揚傳承。事實上，《秋林德薩》是極其珍貴的教法總集，由歷代具證傳承上師持有。這是與一切教法實義相符的真正伏藏法，它誦修簡便、毫無缺失、充滿覺受、具足竅訣。所有《秋林德薩》的有緣者都應知曉其珍貴性。如果你擁有世界上最珍貴的珠寶，卻將它藏匿匣中，這對任何人皆無利益。同理，許多當代的《秋林德薩》行者可能對秋吉林巴本人所知甚少，因而認識不到自己傳承的殊勝之處。

此外，倘若你吃飽喝足，則無須覓食，反而更要感恩自己所擁有的。我們與秋林傳承的連結，完全由於我們的業緣與宿願——絕非偶然。因此，知道自己到底擁有什麼，對我們來說很重要。不必在法海中尋尋覓覓、東拼西湊，在這個傳承中，我們已經擁有需要的一切。

佛陀所宣講的正法 —— 佛法，悉皆具足加持，遑論密咒乘教法——尤其是西藏的金剛乘。藉由蓮師的大悲與加持，藏王赤松德贊的功德，空行耶喜措嘉的精進與虔敬，以及大譯師毗盧遮那的願力與智慧——所有這些因素結合在一起，使得藏傳佛教，尤其是伏藏教法得以存續[1]。在伏藏傳承中，《秋林德薩》尤其能令行者生起覺受，而原因即在於——其傳承祖師的證量、本身的極近實義傳承和清淨無損

的三昧耶。

若欲瞭解此傳承，則需善知其源流。我們應當知曉秋吉林巴的生平和他的伏藏性質。我們應當閱讀迄今為止不間斷持有秋林傳承的祖師們的傳記，並且知道他們的信、願、行。

《秋林德薩》傳承承載了許多偉大祖師的加持。例如，當頂果欽哲仁波切在錫金時，有一天，第三世涅頓秋林仁波切請求他撰寫關於「三怙主」欽、貢、秋，即蔣揚欽哲旺波、蔣貢康楚仁波切和秋吉林巴[2]的教法興盛祈願文。應此祈請，頂果欽哲仁波切當天即在一尊名為「悉地吉祥熾盛」[3]的伏藏蓮師像前殷重發願，誓要真正弘傳「三怙主」的教法。「三怙主」通常是指觀世音菩薩、文殊菩薩和金剛手菩薩。然而，此稱謂亦指在十九世紀發掘並弘傳《秋林德薩》的三位大師。小時候，我從父親、祖母和伯父確吉尼瑪仁波切那裡聽說了許多關於這三位大師的故事。我總感覺他們彼此之間惺惺相惜、共同修行，展現了偉大的成就徵象。僅僅聽聞這些故事，我就能感受到他們的教法極具加持力。我確信任何實修這些教法的具信行者，都會獲得善果。

因此，大師的傳記被稱為「解脫行誼」：聽聞大師的生平故事，我們的心就會離於疑惑，獲得達至解脫的正信。這些事蹟讓我們確信修持正法具有真實力量。修行者應當知曉自己所修教法的淵源，故而當我們向秋吉林巴祈請時，要知道他的主要行誼。最初他是落在滿願大佛塔上的一隻烏鴉，時值建塔三兄弟在發願。此三兄弟即西元八世紀在西藏建立佛教的寂護大師、蓮花生大士和藏王赤松德贊的前世。

因為三兄弟將烏鴉包含在他們的祈願中，後來它投生為藏王赤松德贊的二王子拉瑟牟汝贊普。又過了一千多年，他再次投生，成為秋吉林巴。秋吉林巴圓寂後不久，蔣揚欽哲旺波在淨觀中見到大伏藏師

在蓮花遍滿剎土中顯現為蓮芽菩薩的身相。蓮花遍滿剎土毗鄰阿彌陀佛西方極樂淨土，似其附屬一般。在淨觀中，蔣揚欽哲旺波從蓮芽菩薩那裡獲得了與此淨土相關的所有灌頂、口傳和修法。每當想到這些細節和來自我們傳承及其偉大祖師們的稀有行誼時，就會感恩自己有機緣修持這些教法，是何等的幸運。

編撰《大伏藏師》這本書有五個主要目的。第一，本書旨在向讀者介紹密法之源——蓮花生大士。雖然釋迦牟尼佛是所有教法的總源，但第二佛——蓮花生大士是藏傳金剛乘教法的源處。

第二，《大伏藏師》旨在向讀者介紹秋吉林巴的生平與行誼。離開西藏後，蓮師不僅住在一個名叫銅色吉祥山的遙遠之地，並且持續不斷地幻現身、語、意的無量化身，以度化此世間眾生。尤其在西藏，秋吉林巴是蓮師的心意幻化之一，他是蓮師的使者、弟子和意化身。

第三，《大伏藏師》旨在向讀者介紹秋林傳承及其遺贈。對修持《秋林德薩》的行者來說，瞭解秋林傳承的弘傳者，包括秋吉林巴的轉世、他的後代子孫和秋林傳承持有者，這十分重要。

第四，《大伏藏師》旨在向讀者介紹秋林傳承獨有的蓮花遍滿剎土。秋吉林巴並非僅透過轉世顯現於世，他還以菩薩身相永恆住於蓮花遍滿剎土。一般來說，佛法修行者應當發願往生阿彌陀佛西方極樂淨土；寧瑪巴⁴或蓮師的追隨者應當發願往生銅色吉祥山；而《秋林德薩》的行者應該發願往生秋吉林巴的蓮花遍滿剎土。

第五，《大伏藏師》貫穿始終是為了展示更為宏大的圖景。為此，我們集結諸多重要資料，旨在讓讀者更加清楚地瞭解主題。《大伏藏師》中有許多藏文原典新譯本，例如秋吉林巴掘取的《甚深七法類》中的蓮師傳記《如意寶樹》、秋吉林巴的簡短自傳新譯本、蔣揚

欽哲旺波所作的傳記祈請文和蔣貢康楚仁波切為之所作釋論。

因此，《大伏藏師》並非僅為一家之言，而是西藏具量大師們的資料彙集。最後，本書每個章節都有一篇與題目相關的祈請文或祈願文，它們以便於修持的方式呈現，包含藏、中、英三語。請記住，本書不僅是資料豐富的參考書，同時也是你的修行所依。

我的上師曾經說過，為了理解佛法，你需要想像一下果樹的樣子。首先看樹根，如果樹根強健粗壯，那麼不管發生什麼，樹木都會茁壯成長。佛法之根是佛陀及其教法。我們對教法的源流要有牢固的瞭解，以令樹木的其它部分得以生長。就《大伏藏師》而言，它的樹根便是保存了我們傳承之源的原典。

樹幹是蓮師等過去印度祖師。因此，接下來我們要學習蓮師及其教法。樹枝是秋吉林巴及後來弘傳秋林傳承教法的西藏祖師。樹根、樹幹和樹枝，悉皆收錄於本書當中。

當閱讀《大伏藏師》時，你會發現自己對清淨無染地弘傳《秋林德薩》的傳承祖師的信心大增。這種信心對我們的修行至關重要——枝繁葉茂；藉由信心，你將達至更深刻的了悟——花苞待放；透過了悟來加以實修，並獲得覺受——鮮花盛開；最終，覺受轉為證悟——結出碩果。

我在年幼時便聽說了這個比喻，之後它一直伴隨我的生命。希望透過同樣方式，《大伏藏師》亦能生根發芽，讓更多有緣之人與我們傳承建立連結。

薩瓦 芒嘎朗！願一切吉祥！

以下皆為原註〔譯註：括號內斜體為威利拼寫藏文原文〕

1　蓮花生大士，或簡稱蓮師，是建立藏傳佛教的重要印度上師，他應首位對佛
　　法發起大規模國家贊助的藏王赤松德贊之邀請入藏。有諸多幫助他的大師和
　　弟子眾，其中包括空行耶喜措嘉和大譯師遍知毗盧遮那等。封藏於西藏的大
　　多數伏藏皆是蓮師親傳，然後由他的弟子埋藏，並在後世由授命的蓮師使者
　　取出。尤其是耶喜措嘉，她記錄下其中的眾多教法，並負責將它們埋為伏藏。
　　詳見本書第二章，關於蓮師行誼的自傳體敘述——《如意寶樹》。

2　蔣揚欽哲旺波和蔣貢康楚是秋吉林巴教法的主要傳承持有者。他們三位大師
　　皆是伏藏師，在各自佛行事業中極大地相互輔助。

3　這尊名為「悉地吉祥熾盛」（Ngödrub Palbar）的蓮師像由秋吉林巴掘取，一
　　同取出的還有一張包含了《上師意修所願任成》教法的羊皮卷。蔣揚欽哲旺
　　波也曾取出一個伏藏，其中詳細介紹了這尊蓮師像以及秋吉林巴其他伏藏品
　　的歷史。英文參考網址如下：www.lhaseylotsawa.org/library/treasure-substances-
　　and-statues-eng。

4　寧瑪巴是指追隨舊譯寧瑪派的修行者。舊譯，是在寂護大師、蓮花生大士和
　　赤松德贊的指導下開始將印度佛教經典翻譯成藏文的第一波浪潮。

前言｜開啟因緣

帕秋仁波切作

我們所在賢劫會有一千零二尊佛出世，釋迦牟尼佛是其中第四尊佛。藉由利生的大悲心、菩提心和大宏願，他出現於世。他是在此賢劫傳授密法的三尊稀有佛陀之一，因此是極為殊勝的導師。我們出生在這樣一個密法能得以廣弘的時代，實屬不可思議的幸運。

釋迦牟尼佛曾授記，在他涅槃後，將出現一位名叫蓮花生的密法上師。釋迦牟尼佛趣入大般涅槃後不久，蓮花生大士應時出世，在印度和西藏廣弘密續教法，埋藏伏藏並授記未來的取藏者——伏藏師。秋吉林巴是蓮師授記的一百位大伏藏師中的最後一位。不到兩百年前，秋吉林巴誕生在我們這個世界，在西藏進一步廣弘蓮師的法教。作為蓮師的使者，他一再親見蓮師及其佛母，從他們那裡領受了無量的教法與竅訣。

他其中一次親自從蓮師處領受利益末法時代眾生的教言，記錄於以下的自述中。

前言│《澄澈寶鏡》

鄔金蓮師賜予化身大伏藏師秋吉林巴之授記教敕，以斷疑惑。

秋吉林巴作

「立誓三年閉關終，

即將圓滿之七月，

上弦某天拂曉時，

蓮師現身露親顏。

嗟乎！諦聽，具緣子！

勿睡此刻當起身！

山居三年隱修圓！

現當守護藏地安！

濁時徵象已湧現，

除汝之外無他怙，

庇蔭行者時已至。

現在專心而諦聽：

證悟空性瑜伽汝──

此身發心勇力圓。

昔時心誓請憶念！

於三寶之冠冕上，

牢繫究竟皈依翎！

身披安忍之鎧甲！

揚起本尊生次幢！
執持恩師加被盾！
腰束便智弓與箭！
率領空行護法軍！
手持般若智慧劍！
騎乘精進大駿馬，
鞭以堅固大意樂，
馳騁淨戒原野上！
藉以無盡布施財，
消滅自他煩惱軍！
證悟空性大鵬鳥，
展開菩提心羽翼，
穿行便智之強流。
得記心子幼鵬鳥，
二諦緣起雙翅圓，
翱翔廣袤世界中。
宿願業際如意寶，
開演深廣千幅輪，
空悲嬉戲玉女寶，
號令三慧大臣寶，
精勤利眾駿馬寶，
不退安忍白象寶，
四種攝法將軍寶[1]——
盡摧邪執七政寶！
是故尊勝法王汝，

安置化機於善道！
登上離邊正見座！
撐起生圓雙運傘！
高舉顯密正法旗！
吹響隨順所化螺！
離於作意大手印，
無須勤作大圓滿，
不墮諸邊大中觀——
見地之王請修持！
於眾傳戒菩提心；
靜處密修金剛乘；
普傳解脫煩惱結。
行止之王請修持：
勿以律儀釋密咒，
勿以密咒毀律儀，
藉由經咒雙運道，
廣大國土悉調化！」

　　蓮師賜教敕畢，秋吉林巴復次請求利益濁世眾生的教言，蓮師遂給予具體指導與授記。大伏藏師繼而做如下發願：

「嗟乎！上師祈垂顧！
勝者[2]及怙主汝時，
利眾士夫我發心，
披此菩提心鎧甲，

奉持言教之鈐印——
藉由往昔大願力，
願成無餘眾生利！
恆常不離皈依處，
三寶及與上師尊，
恆入無偽虔誠道。
聞思修行勝慧力，
華光日臻漸圓滿。
離於勤作與思惟，
住於離邊見地境。
願我無有愛憎心。
徒眾有情無差別，
於諸等空如母眾，
藉以大悲慈看護，
為利彼等而成佛！
願我不染世八法，
令諸所化生淨信，
見聞憶觸一切眾，
接引菩提正道中！
願我恆常能住持，
顯密雙運無偏墮，
大乘根器傳密法，
下根授以別解脫，
普皆教授因果諦，
及與無上菩提心。

願我應時且應緣，
隨順根器而行持，
無論貴賤與親疏，
所求正果皆滿願：
暫時究竟諸利樂，
竭盡所能令達成。
願善惡緣諸眾生，
悉皆達至正覺果！

此乃秋林之淨相，
或有人讚有人毀，
見此觀閱勿等閒，
應當善加研習之。
此非高談或闊論，
是我真實所親見，
當守誠信三昧耶。」

---

1 上述七珍寶即七政寶：摩尼寶、千輪寶、玉女寶、大臣寶、勝馬寶、白象寶、
　將軍寶。在釋迦牟尼佛出生時，此七政寶全部出現在他父親的王國中，昭示
　著聖尊的降臨。
2 勝者，或耆那，是佛陀的別稱。

簡介｜基、道、果——秋吉德千錫波林巴

帕秋仁波切作

「簡言之，最勝本基，顯現為大樂之道，通向最終果位——所有
世間虛妄執著悉皆消融後，得以度化一切有情超離輪迴。」

——第三世涅頓秋林之子，烏金督佳仁波切

　　巴楚仁波切曾根據他三位元上師的名字給予大圓滿教授：見地是
廣界浩瀚（龍欽舟江）；修持是智悲光芒（吉美林巴）；行止是勝者
苗芽（嘉威紐固）。因此，他從見、修、行的角度，在囊括一切佛法
精要的同時，解釋了三位上師的名諱。

　　另外一種是從基、道、果的角度來闡釋佛法，這也是我們解釋秋
吉林巴名諱的方式。秋吉林巴雖然是一位伏藏師，但卻同時擁有三位
伏藏師的名字：秋吉林巴為基——最勝之基，德千林巴為道——大樂
之道，錫波林巴為果——消融之果。

基——秋吉林巴

　　若想成就最勝之果，則需經由最勝之基所現起的最勝之道方能達
致。此本基可稱作如來藏、自生智、本淨等。因其超勝且無上，故為
最勝。

　　在究竟的了義層面，秋吉林巴自原始本初即已成佛。若他本初未

成正覺，則不可能受持如此超勝的佛行。他不僅本初即已成就，並且在作為牟汝贊普王子時，藉由蓮師的加持指引，再次示現偉大成就。然而，為了利益眾生故，他乘願再來。因此，當蓮師任命牟汝贊普王子為其教法的未來取藏者時，曾說：「將來你會成為一位名叫『最勝珍寶』的大伏藏師。」一千多年後，秋吉林巴出世，乳名為「諾布」，意即「珍寶」；而他的伏藏師名「秋吉」，意即「最勝」。

所有與秋吉林巴結緣者，皆被安置於他的佛行之中，故名最勝。蓮師在《上師意修遍除道障》中對他授記道：「你將值遇千萬眾生，並種下他們成佛的種子。」因此，秋吉林巴的佛行事業廣大而不可思議。

但是，當我們談及秋吉林巴時，不能僅僅將他視為自母胎出生的凡夫，他真正的源處是蓮師本人。他是蓮師的攝政，是蓮師智慧心意的幻化，是蓮師佛行事業與力量的顯現，而非僅僅在覺受中見到蓮師的某個人。實際上，秋吉林巴是蓮師的顯現，是真正的全然覺醒者。因此，我們描述其本基為最勝——秋吉。

在勝義諦中，我們可以說蓮師是一切萬法本源：所有的現象皆從其智慧密意中生起。因此，蓮師在秋吉林巴的伏藏法《親授心要》中說：

「我由觀音之身化現，成辦藏地利益。未來所有將要顯現的利益眾生者皆是我之幻化，一切佛行事業皆從我而生，我乃一切雪域行者之唯一上師。」

在藏地，蓮師是一切佛法之源，尤其是金剛乘教法的源處。蓮師對我們極為重要，是一切之根本。因此，本書第一部分——最勝之基，即是講述蓮師。

道──德千林巴

密乘法道被稱為「捷徑」，因其方便迅捷而得名，乃為大樂（德千）之道，從大樂之本來境界出發，以尋求大樂之成就。

蓮師說道：「所有行者皆欲獲得成就，為此，需要盡量消除困難道障。若障難過多，則難以成就。」因此，為了後世弟子，蓮師令雪域大地充滿無數伏藏，並任命自己的親炙弟子作為這些甚深教法的取藏者，在未來適宜之時將它們取出。

尤其是，秋吉林巴為我們這個時代的眾生取出諸多伏藏，其中許多教法甚為簡略。例如，略軌淨化煙供修法、各種寂忿本尊的短軌念誦文等。由於秋林伏藏法極其簡短，尤為方便當今繁忙時代的弟子修持，而在一些較為古老的伏藏中，僅一個修法就需要一整函的念誦，這些簡便修法更容易令現代的修行者獲得成就。

另外，秋林傳承從未受到誓言衰損的染汙──這是確保其修行有效性的根本要素。大伏藏師名諱德千林巴──大樂洲，昭示了通過他的伏藏法修持，能夠獲得立竿見影的效果。因此，本書第二部分──大樂之道，主要講述了秋吉林巴作為伏藏師的生平與行誼。

果──錫波林巴

所謂消融（錫波），意指一切顯相與妄念的消融。在果地之無修王座上，所有分別妄執、顯相與念相皆自然消融，萬法皆自然消逝。因此所謂消融，即究竟佛地之果位。

在臨終證果時，秋吉林巴並未結束他的利生事業，也未間斷他的利生幻化。相反，他以菩薩身相，化現出一方全新淨土，以恆久利益眾生。同時，他還化現為兩位轉世祖古：慈克和涅頓。此外，他的後嗣子孫極大弘傳他的教法。最後，許多偉大上師也繼續秉持並廣弘他

的傳承。

　　如釋迦牟尼佛一樣，秋吉林巴也具有身、語、意的傳嗣者。佛陀的身之子是羅睺羅，語之子是諸阿羅漢，意之子是諸菩薩。同樣，秋吉林巴的身之子是他的後嗣子孫，是他們將《秋林德薩》傳至尼泊爾和印度，他的曾孫祖古烏金仁波切在尼泊爾修建多座修持《秋林德薩》的寺院；秋吉林巴的語之子是他的傳承持有者，藉由修持並弘傳《秋林德薩》而利益無量眾生的尊貴上師和堪布們；秋吉林巴的意之子是他的真實化現者。因此，本書最後第三部分，主要講述了秋吉林巴的遺贈，以及他在蓮花遍滿剎土透過身、語、意不斷顯化的無窮利生事業。

第一部

最勝本基

—— 蓮花生大士

藏地慈克寺唐卡，描繪了《意修遍除道障》伏藏法類中的蓮花生大士身相。

第一章

內在的覺者

帕秋仁波切作

　　能夠出生在這個對蓮師極具虔敬心的修行者家庭，是我極大的福報。小時候，我對蓮師的信心純粹出於孩童幼稚的擔心。每當闖了禍，我發現最靈驗的就是祈請蓮師。起初，在快要挨打時，我會向釋迦牟尼佛、度母，以及我能想到的每一位本尊祈請，後來我發現：只要念誦《金剛六句祈請文》，就絕對不會挨揍。剛開始我覺得這只是巧合，後來證明屢試不爽。大人的手都舉到半空了，我一向蓮師祈請，巴掌就不會落在身上。這是我最初跟蓮師孩子氣的結緣方式。

　　我們與蓮師有不同的結緣方式，諸佛的行誼皆是根據每個眾生的業緣、宿願而普門示現。基於往昔的大悲與大願，諸佛顯現不同的身相和語言形式授道解惑，調化種種根基的眾生。

　　釋迦牟尼佛應化於世，傳授了符合那個時代眾生根基的顯密教法。佛陀親口授記，在他入大般涅槃若干年後——有的文本說是二十八年，有的說是十六年或二十年之後——蓮花生大士將降臨此世。

　　在各種不同版本的蓮師傳記中，對他的出生方式有諸多不同記述。這些記述的差異反映出眾生不同的感知方式。舉例來說，藏人都相信蓮師化現於蓮花蕊上，這令他們生起真實信心；古今眾人都認為蓮師是作為鄔仗那國（又譯：鄔金國）的太子而降生於世；還有一種說法，講到蓮師是從劈在瑪拉亞山頂的一道雷電中化現出世。

不管怎樣，絕大多數人都認為蓮師是無父無母化現於世的。有些大乘經典中說，釋迦牟尼佛無父而生，雖然當時其母摩耶夫人已婚，但入胎時正持守梵行齋戒。根據金剛乘的講法，蓮師完全是化現而生的。

蓮師傳記的差異反映出金剛乘對待事物的看法。西方科學主義觀點認為，一切都需要被史實證明，而歷史又必須嘗試著符合我們概念心的條條框框，萬物都要被定義清楚。與此相比，金剛乘的行者則能怡然欣賞諸佛菩薩難思難議的事業、浩瀚無垠的功德。

如何理解這一點？我們只要觀照自己的心，即可徹見自心持續運作的巨大潛力。特別是，我們根本無法框限住心的範圍。我們可以感受到多少種憤怒？多少種念頭？每當熟睡時，我們會產生多少種夢境？有些記得住，有些記不住。人類的心本自具有無限潛質，只要去看看我們的心發明出多少種東西，創造出多少種音樂即可得知！心所蘊含的無邊潛質展現給我們其本源具足的無量不可思議功德。

比如，太陽在幾十億公里之外，但只要我們站在陽光下，即可感受到熱度，待久了皮膚還可能曬傷。由此可以得知，如果接近太陽，我們就會被燒著，甚至焚毀。同理，如果本智所折射出的無明迷亂、虛妄心識都有這麼多的特質和潛能，那麼可以設想，其來源必定具有更加不可思議的能量。

蓮師即此究竟真如本性的直接幻化，故而能成辦無量眾生的利益。他超越一切想像、妙不可言。在《蓮師遺教》中，蓮師明確說到，有一萬九千種關於他的傳記被埋藏在西藏大地下，等待後世被發掘。

蓮師以不同的名號、化身、形象，在印度利益眾生長達千年。因此，想要局限他的傳記是錯誤的，沒有什麼真、假蓮師傳記。蓮師實

際上無生無死，但在器世間中，他以所有能利益我們的方式，自在化現各種身相，展現各種行誼，令我們與他產生連結。

還可以從外、內、密的角度解釋蓮師。外的層面上，蓮師以眾生能感知到的方式降世，顯現為忿怒蓮師、獅吼蓮師、語獅子蓮師、釋迦獅子等諸多身相。還有蓮師十二、十三化身、八大名號、度化六道眾生示現的六種蓮師等說法。因此，在外的化身層面，蓮師的顯現無量無邊。

經藏記述了釋迦牟尼佛顯現的各種行誼。例如，有一位十分精通音樂的乾達婆¹國王，釋迦牟尼佛在他面前幻化為一位更加才華橫溢的天才樂師形象，以消除國王的貢高我慢，而這不過是佛尊利生事業中的滄海一粟。

我們的認知中，蓮師在印度弘揚密法上千年、爾後又在藏地建立聖教。於外的層面，蓮師是數千年前奉母命建造滿願大佛塔時最初同發誓願的三兄弟之一。這些誓願是他在西元八世紀又作為蓮師出現於世的主要原因。蓮師在西藏停留數年，傳授教法，攝受無量弟子。當我們看到如今印度、尼泊爾、西藏、不丹、蒙古等國家和地區描述蓮師的文本數量時，就知道他毋庸置疑地存在於我們這個世界。那不僅是某個地區的民間傳說，而是在整個喜馬拉雅地區、全亞洲，都有關於他的記述與耳聞。

今天，不論我們遵從何種修持，領受何種灌頂，修誦何種法本，從瑪哈瑜伽到阿底瑜伽，它們全都仰賴於蓮師的加持方得以傳至我們。

如此，瑪哈瑜伽的修持總是與蓮師有關。古印度偉大金剛乘祖師——八大持明尊賜予蓮師全部的瑪哈瑜伽灌頂與傳承。每一位持明尊者都有其各自修持本尊，而這八位本尊的加持悉皆融入蓮師。

蓮師到達藏地後，將這些傳承分別傳給八位心子，使他們全部修出偉大的成就，成為藏地八大持明。後來，這八位弟子的轉世又分別取出《八大法行》中各自的相應法類。

同樣，阿努瑜伽由不同上師所傳的續部也全都與蓮師有關。阿底瑜伽祖師極喜金剛亦與蓮師有緊密連結。因此，藏傳佛教中的所有密續教法皆從蓮師、無垢友和毗盧遮那三位大師處傳續下來。這些傳承都是蓮師出現於世的證明。

內在的報身層面，作為覺者，蓮師住於銅色吉祥山，亦住於奧明密嚴剎土，除了具淨觀的行者，我們凡夫無法感知。據說只有初地以上的菩薩才能現見報身本尊，其他人只能見到化身。

一旦我們的心得以徹底淨化，透過積資淨障、修持禪定，就不僅可以見到化身的蓮師，還能看見清淨的圓滿受用身（報身）蓮師。事實上，成就的行者在一切萬物、一切念頭和一切覺受中現見蓮師——純淨智慧身。

祕密的無二法身層面，蓮師未曾迷亂，故而也未曾解脫。他從原始本初就已成佛，唯獨作為實相本智而存在，是一切眾生心中未曾分離的本初心之真如。從密的角度，我們無法說蓮師曾顯現或未曾顯現——根本沒有這些分別。

還有更通俗地解釋蓮師外、內、密三種面向的方式。我們可以說蓮師是化，觀世音菩薩是報身，阿彌陀佛是法身。此外，蓮師是阿彌陀佛意密與觀世音菩薩語密的化顯，因此蓮師與阿彌陀佛和觀世音皆無二無別——正如他與釋迦牟尼佛無二無別。證悟不是「多」，而是「一」。

說到底，蓮師自己並沒有外、內、密的層面，這三個層面是眾生自己認知的產物，這是關鍵重點——若不具此見地，則難以了知佛

法。舉例來說，就佛行事業的功德而言，釋迦牟尼佛等同一切諸佛，只是願力有所不同。釋迦牟尼佛發願要示現在人壽一百歲的鬥爭劫，正因如此，他的願力才尤為強大。釋迦牟尼佛趣入涅槃後，蓮師以同樣的宏願出現於此濁世。作為能所二取之眾生，我們總執著地認為佛與佛之間不盡相同。然而，諸佛的種種弘願無不為了接引種種根器的眾生。

蓮師現世後，他嚴格遵循佛陀的教法而修行，降服須降服的眾生，從具緣上師處領受教法，去往應修持之聖地做修持，在必要時攝受不同的空行。他時而以王子身分顯現，有時以比丘，有時以瑜伽士的身相顯現。正如釋迦牟尼佛應時降伏魔眾、傳授佛法一樣，蓮師所有身與語的示現皆是佛法的示現。如《如意寶樹》中所述，蓮師安住印度上千年，示現所有這些種種佛行。

作為秋吉林巴掘取的《甚深七法類》的一部分，《如意寶樹》是蓮師親述自己生平的傳記。不同於凡夫所寫的片面言辭，《如意寶樹》是極為珍貴的蓮師傳。雖然只有短短十章，卻完整講述了蓮師從降生開始直至前往銅色吉祥山之間的主要行誼。傳記每章都側重於蓮師生平的某個重要部分。

瞭解蓮師的生平對與蓮師締結因緣十分重要。為了與蓮師結緣，我們必須首先憶念他的恩德和大悲事業；接著就會與他的教法產生連結；最後為真正了悟他的大悲願力，我們必須付諸實修。此傳記中，蓮師著重強調了實修的重要性。在傳記第九章，蓮師記述他如何在藏地埋下種種伏藏，每個村莊、每個山谷都必將湧現各類伏藏師。他還說，未來所有持教者皆從他所化顯，因此所有人都要對各位伏藏師、密咒士和出家僧尼保持淨觀，這也是金剛乘的竅訣關要。如果你真正遵循密法，就不要毀謗出家人或瑜伽士，即使他們有諸如飲酒等不如

法的行為顯現。我們通常的教育是要說長道短、評價別人，然而在金剛乘中，對他人的評判都視為是我們自己業力的投射。蓮師告誡我們：不要輕易論斷他在何處或以何種形象示現，最好對一切永遠保有淨觀。

---

1 乾達婆是以擅長音樂技巧而聞名的天神。

第二章

《如意寶樹》——
《甚深七法類》所出之鄔金蓮師傳記

秋吉林巴取藏

稀有哉！三乘正法嫻熟而通達，
利樂眾生佛行永無斷，
三時恆常廣轉正法輪，
蓮花我者傳記於此述。

六道無餘一切有情眾[1]，
無明迷妄流轉輪迴中。
尤其鬥爭劫之濁世眾，
五毒粗惡狂妄顛倒行。
特為調伏剛強難化眾，
法身諸佛密意垂顧念；
報身諸佛賜予詳授記；
化身諸佛共同做商議；
蓮花我當應現瞻洲中。

有人顯現中我於鄔金，

化現達納闊夏蓮蕊上；

有人看作鄔金國王子；

有人眼中瑪拉亞山頂，

霹靂降世而生各不同。

然佛陀滅度後廿四載，

無量光尊所現菩薩相——

由彼大悲聖尊[2]心間處，

蓮花我由「釋」（𑖏）種字相顯。

此外我如甘霖雨露般，

降臨萬億俱胝世界中。

不可思議聖者之行誼：

又有何者蠡測能度量？

然我應化於此贍部洲，

作為鄔金國王善緣子，

紹聖王位轉大乘法輪，

國民無餘同壇獲正覺。

此後遊歷印度諸方所，

研習五明[3]學科而通達。

　　此乃蓮師我之傳記《如意寶樹》第一章，關於我如何降此世間，並學習明處。

復次我向佛陀之近侍——

阿難陀尊者請授經典。

依止光象尊者而出家，

修習三部瑜伽[4]諸密法。

拜謁扎嘿班匝[5]師座前，

大圓心滴教法皆求獲。

佛密大師足下盡得授，

《祕密藏》[6]等大幻化百部。

拜謁師利星哈[7]尊座前，

求獲大勝黑汝嘎[8]密續。

拜謁闍黎文殊友尊者，

獲諸文殊閻魔敵[9]密續。

拜謁大阿闍黎龍樹尊，

獲得蓮花語[10]之成就法。

上師摩訶吽伽羅尊前，

求授真實意[11]之成就法。

在阿闍黎無垢友尊前，

求授甘露功德[12]之修法，

上師達納桑至達尊前，

獲得普巴事業[13]之修法。

復於光象尊者前領受，

普巴十萬最勝明覺續[14]。

在寂藏大師座前獲授，

供贊[15]、猛咒[16]密續與修法。

另從諸多證悟上師處，

受持三藏[17]和外、內、密咒——

各種續部、口傳與修法——

若干灌頂、講授與竅訣。

此乃蓮師我之傳記《如意寶樹》第二章，關於我如何在偉大上師處領受竅訣，並斷除疑惑。

後在印度八大塚間地、

各大聖地修行得究竟，

以諸成就徵象降邪魔。

尤其是在印度金剛座[18]，

黑惡外道前來挑戰時，

以雄辯力摧毀其挑釁，

五百班智達極讚嘆我。

紹承佛尊百年持正法，

大學者無垢友作承繼。

鄔金我行至薩霍國境，

國王愚癡欲將我生焚，

我現神變火堆變湖泊。

安置薩霍國人於法道，
留此國中持教兩百年。

瑪哈蒂卡修持長壽法，
怙主無量壽佛親現前，
賜百餘八壽命成就法。
我行至密嚴奧明淨土[19]，
及與五方佛部淨土中，
向諸位善逝請求密續，
與諸化身佛談論佛法，
獲敕：此心之外，無他佛。

為成就大印[20]殊勝果位，
於揚烈雪修行洞[21]修持——
大吉祥尊揚達黑汝嘎。
出現道障印、尼罹災禍，
寫信求問上師回遮法，
送來《普巴最勝明覺續》，
甫到尼泊爾障難即止，
得證大手印最勝成就。

後在雅日山中修行時，
外道再次挑戰金剛座。
空行囑咐五百班智達、
印度國王蘇雅星哈與，

諸施主皆致信懇求我，

遂往金剛座調伏外道。

與八位大師[22]抵屍陀林[23]，

七日安住禪定之末晚。

在香羯羅拘多佛塔[24]處，

眾人於禪定中皆觀見，

佛塔微光熾焰火星濺，

空行母[25]親付伏藏寶篋。

本人獲善逝總集[26]教法，

持明均獲各敕命傳承。

我等在金剛座久弘法。

此乃蓮師我之傳記《如意寶樹》第三章，關於我如何在印度住持教法，並將各國安置於佛法中。

由於往昔猛烈宿願力，

吐蕃法王赤松德贊尊，

發心向佛欲修建寺院。

為調地祇故延請寂護，

雖無困難卻未現調伏。

授記說要迎請我入藏，

致予書信、黃金、三密使[27]。

我與印度法王及檀越，

特就此事共同做討論。

印度雖逢外道來威脅，

授記西藏弘法時已至，

故此我決定踏上旅程。

做筆書信並遣回密使，

遂從印度出發去西藏。

快臨近尼泊爾腹地時，

西藏鬼神開始生懼怕。

復有五位藏王使臣到，

芒域相見由我示神變。

五位使臣對我生信心。

我在藏地尼瑪庫湖邊，

令一切藥叉、羅剎立誓。

卡拉山口令十二丹瑪[28]、

岡嘎夏美[29]；在北方丁曼、

丁洛曼[30]，令地神[31]立誓。

在後藏烏玉、香地年普，

令多傑雷巴[32]；耶汝、永汝，

令沃香、唐拉[33]山神立誓。

岡底斯山令星宿[34]立誓。

唐果雪山令星曜[35]立誓。

納木措曼尊藥神[36]立誓。

瑪措沃龍族女神[37]立誓。

丹鬥岩瑪沁山神[38]立誓。

若丹納布女疫鬼[39]立誓。

阿達谷貢布屬鬼[40]立誓。

梅龍岩居士山神[41]立誓。

旺修瑪波天贊神[42]立誓。

岡木雪山龍贊神[43]立誓。

夏熱拉峰護身神[44]立誓。

托嘎納波天贊神立誓。

赤果納波外神魔[45]立誓。

在紅柳林令王魔[46]立誓。

嘉榮地區土地神[47]立誓。

拉瓦地區獨角鬼[48]立誓。

在波山谷令龍贊立誓。

在涅珠岡令龍魔[49]立誓。

安瓊宗居士山神出迎。

森給宗令草甸神[50]立誓。

南開宗天界年神[51]立誓。

在魔鬼岩令鬼臣[52]立誓。

瑪友雪山大年神[53]立誓。

波岩令藥神魔女[54]立誓。

瓊托納波令戰魔[55]立誓。

在黑魔山令魔王[56]立誓。

布曲[57]聖處令小龍立誓。
拉汝峰令天界奴立誓，
達波聖處令獵神[58]立誓。
瑪卓聖處令龍族立誓。

門隅地區[59]令穆魔[60]立誓。
在稻米谷令谷魔[61]立誓。
拉契雪山四塞姆[62]立誓。
吉隆強珍令瑪姆[63]立誓。

後藏天神人眾皆相迎；
推隆所有諸眾歡迎我；
一路成就甘露水湧現。

扎瑪柏林與國王相見。
國王雖貴為文殊化身，
然因胎障極其厚重故，
未能如實知曉我功德，
盛氣凌人不願做頂禮。
我頌自己功德顯神變。
國王遂生信心敬頂禮，
鋪設黃金法座呈供品，
藏地人神虔誠做供養。

此乃蓮師我之傳記《如意寶樹》第四章，關於我如何被迎請入藏，並調伏鬼神。

召集吐蕃所有鬼神眾，
教敕、安置誓言、做乞地，
金剛舞步、「吽」歌做懷攝。
日間眾人修築桑耶寺，
夜間鬼神通宵繼續建，
四大天王[64]負責做監工。
熱火朝天四牆高高起，
晚上進度尤勝於白天。

國王與龍王訂立盟誓。
請龍族於山谷鋪金粉。
桑耶寺依不同風格建：
主殿三層仿照須彌山，
兩夜叉殿仿照日與月。
裝點仿照四大八小洲，
百零八塔仿照鐵圍山[65]，
四銅雌狗鑲於四柱上。

大殿三層印、漢、藏風格。
頂層主尊為普賢如來、
和遍照現證等覺壇城[66]。
中層主尊為大日如來，

同時安奉金剛界壇城[67]。

底層釋尊摩訶菩提[68]像，

以及十方諸佛菩薩眾。

所有廟宇撒花做勝住，

智慧本尊降臨入佛像，

光芒萬丈器樂聲灌耳，

諸位天神降下妙花雨，

諸位龍族呈獻珍寶物，

世間吉祥善妙悉遍滿。

母怙兄妹來到寺院界，

石柱噴火銅狗聲吠震，

三次降下訶子[69]果實雨，

藏康[70]全境祥瑞皆普照。

所有天神人眾皆歡喜，

美譽勝幢傳遍諸方所。

此乃蓮師我之傳記《如意寶樹》第五章，關於如何建造桑耶寺，並拋撒勝住之花。

方丈、大師[71]二人做商議：

吐蕃此處乃為羅剎地，

不辨善惡如何傳佛法？

庸臣嫉妒之心日漸重，

滿國王願後將返故鄉。

討論之後如實稟藏王，
大王心中悲戚淚滿面，
再次奉予黃金曼陀羅。

請求說道：「兩位大恩師，
赤松德贊我尚有大願。
吐蕃乃是黑暗羅剎國，
佛法之音亦未曾聽聞。
令您失望仍請慈顧念，
請以菩提心攝持我等！

如佛陀幻化來此惡土，
汝尊作為利他大菩薩，
除利生事業無有其他，
懇請圓我赤松德贊願。

我雖建造身、語、意所依，
仍想迎顯密法來藏地，
講、說、實修令其得廣弘。
懇請方丈、上師勿離開，
留此令我誓願得滿足！」

我倆商議後決定留下。

我授記甄選貴族子弟，
集結後教導他們譯經。
噶、秋、祥[72]、卓越毗盧遮那，
共湧現一百位洛匝瓦[73]，
我負責教導所有密續，
寂護傳授顯宗及戒律。

佛法基礎乃是大寶僧，
故令千百餘藏童剃度。
我宣介聖域諸闍黎名，
派遣百餘譯師去印度。

迎百位大班智達入藏，
其中包括無垢友、佛密。
班智達、譯師、堪布、上師，
殿中高坐、著上等法衣，
奉以美食珍饈金曼扎。

經典密續皆譯成藏文，
包括經藏、律藏和論藏。
諸如廣、中、略般若蜜多[74]，
所有經續皆譯成藏文。
諸如大般若涅槃經[75]等，
了義教法皆譯成藏文。

事部、瑜伽部、金剛頂經[76]——，

外部密續皆譯成藏文。

祕密藏幻化網八部續、

密意合集、大圓滿心部，

八大法行中五根本續、

十部事續共計十五部，

無數內密皆譯成藏文。

還有數不清顯密教法，

夜以繼日被翻譯、講解。

西藏全境設立講修院，

印製無量顯密教經函。

傘蓋幡旗勝幢及彩帶，

供養物品難以計其數，

陳設精美富麗又堂皇，

經卷扛於僧眾肩膀上，

其間供品端捧於手中。

班智達、譯師乘馬車到，

華蓋飄揚幡旗隨風舞，

妙樂奏響曲音輕悠揚，

燃香開道繞行桑耶寺。

當天南開寧波顯神變，

所有經文安置中層殿[77]。

法座豎立優布草匍上，

各供一金曼扎、一金條、

一套袈裟、一絲絨羊毛、

一馬、一騾、一雌雄犏牛[78]、

羊絨毛服、皮箱、一茶磚、

一百金幣和一千銀幣。

供養完畢國王座中起，

談王室傳承、藏法治、願景，

讚班智達譯師大悲恩。

無垢友等諸大班智達，

講述佛法源流及殊勝。

毗盧遮那等其他譯師，

讚嘆大班智達與譯經。

桂氏等大臣分別獻供，

並談及心意如何達成。

民眾積資依方便供養。

在譯師和僕從護送下，

大班智達返程回故鄉。

佛法如陽光普照藏地。

此乃蓮師我之傳記《如意寶樹》第六章，關於如何迎請班智達、譯師入藏，並翻譯顯密教法。

桑耶青浦[79]僻靜隱居地，

蓮師我在彼處修行時，

藏王赤松德贊亦攜同，

南開寧波及桑傑耶喜，

嘉瓦秋陽及耶喜措嘉，

帕傑旺秋及多傑敦珠，

毗盧遮那等諸王臣眾，

再次向我供養金曼扎，

求開善逝總集之壇城。

向諸王臣開啟壇城後，

賜予善逝總集大灌頂，

彼時藏王花落於大勝[80]，

南開寧波花落於揚達，

桑傑耶喜花落閻魔敵，

嘉瓦秋陽花落於馬頸（馬頭明王），

耶喜措嘉花落於普巴，

帕傑旺秋花落於瑪姆，

多傑敦珠花落於供贊，

毗盧遮那花落於猛咒。

他們修持各自之本尊[81]。

諸王臣皆獲成就徵象：

赤松德贊能威服他顯，

南開寧波騎陽光而行，

桑傑耶喜將橛刺入岩，
嘉瓦秋陽頭頂馬鳴聲，
耶喜措嘉令起死回生，
帕傑旺秋以普巴定人，
多傑敦珠如風般疾行，
毗盧遮那可役使鬼神。
及其他種種成就徵兆。

我賜予上師密意總集、
本尊和空行密意總集、
以及護法密意總集之。
成熟灌頂與解脫竅訣。
教法廣傳藏區閉關院。

　　此乃蓮師我之傳記《如意寶樹》第七章，關於我如何賜予成熟灌頂，而令王臣得以成就。

爾後蓮花我如此思惟：
「吐蕃此境諸顯密教法、
內外密續及甚深精華，
皆得講聞與實修成就。
然一切總集不可獲缺——
教集法海[82]此殊勝教法，
出於慈悲定賜予王臣。」
彼時國王與三位王子，

青浦洞中請詳賜灌頂。〬

我埋藏許多意伏藏時，〬
藏王赤松德贊亦偕同，〬
藏王大王子牟尼贊普、〬
藏王二王子牟汝贊普、〬
藏王小王子牟哲贊普、〬
嘉瓦秋陽及朗卓譯師，〬
偉大涅氏譯師智童尊、〬
毗盧遮那及修波帕桑、〬
丁增桑布及多傑敦珠、〬
帕吉旺秋及沃贊旺秋、〬
阿匝薩雷、謝嘎多傑措、〬
卓萬譯師、措嘉及三僕、〬
包括三位王子妃在內，
攜隨從抵康區南開宗。〬

開啟教集法海壇城後，〬
我賜諸王臣成熟灌頂，〬
教授解脫竅訣諸祕要。〬

眷屬一起專修七年後，〬
藏王能自由穿行岩山，〬
牟尼贊普親見本尊顏，〬
牟汝贊普獲大樂智慧，〬

牟哲贊普照見自心性，

毗盧遮那如鳥空中飛，

嘉瓦秋陽身體變火堆，

朗卓譯師身體變光蘊，

桑傑耶喜達至普光地，

涅氏智童達法性窮盡，

耶喜措嘉岩中取壽露，

阿匝薩雷以手碎岩山，

卓彌帕傑目光能焚林，

多傑敦珠目光令湖涸，

丁增桑布自在穿山岩，

謝卡妃子可役使瑪姆。

還顯現其他成就徵兆。

經文皆以幻化文字書，

作為伏藏埋於七聖地。

授記未來取出伏藏者，

下令封印發願授灌頂。

刀兵劫[83]人壽三十之際，

授記伏藏現世。三昧耶！

此乃蓮師我之傳記《如意寶樹》第八章，關於我如何開啟教集法海壇城，並將其埋為伏藏。

用五種原料所制書卷，

五文字寫下諸深奧法，

放入精美絕倫寶篋中。

拉薩、桑耶、優如和昌珠，

所有邊境鎮守寺院[84]中，

雅龍水晶洞、洛扎卡秋、

扎央宗、扎耶巴月亮洞、

亞瑪龍及後藏薩布隆、

扎桑山及藏區類烏齊、

拉契雪山及優莫雪山、

南給間及不丹八聖處、

扎日扎山、桑當及波密、

殊勝地直貢底卓白岩；

身五處語五處意五處、

功德五處和事業五處——

康區上下共廿五聖地，

為加持故於此做修持，

埋藏下無數大小伏藏。

如今教法似陽光普照，

然有發惡願牛頭國王[85]，

今國王三代後會出現，

還有烏鴉頭大臣搗亂，

致使佛法徹底遭毀滅。

此後由於現在諸王臣，
往昔發願故未來會有：
倆殊勝伏藏師[86]、廿林巴[87]、
一百位伏藏師持教主、
一千零二位小伏藏師，
其他伏藏師難計其數。

每位大伏藏師之時代，
皆有伏藏法主持教士，
每個山谷都有伏藏師，
我修行處皆會有伏藏。

每地都有聞名成就者，
每村都有應供之上師，
每戶都有應供之比丘，
以及降伏魔障瑜伽士。
未來教法將傳遍藏地，
此等一切悉由我化現，
未來藏眾願能生淨觀！

此乃蓮師我之傳記《如意寶樹》第九章，關於我如何埋藏伏藏，
並授記未來的伏藏師。

隨之我宣稱：「導師釋尊，
在《摩揭陀懸記經》中說，

『羅剎將從西南傾湧出，
會毀滅整個南瞻部洲。』
我在吐蕃任務已完成，
現當前往西南降羅剎。」
吐蕃王子[88]聽聞我所言，
哀慟難抑掩面而悲泣，
反覆懇求令我心悲憫。
「出於悲心與藏民利益，
授記替身埋語教伏藏、
心意智慧已交具緣子。」
解釋完畢王子愁容消。
於是決定前往羅剎國。

眾人送別至芒域山口，
賜王子臣民臨行咐囑，
能救吐蕃王族血脈之
十三竅訣、除障祈請文[89]──
內在修法與事業成就法[90]，
封藏於芒域卡拉絨果。

將來不能親見我者眾，
時常閱讀念誦此傳記，
如理如法受持與思惟。
六時之中讀此傳記時，
應憶念我做如下祈請：

《蓮師遺教祈請文》

ཨེ་མ་ཧོཿ ཆོས་སྐུ་ཀུན་བཟང་དྲུག་པ་རྡོ་རྗེ་འཆང་ཿ

稀有哉！法身普賢、第六金剛持，ཿ

Emaho! Dharmakaya Samantabhadra and Vajradhara, the Sixth,ཿ

སློན་པ་རྡོར་སེམས་བཅོམ་ལྡན་ཤཱཀྱའི་རྒྱལཿ

金剛薩埵本師釋迦王，ཿ

Vajrasattva, our teacher, and the blesed King of Shakyas,ཿ

མགོན་པོ་ཚེ་དཔག་མེད་དང་སྤྱན་རས་གཟིགསཿ

怙主無量壽及觀世音——ཿ

Lord of Boundless Life, Amitayus, and All-Seeing Avalokiteshvara—ཿ

དབྱེར་མེད་པདྨ་དེ་ལ་གསོལ་བ་འདེབསཿ

無二無別蓮師敬祈請！ཿ

to you, Padma, who is inseparable from them all, we pray!ཿ

སྐུ་ཡི་བདག་ཉིད་འཇམ་དཔལ་གཤིན་རྗེའི་གཤེདཿ

身之體性文殊閻魔敵；ཿ

In essence, your awakened body is Manjushri Yamantaka,ཿ

གསུང་གི་བདག་ཉིད་དབང་ཆེན་རྟ་མགྲིན་འཆོཿ

語之體性大權馬音鳴；ཿ

In essence your awakened speech is mighty Hayagriva;ཿ

ཐུགས་ཀྱི་བདག་ཉིད་ཡང་དག་ཧེ་རུ་ཀ༔

意之體性真實飲血尊──༔

and, in essence, your awakened mind is Yangdak Heruka──༔

གུ་རུ་ཡིད་བཞིན་ནོར་བུ་ལ་གསོལ་བ་འདེབས༔

蓮師如意妙寶敬祈請！༔

to you, our Wish-Fulfilling Guru, we pray!༔

ཡོན་ཏན་ཟིལ་གནོན་ཆེ་མཆོག་ཧེ་རུ་ཀ༔

功德威伏大勝黑汝嘎，༔

Your overwhelming qualities are Mahottara Heruka,༔

ཕྲིན་ལས་བདག་ཉིད་རྡོ་རྗེ་གཞོན་ནུའི་སྐུ༔

事業體性金剛童子身；༔

Your awakened activites, Vajrakumara, in essence;༔

མ་མོ་མཁའ་འགྲོའི་གཙོ་བོ་མངོན་རྫོགས་རྒྱལ༔

瑪姆空行領主圓滿王──༔

and you rule over mamos and dakinis as Ngökdzok Gyalpo──༔

དཔལ་ཆེན་ཐོད་ཕྲེང་རྩལ་ལ་གསོལ་བ་འདེབས༔

尊勝顱鬘力尊敬祈請！༔

to you, Supremely Glorious Tötreng Tsal, we pray!༔

ཀུ་ཡི་དབྱིངས་སུ་རྨུ་རྒྱུ་འཕུལ་ཞི་ཁྲོའི་དང་ༀ

身密界中寂忿幻化網，ༀ

Your form encompasses the illusory net of peaceful and wrathful deities,ༀ

གསུང་གི་གདངས་སྐད་ཡན་ལག་བཅུ་གཉིས་ལྡན་ༀ

語韻音聲具十二支分，ༀ

The melody of your speech is has the twelve special qualities,ༀ

ཐུགས་ཀྱི་དགོངས་པ་ཟང་ཐལ་ཡོངས་ལ་ཁྱབༀ

意密定境通徹咸周遍──ༀ

and your unimpeded wisdom pervades everywhere──ༀ

མཁའ་འགྲོའི་གཙོ་བོ་རྗེ་ལ་གསོལ་བ་འདེབསༀ

空行海會尊王敬祈請！ༀ

to you, Overlord of the Dakinis, we pray!ༀ

སྐུ་ཚབ་ལུང་བསྟན་གསུང་ཆབ་གཏེར་དུ་སྦསༀ

替身、授記、語教伏藏埋，ༀ

You foretold representatives of your body, hid treasures of your speech,ༀ

ཐུགས་ཀྱི་དགོངས་པ་ལས་ཅན་བུ་ལ་གཏདༀ

心意智慧交付具緣子，ༀ

you entrusted your heart-realization to destined heirs,ༀ

བཅེ་བའི་ཞལ་ཆེམས་བོད་འབངས་ཡོངས་ལ་བཞག༔

臨別愛囑咐於藏臣民——༔

and you left your loving testament for all the Tibetan people—༔

དྲིན་ཆེན་སྤྲུལ་པའི་སྐུ་ལ་གསོལ་བ་འདེབས༔

大恩化身佛尊敬祈請！༔

to you, kindest of awakened emanations, we pray!༔

བཀའ་དྲིན་དྲན་ནོ་གུ་རུ་རིན་པོ་ཆེ༔

感念深恩咕嚕仁波切——༔

We recall your overwhelming kindness, Guru Rinpoché—༔

ཐུགས་དམ་ཞལ་བཞེས་དགོངས་པས་གཟུང་དུ་གསོལ༔

心誓應允密意求攝受，༔

please remember your promise to hold us in your embrace,༔

དུས་ངན་འདི་ལ་རེ་ས་གཞན་མ་མཆིས༔

於此濁世別無他希冀。༔

for in these troubled times we have no hope but you.༔

ཐུགས་རྗེ་གཟིགས་ཤིག་ཨོ་རྒྱན་སྤྲུལ་པའི་སྐུ༔

鄔金化身悲憫祈垂視！༔

Look upon us with compassion, awakened emanation from Uddiyana!༔

མཐུ་རྩལ་ནུས་པས་དུས་ངན་གཡོ་འཁྲུག་བཟློག༔

大力回遮惡時災障劫，༔

With your power and strength, dispel the turbulence of this dark age,༔

བྱིན་རླབས་ཡེ་ཤེས་དབང་ཆེན་བསྐུར་དུ་གསོལ༔

賜予加持智慧大灌頂，༔

bestow your blessings and the great empowerment of wisdom,༔

ཉམས་དང་རྟོགས་པའི་རྩལ་ཤུགས་རྒྱས་པ་དང་༔

覺受證悟威力令增盛，༔

increase the strength of our experience and realization,༔

བསྟན་འགྲོར་ཕན་པའི་མཐུ་རྩལ་རབ་ཕུན་ཞིང་༔

極具利益教眾大能力，༔

grant us the powerful skills to benefit the teachings and beings,༔

ཚེ་གཅིག་སངས་རྒྱས་འགྲུབ་པར་མཛད་དུ་གསོལ༔

祈願即身成就正覺果！༔

and bring us, we pray, to Buddhahood in this very life! ༔

「應如是祈請！」我騎上由四位空行所抬之駿馬，對藏臣民眾復言道：「每月初十，尤其是猴月初十，屆時我一定會前來消除藏人的痛苦。切勿忘記，善加祈請！」言畢，我將目光轉向西南而離開。༔王子及其他藏臣民返回各自家中，繼續做修持。༔

此乃蓮師我之傳記《如意寶樹》第十章，關於我如何給予遺教，並前往西南鎮伏羅剎。

措嘉我復次將此傳記書寫成文，並埋為伏藏。
願其值遇具足業緣者。
遇已，願利益無邊眾生。
三昧耶！印！印！印！

化身大伏藏師鄔金秋吉林巴於奧明噶瑪寺丹間扎發掘此伏藏。

由伏藏師桑傑林巴（一三四〇至一三九六）取出的珍貴蓮師替身像，是秋吉林巴的主要修行所依之一；此替身像曾開口誦出《金剛六句祈請文》三次。

1 六道眾生分別是：天神、阿修羅、人類、畜生、餓鬼和地獄道的眾生。

2 大悲聖尊是觀世音菩薩的別稱。

3 五明分別是：文法（聲明）、辨證法（因明）、醫療（醫方明）、工藝學（工巧明）和宗教哲學（內明）。

4 此處是指三部外密續：事部、行部、瑜伽部。

5 扎嘿班匝是極喜金剛的梵文名。

6 即《大幻網・祕密精藏》，是寧瑪派十八部主要瑪哈瑜伽密續之一。

7 此傳記將師利星哈，而非密月尊者列為八大持明之一。

8 大勝黑汝嘎是《八大法行》的主要本尊。

9 文殊閻魔敵是《八大法行》中《文殊身密續》的主要本尊。

10 蓮花語是指《八大法行》中的《蓮花語密續》，主要本尊為馬頭金剛。

11 真實意是指《八大法行》中的《真實意密續》，主要本尊為揚達黑汝嘎。

12 甘露功德是指《八大法行》中的《甘露功德密續》，主要本尊為甘露漩明王。

13 普巴事業是指《八大法行》中的《橛事業密續》，主要本尊為普巴金剛。

14 《普巴最勝明覺續》是主要的《普巴金剛密續》。

15 供贊是指《八大法行》中的《護法供贊》，三種世間修法之一。

16 猛咒是指《八大法行》中的《猛咒詈詛護法類》，三種世間修法之一。

17 三藏的梵文是「崔毗達卡」（Tripitaka），是釋迦牟尼佛傳授的三種共通教法的集成，即：經藏、論藏、律藏。

18 金剛座是對釋迦牟尼佛達到正等正覺的聖地——印度菩提伽耶的傳統佛教稱謂。

19 密嚴奧明淨土的梵文也稱華嚴（Gandavyuha）。

20 大印是大手印的直譯。

21 即阿蘇拉山洞，俗稱蓮師洞。

22 此處的八位大師是指印度八大持明。

23 即位於菩提伽耶金剛座附近的施達瓦納。

24 香羯羅拘多佛塔亦稱樂積佛塔。

25 空行噶美達尼是託付《八大法行》教法的金剛法。《八大法行》被封藏在寶篋中，安置於印度屍陀林香羯羅拘多佛塔內。

26 《善逝總集八大法行》後作為伏藏由昂日尼瑪歐色（1124／36－1192／1204）取出。

27 三位密使是：納囊多傑敦珠、帕吉森給、釋迦光。

28 十二丹瑪，或稱十二護法姐妹，是西藏十二座山脈和湖泊的地神。

29 岡嘎夏美是香地拉普岡嘎的女性山神。蓮師降伏她，並賜她祕密名夏美多傑玉准瑪（金剛玉燈）。詳見《西藏的神靈和鬼怪》，作者：勒內德內貝斯基·沃傑科維茨，海牙莫頓出版社，一九五六年，p.12 &134。

30 丁洛曼是藏北日土西邊曼東湖（Lake sMan sdong）女神。詳見《西藏的神靈和鬼怪》，p.12。

31 地神（gzhi bdag,local guardians）是保護西藏不同地區的神眾。詳見《西藏的神靈和鬼怪》，p.265。

32 多傑雷巴是一位重要的護法神。

33 沃香和唐拉，即亞拉香波山神（Yar lha sham po,Yarlha Shampo）和念青唐古拉神（gNyan chen thang lha,Nyenchen Tanglha）。詳見圖丹·凱·里基著，《西藏自然界神——關於「貝瑪嘎唐中西藏惡神被調伏並縛於誓言之下」的故事討論》，《東方論集》第 109 期《喜馬拉雅自然、表徵與實相》，由艾利卡·桑德曼和里卡·傑·維爾塔寧編輯，赫爾辛基芬蘭東方社會發表，二〇一一年，p.12。

34 星宿魔眾（rgyu skar,constellation gods）是統治二十八星宿的神眾。詳見《西藏的神靈和鬼怪》，p.223。

35 星曜（gza' bdud,planetary demons）是統治我們太陽系星曜的神眾。

36 曼尊藥神（sman btsun,medicine ladies）是西藏原住女神。詳見《西藏的神靈和鬼怪》，p.199。

37 龍族女神（klu sman, naga goddess）是龍族女性神眾，女門魔與龍族的混雜。詳見《西藏的神靈和鬼怪》，p.202。

38 即瑪沁山神眾（rMa rgyal, mountain god）。詳見《西藏的神靈和鬼怪》,p.209。

39 女疫鬼（ma yams, plague mothers）是一種特殊的女性瑪姆。詳見《西藏的神靈和鬼怪》，p.307。

40 貢布屬鬼（gongpo, demons）是一種與西藏統治者敵對的惡靈。詳見《西藏的神靈和鬼怪》，p.283。

41 居士（dge bsnyengenyen）是指持守在家戒律的在家眾，而居士山神則是一種神祇，經常作為其他本尊的眷屬。詳見《西藏的神靈和鬼怪》，p.305。

42 天贊神（lha btsan, warrior deities）是一種戰神，穿行於空中的好鬥魔眾。詳

見《西藏的神靈和鬼怪》，p.166。

43 龍贊神（*klu btsan*, warrior nagas）是龍族與戰神的混雜。詳見《西藏的神靈和鬼怪》，p.309。

44 護身神（*sku lha*, body guardians）是專門保護人身的神眾。詳見《西藏的神靈和鬼怪》，p.266。

45 外神魔（*rgya lha*, gya deities）可能是一種外天的神眾。

46 王魔（*rgyal po*, sovereign spirits）是在佛教出現前統治土地的高階神眾。詳見《西藏的神靈和鬼怪》，p.107。

47 土地神（*sa bdag*, earth lords）是居住在地下的神眾。詳見《西藏的神靈和鬼怪》，p.265。

48 獨角魔鬼（*the'u rang*, hammer-wielders）是穿行於空中的神眾，它們擁有子嗣並引發爭鬥不合。同時作為鐵匠的「靠山」，它們有時手中持錘，騎乘山羊。詳見《西藏的神靈和鬼怪》，p.283。

49 龍魔（*klu bdud*, demon nagas）是魔眾與龍族的混雜。詳見《西藏的神靈和鬼怪》，p.260。

50 草甸神是藏文「佳邦」（*gya'spangs*）的意譯。

51 天界年神（*lha gnyan*, spirits）其實是一種邪惡神靈，據說能使人致殘，通常居於天地間。詳見《西藏的神靈和鬼怪》，p.288。

52 鬼臣（*bar blon*, deputy ministers）的字面意思是「副大臣」，指那些侍奉高階神祇的鬼眾。實際上，許多護法神都有自己的「宮廷」，包括「大臣」等。詳見《西藏的神靈和鬼怪》，p.21。

53 大年神（*gnyan chen*, great nyen）是年神中的一種，也有小年神（*gnyan phren*, minor nyen）。詳見《西藏的神靈和鬼怪》，p.205。

54 此處的藥神魔女（*bdud sman*, demoness）是魔眾與女門魔的混雜。

55 戰魔（*bdud btsan*, warrior demon）是魔眾與戰神的混雜。

56 魔王（*bdud rgyal*, demon king）是魔眾之王。

57 布曲是指貢布的布曲神殿，藏王松贊干布統治時期修建的十二座風水神殿之一，用以馴服遍及藏地的食人魔眾（*srin mo*, supine ogress），從而守衛國土。

58 獵神（*mgur lha*, hunting gods）共有十三位尊神，是國王的先祖。詳見《西藏自然界神眾》，p.121。

59 門隅是指藏南邊境地區，包括如今的不丹和錫金。

60 穆魔（rmu bdud, mu demons）是魔眾中的一種，可能與西藏六大宗族之一的穆族有關。

61 穀魔（rong bdud, valley demons）是一種魔眾。

62 四塞姆姐妹是十二丹瑪女神中的一員。

63 瑪姆（ma mo, mother goddesses）是一種古老而兇猛的女神。詳見《西藏的神靈和鬼怪》，p.269。

64 四大天王也叫護世四天王，即東方持國天王多羅叱（Dhritarashtra）、南方增長天王毗琉璃（Virudhaka）、西方廣目天王留博叉（Virupaksha）、北方多聞天王毗沙門（Vaishravana）。

65 對桑耶寺的這一描述符合壇城中印度宇宙哲學方位順序。須彌山據信是宇宙中心，其兩側分別是日與月，周圍四個主要方向和八個中間方向分別是四大洲和八小洲，全都在鐵圍山環繞的海洋中。

66 《遍照現證等覺續》是行部密續的主要經典。

67 金剛界壇城包括三十七位本尊，中央主尊為毗盧遮那佛（Vairocana），由四佛所圍繞，分別是：東方不動佛（Akshobhya）、南方寶生佛（Ratnasambhava）、西方阿彌陀佛（Lokeshvararaja, Amitabha）、北方不空成就佛（Amoghasiddhi）。金剛界壇城在舊譯派和新譯派的幾部密續中均有出現，譬如它是《金剛頂經》，亦稱《一切如來真實攝》（Sarvatathaagatatattvasamgraha）的主要壇城。

68 摩訶菩提是釋迦牟尼佛的別稱。

69 訶子的拉丁植物學名是 Terminalia chebula。藏醫將訶子視為靈丹妙藥，由於它強大的治癒功效，藥師佛被描繪為右手持訶子枝。

70 在「藏康」這一常見表達中，「藏」專指中藏，「康」專指東藏。

71 方丈、大師指的是寂護大師和蓮花生大士。

72 噶、秋、祥三位分別是：噶瓦巴哲（吉祥積）、秋若路加參（龍幢）、祥耶喜德（智軍）。

73 印度語的「譯師」是「洛匝瓦」，該詞在藏文中也有使用。

74 般若蜜多的全稱是摩訶般若波羅蜜多，呈現圓滿智慧的佛經。

75 《大般涅槃經》（Mahaparinirvana Sutra）是一部關於如來藏或佛性的重要大乘經典，屬於佛陀三轉法輪，即最後轉法輪的內容。

76 《金剛頂經》是四部主要瑜伽密續之一。

77 即著名的桑耶寺中層。

78 犏牛是犛牛與奶牛的雜交。

79 桑耶青浦修行洞是蓮師語密聖地。桑耶寺初建時，蓮師曾在那裡進行很長時間的閉關。山洞位於桑耶山谷東北部、與山谷平行的穀頂，距桑耶寺約十三公里。

80 大勝是大勝黑汝嘎的簡寫。

81 分別對應了《八大法行》中的八位主要本尊。

82 《教集法海》是著重強調《八大法行》本尊修行的法類。它先是作為伏藏，由烏金林巴掘取；此後又作為再伏藏，由蔣揚欽哲旺波取出。

83 亦稱卡利尤加（Kaliyuga），即爭鬥時期。

84 邊界鎮守寺院是指兩組四座寺院，由赤松德贊的祖輩——西藏首位法王松贊干布在風水寶地上修建，用以降伏境內邪惡力量。

85 指西藏王朝的最後一位君王朗達瑪，在位時間是西元八三八年至八四二年，後來被拉隆帕吉多傑刺殺。

86 倆殊勝伏藏師是指咕嚕確吉旺秋和釀熱尼瑪歐色。

87 林巴是伏藏師的特有名字。

88 指從蓮師那裡領受《上師意修所願任成》及其相關修行法類的牟哲贊普王子。

89 即《所願任成遣除道障祈請文》。

90 即《上師意修所願任成》修行法類。

第三章

《金剛六句祈請文》

秋吉林巴取藏

帕秋仁波切釋論

དུས་གསུམ་སངས་རྒྱས་གུ་རུ་རིན་པོ་ཆེ༔

三世佛陀咕嚕仁波切，

Buddha of the three times, Guru Rinpoché,༔

དངོས་གྲུབ་ཀུན་བདག་བདེ་བ་ཆེན་པོའི་ཞབས༔

普諸悉地遍主大樂尊，

lord of all siddhis, Great Bliss,༔

བར་ཆད་ཀུན་སེལ་བདུད་འདུལ་དྲག་པོ་རྩལ༔

遍除道障降魔威猛力，

dispeller of all obstacles, Wrathful Tamer of Demons,༔

གསོལ་བ་འདེབས་སོ་བྱིན་གྱིས་བརླབ་ཏུ་གསོལ༔

至誠祈請唯願垂加持！

I supplicate you, bestow your blessings!༔

ཕྱི་ནང་གསང་བའི་བར་ཆད་ཞི་བ་དང་༔

外內密之道障得寂滅！

Pacify the outer, inner, and secret obstacles,༔

བསམ་པ་ལྷུན་གྱིས་འགྲུབ་པར་བྱིན་གྱིས་རློབས༔

所願任運成就祈加持！

and spontaneously fulfill all wishes!༔

　　作為秋吉林巴掘取的《上師意修所願任成》伏藏法的一部分，此《金剛六句祈請文》是一篇極為重要的蓮師祈請文。有一天，當我讀誦此文時，發覺其每行字句間都提及了上師意修修法。

　　第一句的「三世佛陀咕嚕仁波切」對應的是《密集總集》，這是總集一切佛陀、上師、本尊、空行的修法。通常在「三怙主」（蔣揚欽哲旺波、蔣貢康楚、秋吉林巴）的各種意修修法中，我們認為外意修是《遍除道障》，內意修是《所願任成》，密意修是《海生心滴》，極密意修是《金剛威猛力道次第智慧藏》，最密意修即總攝上述一切修法的《密意總集》。因此，我們可以理解此處的「三世佛陀」指的正是此最密合修修法。

　　第二句的前半句「普諸悉地遍主」對應的是《所願任成》。我們常說《所願任成》是母法，《遍除道障》是子法。此二者結合，可淨除所有道障，獲得一切成就。因此《所願任成》是一切成就之怙主。

　　第二句的後半句「大樂尊」對應的是秋吉林巴取出的《甚深七法類》中的《大樂蓮師》修法。此修法能有助於安穩風大失衡。風大失衡普遍表現為抑鬱、焦慮、不快樂和緊張等，它們通常是由於障礙，也有可能是因為禪修所引起。因此，我們需要在修行中充滿大樂，以

避免風大失衡。《大樂蓮師》灌頂法本中明確說到，通過修持此法，一定能獲得此成果。

第三句的「遍除道障」很顯然對應的是《遍除道障》。「威猛力」對應的是秋吉林巴取出的極密意修《金剛威猛力》，與該法一同取出的還有一尊蓮師像和金剛杵。《金剛威猛力》法類中的《道次第智慧藏》含攝了蓮師所傳授的從轉心四思惟開始，到四加行，再到觀修，直至大圓滿「立斷」和「頓超」的全部法道。此法本由秋吉林巴掘取，蔣揚欽哲旺波破譯，蔣貢康楚做釋論。

最後的「降魔」對應的是《伏魔勝王》成就法，這是蓮師本人直接用藏文書寫在羊皮紙卷上的獨特伏藏法。秋吉林巴將它取出後，甚至無須破譯空行文字，而是直接謄寫蓮師的藏文文本即可。這是一部非常特殊的修法。

此《金剛六句祈請文》被視為是秋吉林巴掘取的所有最重要的蓮師意修法類中的精華，具有不可思議的巨大加持力，是一篇立竿見影的祈請文，旨在為我們這個時代而準備。持誦此祈請文，等同誦持秋吉林巴意修法類中的所有教法。藉由念誦的力量，祈請蓮師加持我們，以斷除所有內、外、密障礙，圓滿一切祈願。這是一篇優美的祈請文，濃縮簡練但完整無缺。

第四章

淨相刹土

帕秋仁波切作

在《如意寶樹》中，蓮師描述了他在西藏的最後時光。他以大遷轉虹光身離開，去往銅色吉祥山。幾個世紀以來，許多大師都曾在淨觀中，或真實到訪過銅色吉祥山，秋吉林巴便是其中一位。較近時期的蔣揚欽哲確吉羅卓和頂果欽哲仁波切，他們也有許多關於銅色吉祥山的淨相，儘管這通常不會被公開談論。

如果你問蓮師的銅色吉祥山是否真實存在於外部世界？我必須回答：是。就目前的情況來說，我們視萬物為實存，認為顯相都是真實存在的。只要這個世界對我們來說是真實的，那麼地獄道和佛土也同樣是真實的。對於那些僅僅將外部世界視為顯相者，他們也同樣視銅色吉祥山為顯相。我們必須根據自己對世界的感知來談論事物。

對我們來說，銅色吉祥山確實於外部存在。如本書第七章中的祈請文所述，銅色吉祥山位於妙拂洲羅剎國。在我們所處的這個世界，有人說銅色吉祥山可能在澳大利亞，也有人說在斯里蘭卡或日本，還有人認為就在西藏。但無論如何，銅色吉祥山肯定不會僅限於淨相中。

然而，我們不能將銅色吉祥山只局限在某個我們可以指出來、能夠找到蓮師的具體位置，這一點非常重要。蓮師和銅色吉祥山無所不在，劃定一個特定的外部位置，只是讓我們觀想蓮師及其淨土的善巧

方便。

因此，就如蓮師有外、內、密三個層面，銅色吉祥山也有外、內、密三個層面。在外的層面，它是實際有形之地。銅色吉祥山位於西南妙拂洲，山頂上有一座宏偉天宮，天宮四面是四種不同顏色：東面白色，南面黃色，西面紅色，北面綠色，每一面都有一系列相應顏色的蓮師腳印石。銅色吉祥山周圍是十二羅剎島，每座島上都有蓮師在傳法。天宮有三層，也有外、內、密三個層面。這是關於它的描述。

但不同大師在淨觀中見到的銅色吉祥山略有不同。有人看見它是一層，有人看見二層，也有人看見三層，但這些並不矛盾。蓮師曾在千千萬萬個像我們這樣的世界中出現，展現他的證悟事業，單單一個羅剎島不可能限定他的所有行誼與化現。但是，只要我們認為有一個外在的世界，那麼妙拂洲與銅色吉祥山就的確存在，相信這一點的人具有真正的信心。不相信銅色吉祥山存在，卻說他們對蓮師有信心的人是自相矛盾的。如果蓮師可以存在，那銅色吉祥山為什麼不可以存在？這說不通。

在內的層面，具淨觀的行者視銅色吉祥山無處不在。在瑜伽士的覺受中，銅色吉祥山並非遙遠之地，而是他所感知的一切事物的淨相，一切皆銅色吉祥山。

內的銅色吉祥山也可解釋為與金剛身有關。這裡的銅色吉祥山是指行者的心臟，法本描述其為心形、紅色。因為智慧彙聚處在心間，勝義的蓮師即本初智慧，因此智慧的蓮師安住於自己心間的銅色吉祥山上。

有些人說蓮師不在外，只在內。說實話，相信蓮師只存在於外，比相信蓮師只存在於內要好很多。真正相信銅色吉祥存在於外的人，

具有強烈的信心。不相信蓮師存在於外，卻口頭上說他存在於心的人，其實既不相信蓮師在外，也不相信蓮師在內。他們卡在了中間，無所適從、手足無措。

我們能藉由信心成就佛果、證悟法性。然而只是卡在中間，既無虔敬，又無體悟，這樣不會帶給我們任何成果，只不過是自我欺騙罷了。因此，有智慧的行者需要培養信心，並證得法性。

在密的層面，銅色吉祥山是究竟的本質、是一切現象的本然狀態。除此之外，別無其他——此廣界是蓮師智慧的真正所在，它遍及一切，正如蓮師無所不在。無論萬法如何現起，其本體為空，自性為明，大悲周遍。因此，一切皆與上師無別。密的銅色吉祥山遠離四邊八戲、廣袤無垠、無有方所、無有性相，絕非僅限於羅剎島上的一座小山，而周遍一切。只是從我們二元體驗的角度上看，銅色吉祥山存在於我們自身外；在實相中，它無處不在。

此即銅色吉祥山的內、外、密的含義。當我們讀到關於描述銅色吉祥山的經文時，要知道在外的層面，它的確指的是羅剎島；在內的層面，它指的是微細身中的氣脈和位於心間的蓮師；在密的層面，它指的是普皆周遍的廣大智慧明點。

至關重要的是，當我們談到外、內、密的銅色吉祥山時，並非只是在談論什麼象徵意義上的不同層次，而是關乎於我們自己的直觀覺受。哪怕是凡夫，若稍稍瞭解佛法、心懷恭敬，也能生起對銅色吉祥山真實存在的徹骨信心。藉由信心之力，此人來生必定往生銅色山淨土。

而一位生起次第、圓滿次第的高階行者，在相信外在的銅色吉祥山的基礎上，還應力求證悟內在的銅色吉祥山。在行者的身體中，銅色吉祥山是心臟——這不僅僅是象徵層面，而是真實存在。無法做到

這一點的初階行者，只能將銅色吉祥山視為身外之地。祕密實修大圓滿的行者，既不視銅色吉祥山為外，也不視為內，而視其為自心本性、真如法爾。

這類似五蘊[1]的教法。對此概念理解粗淺的人，將肉身視為五蘊；稍微純熟的行者，將五蘊視為是虛幻的；修持生起次第的行者，將五蘊視為是五方佛；大圓滿行者，自然了悟五蘊為五智。那麼現在此五身五蘊真實存在於身體的究竟本性當中嗎？我無法否認這一點。人們有看見它存在的潛質，這也是為何修行人能夠看到它的原因。

同樣，普通的修行者將身體視作是輪迴的因果業力；修持生起次第的修行者將身體視為天宮。他們哪一個是對的？這只是感知的問題。在這種情況下，前者正確感知迷亂的顯相，後者正確感知清淨的顯相。

同理，銅色吉祥山的外、內、密三個層面並非淨土本身所固有，而是眾生所現起的不同感知。舉例來說，此刻日本的上空烏雲密布，而里約熱內盧的海灘上卻陽光萬丈。這是因為有兩個太陽嗎？當然不是。是因為兩個地方的天氣不同，從而影響到我們對於同一個太陽的個人感受。同樣，銅色吉祥山既不在外、也不在內，它是萬法的本來面目——這完全由我們感知的因緣決定。

但當我們談到銅色吉祥山為蓮師的安住地時，必須要記住：在外的層面，一切顯相皆是蓮師；在內的層面，蓮師是一切顯相的本質；在密的層面，蓮師完全超越概念、難以言詮、不可思議，是究竟實相之自生智慧。

如此說來，為什麼知道銅色吉祥山的樣子十分重要？經教中告訴我們，若求往生阿彌陀佛的西方極樂淨土，應當知曉需具足四因。無量光如來曾在因地之時發願，任何聞其名號、憶念其者，定能往生其

國土。在他成佛時，西方極樂淨土基於這些願力而自然顯現。

還有四因決定了能否往生極樂淨土。首先，是明觀淨土。簡言之，此淨土中央有一棵菩提樹，阿彌陀佛安住其下，周匝菩薩環繞。我們需要知道所有細節，並能觀想它的全貌，這包括要知道它位於何方——西方，這樣方能去到那裡；第二個因，是積累資糧；第三個因，是發菩提心；第四個因，是發大誓願。

當秋吉林巴在淨觀中去到銅色吉祥山時，空行母清楚告訴他要記下所有細節，以便返回時將其描繪下來，以便他的弟子在臨終時能對其加以觀想，從而往生彼處。因此，淨土的詳細描述對於接引弟子往生那裡十分重要。

接下來的《空行耶喜措嘉請問章》，以蓮師祈請文的形式，對銅色吉祥山加以描述。這些描述有三個目的。第一，當我們作為修行者在祈請時，需要知道祈求的對境。不知道祈請的對境，就不知如何祈請。當我們向蓮師祈請時，應該知道他是誰，他在何處——西南銅色吉祥山。有了這些描述，行者就會有一個清晰的對境。行者在做皈依時，需要有一個清晰的皈依境。

第二，有利於瑪哈瑜伽生起次第念誦文中迎請部分的觀想。當我們從妙拂洲迎請蓮師時，需要知道那個地方在哪裡，這樣才能將邀請發送過去。當觀想心中放光時，我們要能真實看到光芒到達了銅色吉祥山，向蓮師發出了邀請。

第三，是為了蓮師的具信者在祈願時觀想銅色吉祥山，並在臨終時清楚憶念此往生處。《蓮師七章祈請頌》中的《空行耶喜措嘉請問章》給予我們所有一切法道次第的指引。

為什麼要發願往生銅色吉祥山？在《空行耶喜措嘉請問章》中，蓮師說：「往生銅色吉祥山等同於證悟。」這不是說能往生那裡的人

本身都已成就，而是說藉由願力與信心，我們能夠往生淨土。一旦到達那裡，我們就具有了直至成佛之間所有如法修持的因緣。此後，我們當然可以乘願再來，回到俗世，不斷地利益眾生。

讓我們看一下《空行耶喜措嘉請問章》，這是將蓮師視為一切之根本的他的親近弟子所求授的《蓮師七章祈請頌》中的第三章。《蓮師七章祈請頌》的篇幅跨越了從金剛乘的教法源流，直至蓮師入藏弘法的過程。蓮師恆常遍在、無始無終。他的弟子並非只將他視為相識了四、五十年的上師，而視他為毫無間斷的流續。他的時間線也並非只有千年，因為眾生無量無邊，所以蓮師永遠住世。

《空行耶喜措嘉請問章》提供了從金剛乘起源，直到釋迦教法傳承、大圓滿教法傳承、八大法行教法傳承的全貌——這一切皆與蓮師息息相關。如果你想瞭解何為勝義的蓮師，在《空行耶喜措嘉請問章》中悉皆有所闡釋。對金剛乘的行者來說，蓮師現在仍住世，他不只是過去的人物。當蓮師離開西藏時，弟子們想知道他將去往何處。他們感到孤苦無依，蓮師一再安慰道：「我永遠都會在憶念我的具信者身邊。」於是，耶喜措嘉為藏人請求一個能憶念他的祈請文。她在這裡稱是為了藏人，只因祈請者是藏族弟子，實則對一切人，念誦此祈請文都自然大有裨益。

蓮師向耶喜措嘉賜予此祈請文，其中描述了銅色吉祥山的形狀外觀、無量宮以及安住其中的本尊聖眾、蓮師在妙拂洲及其以外的廣大行誼。這些被看作是對外在化身剎土銅色吉祥山的描述。外在化身剎土是凡俗眾生能夠觀想和感知的；內在報身剎土是遍在的；祕密法身剎土是難以思議的。因此我們觀修時，通常將重點放在化身剎土上。

關於化身剎土，有清淨與不淨之分。例如，在我們看來，我們所在的世界是不淨的化身剎土。之所以說它是剎土，乃因釋迦佛曾親臨

此地並傳法，蓮師也曾降臨並在藏地廣傳密法。然而，僅僅出於我們不淨的感知，這個世界顯現為不淨的化身剎土；而銅色吉祥山則顯現為清淨的化身剎土。蓮師此時此刻正安住那裡，傳授密法、開展佛行，示現息、增、懷、誅四種事業。蓮師的悲心無有中斷，慈悲與智慧事業永無停息。

為了證悟萬法之本性——空性，我們需要信、修、行三者。只要見到空性，我們對蓮師的信心就會相應增長。我們要相信蓮師與銅色吉祥山是真正存在的。然而，縱使萬法為空，仍需謹慎取捨因果。蓮師親宣：「雖然我的見地比天高，然而我的行持比粉細。」同理，一個修行人愈修持空性或心性，就會愈確信銅色吉祥山的存在。如果在修持空性時，說什麼都不存在，則落入斷邊。

無論從事何種修持，都有落入常邊或斷邊的危險。如果修持空性出錯、亂說什麼都不存在，則為斷邊；若說一切都存在，則為常邊。相比斷邊，執著常邊的危害較小，仍有可能往生淨土；而斷邊則毫無善果。偉大上師帝洛巴說：「執常為愚癡，執空更愚癡。」

請在讀誦《空行耶喜措嘉請問章》時生起信心。誦持此文，能夠對銅色吉祥山的基本樣貌有所瞭解。同時，它以祈請文的形式，包含了蓮師離開前對藏族臣民的最後咐囑。此祈請文由蓮師親口所宣，我們應恆常誦持，以做憶念。

直至今日，具信者相信蓮師仍住於此世間。此時此刻，我不知蓮師顯現為何者、是何樣貌，但我知道他現在的確就在這裡。雖然從智慧角度講，蓮師住於銅色吉祥山；但在顯現上，他此刻就與我們同在。事實上，蓮師不僅在人道，也在地獄、餓鬼等惡趣中傳法。正如六道中的每一道都有一位佛陀，也有六位蓮師——六道中的每一道都有其相應的蓮師，這不是非常不可思議嗎？我們死亡時可以往生銅色

吉祥山、親見蓮師，但也不必等到那個時候——因為蓮師必定來到每一位祈請者身邊。

---

1 五蘊是構成眾生的五大元素：色、受、想、行、識。

第五章

《空行耶喜措嘉請問章》——
出自《蓮師七章祈請文》

蓮花生大士親宣
一世多傑扎大持明・果吉登楚堅取藏

དེ་ནས་མཁའ་འགྲོ་ཡེ་ཤེས་མཚོ་རྒྱལ་གྱིས་ཞུས་པ༔

復次，空行耶喜措嘉請問道：༔

Then the dakini Yeshé Tsogyal made her request: ༔

ཀྱེ་སྐྱབས་གནས་ཀུན་འདུས་ལགས་ཤོ༔ སྟོན་པ་བཅོམ་ལྡན་ཤཱཀྱ་ཐུབ་པའི་ཞིང་ཁམས་འདི་རུ༔ ཐེག་པ་ཆེན་པོའི་གསང་སྔགས་ཆོས་ལ་འགྲོ་པ་ཕོངས་པ་བཀྲོལ་ཕྱིར་ཆེ་ལགས༔ གསང་སྔགས་ཀྱི་ལྷ་ཁམས་ཅན་ཏ༔ ཀྱི་སྐུའི་ངོ་བོ་རྡོ་རྗེ་ཕོང་ཁྱད་རྣམས༔ གསུང་ལ་ཐེག་པ་ཆེན་པོའི་གདམས་ངག་འགྲོ་བ་འདྲེན༔ ཐུགས་ཀྱི་གཏིང་ནས་ནམ་མཁའ་ལ་ཉི་མ་ཤར་བའི་དགོངས་པ་ཟབ་མོ་མངའ་ལགས༔ བདག་གི་གཤེགས་ཀུན་འདུས་པ་འབྱུང་གནས་ཉིད་ལགས་ཀྱི་སངས་རྒྱས་ནི་བདག་འདས་ས༔ ཡེ་ཤེས་མཚོ་རྒྱལ་གྱིས་གནས་དུ་འཚོལ་ཀྱང་ནི་རྙེ་པར་འཐབ་ལགས༔ བདག་ལ་ཚིག་ཉུང་ཏུ་འདོན་འདས༔ དོན་ཟབ་ཅིང་བྱིན་རླབས་ཆེ་བ་ཤ་གུ་ཉིད་གསོལ་བ་བ་གདབ༔ ཅེས་ཀྱི་ཕྱིར་དུ་ཀྱི་སྐུ་ལགས༔ བདག་ནམ་རྣམས་ཀྱི་བོད་ཕྱུ་ཀུ་གསོལ་བ་བཏབ་ནས༔ ནི་ཐེ་སྐར་མོ་རྒྱན་ དུ་གཤེགས་པའི་རྗེས་ཀྱི་ཨོ་རྒྱན་ཕྱོ་ལྟར་ནས་ཀྱི་དད་ཏ་ ན་ཅན་གྱི་གནས་སུ་ཕོང་ཏེ་ཕྱི་གྱིས་སྐྱོ་ང་རས་ཞིག༔ ཞེས་ཞུས་སོ༔

「嗚呼至尊大上師！於釋迦牟尼佛所化之剎土，大乘密咒教法出現，恩澤眾生。密咒教法之一切本尊，身密本體為金剛顯靈力，語密為大乘教授導引有情，深密心意主掌如虛空皓日升起般甚深定境。我，耶喜措嘉，於善逝總集蓮花生尊師您之外，遍尋更殊勝之佛而不得。請賜予我一言簡意賅、具甚深義及廣大加持之祈請文，於上師您僅作祈請，即能令加持之雲湧動，我等凡夫俗子於藏地甫一祈請，便能令上師您——縱使去往鄔金[1]剎土後，亦以大悲從空行洲前來藏地具信弟子處。」༔

"O great master! In general, the appearance of the Secret Mantra teachings of the Mahayana in this world, the realm of Buddha Shakyamuni, represents the greatest kindness toward all beings; it is true. ༔

"Yet the essence of the wisdom body of all the deities of the Secret Mantra is you, Dorjé Thötreng Tsal! Your wisdom speech embodies the pith instructions of the Mahayana, with which you guide living beings. Your wisdom mind embraces a profound vision, as deep and as magnificent as the sun, lighting up the entire sky. ༔

"Wherever I may look, someone like me, Yeshé Tsogyal, will never find a buddha greater than you, Lotus-Born, for you are the embodiment of all the sugatas in one. Because of this, please grant me a prayer that is brief in words and concise in meaning, profound in truth and great in blessings, so that by simply praying to you, Oh Guru, your blessings will rush in like clouds filling the sky. ༔

"I request a prayer that has such power of blessing that, even after you have returned to the land of Orgyen, when we ordinary people in Tibet recite this prayer, in all your compassion you will come from the realm of the dakinis to Tibetans with devotion, wherever they may be." ༔

བཀའ་བསྩལ་པ༔ ཉོན་ཅིག་མཚོ་རྒྱལ་ཁྱོད་ཉིད་ཀྱིས་ཉོན༔ སེམས་ཅན་ཐམས་ཅད་ཉོན་མོངས་དབང་གིས་རྟོག་པ་ལ་འཁྲུལ་ཞིང་གཉིས་སྣང་གི་རྟོག་པར་བཟུང་བས་འཁྲུལ་པ་ཡིན༔ ང་ནི་ཆོས་སྐུའི་སངས་རྒྱས་ཐམས་ཅད་ཀྱི་བྱིན་གྱིས་བརླབས༔ ལོངས་སྤྱོད་རྫོགས་སྐུའི་སངས་རྒྱས་ཐམས་ཅད་ཀྱི་དབང་བསྐུར༔ སྤྲུལ་པའི་སྐུ་སངས་རྒྱས་དང་བྱང་ཆུབ་སེམས་དཔའ་ཐམས་ཅད་ཀྱིས་གྲོས་བགྲོས་ཏེ་ཕོ་འཛམ་བུ་གླིང་དུ་བྱོན་པར་སྤྲུལ་པའི་སངས་རྒྱས་ཀྱི་བསྟན་པ་དར་ར་བ་དང་། གངས་ཅན་གྱི་འགྲོ་བ་འདྲེན་པའི་ཕྱིར་རིན་ཆེན་མཆོ་སྣོད་བཀོད་པོ་ལས༔ རང་བྱུང་སྤྲུལ་སྐུ་རྡོ་རྗེ་ཡིན་ཏེ༔ གང་ཞིག་ལས་ཀྱི་སྨིན་པ་ཉ་ཚར༔ བདག་ལ་གདུང་བས་སེམས་ཀྱི་གསོལ་བ་འདེབས་ན་སྐུ་འགགས་ཏེ་འཁྲིན་སྐོབ་ལས་པར་གྱིས༔ སངས་རྒྱས་ཀུན་ལས་ངག་ཏེ་ཁྱོད་ལ་ཧྲི་ས༔ མཚོ་རྒྱལ་གསོལ་བ་རྒྱལ་དུ་གསོལ་བ་ཐོབ་ ཅེས་གསུངས་སོ༔

蓮師賜教曰：「措嘉公主，請聽！三界有情皆因分別煩惱，而將二取妄念執為有我，故而迷亂。我乃經由一切法身諸佛所加持、報身諸佛授予灌頂、化身諸佛菩薩共同商討後，降臨此南贍部洲。特別為在雪

域闇暗陋土光宏佛法，以密咒果乘導引眾生，而於大寶海島蓮花莖上，以自生幻化身相應現於世。若有具緣虔敬善子對我悲慟祈禱，則依因果緣起願力故，我之悲心較其它諸佛更為迅速。措嘉，請以敬信恆常祈禱。」

He replied, "Listen, Lady Tsogyal! Sentient beings in the three realms, driven by their destructive emotions, are all overwhelmed by endless discursive thoughts and are deluded by clinging to the dualistic appearance of subject and object.

"All the buddhas of the dharmakaya have granted me their blessing, all the buddhas of the sambhogakaya have empowered me, and all the nirmanakaya buddhas and bodhisattvas conferred and decided I should come to this southern continent of Jambudvipa. Especially, I have come in order to spread the teachings of the buddhas here in the benighted land of Tibet, and to lead beings into the resultant Dharma of the Secret Mantra. For this reason, in the heart of a lotus, on an island in the lake of jewels, I came, symbolizing the natural self-manifesting of the nirmanakaya. If anyone with faith, devotion, and a connection to me prays with yearning and real fervor, then the force of our special aspirations and the interdependence of cause and effect will ensure that my compassion comes to his or her help more quickly than that of any other buddha. So pray, Tsogyal, continuously and with devotion!"

This is what he said.

དེའི་དུས་སུ་སློ་ཐུབ་ཏུ་གཟིགས་ཏེ། རིན་པོ་ཆེ་དང་རུས་པའི་རྒྱན་སྣ་ཚོགས་ཀྱིས་བརྒྱན༔ ཕྱག་གཡས་པ་ཐོད་པའི་ཌ་མ་རུ་འཁྲོལ༔ ཕྱག་གཡོན་པ་ཇོ་མོ་མཚོ་རྒྱལ་གྱི་སྤྱི་བོར་བཞག༔ འདི་སྐད་ཅེས་གསུངས་སོ༔

彼時，蓮師目視西南，身著種種珍寶骨飾，右手搖響顱鼓，左手置於覺姆措嘉頭頂，如是宣說道：

At that moment, he gazed toward the southwest. He was adorned with various jewel and bone ornaments, and, with his right hand playing his *damaru* (skull drum), he placed his left hand on Lady Tsogyal's head as he sang: ༔

ཨེ་མ་ཧོ༔ འདི་ནས་ཉི་མ་ནུབ་བྱང་མཚམས་ཤེད་ནༀ༔ གནས་ཆེན་རྡོ་རྗེ་གདན་གྱི་ནུབ་བྱང་མཚམས༔

哎瑪吙！自此太陽運行西南方，༔聖地金剛座之西北隅，༔

Emaho! O wonder! Yonder, in the southwest,༔ to the northwest of the sacred Vajra Throne,༔

ང་ཡབ་གླིང་ཕྲན་ཟ་བྱེད་སྲིན་པོའི་ཡུལༀ༔ དུས་གསུམ་སངས་རྒྱས་རྣམས་ཀྱི་བྱིན་བརླབས་པའིༀ༔

羅剎國境遮摩羅小洲，༔三世一切諸佛所加持。༔

lies the continent of Ngayab Ling, land of the demon rakshasas,༔ blessed by all the buddhas of past, present, and future.༔

གླིང་མཆོག་ཁྱད་པར་ཅན་ལ་གསོལ་བ་འདེབསༀ༔ ཨོ་རྒྱན་པདྨ་འབྱུང་གནས་ལ་གསོལ་བ་འདེབསༀ༔

極具特勝之洲敬祈請！༔至誠祈請鄔金蓮花生！༔

To this sublime and special realm, we pray!༔ To the Lotus-Born Guru of Orgyen, we pray!༔

ཧཱུྃ༔ སྔོན་གྱི་བསྐལ་པ་དང་པོ་འདས་པའི་དུསༀ༔ མ་ཏྲཾ་རུ་དྲ་བསྒྲལ་བའི་རྫས་བརྒྱད་ལༀ༔

吽！往昔遠古最初劫之時，༔誅殺瑪章汝扎遺八物，༔

Hung! At the closing of the first of the aeons of the past,༔ the eight objects remaining from the liberation of Matram Rudra༔

གསང་སྔགས་འབྱུན་པའི་གནས་བརྒྱད་བྱིན་གྱིས་བརླབས༔ ཙིཏྟ་ཨོ་རྒྱན་ཡུལ་དུ་བབས་པ་ལས༔

形成密法出處八聖地。༔心臟落於鄔金勝境中。༔

blessed the eight sacred places where the Secret Mantra would come.༔ His heart-it fell in the land of Orgyen.༔

ཧྲེན་འབྲེལ་ཁྱད་པར་ཅན་ལ་གསོལ་བ་འདེབས༔ ཨོ་རྒྱན་པདྨ་འབྱུང་གནས་ལ་གསོལ་བ་འདེབས༔

極具殊勝緣起敬祈請！༔至誠祈請鄔金蓮花生！༔

To this special and auspicious circumstance, we pray!༔ To the Lotus-Born Guru of Orgyen, we pray!༔

རྡོ་རྗེ་ཕག་མོས་བྱིན་གྱིས་བརླབས་པའི་གནས༔ མ་མོ་མཁའ་འགྲོ་ཐམས་ཅད་འདུ་བའི་གླིང༔

金剛亥母加持之聖地，༔此洲匯聚神女空行眾，༔

A sacred place, blessed by Vajravarahi,༔ the continent where mamos and dakinis all convene,༔

གསང་སྔགས་བདག་ཉིད་རང་སྒྲ་དི་རི་རི༔ གནས་དེར་ཕྱིན་པ་ཚམ་གྱིས་བྱང་ཆུབ་ཐོབ༔

密咒標相自聲滴哩哩——༔甫至彼處皆已獲菩提。༔

where, by themselves, the symbolic sounds of secret mantras ring out—༔ to reach this realm is to attain awakening.༔

གནས་མཆོག་ཁྱད་པར་ཅན་ལ་གསོལ་བ་འདེབས༔ ཨོ་རྒྱན་པདྨ་འབྱུང་གནས་ལ་གསོལ་བ་འདེབས༔

極盡勝妙之地敬祈請！༔至誠祈請鄔金蓮花生！༔

To this supreme and sacred place, we pray!༔ To the Lotus-Born Guru of Orgyen, we pray!༔

ཟངས་མདོག་དཔལ་གྱི་རི་བོ་ཙིཏྟའི་དབྱིབས༔ རྩ་བ་ཀླུ་ཡི་རྒྱལ་པོའི་གནས་སུ་ཟུག༔

銅色吉祥山形似心臟，༔山根直抵龍王所居處；༔

The Copper-Colored Mountain of Glory is shaped as a heart,༔ its base deep down in the domain of the naga king;༔

སྐེད་པ་སྤྲུན་ཚགས་མཁའ་འགྲོའི་སྐྱིང་ན་བརྗིད༔ རྩེ་མོ་ཚངས་པའི་འཇིག་རྟེན་སྙེགས་པ་འདྲ༔

山腰威耀空行勝境中；༔山頂達至大梵天世界。༔

its slopes, resplendent and majestic, rising into the realm of the dakinis;༔ its soaring peak as high as the world of Brahma.༔

རི་རྒྱལ་ཁྱད་པར་ཅན་ལ་གསོལ་བ་འདེབས༔ ཨོ་རྒྱན་པདྨ་འབྱུང་གནས་ལ་གསོལ་བ་འདེབས༔

極具殊勝山王敬祈請！༔至誠祈請鄔金蓮花生！༔

To this special king of mountains, we pray!༔ To the Lotus-Born Guru of Orgyen, we pray!༔

དཔལ་གྱི་རི་བོ་འབར་བའི་རྩེ་མོ་ན༔ ཤར་ཕྱོགས་ཤེལ་ལ་ལྷོ་ཕྱོགས་བཻ་ཌཱུརྱ༔

吉祥勝山熾燃峰頂上，༔東方水晶南方毗琉璃[2]，༔

On the shining crest of this awe-inspiring mountain,༔ its eastern side of crystal, the south of cat's eye stones,༔

ནུབ་ཕྱོགས་རཱ་ག་བྱང་ཕྱོགས་ཨིནྡྲའི་མདོག༔ ཕྱི་ནང་མེད་པར་གསལ་བའི་གཞལ་ཡས་ཁང༔

西方落伽（紅寶石）北方因陀尼（藍寶石），༔通澈不分內外逾量宮。༔

the west of ruby, and the north of emerald,༔ stands the celestial mansion, shimmering and translucent from within and without.༔

ཕོ་བྲང་ཁྱད་པར་ཅན་ལ་གསོལ་བ་འདེབས༔ ཨོ་རྒྱན་པདྨ་འབྱུང་གནས་ལ་གསོལ་བ་འདེབས༔

極具殊勝宮殿敬祈請！༔至誠祈請鄔金蓮花生！༔

To this exquisite palace, we pray!༔ To the Lotus-Born Guru of Orgyen, we pray!༔

གཞལ་ཡས་དེ་ཡི་ཕྱོགས་བཞི་མཚམས་བཞི་དང་༔ སྟེང་འོག་ཐམས་ཅད་རིན་པོ་ཆེ་ལས་གྲུབ༔

無量天宮四方與八隅，༔上下一切珍寶之所成，༔

Every side and face of this great mansion, in each direction,༔ above and below, is made from jewels and precious substances.༔

ཁྱམས་དང་གྲུ་ཆད་གློ་འབུར་རིགས་བཞི་ཡང་༔ ཕྲིན་ལས་བཞི་ཡི་ཁ་དོག་སོ་སོར་གསལ༔

走廊方角四種妙亭台，༔分別顯為四種事業色[3]。༔

Corridors, corners, and parapets—each is shining༔ with the colors of the four awakened activities.༔

ལྷུན་གྲུབ་གཞལ་ཡས་ཁང་ལ་གསོལ་བ་འདེབས༔ ཨོ་རྒྱན་པདྨ་འབྱུང་གནས་ལ་གསོལ་བ་འདེབས༔

任運自成天宮敬祈請！༔至誠祈請鄔金蓮花生！༔

To this spontaneously perfect mansion, we pray!༔ To the Lotus-Born Guru of Orgyen, we pray!༔

རྩིག་པ་འདོད་སྣམ་ཕ་གུ་དྲྭ་བ་དང་༔ དྲ་ཕྱེད་མདའ་ཡབ་རིན་ཆེན་སྣ་ལྔས་སྤྲས༔

牆壁舞臺屋簷珠網鬘，༔瓔珞飛簷五種珍寶綴，༔

The walls, offering terraces, raised platforms, and hangings,༔ Pendant fringes, and balconies——all gleam with gold and silver, turquoise, coral, and pearl.༔

སྒོ་བཞི་རྟ་བབས་ཆོས་འཁོར་རྒྱན་རྣམས་ཀུན༔　སྣ་ཚོགས་རིན་པོ་ཆེ་ཡིས་མཛེས་པར་བརྒྱན༔

四門牌坊法輪眾莊嚴，༔皆以種種珍寶作美飾。༔

The four doors, the steps, the Dharma Wheel and all the ornaments ༔ stand out in beauty, set with every kind of gem and priceless material.༔

རིན་ཆེན་གཞལ་ཡས་ཁང་ལ་གསོལ་བ་འདེབས༔　ཨོ་རྒྱན་པདྨ་འབྱུང་གནས་ལ་གསོལ་བ་འདེབས༔

大寶廣博樓閣敬祈請！༔至誠祈請鄔金蓮花生！༔

To this precious celestial palace, we pray!༔ To the Lotus-Born Guru of Orgyen, we pray!༔

དཔག་བསམ་ཤིང་དང་བདུད་རྩིའི་ཆུ་མིག་དང་༔　འཇའ་ཚོན་ཚོན་སྣ་ལྔ་ཕྱི་ནང་སྤྲིན་ལྟར་གཏིབས༔

如意寶樹甘露泉水凓，༔虹光五彩內外縈如雲[4]，༔

Wish-fulfilling trees, bubbling springs of nectar,༔ with five-colored rainbows gathering like clouds inside and out,༔

མེ་ཏོག་པདྨའི་འོད་ཀྱིས་བར་སྣང་ཁེངས༔　གནས་དེ་དྲན་པ་ཙམ་གྱིས་བདེ་ཆེན་ཐོབ༔

寶華妙蓮放光遍虛空，༔僅念彼處即得大安樂。༔

the atmosphere is bathed in light in the shape of lotus flowers.༔ Simply to think of this place brings great bliss.༔

པདྨ་འོད་ཀྱི་གཞལ་ཡས་ལ་གསོལ་བ་འདེབས༔　ཨོ་རྒྱན་པདྨ་འབྱུང་གནས་ལ་གསོལ་བ་འདེབས༔

蓮花光明宮殿敬祈請！༔至誠祈請鄔金蓮花生！༔

To this heavenly palace of Lotus Light, we pray!༔ To the Lotus-Born Guru of Orgyen, we pray!༔

གཞལ་ཡས་ཆེན་པོ་དེ་ཡི་ནང་ཤེད་ན༔ རིན་ཆེན་ཟུར་བརྒྱད་ཉི་མ་ཟླ་བའི་གདན༔

於彼廣大無量天宮中，༔珍寶玲瓏八角日月墊，༔

Within this measureless mansion,༔ on an eight-cornered jewel throne and sun and moon disc seat,༔

མ་ཆགས་པདྨ་འབར་བའི་སྡོང་པོ་ལ༔ པདྨ་འབྱུང་གནས་བདེ་གཤེགས་འདུས་པའི་སྐུ༔

無貪蓮花璀璨花莖上，༔蓮花生源善逝總集身。༔

on the shining, blossoming lotus of nonattachment,༔ there you preside, Padmakara, you who embody all the sugatas.༔

རང་བྱུང་སྤྲུལ་པའི་སྐུ་ལ་གསོལ་བ་འདེབས༔ ཨོ་རྒྱན་པདྨ་འབྱུང་གནས་ལ་གསོལ་བ་འདེབས༔

自然幻化佛身敬祈請！༔至誠祈請鄔金蓮花生！༔

To this self-arising nirmanakaya emanation, we pray!༔ To the Lotus-Born Guru of Orgyen, we pray!༔

ཞི་རྒྱས་དབང་དྲག་དོན་ལ་དགོངས་པའི་ཕྱིར༔ སྐུ་མདོག་ཕྱག་མཚན་ཆུན་རྣམས་མ་ངེས་ཀྱང་༔

念及息增懷誅深義故，༔身色手幟衣飾皆無定，༔

So as to benefit beings by pacifying, enriching, magnetizing, and subjugating,༔ your color, attributes, and ornaments will change,༔

ཉི་མ་སྟོང་གི་འོད་ལས་གཟི་མདངས་གསལ༔ རི་རྒྱལ་ལྷུན་པོ་བས་ཀྱང་བརྗིད་རེ་ཆེ༔

神采奕奕勝於千日光，༔威光顯赫超過須彌山。༔

yet your brilliance remains, always brighter than a thousand suns,༔ your majesty surpassing even Mount Meru.༔

ཡ་མཚན་སྤྲུལ་པའི་སྐུ་ལ་གསོལ་བ་འདེབས༔　ཨོ་རྒྱན་པདྨ་འབྱུང་གནས་ལ་གསོལ་བ་འདེབས༔

稀有幻化佛身敬祈請！༔至誠祈請鄔金蓮花生！༔

To the wondrous nirmanakaya emanation, we pray!༔ To the Lotus-Born Guru of Orgyen, we pray!༔

འགྲོ་ལ་བརྩེ་བའི་ཐབས་ཀྱིས་འགྲོ་དོན་མཛད༔ ཞལ་འཛུམ་མཛེས་པའི་མདངས་ལྡན་ཡ་ལ་ལ༔

於眾大悲方便行利生。༔含怡曼妙容光極閃耀，༔

With the skillful means born of your love for beings, you always act for their benefit.༔ From your smiling mouth, glowing in beauty,༔

འབྲུག་སྟོང་ཆེར་བས་གསུང་གི་གདངས་སྒྲ་ཆེ༔　གསང་སྔགས་ཟབ་མོའི་ཆོས་སྒྲ་དི་རི་རི༔

音聲宏韻力壓千龍吟，༔甚深密咒法音轟隆隆。༔

the sound of your voice, mightier than the roaring of a thousand dragons,༔ thunders out the profound Secret Mantra teachings.༔

ཚངས་པའི་གསུང་དབྱངས་སྙོག་ལ་གསོལ་བ་འདེབས༔　ཨོ་རྒྱན་པདྨ་འབྱུང་གནས་ལ་གསོལ་བ་འདེབས༔

廣宣梵淨妙音敬祈請！至誠祈請鄔金蓮花生！༔

To your speech, which has the melodious voice of Brahma, we pray! ༔ To the Lotus-Born Guru of Orgyen, we pray! ༔

ཐུགས་ཀྱི་སྤྲུལ་པ་འཛིག་རྟེན་ཁྱབ་པར་འགྱེད༔　སྤྱན་ཚ་ཉི་ཟླ་ལྟ་བུར་འཁྱིལ་ཞིང་གཟིགས༔

放射心意化身遍世間；༔眼根圓明普照如日月。༔

Emanations of your wisdom mind fan out through the whole world; ༔ like the sun and moon, your eyes turn and gaze upon all.༔

ནམ་མཁའི་གློག་ལས་ཕྱགས་རྗེའི་ཕྲིན་ལས་མྱུར༔ དགོངས་པ་ཟབ་མོ་ནམ་མཁའི་ཀློང་དང་མཉམ༔

大悲事業速於虛空電。༔ 禪意玄妙等同虛空界。༔

Your compassionate activity is swifter than a flash of lighting in the sky,༔ your continual abidance as deep as the vast expanse of space.༔

ཕྱགས་རྗེ་ཁྱད་པར་ཅན་ལ་གསོལ་བ་འདེབས༔ ཨོ་རྒྱན་པདྨ་འབྱུང་གནས་ལ་གསོལ་བ་འདེབས༔

極具殊勝悲心敬祈請！༔至誠祈請鄔金蓮花生！༔

To your extraordinary compassion, we pray!༔ To the Lotus-Born Guru of Orgyen, we pray!༔

སྤྲུལ་སྐུ་ཆེན་པོའི་ཕྱོགས་མཚམས་བརྒྱད་པོ་ནུ༔ ཤོག་པོའི་དགྲ་བགེགས་བརྫིས་པའི་གདན་སྟེང་དུ༔

摩訶化身之方隅八處，༔ 鎮伏邪引敵障之墊上，༔

In each of the eight directions around this great nirmanakaya buddha,༔ crushing underfoot malicious enemies and obstructing forces,༔

སྐུ་གསུང་ཐུགས་དང་ཡོན་ཏན་ཕྲིན་ལས་ཀྱི༔ རིགས་ལྔ་བདེ་གཤེགས་བདུད་འདུལ་ཁྲོ་པོའི་ཚོགས༔

身語意密功德事業之，༔五族善逝伏魔海會眾༔。

rages the assembly of wrathful deities, who subjugate negativity,༔ the sugatas of the five families of the wisdom body, speech, mind, qualities, and activity༔

སྒྲུབ་ཆེན་བཀའ་བརྒྱད་ལྷ་ཚོགས་ལ་གསོལ་བ་འདེབས༔ ཨོ་རྒྱན་པདྨ་འབྱུང་གནས་ལ་གསོལ་བ་འདེབས༔

修部八教天眾敬祈請！༔至誠祈請鄔金蓮花生！༔

To the deities of the great Kagyé sadhanas, we pray!༔ To the Lotus-Born Guru of Orgyen, we pray!༔

ཕྱོགས་བཞིར་པདྨ་འདབ་བཞིའི་གདན་སྟེང་དུ༔ རིགས་བཞིའི་ཀིང་ཀ་ར་མཁའ་འགྲོ་སྡེ་བཞིའི་ཚོགས༔

四方蓮花四瓣坐墊上，༔四族矜羯羅[5]四部空行，༔

In the east, south, north, and west, on four-petaled lotus blossoms,༔ arise the kinkaras of the four families, together with the four classes of dakinis—༔

ཐམས་ཅད་མ་ལུས་དུར་ཁྲོད་ཆས་ཀྱིས་བརྒྱན༔ མཛེས་པའི་རྒྱན་སྤྲུན་རོལ་པའི་སྟབས་སུ་བཞུགས༔

皆由屍林飾具齊裝扮，༔身飾華麗遊舞姿而住。༔

every one of them wearing the grisly attributes of the charnel ground,༔ along with beautiful ornaments, all assuming the postures of dance,༔

ཡེ་ཤེས་མཁའ་འགྲོ་ཡབ་ཡུམ་ལ་གསོལ་བ་འདེབས༔ ཨོ་རྒྱན་པདྨ་འབྱུང་གནས་ལ་གསོལ་བ་འདེབས༔

智慧空行父母敬祈請！༔至誠祈請鄔金蓮花生！༔

To the dakas and dakinis of wisdom, we pray! ༔ To the Lotus-Born Guru of Orgyen, we pray!༔

གཞལ་ཡས་ཆེན་པོའི་ཕྱོགས་བཞིའི་བར་ཁྱམས་དང་༔ གྲུ་ཆད་རྟ་བབ་རིག་འཛིན་མཁའ་འགྲོས་གང་༔

廣博天宮四方環廊與，༔方角亭台滿持明空行，༔

In the four directions within the great celestial mansion,༔ the courtyards, corners, and gateways are crowded with vidyadharas and dakinis.༔

ལྷ་དང་ལྷ་མོ་མང་པོ་སྤྲིན་ལྟར་གཏིབས༔ ཕྱི་ནང་གསང་བའི་མཆོད་པ་སྣ་ཚོགས་འབུལ༔

眾多天子天女匯如雲，༔呈奉種種外內密勝供。༔

Countless gods and goddesses gather, swirling like clouds,༔ lifting up offerings of every variety—outer, inner, and secret.༔

རིག་འཛིན་མཁའ་འགྲོའི་ཚོགས་ལ་གསོལ་བ་འདེབས༔ ཨོ་རྒྱན་པདྨ་འབྱུང་གནས་ལ་གསོལ་བ་འདེབས༔

持明空行海會敬祈請！༔ 至誠祈請鄔金蓮花生！༔

To the mamos and dakinis and their throngs of deities, we pray!༔ To the Lotus-Born Guru of Orgyen, we pray!༔

རིན་ཆེན་གཞལ་ཡས་ཁང་གི་འདོད་སྣམ་ལ༔ མཆོད་པའི་ལྷ་མོ་ཆར་སྤྲིན་ལྟ་བུར་གཏིབས༔

大寶天宮妙欲舞臺上，༔ 供養天女匯聚如密雲，༔

All along the galleries of this great jeweled mansion,༔ offering goddesses gather like clouds of rain,༔

འདོད་ཡོན་དྲུག་གི་མཆོད་པས་འཇིག་རྟེན་ཁེངས༔ ཀུན་ཏུ་བཟང་པོའི་མཆོད་པས་བདེ་གཤེགས་མཆོད༔

以六妙欲供養遍宇宙，༔普賢供雲呈奉善逝尊。༔

filling the whole universe with offerings to delight the six senses.༔ To the sugatas, they make offerings as infinite as Samantabhadra's.༔

ཡོན་ཏན་ཀུན་འབྱུང་ཚོགས་ལ་གསོལ་བ་འདེབས༔ ཨོ་རྒྱན་པདྨ་འབྱུང་གནས་ལ་གསོལ་བ་འདེབས༔

功德源泉海會敬祈請！༔ 至誠祈請鄔金蓮花生！༔

To these deities, the source of all good qualities, we pray!༔ To the Lotus-Born Guru of Orgyen, we pray!༔

གཞལ་ཡས་ཆེན་པོའི་ཕྱོགས་བཞིའི་སྒོ་བཞིའི་ནུ༔ རྒྱལ་ཆེན་སྡེ་བཞིའི་བསྒོ་བའི་བཀའ་ཉན་མཛད༔

大逾量宮四方四門中，༔四大天王遵敕聽調遣，༔

In the east, south, west, and north, at the four gates of the great mansion,༔ stand guard the four great kings, who carry out the commands entrusted to them,༔

ལྷ་སྲིན་སྡེ་བརྒྱད་ཕྲན་དང་པོ་འཁར་འགྱེད༔ བདུད་དང་མུ་སྟེགས་དུལ་ཕྲན་བཞིན་དུ་རློག༔

派出天龍八部[6]諸僕役，༔摧毀邪魔外道[7]碎為塵。༔

dispatching the eight classes of gods and demons6 as their servants and messengers,༔ to grind demons and *tirthikas* into dust.༔

ཆོས་སྐྱོང་སྲུང་མའི་ཚོགས་ལ་གསོལ་བ་འདེབས༔ ཨོ་རྒྱན་པདྨ་འབྱུང་གནས་ལ་གསོལ་བ་འདེབས༔

護法衛士海會敬祈請！༔至誠祈請鄔金蓮花生！༔

To all of you Dharma protectors and guardians, we pray!༔ To the Lotus-Born Guru of Orgyen, we pray!༔

ཧཱུྃ༔ བཞེངས་ཤིག་པདྨ་འབྱུང་གནས་མཁའ་འགྲོའི་ཚོགས༔ དགོངས་ཤིག་ཕྱོགས་བཅུའི་དུས་གསུམ་བདེ་གཤེགས་རྣམས༔

吽！蓮師空行尊眾請起身！༔十方三世善逝祈垂念！༔

Hung! Rise up, Padmakara, with your throng of dakinis!༔ Care for us, sugatas of all time and all directions.༔

རྗེ་བཙུན་ཆེན་པོ་པདྨ་ཐོད་ཕྲེང་རྩལ༔ རིག་འཛིན་མཁའ་འགྲོའི་གནས་ནས་གཤེགས་སུ་གསོལ༔

摩訶至尊蓮花顯鬘力，༔從持明空行處祈蒞臨！༔

Great and noble guide, Pema Thötreng Tsal,༔ come now from the realm of vidyadharas and dakinis!༔

དབུ་སྐྲ་མཛེས་པའི་ཐོར་ཚུགས་ཤིགས་སེ་ཤིག༔ རིན་ཆེན་རྒྱན་ཆ་མང་པོ་སི་ལི་ལི༔

秀美黑髮頂髻顫悠悠；༔珍寶飾物琳瑯窸窣窣；༔

Your beautiful long tresses swept up and rustling;༔ your jewels and ornaments all jingling;༔

དུར་ཁྲོད་རུས་ཆེན་རྒྱན་ཆ་ཁྲོལ་ལོ་ལོ༔ སྣ་ཚོགས་རོལ་མོ་མང་པོ་ཝུ་རུ་རུ༔

屍林人骨飾物嘩啷啷；༔種種妙音器樂轟隆隆；༔

charnel ground bone ornaments rattling;༔ everywhere music and cymbals rumbling;༔

ཡི་དམ་ལྷ་ཚོགས་ཧཱུྃ་སྒྲ་དི་རི་རི༔ མཁའ་འགྲོ་སྡེ་ལྔ་གར་བྱེད་ཤིགས་སེ་ཤིག༔

本尊天眾吽聲嘀哩哩；༔五部空行起舞轉悠悠；༔

Yidam deities thundering out the sound of *hung*;༔ dakinis of the five classes gracefully swirling;༔

གིང་ཆེན་དཔའ་བོའི་བྲོ་བརྡུང་ཁྲབས་སེ་ཁྲབ༔ མ་མོ་མཁའ་འགྲོ་སྤྲིན་ལྟར་ཐིབས་སེ་ཐིབ༔

大矜勇士戰舞齊踏踏；༔瑪姆空行如雲湧茫茫；༔

great gings in their warrior dance stomping;༔ like clouds, mamos and dakinis swarming;༔

ཆོས་སྐྱོང་སྡེ་བརྒྱད་ལས་བྱེད་ཁྲུགས་སེ་ཁྲུག༔ ཞུབ་ཆེན་སྟོང་གི་སྒྲ་སྐད་སི་ལི་ལི༔

八部護法僕吏倏忽忽；༔鎧甲弓箭之聲響錚錚；༔

The eight classes of Dharma protectors and their agents striking;༔ one thousand armored soldiers clattering;༔

གཡས་ན་ཕོ་རྒྱུད་ཐབས་ཅད་ག་ར་རྃ༔ གཡོན་ན་མོ་རྒྱུད་ཐབས་ཅད་ག་ར་རྃ༔

右側父續勇士齊整整；༔左側母續空行整齊齊；༔

to the right, all the male deities advancing;༔ to the left, all the female deities advancing;༔

བར་སྣང་ཐམས་ཅད་དར་དུ་ལྷབས་སེ་ལྷབཿ དྲི་ཞིམ་སྤོས་ཀྱི་ངད་ལྡང་ཐུ་ལུ་ལུཿ

遍空幡旗傘蓋搖曳曳；馥郁芬芳妙香充盈盈；ᨡ

Space is full of flags and umbrellas fluttering;ᨡ fragrances of the sweetest incense wafting;ᨡ

མཁའ་འགྲོ་གསང་བའི་བརྡ་སྐད་དི་རི་རིཿ གིང་ཆེན་དཔའ་བོའི་བཤུག་གླུ་ཀུ་རུ་རུཿ

空行祕密標語嘰喳喳；大矜勇者戰哨鳴啾啾；ᨡ

the dakinis' secret-code language resounding;ᨡ The great gings' warrior hymn whistling;ᨡ

རྣལ་གྱི་སྲུང་གླུ་མང་པོ་དི་རི་རིཿ ཕཊ་ཀྱི་བརྡ་སྐད་དྲག་པོ་སངས་སེ་སངཿ

吽聲齊唱轟鳴聲隆隆；ᨡ猛厲標語呸聲鏗鏘鏘。ᨡ

everywhere, the yogic song of *hung* reverberating;ᨡ fierce and forceful, the symbolic syllable *phat* exploding.ᨡ

བདག་དང་འགྲོ་དྲུག་སེམས་ཅན་ཐམས་ཅད་ལཿ ཐུགས་རྗེས་གཟིགས་ལ་གནས་འདིར་གཤེགས་སུ་གསོལཿ

於我及諸六道有情眾ᨡ悲憫眷顧祈駕臨此處！ᨡ

Look upon us all—sentient beings in the six realms—ᨡ with your compassion, and come now, to this place!ᨡ

གནས་འདིར་ཐུགས་རྗེས་དགོངས་ཏེ་གཤེགས་ནས་ཀྱངཿ བདག་ཅག་བྱང་ཆུབ་སྙིང་པོ་མ་ཐོབ་བརཿ

大悲垂念親臨此處已，ᨡ我等未證菩提精藏間。ᨡ

Now you have embraced us in your compassion; now you have come to this placeᨡ until we have realized the essence of awakening.ᨡ

བགེགས་དང་ལོག་འདྲེན་བར་ཆད་འདུལ་བ་དང་༔　མཆོག་དང་ཐུན་མོང་དངོས་གྲུབ་སྩལ་དུ་གསོལ༔

邪引障礙中斷皆調伏！祈請垂賜勝共諸悉地！༔

Subjugate all obstructing forces—all obstacles, and those who lead us astray!༔
Grant us the siddhis, ordinary and supreme!༔

འཁོར་བ་སྡུག་བསྔལ་གྱི་རྒྱ་མཚོ་ལས་བསྒྲལ་དུ་གསོལ༔

唯請度脫輪迴痛苦海！༔

And release us from samsara's ocean of suffering—this we pray!༔

མཚོ་རྒྱལ་འདི་ལྟར་སྙིང་ནས་གསོལ་བ་ཐོབ༔　པད་འབྱུང་བདག་ལ་འགྲོ་བའི་དོན་ལས་ཆེད༔　དམ་ཚིག་དངབོས་གྱིས་བོད་ཀྱི་ཡུལ་དུ་འོང༔　དད་པ་ཅན་ལ་དངོས་གྲུབ་ཡང་སྟོན་འགྱུར༔　ཞེས་གསུངས་སོ༔

「措嘉如是虔信作祈請！蓮師我除利眾無他事，因誓願力前來吐蕃境，於具信者定親自授記。」༔

"Tsogyal, pray like this; pray with devotion! For me, Padmakara, there is nothing apart from benefiting beings. Through the force of the samaya link, I shall return to the land of Tibet. To those who have faith, I shall actually grant prophecies directly."༔

གུ་རུའི་ཞལ་ནས་གསོལ་བ་འདེབས་པ་ལ་དང་པོ་རྒྱལ་བརྟོད་པས་དད་འདྲེ༔　ཡོན་ཏན་མཐོང་བས་དང་བ༔　ཡིད་ཆེས་ཤེས་ཀྱི་དད་པས་བྱིན་རླབས་འཇུག༔　སེམས་ཐེ་ཚོམ་དང་བྲལ་བས་བསམ་པ་འགྲུབ༔　ཞེས་གསུངས་སོ༔

蓮師復言道：「於此祈請文，首先宣誦行誼傳記，得生歡喜；觀見功德，得生虔信；藉由『我心汝知』之信念，令加持進入自心。心無疑慮故，得以成就所願。」༔

The Guru spoke again: "With regard to this prayer, first of all, when you recount my life story, you will be filled with inspiration. When you see my qualities and my understanding, deep faith will be born within you. When that faith becomes unshakable conviction, then my blessing will enter and transform you. When your mind is free of all doubt, whatever you wish can be achieved." ⸹

1 鄔金即藏文中的鄔迪亞納,位於印度西北隅的蓮師故鄉。傳承大師和西方學者都認為它位於如今的巴基斯坦斯瓦特河谷。鄔金通常也指代蓮師本人。

2 原始譯文使用的是青金石,這裡用的是毗琉璃。因為天宮南側應該是黃色,所以用貓眼石作替代翻譯似乎更為貼切。

3 此處根據原始譯文做了修訂,原始譯文是:「分別顯為四佛部,白黃紅綠四事業。」

4 此處根據原始譯文做了修訂,原始譯文是:「藍白黃紅綠虹彩,如雲聚集內周遍。」

5 四族矜羯羅(僕役,kinkara),在此是指為了成辦懷誅事業而從主尊心間幻化出來的四部使者。

6 天龍八部因出處而異,最為常見的是:龍眾(*klu*, naga)、夜叉(*gnod sbyin*, yaksha)、年神(*nyen*)、地神(*sa bdag*,earth lord)、參魔(*tsen*)、王魔(*rgyal po*, king spirit)、魔羅(*bdud*,mara)、瑪姆(mamo)、星曜(*gza' bdud*,planetary demon)、天眾(*lha*,god)。詳見傑佛瑞・賽繆爾著,《文明的薩滿:西藏社會中的佛教》,華盛頓史密森學會出版社,一九九三年,p.162-163。

7 外道是指持極端見地的非佛教徒。

第六章

《往生蓮花光淨土發願文》簡介

蔣揚欽哲旺波作
帕秋仁波切釋

無論做任何事，我們首先要確定自己的發心動機。發心決定了我們朝向佛果還是輪迴，或在積造三惡趣之因。我們行為的結果都由動機決定，然而發願迴向也同等重要。正如行為總是先從發心開始，故而以發願迴向作為封印。無論從事什麼，願力都必定能夠幫助我們達成目標。

若沒有發願，我們的修行就沒有真正力量。例如，如果你僅是某天不想吃肉的話，這不會有任何特別的功德。它並非不善，然亦未起到累積福德的作用。但如果我們當天在佛像前立誓不吃肉，這一天就會因此誓願而自動累積功德。此處的誓願是最關鍵的重點：若想讓我們的修行充分發揮潛力、結出正果，發願至為重要。

蓮師在離開西藏前往銅色吉祥山前，空行耶喜措嘉在他面前發誓，無論如何定要修持佛法達致究竟：對上師具足虔敬、藉由實修之力，證得聖果、弘傳佛法。這些發願為她的修行帶來無比的力量，令她實現了所有願望。

沒有發願的行者，就像生活中毫無計畫、漫無目標的人一樣。請永遠以發願迴向來印持你的修行，全心全意地實踐佛法。特別對以寧

瑪派為主的金剛乘行者而言，最重要的發願就是要往生蓮師的銅色吉祥山淨土。

以下是蔣揚欽哲旺波撰寫的《往生銅色吉祥山祈願文》。這是一篇極具大圓滿法要特色的優美祈願，以蓮師心咒「嗡啊吽　班匝　咕嚕　貝瑪　悉地　吽」開篇。簡單解釋的話，「嗡」指蓮師身，「啊」指蓮師語，「吽」指蓮師意。因此，我們向蓮師的身、語、意做祈請；稱蓮師為「班匝咕嚕」（金剛上師），意指他強大而堅不可摧；「貝瑪」指蓮師的眷屬，我們祈請他們賜予悉地加持；最後以「吽」封印此祈請。此為蓮師心咒的簡略解釋。

第一個偈頌：

> 無滅摩訶明點之智慧，
> 本初光明空界澄澈中，
> 明空雙運如虹起現之，
> 自性幻化勝利蓮花光。

此四句偈極富深意，它描述了佛土實相的三個層次。淨土是佛的壇城，其有三：本基法身剎土、自性報身剎土、幻顯化身剎土。

第一句的「摩訶明點之智慧」指的是本基法身剎土。「無滅」意指它本初即無生無滅，是不可思議的明點或界，無有四角與大小之分。本基法身剎土是永恆不變之本初智，無始亦無終，離於所有凡俗心識的揣度，故而無有時間與邊際。

自己本來具足的本智持續地在「本初光明空界澄澈中」無礙顯耀，這指的是自性報身剎土。「澄澈」意指報身的自性光明無礙，無

始以來即在法身中本自具足。

法身與報身無別，是為「明空雙運」。此二者雙運，以報身淨土為顯現，如「彩虹」般任運現起。因此，本具智慧之基——法身佛土，與報身光明無遮的自性無二無別。二者雙運，幻顯為化身剎土。理解淨土的這三個層次非常重要。

通俗一點講，當太陽在晴朗無雲的天空中照耀時，就像光明與虛空相融一般，此時，在沙灘上曬日光浴是對化身剎土的一個極好比喻。太陽的光芒是報身，與陽光本即無別的浩渺虛空是法身，如若沒有陽光與虛空的完美結合，我們便無法享受化身的海灘浴場。

第二個偈頌：

> 法性現前虹光明點界，
> 覺顯增上摩訶越量宮，
> 明覺如量勇士空行眾，
> 法盡離意金剛歌舞呈。

淨土是自心本來具足的功德的自然投射。正因為淨土的所有功德無不自性本具，我們才可以真實地感受到它。同理，恰恰因為我們的心陷入無明之中，不斷製造煩惱，才令我們不停地感受輪迴。若離於無明、煩惱和業障，我們不可能感受輪迴——是不清淨的感知導致我們感受輪迴。對諸佛來說，這一切自顯皆是淨土。只要能感受到自心本性圓滿的清淨，我們就能感知到淨土。然則，為了達此成就，我們必須修持淨觀。

此四句偈描述了「大圓滿四相」，即以四種顯相來解釋大圓滿

「立斷」和「頓超」的四個修持次第。在藏文法本中，每一行開頭分別對應了四相，它們分別是：「法性現前」「覺顯增上」「明覺達量」「法盡離意」。

第一個顯相「法性現前」是指自然安住於「虹光明點界」中；第二個顯相「覺顯增上」是指「越量宮」的顯相；第三個顯相「明覺達量」是指見到「勇父空行眾」；第四個顯相「法盡離意」是指見到「金剛歌舞呈現」。

因此，「大圓滿四相」囊括了全部佛土——虹光環繞處、所依越量宮、以金剛歌舞手幟指示佛法之能依勇父空行。「金剛」意指本初永恆不滅之佛法，以不壞之音韻而迸發。事實上，「勇父空行」所展示的並非凡俗的歌舞，而是本基的綿延展現，唯經智慧之意方能感知。此四相昭示的是萬法的本質。

淨土是「大圓滿四相」的映射。在本然狀態中，此四相之間並無分別；但從行者的感知角度看，它們是不同的次第。當行者依次穿過每一次第，即能如實依本智所顯而感受到淨土的每個層面。

第三個偈頌：

彼中本初怙主無量光，
大悲寶藏觀音持蓮尊，
三身總集無死顱鬘力，
隨所調化八變勝相等。

此四句偈描述了化身剎土銅色吉祥山。不同的行者對銅色吉祥山有不同的感知，但總的來說，蓮花光明宮位於淨土中央。天宮有三

層，頂層安住的是法身佛無量光佛；中層安住的是報身佛觀世音，也稱「蓮花手」或「持蓮尊」；底層安住的是化身蓮花生大士及其所有應化身。

第四個偈頌：

尊身名相遊舞超思議，
摩訶幻化網之匯聚處，
自化遍空如海含識眾，
命終之時即刻願往生。

有無盡的化身佛安住於銅色吉祥山，有無盡的蓮師化身在那裡傳授佛法，例如蓮師的十二化相分別調伏中央山周圍的十二座羅剎島。無盡的證悟者如同一個大幻化網。在這裡，「幻」指諸佛父，「化」指諸佛母，「網」指他們的眷屬。此淨土就是我們發願要往生之處。

最後一個偈頌：

於彼依於四持明密道，
願能速證如海身與智，
自性海生上師果位矣，
自他二利任運願成就。

一旦往生銅色吉祥山，我們就能修持瑪哈瑜伽四次第之「四種持明」：「異熟持明」「壽自在持明」「大手印持明」「任運持明」。

經由此四次第，我們能夠證得本初自性智，達成蓮師的果位。換句話說，我們在淨土努力修持、領受灌頂；修習瑪哈瑜伽、阿努瑜伽和阿底瑜伽；獲得四種持明果位；證得本初身與智之自性；從而獲得海生上師般的證量，任運利益眾生。這是我們發願的重要內容。我們發願往生淨土，不僅僅是為了待在那裡享樂、在沙灘上放鬆、在海裡悠游的。

這篇淨土祈願文與其他淨土發願文架構相同。開頭都是講述淨土的源流、法身的本質，之後再從本具自性的角度描述報身與化身層面。而這些次第都是從行者的角度——本具自性的映射角度來做描述的。

就蔣揚欽哲旺波所作的這篇祈願文來說，行者需要通過大圓滿的四個次第，分別以虹光、天宮、勇父空行，以及它們的幻顯為表徵。在描述完整個淨土後，發願者準確稱謂那裡所住的諸佛名號——無量壽如來、觀世音菩薩和蓮花生大士。

知道發願的往生處，我們就要祈願一切有情都能往生彼處。我們的祈願包含了所有與自己有直接間接連結的人，從直系親眷、好友、遠親，到相識之人、歷代祖先——逐漸擴展，直到涵蓋一切眾生。我們認識的人可能非常有限，但這篇祈願文是發願所有眾生、無一例外都能在臨終時往生銅色吉祥山。同時，不管我們願意與否，可以確定的是，一旦到了那裡，我們都將如法修行，並與蓮師相融無別。因此，最後一句闡釋的是金剛乘的精要：我們的目標不是永遠做弟子，而是要真正「成為」蓮師，以利益眾生。

在金剛乘中，我們相信淨土確實有外、內、密三個層面。嫻熟的行者融合此三個層次做修持。他們具足虔敬心，並且發願來世直接往生化身淨土。為了成就蓮師的果位，他們今生已經開始修持密法，諸

如《遍除道障》等。同時，他們安住在心性中，此時此刻當下現見蓮師及淨土。此三個層次的修行結合起來並不矛盾，是正確的淨土修法。

對於無法如此修持的行者，有教導說，只要對蓮師具足信心，向蓮師做祈請，就足以往生銅色吉祥山，這樣的行者將會去到外的化身淨土。內的化身淨土是教給對修法有更多瞭解者的。利根器的行者既不向外，也不向內尋找，因為淨土乃自心本來具足，他們在每個剎那都安住於心性中。事實上，外、內、密淨土的三種覺受是同時完整存在的，但絕大多數人將它們視為是相悖的。

儘管我的上師都是純熟的大圓滿行者，但他們依然會發願往生銅色吉祥山。有些所謂「新時代」大圓滿修行人告訴我，不必發願往生銅色吉祥山，因為淨土就在當下時，我真想給他們一巴掌，然後問問他們：「你現在就是蓮師嗎？這一巴掌讓你感到開心嗎？」

記住，只要我們還感到痛苦，那就仍然有化身層面的概念分別，我們的祈願就是要往生化身淨土。只要我們仍然感覺自己作為個體而存在，那麼情況同樣如此。處於甚深禪定中時，如果有人打我們一巴掌，應該不會感到疼痛。那個當下，不必發願往生淨土，因為我們全然就在那裡。但我們只能在此境界中短暫停留，其餘時間用於外、內層面的淨土觀修仍十分必要。

祖古烏金仁波切告訴我：

「現代西方人認為觀修是一種完全的造作；與此同時，亞洲的上師只將觀想按照字面意思去理解，認為它們是真實存在的。這兩種極端都是錯誤的。」

他還說：

「你認為文武百尊是造作出來的嗎？在究竟的觀修，即大圓滿

『頓超』的修持當中，你不必觀想任何事情，只是看著藍天，所有本尊就會自然顯現。這意味著，文武百尊是我們自性中本自具足的，正如它們自然存在於我們身體當中的頭顱和心間。這就是為什麼我們甚至不用思考，就能見到本尊的唯一原因。現在，你仍然認為觀想是假的嗎？」

鑒於這些指引，請時刻記住：要有次第地進行這三個層次的觀修，同時牢記真實本具的內在層面，以此來平衡你的修行，這是獲致成就的方法。如果過去偉大的大圓滿上師都如此修行的話，我們當然也要隨學。

第七章

《往生蓮花光淨土發願文・持明車輦》

蔣揚欽哲旺波作

ༀ། །པདྨ་འོད་དུ་བགྲོད་པའི་སྨོན་ལམ་རིག་པ་འཛིན་པའི་ཞིང་རྟ་བཞུགས་སོ། །

《往生蓮花光淨土發願文・持明車輦》

An Aspiration Prayer for Traveling to the Realm of Lotus Light

ༀ་ཨཱཿཧཱུྃ་བཛྲ་གུ་རུ་པདྨ་སིདྡྷི་ཧཱུྃ༔

嗡啊吽 班匝咕嚕貝瑪悉地吽༔

om ah hung vajra guru padma siddhi hung༔

མི་ཤིགས་ཐིག་ལེ་ཆེན་པོའི་ཡེ་ཤེས་ནི། །འོད་གསལ་གཉུག་མའི་མཁའ་དབྱིངས་དྭངས་པའི་ངོས། །

無滅摩訶明點之智慧，本初光明空界澄澈中，

The wisdom of the great, indestructible sphere shines in the limpid sky of
innate clear light,

རྫུང་འཇུག་དབང་པོའི་གཞུ་ལྟར་མངོན་སྣང་བའི། །ཞིང་བཞིན་སྤྲུལ་པའི་ཞིང་མཆོག་པདྨ་འོད། །

明空雙運如虹起現之，自性幻化勝利蓮花光。

and the unity of space and wisdom, like a rainbow, appears for all to see as the
supreme, naturally emanated realm of Lotus Light.

ཆོས་ཉིད་མངོན་སུམ་འཇའ་ཟེར་ཐིག་ལེའི་ཀློང་། །ཉམས་སྣང་གོང་འཕེལ་གཞལ་མེད་ཁང་ཆེན་པོར། །

法性現前虹光明點界，覺顯增上摩訶越量宮，

In an expanse of rings of rainbow light, the direct realization of dharmata, rises the great mansion, the increasing of experience,

རིག་པ་ཆད་ཤེས་དཔའ་བོ་ཌཱ་ཀིའི་ཚོགས། །ཆོས་ཟད་བློ་འདས་རྡོ་རྗེའི་གླུ་གར་བསྒྱུར། །

明覺如量勇士空行眾，法盡離意金剛歌舞呈。

where throngs of dakas and dakinis, awareness reaching fullness, enact vajra dances and song, the exhaustion of phenomena beyond the mind.

དེ་དབུས་གདོད་མའི་མགོན་པོ་འོད་མཐའ་ཡས། །སྙིང་རྗེའི་གཏེར་ཆེན་ཕྱག་ན་པདྨོ་དང་། །

彼中本初怙主無量光，大悲寶藏觀音持蓮尊，

In its center preside the primordial lord Amitabha, the great treasure of compassion, Padmapani

སྐུ་གསུམ་ཀུན་འདུས་འཆི་མེད་ཐོད་ཕྲེང་རྩལ། །གང་འདུལ་སྤྲུལ་པའི་མཚན་མཆོག་བརྒྱད་ལ་སོགས། །

三身總集無死顱鬘力，隨所調化八變勝相等。

and the three kayas all-embodied, the immortal Tötreng Tsel, with his eight principal emanations and others, all manifesting to tame beings each in their own way.

མཚན་དང་སྐུ་ཡི་རྣམ་རོལ་མཐའ་ཀླས་པའི། །སྒྱུ་འཕྲུལ་དྲ་བ་ཆེན་པོའི་འདུས་ས་དེར། །

尊身名相遊舞超思議，摩訶幻化網之匯聚處，

Here, in this gathering place of the great magical net of your infinite display of aspects and forms,

བདག་གཞན་མཁའ་ཁྱབ་ཡིད་ཅན་རྒྱ་མཚོ་ཀུན། །ཚེ་འདི་འཕོས་མ་ཐག་ཏུ་སྐྱེ་བར་ཤོག །

自化遍空如海含識眾，命終之時即刻願往生。

may I and others, the ocean of sentient beings pervading space, all be born the instant we depart this life.

དེར་ཡང་རིག་འཛིན་རྣམ་བཞིའི་གསང་ལམ་ལ། །བརྟེན་ནས་སྐུ་དང་ཡེ་ཤེས་རྒྱ་མཚོའི་དངོས། །

於彼依於四持明密道，願能速證如海身與智，

Once there, taking the special path of the four vidyadhara stages, may we swiftly attain the level of the Lake Born Guru,

མཚོ་སྐྱེས་བླ་མའི་གོ་འཕང་མྱུར་ཐོབ་ནས། །རང་གཞན་དོན་གཉིས་ལྷུན་གྱིས་གྲུབ་པར་ཤོག །

自性海生上師果位矣，自他二利任運願成就。

who embodies oceans of kayas and wisdoms, and spontaneously fulfill the benefit of ourselves and others!

ཅེས་པའང་རིག་འཛིན་གྱི་བཙུན་པ་འཇམ་དབྱངས་མཁྱེན་བརྩེའི་དབང་པོས་བཏོད་པ་སིདྡྷི་རསྟུ། །

此為持明尊者蔣揚欽哲旺波所作。願成就！

These were the words of the holy one among vidyādharas, Jamyang Khyentsé Wangpo. Siddhirastu!

第八章

《遍除道障》——
牟汝贊普之遺贈

帕秋仁波切、烏金督加仁波切作

秋吉林巴與蓮師最初是在建造賈戎卡修[1]時結緣的。那時，蓮師是正在發願的建塔四兄弟中的老么。四兄弟中的長兄數千年後投生為藏王赤松德贊，當時他發願要成為將佛法帶入北方蠻夷之地的偉大君王。在他發願時，正好看見有只烏鴉落在佛塔上，他便發願讓它投生為自己將來做藏王時的兒子。這只烏鴉正是秋吉林巴的前世，那是他的相續中第一次種下佛法的種子。

這位未來的大伏藏師後來又經歷了一系列傳奇的轉世。他先是作為法賢國王之子稱榮智投生在印度的菩提伽耶，有一天他鬧著玩兒，向一尊佛像供養鮮花，從而種下解脫的種子，這也令他之後投生為兜率天的天子。在釋迦牟尼佛時期，他是佛陀的堂弟和親近弟子阿那律陀，儘管他當時已經證得阿羅漢果，但仍決定繼續留在輪迴，以通過修行的法道，達至無上正等正覺。接著，他又經過一系列的轉世，在投生為印度毗達國王之子時，繼續清淨了所有餘障。

自那時起，未來的秋吉林巴具有了自主如願投胎的力量。他在西藏經過幾次轉世後，來到建塔四兄弟發願達成時，從前的那只烏鴉投生為藏王赤松德贊的次子拉瑟牟汝贊普王子，彼時佛法正在西藏初

建。

　　拉瑟牟汝贊普王子長大後，成為蓮師最親近的弟子之一。他從蓮師那裡領受了無數教法，並且得到授記，未來他將成為許多珍貴伏藏法的取藏者。尤其是，他獲得了殊勝法類《遍除道障》。一千多年後，該教法由他的轉世秋吉林巴取出。烏金督加仁波切對這一法類的最初傳承做如下記述：

　　《遍除道障》是蓮師在西藏時，應文殊化身——藏王赤松德贊的請求，在桑耶寺中層熾燃綠松石殿中親口所宣。彼時，拉瑟牟汝贊普王子、耶喜若巴匝、蓮師明妃——空行耶喜措嘉、咒師努千桑傑耶喜、譯師嘉瓦秋陽和許多其他弟子亦共同祈請。他們請求蓮師賜予能夠清除我們這個時代的行者所遇道障的最佳法門。蓮師答道：「在修持佛法時，一定會有外、內、密的障礙。但在淨除這些障礙時，沒有什麼比祈請上師更好的法門。過去、現在和未來諸佛，亦未曾教授過較此更超勝的法門。」

　　包括怙主赤松德贊、臣子毗盧遮那、友伴耶喜措嘉在內的眾弟子反思蓮師所言，皆認為真實不虛。他們復思惟：「我們的根本上師——蓮花生大士，特意以金剛上師的身相降生，賜予我們灌頂及教授。他曾親口說過，觀世音菩薩是與藏地有特殊業緣的本尊，而他自己則是與藏地連結最緊密的上師。透過悲心和往昔願力，他為調伏藏人化現而來。毫無疑問，他就是我們的上師。為此，我們需要一個祈請他的特殊法門。」於是，他們請求蓮師給予這樣的教法。

　　蓮師回答道：「藉由向上師祈請，諸障皆得以淨除，必定能獲得成就。」於是，他應允並賜予祈請他的法門。他將右手放在耶喜措嘉的頭頂，左手放在藏王赤松德贊的頭頂，用前額觸碰牟汝贊普王子的額頭，以法性自音，誦說《遣除道障祈請文》道：

「嗡啊吽 班匝咕嚕貝瑪悉地吽

祈請法身阿彌陀佛尊！

祈請報身大悲觀世音！

……」

　　蓮師賜予了這一前所未有的珍貴祈請文。眾弟子感恩答謝，復次祈請道：「此祈請文一定有其相應的成就法和事業法，請您賜予教授──這不僅僅只是為我等弟子，更是為將來所有具信者。」他們向蓮師呈獻身、語、意的供養，請求蓮師廣轉法輪。

　　蓮師瞬間轉化為壇城主尊鎮伏顯有的身相，周匝由海生金剛、蓮花生源及其所有化身環繞。主尊頂上是四臂觀音，四臂觀音頂上是法身無量壽佛，周圍是蓮師十二化相，壇城四門處有四位勇父、勇母。蓮師瞬間化現出整個壇城，為弟子賜予灌頂。

　　領受灌頂後，眾弟子悉皆獲得覺受，他們向蓮師做酬謝，並認識到通過修持此法，確實能淨除障礙、獲得成就。在實際的伏藏法本中，蓮師詳細講述了《遍除道障》的功德與利益。我僅在此引用其中幾句：

　　「若能與此法結緣，修持近修與成就，則甚為善妙！哪怕只是稍微結緣，也能遣除外、內、密所有道障，惡趣之門將永遠關閉。若非如此，則是蓮師我欺騙未來眾生。」

　　當蓮師如是宣說時，耶喜措嘉感受到巨大的虔敬心，她以不忘總持，準確無誤地記下蓮師的每個字句。她詢問蓮師，此法應現在廣傳還是留待後世？蓮師回答道：「現值正法之時──蓮師我在藏地傳法。汝等應自行修持，不要廣泛傳揚。」

　　隨後，蓮師預言了後世的秋吉林巴和蔣揚欽哲旺波，並說：「在

他們那個時代的藏地，其他教法因誓言衰損而喪失加持力，那時將是弘傳《遍除道障》的最佳時機。」蓮師還授記此法將被封藏的地點及方式。

耶喜措嘉用自己的鮮血，以祕密空行文字，將教法全部內容書寫在白色紙卷上。在蓮師起身前往羅剎國前，親自檢查了封藏地——卡拉絨果，確保不會出現障礙。蓮師離開十二年後，《遍除道障》最終被封藏在那裡。一千多年後，秋吉林巴在二十歲那年取出此伏藏，接著與蔣揚欽哲旺波一道，共同破譯了此教法。

1　關於賈戎卡修，即滿願大佛塔的故事，在大持咒師釋迦桑波掘取的伏藏中給予了完整講述，拉瑟洛匝瓦將其譯為英文，網址如下：https://www.lotsawahouse.org/tibetan-masters/ngakchang-shakya-zangpo/great-history-of-jarung-khashor-stupa.

第二部

大樂正道

── 秋吉德千錫波林巴

保存在宗薩寺中的唐卡，描繪了秋吉林巴從蓮花水晶洞取出《大圓滿三部》以
及從榮麥奇美噶莫達倉閉關處和森奧玉措聖湖取出《道次第智慧藏》的場景。

第九章

大伏藏師法王

帕秋仁波切作

秋吉林巴是一位非凡的伏藏師，這絕非輕易斷言。知道他為何在伏藏師中如此特殊，這十分重要。讓我先來談一談他真正與眾不同的殊勝功德。

大伏藏師中的最後一位

正如蓮師授記所言，秋吉林巴是一百位大伏藏師中的最後一位。在大伏藏師熱納林巴掘取的伏藏中，對此有準確的預言。這是一個相當重要的事實，因為在我們的傳統中，一個序列的最後往往被認為是最重要的。烏金督加仁波切曾以賢劫千佛中的最後一尊佛為例，對此做出解釋：

「我們所在的賢劫將會有一千零二尊佛出世，樓至佛是其中最後一尊。他的超勝之處即在於，其壽量及事業將會超過前面一千零一尊佛的總和。經續中提到，當最後一尊佛出世時，前面一千零一尊佛畢生行持的利生事業皆不及樓至佛在一個彈指間所做的成就，這就是他佛行之廣大。」

同樣地，在所有重要的蓮師生平傳記中，蓮師對未來給予了詳細授記。他宣稱，秋吉林巴將會是為利生而出現的一百位大伏藏師中的最後一位。蔣揚欽哲旺波曾說，作為最後一位大伏藏師，秋吉林巴的

利生佛行是前面九十九位大伏藏師加在一起都無法企及的。因此，他的名字秋吉，意指「最勝」。

這很像太陽穿過天空。太陽在清晨升起，中午變得暖和，最後在日落時分發出強烈光芒，夕陽的光線集聚了一整天的熱量，在一天結束之際最後一次照耀大地。作為大伏藏師中的最後一位，秋吉林巴就像炎熱一天結束時照耀大地的最後一縷光芒，故名「最勝」。任何值遇秋林教法者，都將經歷最勝轉化，獲得最勝成就。

當然，秋吉林巴之後也出現了很多伏藏師，但重點是要知道，他是「大伏藏師」中的最後一位。通常被稱為「大伏藏師」者，必須要圓滿發掘出拉（La）、竹（Dzog）、圖（Tuk）三類教法，即上師意修、大圓滿和大悲觀音修法。唯有完整發掘出所有這三類教法的伏藏師，才能被稱為是「大伏藏師」，不然只能算是普通的「取藏者」。因此，並不是隨便哪一個伏藏師都能被稱為「大伏藏師」。至於秋吉林巴，他不僅發掘出所有這三類修法，並且三類中的每一類都取出若干修法。關於上師意修法類，他取出《遍除道障》《所願任成》《海生心滴》《金剛威猛力》和《密意總集》；關於大圓滿法類，他取出廣大的《大圓滿三部》和攝略的《普賢意滴》等；關於大悲觀音修法，他取出《根除輪迴》和《蓮花舞自在》等。

因此，即便在大伏藏師當中，秋吉林巴的伏藏規模也是極為龐大的。事實上，他被授記具有取出一百個伏藏的因緣，但緣起所限，最終只取出三十八個伏藏，這些伏藏在蔣揚欽哲旺波對秋吉林巴傳記所作釋論《和風妙音》中，均有所記述。秋吉林巴還取出很多聖物伏藏，但主要是教法。他取出七類《心滴》《甚深七法類》、三類《密滴》《宿氏七法類》、三類《意修》以及《秋林德薩》中無數的上師、本尊和空行修法。秋林伏藏的範圍不可思議般廣大。

大伏藏師法王

秋吉林巴還以「大伏藏師法王」而聞名。同他的主要伏藏法主──蔣揚欽哲旺波一樣，他也全部持有七種受命傳承，分別是：寧瑪的遠傳、地伏藏、再伏藏、意伏藏、隨念伏藏、甚深淨相和極深耳傳，在本書第十三章〈和風妙音〉中，有對此做出解釋。

我將在這裡詳細講述秋吉林巴以七種受命傳承中極深耳傳方式領受到的一部殊勝的大圓滿修法──《忿怒蓮師智慧威伏》。

秋吉林巴在一次淨觀中去到銅色吉祥山，他在蓮師前頂禮三次，殷重祈請道：「您已賜予我無量的大圓滿教法，它們實在難以思議！但請您再賜予我一個能總括大圓滿所有精要的簡短修法。」應此祈請，蓮師將左手放在他的頭頂，右手搖動顱鼓，開始念誦《忿怒蓮師智慧威伏》：「吽、吽、吽……」。此法極為美妙──簡短卻完整。它極特殊之處在於，這是秋吉林巴從銅色吉祥山親自帶回來，並且直接從蓮師本人那裡領受的教敕。因此，即便在極深耳傳當中，這部精妙絕倫的大圓滿伏藏法也是獨一無二的。

殊勝因緣

如欲發掘伏藏，則需具足因緣。通常需要具足五個要素：蓮師的替身攝政、明妃、譯師、法王和弟子。在蓮師的時代，這五位分別是：蓮師本人、空行耶喜措嘉、大譯師毗盧遮那、藏王赤松德贊和其餘二十五位弟子。彼時，他們同心同德在西藏弘傳佛法。在秋吉林巴的時代，也具足相似的因緣：秋吉林巴本人即蓮師的攝政，他的佛母德千確炯即空行耶喜措嘉的轉世，蔣貢康楚是大譯師毗盧遮那的化身，蔣揚欽哲旺波是藏王赤松德贊的化身，秋吉林巴的很多弟子和持教者都是蓮師二十五位弟子的轉世。因此，由於吉祥緣起，蓮師的二

十五位弟子與法王全部在秋吉林巴的時代於西藏再次化現，以復興佛法。這些殊勝因緣使得秋吉林巴掘取出如此眾多的伏藏。而正是所有這些偉大上師的共同助力，方令《秋林德薩》的教法得以廣弘。這些是真正的殊勝因緣。

蓮師真身

就世系來說，秋吉林巴是藏王赤松德贊次子的轉世。但在究竟上，他即是蓮師本人。舉例來說，有一次，蔣貢康楚由於前世作為毗盧遮那時的宿業而患上痲瘋病。某天夜裡，他夢見蓮師告訴自己去做三年閉關，等閉關結束時，將會給予他祛病的修法。他依言奉行，在三年閉關即將結束之時，秋吉林巴前去看他，向他賜予了金剛手菩薩的《祕密主金剛杖》灌頂。通過修持此法，蔣貢康楚的痲瘋病得以治癒。烏金督加仁波切還講述了秋吉林巴代替蓮師行持事業的另外一則類似故事。

有一次，秋吉林巴應邀蒞臨噶陀寺，他在那裡取出許多伏藏，並在藏曆初十演出蓮師八變金剛舞。當他手持金剛杵起舞時，淨觀中見到藏地護法均前來向他頂禮；他告誡他們要憶持蓮師的敕命。護法眾回答道：「對我等而言，您的命令等同於蓮師親言。但請像役使我們一樣地號命眾人，如果無人依教奉行，我等亦無能為力。」

這些行誼表明秋吉林巴在勝義中與蓮師無二無別。視秋吉林巴為蓮師本人的另一個原因是，他的佛母德千確炯是空行耶喜措嘉的化身。她協助秋吉林巴發掘伏藏，示現自己對伏藏記憶的事蹟多不勝數。有一次，秋吉林巴開始著手發掘《甚深七法類》，但卻始終無法找到洞口的準確位置。德千確炯發現洞口被一棵樹遮住了。她即刻指給秋吉林巴看，並說一千多年前埋藏伏藏時並沒有那棵樹，當時洞口

完全能看得見——這便是他找不到洞口的原因。德千確炯在這些情形下展現的智慧，說明她毋庸置疑就是曾經親自封藏蓮師眾多伏藏的空行耶喜措嘉的化身。

基於這些記述，秋吉林巴可以被視為是蓮師及其弟子牟汝贊普王子的共同化身。事實上，前世作為牟汝贊普王子也是他的獨特示現。牟汝贊普王子曾經跟隨蓮師、空行耶喜措嘉、大譯師毗盧遮那和無垢友尊者——當時幾乎所有蒞臨藏地的祖師，他皆刻苦修學法教。故而，他能在日後取出他們的眾多心法，例如《心滴七類》中包括了《毗盧遮那心滴》《空行心滴》《真實心滴》等，雖然其中有些法本已失傳，但其餘部分均被收錄在《大圓滿三部》當中。

三怙主：欽哲、康楚、秋林

秋吉林巴的主要法主蔣貢康楚和蔣揚欽哲旺波分別是偉大譯師毗盧遮那和藏王赤松德贊的轉世。這三位大師一生緊密相連，一如他們過去生分別作為藏王、大師和譯師時一樣。

蔣貢康楚很早就對秋吉林巴具有極大信心，但卻始終無法認證他是否是一位真正的伏藏師，於是便向蔣揚欽哲旺波求證。以下是烏金督加仁波切講述秋吉林巴與蔣揚欽哲旺波初見的故事。

有一天，秋吉林巴告訴蔣貢康楚，他想去德格宗薩寺拜見蔣揚欽哲旺波，後者是當時一位來自極具影響力家庭的偉大上師。他懇請蔣貢康楚為他寫一封介紹信，因為如果沒有介紹信的話，蔣揚欽哲旺波幾乎不會接見任何訪客。於是，蔣貢康楚在信中寫道：「您了知三世，此事也必定知曉。賈蘇伏藏師¹堅稱自己是伏藏師，我也感覺他是真的。他取出過一部名為《大悲觀音修法蓮花頂髻》的伏藏法，其法本文意皆備，然而他本人卻不通文墨，連一封像樣的書信都寫不出

來。」

秋吉林巴帶上這封信去求見蔣揚欽哲旺波，並立即得到了接見。蔣揚欽哲旺波對他說：「你與蓮師無二無別。我們十三世都有父子情誼！」

如此，蔣揚欽哲旺波立刻就認出秋吉林巴是自己前世作為藏王赤松德贊時的兒子——牟汝贊普王子的轉世，並且看到了他們之間強大的業力連結。在獲悉蔣揚欽哲旺波的智慧洞見後，蔣貢康楚對秋吉林巴更具無比信心，儘管秋吉林巴當時未獲廣泛認可，人們認為他只是一個穿著白袍的怪人。有一天，蔣貢康楚告訴侍者他今天要領受灌頂，並敦促侍者為大師的到來做好準備。僧人們按照吩咐，布置起法座和為迎請大師所需的一切，但遲遲未見大師蹤影。最後，黃昏時分，蔣貢康楚說：「師尊到了！快出去迎接！」僧人們向外看去，只見到那位身穿白袍的瘋癲男子。他們目瞪口呆地回稟蔣貢康楚說，實在沒必要迎請那個瘋子進來。但蔣貢康楚卻堅持迎請，於是，秋吉林巴被請了進去，安排在高高的法座上就坐，蔣貢康楚則坐在低位，領受灌頂。僧人們一頭霧水，覺得肯定是哪裡弄錯了。

蔣貢康楚命令侍者端來一只灌頂用的盛滿甘露的顱骨杯，當侍者將滿滿的顱骨杯端到秋吉林巴面前時，伏藏師將其打翻在地，但未濺出一滴甘露。秋吉林巴大讚道：「妙哉！我們傳承的三昧耶從蓮師時代直至今天，未曾有絲毫衰損！」給予完灌頂後，他像來時一樣，悄無聲息地離開了。

就這樣，秋吉林巴、蔣貢康楚和蔣揚欽哲旺波三位大師彼此同為師徒、相互傳法，結伴成就了許多他人難思難解的偉大事業。烏金督加仁波切還講述了以下這則故事。

有一天，三位大師決定來一場賽馬，看最後誰會贏。秋吉林巴騎

著一匹花斑馬率先到達終點，欽哲騎著一匹暗青色馬緊隨其後，康楚最後一個到達，他在終點像個孩子似地嚎啕大哭著說：「我真是太不幸了！」

這時有人說：「蔣貢康楚平時可是位大師，現在輸了賽馬竟然還哭鼻子咧！」還有人說，那是因為三人之中他最年長的緣故。而真正原因是，他們三位大師比賽的是看誰最先去到銅色吉祥山。

他們三位還經常幫助彼此發掘伏藏。以下面的故事為例，烏金督加仁波切敘述了《所願任成》的取藏經過。

秋吉林巴曾在一次淨觀中看到蔣揚欽哲旺波與蓮師無別，他雙眼透射出光芒，照向克拉諾布彭松岩，一個巨大的蓮師像連同七個空行文字出現在這塊岩石上。與此同時，蔣揚欽哲旺波在淨觀中看見蓮師正指著克拉的同一塊岩石。於是，他派人帶信給秋吉林巴，告知有個伏藏埋在那裡，請幫他取回來。此伏藏就是《所願任成》，與它一同取出的還有一尊與蓮師本人無二無別、名為「悉地吉祥熾盛」的替身像，即使是造無間罪者，見到它亦能解脫。這尊佛像曾是藏王赤松德贊的修行所依，因此，秋吉林巴物歸原主，將它交給蔣揚欽哲旺波。秋吉林巴還從七個空行文字中破譯出《上師意修如意寶所願任成》修法。第六個空行文字是取之不盡的伏藏教法源泉。這尊佛像、伏藏寶篋和空行文字至今仍完好保存於印度比爾，現在依然可見。

蔣揚欽哲旺波和蔣貢康楚一致認為，秋吉林巴是無與倫比的偉大伏藏師。他們相信他所發掘的伏藏教法是特別為我們這個時代準備的，這也是為什麼主要由蔣揚欽哲旺波和蔣貢康楚編撰的《大寶伏藏》[2]中包含了大量秋林伏藏法的原因。

《大圓滿三部》

秋吉林巴在蔣揚欽哲旺波和蔣貢康楚的幫助下取出的《大圓滿三部》，是秋林伏藏中史無前例、令他聲名大噪的伏藏法。

實際上，秋吉林巴是唯一完整取出過所有《大圓滿三部》──心部、界部和竅訣部教法的伏藏師。蓮師及同時代的大師如無垢友尊者等，大多埋藏的是竅訣部教法；以毗盧遮那為主的少數大師埋藏的是界部教法；相較之下，心部教法極為稀少。而秋吉林巴取出了作為《毗盧遮那心滴》一部分的全部《大圓滿三部》教法。

在取出這部重要的伏藏法之前，作為伏藏師的秋吉林巴尚未廣為人知，人們嘲諷他是「賈蘇伏藏師」。然而，《大圓滿三部》的發掘令一切發生了改變。烏金督加仁波切敘述了這一非同尋常事件的經過。

那時的宗薩蓮花水晶洞被人們稱作鬼窟，那是一處無人敢踏足之地。人們說不管誰去到那裡，都會被吃掉。有人曾在那裡看見一個據說是常駐之鬼的獨眼婦人，也有人看見一個騎著山羊的光頭漢。秋吉林巴、蔣揚欽哲旺波和蔣貢康楚一同前去，他們知道將要在那裡取出《大圓滿三部》。

有人說：「今天那個賈蘇伏藏師要過去那裡取伏藏，鬼肯定會把他吞掉的。」有人不置可否地說：「欽哲和康楚也在，說不定他還真能取出伏藏來。」當三位大師向山洞走去時，身後跟了一大群人，天空中出現一道道彩虹。眾人到達洞口後，舉行了一個盛大的準備煙供。康楚向護法供養金飲；欽哲手持金剛杵，唱誦「三神宣誓歌」，以號令地神。人們說到蔣揚欽哲旺波：「今天祖古仁波切如此精心準備，看來肯定會有特別的事情發生。」眾人被告知持誦蓮師心咒，並向蓮師做祈請。隨後，三位大師進入洞中，有幾個人跟了進去，餘下

人等留在洞口，等待開啟伏藏。

就在大家持誦蓮師心咒和《金剛七句》時，秋吉林巴展現了有目共睹的證量：山洞頂端忽然變得遙不可及。他飛到空中，拔出一個伏藏寶篋，內有《大圓滿三部》教法、師利星哈加持的法藥甘露、耶喜措嘉和毗盧遮那的幾縷頭髮。伏藏寶篋用蓮師的法衣包裹，秋吉林巴拿它碰觸欽哲、康楚和在場者的頭頂，給予加持。

現在人們知道秋吉林巴是一位真正的伏藏師了。他告訴在場眾人：「今天所有到這裡的人都極為幸運。如果順利的話，我還會取出更多伏藏。蓮師佛父母的恩德實在不可思議。」蔣揚欽哲接著補充道：「秋吉林巴是一位極為稀有的大伏藏師，這部伏藏法也極為稀有，此聖地亦極為稀有。你們每個人都應做供養並經行轉繞。我們三人已打開此聖地之門，我保證在你們命終之時，都將直接往生銅色吉祥山。」

在蓮花水晶洞取出的這部伏藏法，是對伏藏傳承的空前貢獻，它的傳承由始至今都極為殊勝。秋吉林巴親自為兒子策旺諾布賜予灌頂，後者當時還只是坐在蔣揚欽哲旺波和蔣貢康楚兩位大師中間的六個月大的嬰兒。距離我們更近的時代，我的祖父祖古烏金仁波切向包括第十六世噶瑪巴、怙主敦珠仁波切在內的許多偉大上師和修行者傳授了《大圓滿三部》教法。直至今日，再未取出過包含完整《大圓滿三部》教法的伏藏。

《上師意修遍除道障》

《秋林德薩》中包含了諸多如此獨特的教法。如蓮師所言：「有無數伏藏被埋藏在西藏大地下，《上師意修遍除道障》是其中最獨一無二、是百萬上師意修法類中最至高無上的伏藏法。」這並非秋吉林

巴或蔣揚欽哲旺波的個人觀點，而是蓮師在伏藏法本中金口所宣。

舉例來說，廣軌的《上師意修遍除道障》包含了前行七教、正行七教和結行七教，是由蓮師本人親撰。對伏藏教法來說，通常伏藏師在取出伏藏後，需要對該伏藏法進行整理和集結。但就這部伏藏而言，秋吉林巴僅是將空行文字直接破譯成文，蔣揚欽哲旺波直接謄寫下來即大功告成，絲毫未做任何改編與整理。如此完整和系統的伏藏法極其稀有罕見，而絕大多數的《秋林德薩》伏藏法，都是如此這般由蓮師親自整理而成的。

同樣，我們現在進行的包括《遍除道障》在內的《秋林德薩》大成就法會也無須重新進行編排，它們的誦修框架也全都由蓮師親自撰寫。通常來說，修行框架需要基於其他密續典籍匯編而成，而《秋林德薩》是直接從蓮師本人那裡獲得的教法，非常簡便易修。《遍除道障》當中極其重要的一部分是名為《忿怒蓮師羅剎顱鬘力》的成就法。因為許多行者都是以蓮師在藏地所現的十二化身為修行基礎，而唯獨這部修法是向蓮師離開藏地前往羅剎國調伏羅剎之身相作祈請，此羅剎王身相的修法絕無僅有。

蓮師曾預言未來行者將面臨的諸多障難，因為惡願鬼魔勢力將極其猖獗。這樣的負能量將製造衝突與混亂來阻礙修行者。這部《忿怒蓮師羅剎顱鬘力》修法專為回遮這些邪惡力量，是特為我們這個時代所備下的深奧修法。

無諍大伏藏師

《秋林德薩》的另一個非凡特點是其行文優美，而秋吉林巴本人卻未曾接受過任何教育，也不怎麼會寫字。我祖父祖古烏金仁波切曾告訴我，這恰恰是秋林伏藏法真實性的重要證明：因為他自己絕無可

能撰寫如此不可思議的教法。

我祖父對此有第一手瞭解，因為他手上有一封秋吉林巴寫給第十四世噶瑪巴泰秋多傑的信。這封信是當年祖父在楚布寺時，從第十六世噶瑪巴的物品中偶然看到的。

在那封信中，秋吉林巴沒有用通常寫給高僧大德的書面語，而是俗里俗氣的口語。他以平實的語言，這樣寫道：「噶瑪巴！我是秋吉林巴。我的伏藏全是真的！蓮師說我是伏藏師。噶瑪巴，你看看！」這是一封相當直截了當的信，如果現在你將這封信與《遍除道障》的文本對比，那簡直是天壤之別！秋林伏藏的文字法義精確、章句雋永、雄辯有力。所以祖古烏金才會說，證明像秋吉林巴這樣沒有教養的伏藏師的真實性特別容易。在徵得噶瑪巴首肯後，我祖父親自保管他曾祖父的這封信，直至將其交付給第三世涅頓秋林仁波切。

說秋吉林巴是無諍大伏藏的另一個原因是，通過作為伏藏師的佛行事業，他很快就得到當時所有偉大上師的認可。這些大師的支持確保他最終被接受，並在整個藏地享譽盛名。起初認可他的大師之一是蓮師語化身——大司徒仁波切。他與司徒仁波切的初遇也是一段佳話，烏金督加仁波切如此描述道：

二十五歲時，秋吉林巴值遇蓮師親記其為自己真實化身的八邦寺大司徒仁波切，亦稱貝瑪寧傑旺波。蓮師曾對牟汝贊普王子預言道：「你若能徵求他的意見，對他具全然信心，則諸事皆成。」他們二人在藏曆正月神變月初遇，秋吉林巴供養給司徒仁波切一支普巴金剛橛，並向他展示自己取出的伏藏。大司徒回答說：「這或許非常好，今年尚未下雨，你若能修法乞雨，我就會仔細考慮你是否是伏藏師。」

於是，秋吉林巴修法興雲布雨。司徒仁波切說：「你確實是伏藏

師！但請謹記，任何弄虛作假者只會淪為騙子。伏藏師，沒什麼特別的，做蓮師的忠誠僕人方不尋常。你將會取出許多地伏藏，然而你必須對意伏藏等其他種類的伏藏嚴格保密。」緊接著，他送給秋吉林巴一尊由桑傑林巴取出的蓮師像，並說：「要讓他它伴隨你。」他還為了自己的延年益壽而敦請秋吉林巴修持長壽儀軌。

司徒仁波切後來成為《秋林德薩》的重要弘傳者。雖然在一開始，有些大師質疑秋吉林巴的真實性，但在他的佛行事業面前，這些疑慮最後全都煙消雲散。事實上，從二十九歲開始，秋吉林巴絕大多數的伏藏都是在大庭廣眾之下公開取出的。有一次，他從岩山中發掘一支金剛杵，特意拔出一半，留下另一半在岩石中，在場所有人全都虔敬地流下熱淚。在這些情形下，已經沒有任何質疑的餘地。

達桑祖古是起初質疑秋吉林巴真實性的其中一位大師。當秋吉林巴從岩石中公開取藏時，他也在現場。大伏藏師猛力地敲擊山坡，岩石裂開，露出裡面的甘露法藥，附近村莊全都瀰漫在藥香之中。人們生起巨大的虔敬心，淚流滿面，紛紛持誦蓮師心咒。除甘露法藥外，同時還取出一個伏藏寶篋。秋吉林巴將它放在達桑祖古手中，後者險些暈倒，驚呼道：「它尚有空行加持的溫度。我感到它像開水一樣滾燙，太燙手了，我差點暈過去！」達桑仁波切後來成為《秋林德薩》的另一位重要弘傳者。

那個時代還有一位偉大上師，即《普賢上師言教》的作者匝巴楚仁波切。巴楚仁波切是一位畢生茹素的出家人，雖然他是偉大的大圓滿成就者，但卻持戒精嚴，並且對自己的求法對境極為審慎。當時曾有大批取藏者，但他從未參加他們之中任何一個人的傳法。他聲稱自己只想修持那些經得起時間檢驗的伏藏法。但我從上師紐修堪仁波切那裡聽說過巴楚仁波切對秋吉林巴信心的故事。

秋吉林巴有一次到訪德格佐欽寺，在那裡給予由桑傑林巴所取的重要伏藏《上師密意總集》的全部灌頂。由於巴楚仁波切當時駐錫該寺，便也去參加。那天灌頂結束後，巴楚仁波切從人群中站起身，大聲宣說：「今天我們全都是從桑傑林巴本人那裡領受的《上師密意總集》灌頂！我們真是太幸運了！」

以此方式，巴楚仁波切公開承認秋吉林巴是真正的伏藏師，這也是他對秋吉林巴信心的真實佐證。我還聽紐修堪仁波切提起過，巴楚仁波切甚至還曾這樣說：「我是一個非常頑固的人，無論從事何種修行，從未取得過任何進展。但當我修持秋林伏藏法時，立即就獲得了成就徵象！伏藏法實在是太了不起了！」

還有一次，秋吉林巴取出許多甘露法藥，分發給在場者。巴楚仁波切大喊著：「別給我，拿走！我不懂這些東西。」可當他一回到營地，就四處詢問：「剛才分發的法藥在哪裡？」拿到手之後，他用法藥碰觸自己的頭頂，說道：「把一小塊，哪怕是只有螞蟻腿大小的這個法藥吃到嘴裡、融入心間，都必定永斷惡趣。」

巴楚仁波切老是如此，人前人後判若兩人。在眾人面前，他假裝漠不關心；但私下裡，他極其珍視秋吉林巴的伏藏教法——這個事實本身就不同尋常。

應時深法

伏藏法據說是「應時深法」，這意味著它能給所掘取的那個時代帶來最大利益。因此，作為一百位大伏藏師中的最後一位，秋林伏藏法是特別為我們當今時代所準備的。

我相信這可以由《秋林德薩》傳承的其中一個特點來佐證：女性在傳承中至關重要的作用。誠如女性在當今社會各個階層的角色都更

為出彩一樣，我們傳承的女性在弘揚傳承的過程中也顯得尤為強大和活躍，這也是為什麼在我們寺院念誦的《傳承祈請文》（詳見本書第二十二章）中，不僅有耶喜措嘉、度母、金剛瑜伽母，還包括了秋吉林巴的佛母德千確炯和女兒貢秋巴炯。在藏傳佛教祈請文當中，這是極為罕有的，它清楚說明了女性對《秋林德薩》傳承所做的重要貢獻。

如前所述，秋吉林巴的佛母德千確炯是空行耶喜措嘉的化身。迄今我們手上仍保留一些秋吉林巴寫給她的美妙情書，其中穿插了諸多教法，彰顯出大伏藏師對她的深情厚意。

秋林伏藏中還包含了突出女性特質的法類。例如，秋吉林巴取出蓮師為牟汝贊普的王妃宿氏所撰寫的一個特別的上師瑜伽修法。宿氏的主要依止上師是蓮師和空行耶喜措嘉。因此，在她的實修法類中，上師是蓮師，本尊是金剛薩埵，護法是一髻佛母，空行則種類繁多。外空行是三面綠度母，內空行是金剛瑜伽母，密空行是祕智空行母，甚密空行是曼達拉娃，極密空行是耶喜措嘉。

其中空行耶喜措嘉為主尊，周匝環繞著蓮師的其他四位空行母：釋迦黛薇、曼達拉娃、伽羅悉地和扎西奇珍。能在一部修法中集結如此眾多的女性本尊，尤其是囊括了蓮師的五位明妃，這相當獨特。

《度母甚深精要》是又一個主尊為女性本尊的重要伏藏法。當蔣揚欽哲旺波寢室中的一尊度母像開口說了三次：「善哉！善哉！善哉！」之際，此教法在秋吉林巴心中直接浮現出來。這部修法含涉了外的前行修持、內的生圓次第、密的大圓滿法道。秋吉林巴從三聲「善哉」中領悟到全部教法，這是他完整取出以度母為中心的廣大意伏藏的過程。

秋吉林巴還復與了《母續空行祕密道用》傳承，這是金剛瑜伽女

修法的隨念傳承，包含了前行乃至大圓滿的所有修法[3]。《秋林德薩》中的另外一個女性本尊的伏藏法是《息災天女七法類》，特別修持七位女性本尊：佛眼佛母、葉衣佛母、摩利支天女、大白傘蓋佛母、般若佛母、白度母、孔雀佛母，她們每一位都專門平息某種障礙。最後，秋吉林巴是注定取出《空行密意總集》的伏藏師。《密意總集》包括上師、本尊、空行、護法四種法類，其中上師和護法法類是瑪哈瑜伽，本尊法類是阿努瑜伽，空行法類是阿底瑜伽。因此，空行法類是四部《密意總集》中的最高修法——這是秋吉林巴前緣注定要發掘的[4]。

《空行密意總集》埋藏於不丹，秋吉林巴知曉自己在那裡有幾部伏藏要發掘，於是前往該處。然而，由於順緣不具足，他最終未能到達。直至今日，這部伏藏法仍封藏在帕羅扎嘎岩洞中。烏金督加仁波切講述了秋吉林巴的圓寂過程：

秋吉林巴一行緩慢前往不丹，途中因為侍者不聽話，最終未能到達目的地。他隨後去到噶美寺和蘇曼寺，最後抵達涅頓寺——在那裡病倒了。弟子們緊急操辦了很多法事，但他還是在五月初一清晨示現寂滅。當時天降花雨，大地也為之震動。眾人請示蔣揚欽哲旺波應該怎樣安置法體，回覆要求法體不得火化、應全身入塔。因此，秋吉林巴的法體被冠以蓮師寶冠，披上他曾拋入湖中用以取藏的白色披單，穿著袈裟，安奉在一座由黃金製成、白銀裝飾、許多他的伏藏珍寶做點綴的佛塔中。靈塔被供奉在他的主法座給拉寺，直至一九六九年被毀。一些僧人私下火化了法體，舍利得以保存下來。

秋吉林巴尚未發掘許多授記中屬於他的伏藏，便倉促示現圓寂。但無論如何，他仍是被授記掘取我們這個時代所需要的《空行密意總集》的伏藏師。

《秋林德薩》的許多特色令它尤為適合我們當今時代。秋林伏藏當中女性元素的凸顯，表明這些法門極其符合當前需求。女性力量注定在世界上發揚壯大，而作為伏藏師的核心特質即是：天時、地利、人和。遺憾的是，秋吉林巴的許多生平事蹟已經佚失，但他的親筆自傳和身邊大師們撰寫的傳記尚得以留存。在接下來的章節中，我們將重點記敘這些內容。

1　賈蘇伏藏師是秋吉林巴在成為家喻戶曉的伏藏師之前，人們對於他的蔑稱。賈蘇是他的家族名字，這一稱呼將他貶低為當地的宗族形象。但不久之後，蔣貢康楚即開始尊稱他為「大伏藏師」。

2　《大寶伏藏》是十九世紀前由真正的伏藏師取出的所有重要伏藏法的選集，由秋吉林巴的密友——大師蔣貢康楚編撰。

3　《母續空行祕密道用》是耶喜措嘉在去到空行剎土的淨觀中首先領受，她在那裡見到金剛瑜伽母被四位瑜伽女四方環繞，分別對應白、黃、紅、綠四種顏色。她從每位瑜伽女，包括金剛瑜伽母那裡領受了教法，這些教法的集合即《母續空行祕密道用》。耶喜措嘉先是自行修持，然後將其埋為伏藏。西元十四世紀，此教法由女性伏藏師空行袞嘎布姆取出。袞嘎布姆將此法傳授給親近弟子東措日巴。《母續空行祕密道用》在廣傳許多世代後，傳承突然消失了。東措日巴是秋吉林巴的前世之一，秋吉林巴此生碰巧遇到該法類的法本以後，心中自然生起了想要復興此傳承的願望。於是，他回憶起自己過去生從袞嘎布姆那裡領受的灌頂與竅訣。由此，大伏藏師以隨念伏藏形式獲得了此母續傳承教法。

4　在四種《密意總集》中，《上師密意總集》由桑傑林巴掘取，《本尊密意總集》由達香紐丹多傑掘取，亞榮貝瑪敦杜和秋吉林巴則各自分別取出一部《護法密意總集》。

第十章

《大伏藏師自傳——化身大伏藏師秋吉林巴傳記之種子‧聖教大日光顯》

秋吉林巴作

ༀ། །སྤྲུལ་པའི་གཏེར་སྟོན་ཆེན་མོའི་རྣམ་ཐར་གྱི་བོན་ཞལ་གསུང་མ་དང་། །
གཏེར་འབྱུང་ལྷག་ཞིག་འབེལ་གཏམ་ལྟ་ཚོགས་བཅས་ཕྱོགས་བརྩོམས་རྒྱལ་བསྟན་ཉིན་བྱེད་འོད་སྣང་ཞེས་བྱ་བ་བཞུགས་སོ། །

《大伏藏師自傳——化身大伏藏師秋吉林巴傳記之種子‧
聖教大日光顯》

The Autobiographies of the Great Tertön

Illuminating Sun, the Teachings of the Conqueror

Seeds from the Liberation Story of the Awakened Emanation, the Great Tertön Chokgyur Lingpa

ཐར་པའི་ཞིང་ཐར་པའི་ལམ་ལ་འདྲེན་མཛད་པའི།

將我引領達致解脫道，

To those who have guided me on the path to liberation,

།བླ་མ་དམ་པ་རྣམས་ལ་ཕྱག་འཚལ་ལོ།

殊勝上師尊前敬頂禮！

to these sublime masters, I pay homage.

།ཁྱེ་དང་ཚེ་རབས་རྟེས་སུ་བཟུང་བ་ཡི།

藉由生生世世攝受我，

It was through the compassion of Pema Thötreng Tsal,

།པདྨ་ཐོད་ཕྲེང་རྩལ་གྱི་ཐུགས་རྗེ་ཡིས།

蓮花顱鬘力尊大悲心，

who cared for me through countless lifetimes,

།དལ་འབྱོར་མཆོག་ཐོབ་སངས་རྒྱས་བསྟན་ལ་ཞུགས།

我得暇滿[1]入於佛法道。

that I obtained the supreme freedoms and riches and took up the Buddha's teachings.

།ལས་འཕྲོའི་དབང་གིས་གཏེར་གྱི་ཆོས་ལ་སྦྱོད།

宿業驅動值遇伏藏法。

Driven by karmic propensities, I encountered the Treasure teachings.

།སྒྲིབ་པའི་དབང་གིས་སུམ་ཅུ་སོ་ལྔའི་བར།

然被障蔽直至卅五歲，

Yet, hindered by obscurations until the age of thirty-five,

།བྱིས་པའི་སེམས་དབང་ལྟ་སྤྱོད་ཆལ་མ་ཆོལ།

幼稚孩童見行無恆心。

I was under the sway of my childish mind and inconstant in view and behavior.

ཌ་ནི་སེམས་ཉིད་རྩང་རང་བད་གོམས་པར་གྱུར།

現則熏修心性略純熟，

Now at last I am somewhat familiar with the nature of mind,

ཅི་བྱེད་ཆོས་མཐུན་བྱེད་སྣམས་ཡིད་ལ་བརྗ།

心中唯願見修契於法。

and I take care to ensure that my view and conduct always conform to the Dharma.

ཌ་ལྟའི་ཚུལ་ལ་རྣམ་ཐར་ཅི་ཞིག་བྲི།

如今撰寫自傳何以故，

In my present situation, then, why am I writing my life story?

ཁོན་ཀྱང་དད་ཕྱན་སུན་ནི་མི་དབྱུང་ཕྱིར།

為令具信後學莫灰心。

In answer, it is so as not to disappoint the faithful.

ནམ་མཁའ་མཛོད་མདུན་མི་ཡི་སྲིད་པར་ཞུགས།

南開宗旁投生人世間，

In the vicinity of Namkha Dzö, I entered human existence.

གསང་རྒྱལ་ཞོལ་དུ་མ་ཡི་མངལ་ནས་བཙས།

桑加山下自母胎出生，

At the foot of Sangyal Mountain, I was born from my mother's womb.

།ཡེ་རྒྱལ་ཞོལ་དུ་རིམ་པར་བསྐྱེད་བསྲིངས་ནས།

耶加山下漸長大成人，

At the foot of Yegyal Mountain, I was raised,

།ཡར་འཁྱིལ་གནས་སུ་ཆོས་ཀྱི་བསམ་པ་སྐྱེས།

雅齊聖地發心欲向法，

and at holy site of Yarkhil Né the thought of Dharma was born in me.

།འདྲེན་པའི་བླ་མ་ཀུན་བཟང་མཆོག་སྤྲུལ་གྱིས།

昆桑確楚上師引導我，

My guiding master, Künzang Choktrül,

།སྐྱབས་སྡོམ་གནང་བས་སངས་རྒྱས་བསྟན་སྒོར་ཞུགས།

授皈依戒令入聖教門。

gave me the refuge vows, and thus I crossed the threshold into the Buddha's teachings.

།སྒྲོལ་དཀར་གུ་རུ་ཞི་བའི་རྗེས་གནང་ཐོབ།

獲白度母、寂蓮師隨許[2]。

I obtained authorization for White Tara and the Peaceful Guru.

།བཤད་སྒྲུབ་གླིང་དུ་ཚེ་དབང་ཕྲིན་ལས་མཇལ།

謝珠林中遇策旺成列，

In Shedrup Ling, I met with Tsewang Trinlé.

ཤིན་ཏུ་དད་ནས་གུ་རུའི་དབང་སྐབས་ལ།

虔心預備蓮師灌頂時，

With great devotion, while preparing for the Guru empowerment,

 དག་སྣང་ཐོབ་ཅིང་བཀའ་དྲིན་དབང་བཞི་བསྐལ།

得顯淨相蓮師賜四灌。

I had a vision of the Guru who in his kindness gave me the four empowerments.

རང་གི་གནས་སུ་དཀོན་མཆོག་དོན་གྲུབ་སོགས།

在故鄉貢秋敦珠等人，

In my own home area, with Könchok Döndrup and others

སློབ་དཔོན་བགྱིས་ནས་ཡི་གེ་བསླབ་པ་དང་།

作為老師教導我讀寫。

acting as my instructors, I learned to read and write.

བསྟན་རྒྱས་སློབ་དཔོན་བགྱིས་ནས་མཚམས་སྐྲབ་ཀྱི།

丹傑指導我首次閉關，

With Tengyé as my instructor, I did my first retreat—

ཐོག་མ་སྐྲོལ་དཀར་གུ་རུ་ཞི་བ་བསྙེན།

修持白度母／寂靜蓮師。

the approach practices of White Tara and the Peaceful Guru.

།སྔགས་འཆང་རིག་འཛིན་དཔལ་ལས་ལྱགས་ཆོག་གི

持咒師仁增巴前請求，

I received practical instructions for mantra rituals

།ཕྱག་བཞེས་ཞུས་ཤིང་དབུས་ཀྱི་ཕྱོགས་སུ་ཕྱིན།

金剛乘事項後去衛藏，

from the mantra-holder Rikdzin Pel, and then, as I headed toward Central Tibet,

།རྩ་བ་གསུམ་གྱིས་རྗེས་སུ་བཟུང་བ་མཐོང་།

見到三根本攝受於我，

seeing that I was under the care of the Three Roots,

།གུ་རུ་སྔགས་པས་གཟའ་གདོན་ཞི་བར་མཛད།

藉由蓮師心咒驅魔障。

I abated danger with Guru mantras.

།དཔལ་མེ་དགོན་དུ་གྲྭ་རྒྱུན་ཚུལ་དུ་བསྡད།

八麥寺中出家為僧侶，

In Palmé Monastery, I stayed as a monastic recruit，

།རྗེ་བཙུན་ཆོས་ཉིད་ནོར་བུའི་རྗེས་བཟུང་བ།

怙主確尼諾布垂攝受，

under the care of Lord Chönyi Norbu，

།བདེ་གཤེགས་སྒྲུབ་པ་བཀའ་བརྒྱད་སྨིན་གྲོལ་ཐོབ།

《善逝總集》灌傳得熟解。

and obtained empowerments and instructions for the Eight Sadhana Teachings of the Sugatas.

།གར་ཐིག་དབྱངས་ཀྱི་ཕྱག་ལེན་ལེགས་པར་བསླབ།

妥善學習（金剛）舞、畫（壇城）、唪（韻調）三藝。

I trained well in the practices of ritual dance, mandala proportions, and melodies.

།ཚེས་བཅུ་ཁང་དུ་ཚོགས་བསྐྱངས་ལོ་བཅུ་འགྲིམ།

采久殿中十年做修持。

For ten years, I joined in the monastic assembly of Tsechu Monastery.

།བླ་མ་དམ་པས་སྨིན་གྲོལ་དཔག་མེད་བསྩལ།

恩師傳無量灌頂引導；

Sublime masters bestowed upon me countless empowerments and instructions;

།ཡ་ཀིའི་རྫོགས་པ་ཆེན་པོ་མན་ཆད་དང་།

上達至高無上大圓滿，

I trained in everything from the highest Great Perfection

།མ་ཀིའི་རྣོལ་གར་ཡན་ཆད་བསླབ་པར་མཛད།

下至金剛舞步細細學。

down to the simplest dance,

།མཁན་སློབ་བཀའ་དྲིན་ཁེན་ཏུ་ཆེ་བར་འཁུམ།

善知識師慈恩極浩瀚。

and I realized the immense kindness of my preceptors and instructors.

།བསྟན་འཛིན་ཆོས་ཀྱི་དབང་པོའི་ཕྱག་རྫོགས་ནི།

丹增確吉旺波傳恰（大印）、佐（大圓），

From Tendzin Chökyi Wangpo I received the direct instructions of Mahamudra and Dzokchen.

།ཁྱོང་ཁྲིད་བསྩལ་ཅིང་བླ་མ་དམ་པ་ཡི།

賜實修導引而令尊師，

The pith instructions of sublime masters of

།རྫོགས་ཆེན་སྙིང་ཐིག་མན་ངག་སྙིང་ལ་ལྷུན།

the Heart Essence of the Great Perfection mingled with my mind.
大圓心滴融匯於心間。

།ཕུན་ཆོགས་གླིང་ནས་རྙིང་མའི་གར་དབྱངས་བསླབ།

彭措林修習寧瑪舞誦，

I trained in the Nyingma melodies and dances from Phuntsok Ling,

།འདུལ་འཛིན་ཆེན་པོ་སྟག་ལུང་རིན་པོ་ཆེར།

大持戒者達隆仁波切，

and received ordination from the great vinaya holder Taklung Rinpoché.

།རབ་ཏུ་བྱུང་ནས་དགེ་སློང་ངང་ཚུལ་བསླབ།

教我出家比丘之威儀。

He taught me the way of monkhood.

།མཚུངས་མེད་མགོན་པོ་སྤྲུལ་པའི་སྐུ་མཆོག་གིས།

無上殊勝化身賜予我，

This incomparable protector, a supreme emanation,

།རཏྣ་གླིང་པའི་ཐུགས་སྒྲུབ་སྨིན་དབང་བསྐུར།

熱納林巴意修成熟灌。

gave me the ripening empowerment for Ratna Lingpa's Heart Practice.

།ནབུན་རྫོང་དུ་ཆོས་རྒྱལ་རྡོ་རྗེ་མཇལ།

納本宗得遇曲伽多傑，

In Bündzong, I met with Chögyel Dorjé,

།གསང་བའི་མན་ངག་བསྩལ་ཅིང་རྫོགས་ཆེན་བསླབ།

賜祕密竅訣傳大圓滿。

who gave me the secret pith instructions and taught me the Great Perfection.

།འགྲོ་མགོན་པདྨ་ཉིན་བྱེད་བཀའ་བཞིན་དུ།

遵怙主貝瑪寧謝敕令，

Following the instructions of the protector of beings, Situ Pema Nyinché,

།བསྟན་འཛིན་རྣམ་རྒྱལ་ཞབས་ཀྱིས་ཐུགས་སྒྲུབ་བསྩལ།

丹增南開賜我意修法。

I received the Heart Practice from Venerable Tendzin Namgyel.

།དཔལ་སྤུངས་དགོན་དུ་བླ་མའི་བཀའ་བཞིན་ཕྱིན།

依師教言去到八蚌寺，

Following this master's instructions, I went to Palpung Monastery,

།མི་ཕམ་མགོན་པོ་གཉིས་པའི་ཞལ་མཇལ་ནས།

得見第二彌勒大司徒。

and encountered the second Maitreya.

།དྲིན་ཅན་ངེས་དོན་བསྟན་འཛིན་རབ་རྒྱས་ལ།

大恩涅頓丹增饒傑前，

Offering my undivided faith to the kind Ngedön Tendzin Rapgyé,

།མི་ཕྱེད་དད་པ་ཕུལ་ནས་སེམས་བསྐྱེད་ཐོབ།

奉上堅信得受菩薩戒。

I received the bodhichitta vows.

།དེ་ནས་བཟུང་སྟེ་སྨིན་གྲོལ་དུ་མ་དང་།

自此獲繁多熟解灌引，

From then on, I received many empowerments and instructions,

།ཁྱད་པར་ལྟ་བའི་སྒྲོ་འདོགས་ལེགས་པར་ཆོད།

尤其斬斷見解之增損。

and, in particular, eliminated all doubts regarding the view.

།འཇམ་མགོན་བླ་མ་ཀོང་སྤྲུལ་རིན་པོ་ཆེའི།

文殊上師蔣貢康楚尊，

Jamgön Lama Kongtrül Rinpoché

།དབང་བསྐུར་རྒྱུད་བཤད་མན་ངག་མཐར་ཐུག་བསྩལ།

授灌講續賜究竟竅訣。

bestowed empowerments, tantric explanations, and the ultimate pith
instructions upon me.

།ཀུན་གཟིགས་བླ་མ་འཇམ་དབྱངས་མཁྱེན་བརྩེ་ཡིས།

普見上師蔣揚欽哲處，

From the omniscient master Samantadarshin Jamyang Khyentsé,

།སྨིན་གྲོལ་མཐའ་ཡས་ཟབ་དོན་སྙིང་ཁུ་གནང་།

熟解奧義精髓獲無量，

I received boundless empowerments and instructions, the quintessence of the
profound truth.

།འདི་གསུམ་བཀའ་དྲིན་ཇི་སུམ་སྟན་བླ་མར་གྱུར།

三位即我三恩[3]根本師。

These three were the masters who showed me the threefold kindness.

།ཁྱར་མང་བསྟུན་འཛིན་སྤྲུལ་པའི་སྐུ་མཆོག་ལས།

殊勝化身蘇曼丹增前，

From the supreme emanation, Zurmang Tendzin,

།བཀའ་བརྒྱད་བདེ་གཤེགས་འདུས་པའི་སྨིན་དབང་ཞུས།

領受善逝總集成熟灌。

I received the ripening empowerment for the Assembly of the Sugatas of the Eight Sadhana Teachings.

།གཞན་ཡང་སྐྱ་རྗེ་གསང་སྔགས་བསྟུན་འཛིན་དང་།

復次於賈傑桑昂丹增、

Moreover, I relied on many other kind lamas, such as Gajé Sang-ngak Tendzin

།བསྟུན་འཛིན་བྱང་ཆུབ་ཉི་མ་ལ་སོགས་པའི།

丹增強秋尼瑪等眾多，

and Tendzin Jangchup Nyima.

།དྲིན་ཕོབ་བླ་མ་དུ་མ་བདག་གིས་བསྟེན།

恩師座前我恭敬依止，

I listened to many sacred teachings, and,

།དམ་པའི་ཆོས་ཀྱང་བདག་གིས་མང་དུ་ཐོས།

再再聽聞殊勝正法教。

as I received explanations on Sutra and Tantra

།འཇམ་དབྱངས་ངེས་དོན་མཁས་དབང་གཞན་དོན་ལས།

蔣揚涅頓給旺賢頓前，

from Jamyang Ngedön Kewang Zhendön,

།མདོ་སྔགས་གཞུང་བཤད་ཞུས་པས་ཤེས་རྒྱུད་གྲོལ།

求授顯密講解心意開。

my understanding flourished.

།ཟབ་མོའི་གཏེར་རྣམས་ཀུན་ཀྱིས་མཚོང་བར་བཏོན།

開誠布公取甚深伏藏，

Revealing profound treasures in the sight of all,

།དག་སྣང་དབང་ཐོབ་རང་གི་ཉམས་སུ་བླངས།

淨觀領受灌頂作實修。

I received their empowerments in visions and practiced them myself.

།རྒྱལ་དབང་ཐམས་ཅད་མཁྱེན་པ་ཀརྨ་པ།

遍知一切法王噶瑪巴，

And, as practiced thereafter by the Omniscient Lord Karmapa,

།འགྲོ་མགོན་ས་སྐྱ་གོང་མ་འབྲུག་ཆེན་རྗེ།

怙主薩迦貢瑪與竹巴、

the Sakya Lord and Protector of Beings, the Lord Drukchen,

།འབྲི་སྟག་འཕགས་པའི་སྐྱེས་བུ་དུ་མ་ཡི།

直貢達隆持教諸聖賢，

and many noble beings of the Drikung and Taklung lineages,

།དཀར་ཆོས་ཟབམས་བཞེས་ཟབ་གཏེར་བསྟན་པ་རྒྱས།

修此深法伏藏得廣弘。

this sacred Dharma, the profound Treasure teachings, began to spread far and wide.

།མཁས་ཤིང་གྲུབ་པའི་སློབ་མ་མང་དུ་བྱུང་།

湧現教證雙全眾弟子，

A great number of scholars and practitioners became my disciples,

།བཤད་སྒྲུབ་གཉིས་ཀྱི་སངས་རྒྱས་བསྟན་པ་བསྐྱངས།

佛法講修悉皆得傳續。

and the Buddhadharma of both teaching and practice was preserved.

།རི་བོ་ཆེ་ཡི་རྗེ་འཕགས་མཁན་སློབ་དང་།

類烏齊傑仲、帕秋師徒

With the support of the three masters of Riwoché,

།ཞབས་དྲུང་གསུམ་གྱིས་གནས་མལ་གནང་བར་བརྟེན།

以及夏仲三位資助下，

the teacher and disciple Jedrung and Phakchok, together with Zhapdrung,

ཁོག་མེན་ཀརྨའི་གསང་སྔགས་པོ་བྲང་དང་།

修建奧明噶瑪密咒殿、

I established the following sites:the Palace of Secret Mantra in Akanishtha Karma;

ནམ་མཁའ་མཛོད་དང་རྟེན་མཆོག་འགྱུར་མེད་གླིང་།

南開宗寺、殊勝久美林；

the Sky Treasury of Namkha Dzö; Neten Chok Gyurmé Ling;

གནས་མཆོག་འཛོམ་ནང་པདྨ་ཤེལ་ཕུག་དང་།

宗囊聖地蓮花水晶洞；

the Lotus Crystal Cave at the sacred site of Dzamnang;

རྒྱམ་རྒྱལ་གངས་མགུལ་གཡུ་མཚོ་རི་ཁྲོད་སོགས།

蔣加雪山、玉措閉關院。

and the Gyamgyel mountain hermitage at Yumtso, the Lake of Turquoise.

བཞིངས་ནས་བཤད་སྒྲུབ་བསྟན་པའི་མགོ་བཙམས་ནས།

教法講修得以初創建。

Thus I initiated teachings of both exegesis and practice.

ཀུན་གཟིགས་བླ་མའི་བཀའ་དྲིན་ལ་བརྟེན་ནས།

遍知蔣揚欽哲垂大恩，

Then, relying on the kindness of the omniscient guru Khyentsé Wangpo,

།བསྟན་པའི་གཞི་བཅུགས་སྒྲུབ་ཆེན་མང་དུ་བགྱིས།

奠基教法辦大修法會。

I performed many Great Accomplishments, the foundation of the teachings.

།དེ་དག་ལེགས་ཆ་ཕྱོགས་གཅིག་བསྐྱིགས་པ་ཡིན།

所有善行一併列於此，

These good deeds are now recorded in one place.

།དེ་ལས་ལྷག་པའི་ཡོན་ཏན་བདག་ལ་མེད།

此外我之功德無分毫。

I have no qualities other than this.

།ལོ་གསུམ་བསྒྲུབ་པ་བྱས་པ་དགེ་བའི་རབ།

最大功德是閉三年關，

My greatest virtue has been doing three-year retreat,

།ད་ཡང་ལྷག་བསམ་རྣམ་དག་རྩེ་གཅིག་བགྱི།

意樂清淨專注行利他。

and now, too, all I practice is one-pointed, virtuous altruism.

།དེ་སྔད་སྔགས་འཆང་པདྨ་བདུད་འདུལ་གྱིས།

此乃持咒者貝瑪敦杜，

since the mantrin Pema Düdül requested these words from Gyamgigül，

།རྒྱམ་གྱི་མགུལ་ནས་བསྐུལ་ནས་ལོ་མང་སོང་།

姜雪山間敦請復多年，

Many years have passed

།འདི་ལོ་ཐུལ་ལས་རིང་པོའི་དཀའ་བ་བཅད།

今年終於不再有拖延，

This year, I put an end to the difficulty of that long interval

།འདི་དོན་གཉེར་བས་ཆ་མ་བཅག་ཆས་འདི།

努力完成此真實記述。

and applied myself to write this brief, genuine account.

།གླང་ལོ་ཆུ་སྤྲེད་སྤྲེལ་ཟླའི་ཚེས་བཅུ་ལ།

藏曆牛年猴月初十日[4]，

on the tenth day of the seventh month of the Bull Year,

།ཡང་རྫོང་གླིང་དང་ནམ་མཁའ་མཛོད་སྤར་བྲིས།

寫於揚宗林及南卡卓，

in Yangdzong Ling and Namkha Dzö.

།དགེ་བས་འགྲོ་ཀུན་བྱང་ཆུབ་ཐོབ་ཕྱིར་བསྔོ།

功德迴向眾生證菩提。

I dedicate it so that all beings may reach awakening through this virtue.

།བཀྲ་ཤིས་དཔལ་འབར་འཛིན་གླིང་རྒྱན་དུ་ཤོག

吉祥德燧願莊嚴瞻洲。

May the blazing splendor of auspiciousness adorn the world.

具緣歡喜音——
證悟化身大伏藏師秋吉林巴取藏之簡短故事

秋吉林巴作

> 遠離二執大樂廣界中，
> 七支和合本怙主尊，
> 幻化網身遊舞金剛持，
> 頂禮上師海會壇城主！

以此禮敬。

所有智者與成就者皆稱：「具緣弟子教證之功德，皆從其對上師之虔敬心中得以產生。」因為史實傳記對生起信心極為重要，故而在此略談一下我自己。

我是被稱為化身大伏藏師秋吉林巴者。幼年時，我在一處名叫「瑪尼卡」的地方親見蓮師，並在那裡獲得一個蓮師修行聖地的授記目錄。十三歲時，我在雅龍水晶洞發現一封授記指南[5]。十五歲時，我感受到很多幻相，當時分不清它們是本尊抑或魔障；最後發現大多是魔障擾亂，少數為深奧伏藏授記，其餘毫無實義。

隨後，我在南如溪流潺潺的草地上發現一張羊皮卷上的確切伏藏授記。二十歲時，藏曆土猴年八月初十（西曆一八四八年十月七日），我從丹因卡拉絨果岩取出《上師意修遍除道障》伏藏法類，予以祕密封印八年。二十二歲時，藏曆雞年（西曆一八四九年末至一八五〇年末），我從納本宗取出《大悲觀音修法蓮花頂髻》。同時，由於吉祥緣起沒有如期出現，發生了一些障礙。

二十五歲時，我值遇怙主大司徒仁波切，向他供養了許多伏藏教法和殊勝伏藏聖物。二十六歲時，藏曆虎年（西曆一八五四年二月至一八五五年二月），我從扎嘎莫取出《意修》附屬法類。二十八歲時，藏曆火龍年四月十五（西曆一八五六年五月十九日），我從奧明噶瑪寺丹間扎岩壁取出《甚深七法類》祕密伏藏。同年，藏曆猴月初七（西曆一八五六年七月十二日或八月十日），我從南開宗旺修山消隱崖壁取出兩尊替身像和一尊護法像，以及各種伏藏聖物，諸如「大幻舞」和七類授記目錄，例如去往玉地的指引等；各種羊皮卷上的教法，包括《五種甘露》修法。之後，我從丹因卡拉絨果岩取出《意修》支分法要及具祕密封印的伏藏聖物。同年，藏曆九月（西曆一八五六年十月末至十一月末），我從康區米耶扎岩取出黑飲血梵志祖師頂冠，另有一部伏藏法未取出。

　　同年藏曆十一月十五（西曆一八五七年一月十日），我解開《上師意修遍除道障》祕密封印，開啟壇城，令護法立誓。當晚，法主夏仲仁波切[6]在淨觀中見到殊勝持明遍滿天際，其他人皆感受到蓮師加持的徵象。所有人都具相同淨相：桑煙昇華結出五色彩虹，漫天遍布明點光圈。那時，我舉行首次甘露法藥竹千法會。藏曆同月初十，我從聖地頂峰取出極喜金剛舍利塔，並在附近取出一個小伏藏。

　　同年藏曆十二月初三（西曆一八五七年一月二十八日），我從麥宿贊囊蓮花水晶洞當眾取出《大圓滿三部》，這是我首次公開取藏。

　　藏曆火蛇年正月初一（西曆一八五七年二月二十五日），我從旺欽扎山岩扎拉洞取出《二十五聖地授記指引》，並從八蚌寺蔣貢康楚的住處取出匝扎仁千扎岩山聖地認證伏藏授記。在同一地點，我還取出幾個伏藏指引。藏曆正月初八，在德格王都，我與康楚、溫珠和夏仲三位仁波切一起舉行甘露法藥大成就法會。隨後，我們一同去到森

欽南扎岩。藏曆正月十五，我從岩石中當眾取出長壽甘露，從地底取出藥泉，這兩處至今仍流淌著甘冽泉水。此外，我還取出蓮師的祕密法袍、錦緞披風和法帽、見解脫金剛法輪、一件佛陀的法袍、由藍、紅、綠寶石製成的耶喜措嘉的耳環、金箔葉和贍部河的黃金、赤松德贊、耶喜措嘉和曼達拉娃的衣袍、無垢友尊者的法衣、不知是何材質的金剛薩埵身莊嚴、含有蓮師鼻血的蓮師像、多件不同種類的珍貴聖物、一個裝滿法藥的寶篋、蓮師的印章、具祕密封印的教法經卷，從中開顯出阿努瑜伽法類《正法六卷》及六種傳承。伏藏寶篋內僅有六克樟腦，都被人們一擁而上要走了[7]。另外，我在蓮花水晶洞取出寂護菩薩[8]的法袍，在給榮取出長壽法藥。藏曆同年四月（西曆一八五七年五月至六月），我進行普巴金剛第九次甘露法藥大成就法會，其間出現成就徵象，大眾皆有目共睹。甘露從食子中流出、自寶瓶溢出，大修行者皆有自己本尊的淨相，還出現了本師佛陀的稀有淨相，這些全都印證了授記。另外還有其他內、外勝妙成就徵象。在納本宗貝瑪謝普聖地，在包括噶蘇[9]、確傑兩位仁波切在內的一千多位有緣者見證下，我順著五位空行女的指引，開啟出各種法藏和聖物。除了我之外，空行在其他隨行者眼裡都現為禿鷲。

伽羅羅剎龍王在湖中託付我一個石匣。我進入古老聖地乃寧岩洞，蓮花生大士及如海空行眷屬眾顯現降臨，佛父佛母關切吩囑並示現許多不可思議的身相神變、嬉戲遊舞。我從蓮師法座中取出自生大慈度母像、光象祖師舍利、《宿氏六法類》和《大悲觀音修法蓮花幻網》法類。此後，我在瓊蔣木波[10]獲悉噶瑪寺附近有一個《善逝總集》法類。

此為我於藏曆鐵猴年（西曆一八六〇年二月末至一八六一年二月末）寫下，以令大眾知曉。

1 暇滿是指具八有暇和十圓滿之人身。八有暇指遠離八種違緣狀態，其中四種非人身狀態：（1）地獄、（2）餓鬼、（3）畜生、（4）長壽天；另外四種無暇狀態：（5）邊地、（6）邪見、（7）瘖啞、（8）佛不出世。十圓滿中，五種自圓滿是：（1）得人身、（2）生中土、（3）五根具足、（4）業際不顛倒、（5）信佛法；五種他圓滿是：（1）如來出世、（2）佛已說法、（3）佛法住世、（4）入聖教、（5）善知識攝受。

2 隨許（*rjes gnang*,jenang）是一種灌頂，通常在三部外密續（事部、行部和瑜伽部）背景下給予，灌頂是在三部內密續（瑪哈瑜伽、阿努瑜伽和阿底瑜伽）背景下給予。此外，隨許只允許獲授者自己修持，不可傳給他人。

3 三恩是指密續中賜予灌頂、口傳和竅訣的上師。

4 即西曆一八六五年八月三十一日。所有日期均基於迪特舒赫的日期對照表給出。詳見《*Untersuchungen zur Geschichte der tibetischen Kalenderrechnung*》，出版社：Wiesbaden F. Steiner，一九九三年，p.203-213。

5 授記指南通常是指伏藏師在發掘伏藏前獲得的目錄，其中明確說明了每個伏藏的取出時間、地點、眷屬和方式。詳見《文明的薩滿》，p.137。

6 夏仲仁波切即蔣揚欽哲旺波。

7 原典註釋中說：「匣內似乎寫有寶積崖伏藏地點目錄。」

8 這是對寂護大師的另一個常見稱謂。他是一位來自那爛陀的博學堪布，首位在西藏受戒的出家人，他與蓮花生大士一道將佛典譯成藏文。

9 噶蘇仁波切即蘇曼噶旺仁波切。

10 瓊蔣木波可能是《如意寶樹》中提到的強熱木波的另外一種拼寫方式，蓮花生大士曾在此地將王魔縛於誓言之下。

第十一章

《吉祥法螺悅耳音》——
化身大伏藏師秋吉林巴傳記祈請文

蔣貢康楚仁波切作

（Jamgön Kongtrül Rinpoché）

༄༅། །སྐལ་པའི་གཏེར་ཆེན་མཆོག་གྱུར་བདེ་ཆེན་གླིང་པའི་རྣམ་ཐར་གསོལ་འདེབས་བཀྲ་ཤིས་འཁྱིལ་པའི་དབྱངས་སྙན་ཞེས་བྱ་བ་བཞུགས་སོ། །

《吉祥法螺悅耳音》——化身大伏藏師秋吉林巴傳記祈請文

The Melody of the Auspiciously Curling Conch

A Life-Story Supplication to the Awakened Emanation, the Great Tertön Chokgyur Lingpa

ཀུན་ཁྱབ་བདེ་ཆེན་འོད་གསལ་ཆོས་ཀྱི་སྐུ། །འཁོར་འདས་སྙིང་པོ་མི་ཤིགས་ཐིག་ལེ་ཆེ།

周遍大樂光明之法身，輪涅精藏不壞大明點，

All-pervading great bliss, dharmakaya of luminosity, essence of samsara and nirvana, indestructible great sphere,

དངོས་པོ་ཀུན་གྱི་ཁྱབ་བདག་གདོད་མའི་མགོན། །རྗེ་བཙུན་བླ་མའི་ཞབས་ལ་གསོལ་བ་འདེབས།

澤被萬象遍主本初怙，至尊上師足蓮敬祈請。

sovereign who encompasses all things, Original Lord, Venerable Guru, I supplicate at your feet.

།ཨོ་རྒྱན་སངས་རྒྱས་གཉིས་པའི་ཐུགས་ཀྱི་སྲས། །གཏེར་འབྱེད་གྲུབ་ཐོབ་རྒྱ་མཚོའི་འཁོར་ལོས་སྒྱུར།

鄔金第二佛尊之心子，取藏成就海會轉輪王，

Heart son of the Second Buddha of Uddiyana, universal ruler of the ocean of
accomplished treasure revealers,

།རྣམ་ཐར་བསམ་ཡས་སྙིགས་དུས་བསྟན་འགྲོའི་མགོན། །མཆོག་གྱུར་གླིང་པའི་ཞབས་ལ་གསོལ་བ་འདེབས།

行儀難思濁世教眾怙──秋吉林巴足下敬祈請。

protector of the teachings and of beings in the degenerate age by means of
your inconceivable life example──
Chokgyur Lingpa, I supplicate at your feet.

།གདོད་ནས་རབ་ཞིའི་བདུད་རྩི་བརྙེས་གྱུར་ཀྱང་། །སྐུ་དང་ཞིང་ཁམས་རྒྱ་མཚོའི་སྤྲིན་བཀོད་དེ།

本初即證極寂甘露法，身與剎土瀚海雲莊嚴，

Though you discovered the nectar of complete peace from the beginning, you
nonetheless manifest an ocean-cloud of kayas and realms.

།བཟོ་སྤྲུལ་མཆོག་གི་སྤྲུལ་སྐུ་མཐའ་ཡས་པའི། །འདུལ་བཞིའི་ཆོ་འཕྲུལ་སྟོན་ལ་གསོལ་བ་འདེབས།

無量工巧凡俗勝化身──普現四調神變敬祈請。

With infinite emanations──created, incarnate, and supreme──you displayed
the magic of the four modes of taming. I supplicate you.

།ཁྱད་པར་གངས་ཅན་མངའ་བདག་ཁྲི་སྲོང་རྗེའི། །སྲས་ཀྱི་ཚུལ་བཟུང་མཆོག་གི་དངོས་གྲུབ་བརྙེས།

雪域聖主赤松德贊之，王子彼身時獲勝悉地，

In particular, you attained the supreme siddhi as the son of Trisong, sovereign
of the Land of Snow.

།སངས་རྒྱས་གླིང་སོགས་རྣད་བྱུང་ངོ་མཚར་བའི། །སྒྱུ་འཕྲུལ་གར་བརྒྱའི་རོལ་ལ་གསོལ་བ་འདེབས།

桑吉林巴等諸世稀有——百種幻舞遊戲敬祈請。

I supplicate you in your elaborate dance, the display of magical manifestations—the wondrous and marvelous Sangyé Lingpa and others.

།ཐུགས་བསྐྱེད་ཁྱད་འཕགས་སྙིགས་མའི་འགྲོ་ལ་དགོངས། །ཕྲིན་ལས་ཁྱད་འཕགས་གང་འདུལ་དེར་མཐུན་སྟོན།

特勝宏願垂憫濁世眾，特勝事業隨順所化機，

Your excellent aspiration considers the beings of the degenerate age; your excellent activity manifests in accordance with those to be tamed;

།རྣམ་ཐར་ཁྱད་འཕགས་སྔོན་མེད་གསང་མཛོད་འཆང་། །ཁྱད་པར་གསུམ་ལྡན་ཁྱོད་ལ་གསོལ་བ་འདེབས།

特勝解脫空前祕藏持，具三特別尊您敬祈請。

your excellent life example upholds an unprecedented treasury of secrets. You, endowed with this threefold excellence, I supplicate you.

།མདོ་སྟོད་ས་ཡི་ཐིག་ལེར་བསམས་བཞིན་དུ། །སྐྱེ་བ་བཞིན་ནས་གཞོན་ནུའི་སྐབས་སུ་ཡང་།

如願住胎多康之腹地，縱於幼時澈湛然心開解，

Consciously taking rebirth in Upper Dokham's central region, you awakened while still but a youth.

།ཐལ་བའི་ཡུལ་འདས་དག་པའི་རྣམ་ཐར་སད། །དད་ལྡན་སྐྱོ་བ་བསྐྱེད་ལ་གསོལ་བ་འདེབས།

甦醒超凡脫俗妙行傳，具信皆生歡喜敬祈請。

You transcended the common domain with your sacred life example, sparking admiration in the faithful. I supplicate you.

།བཅུ་གསུམ་བཞེས་ཚེ་ཨོ་རྒྱན་དངོས་སུ་མཇལ། །ཟབ་གཏེར་རྟེན་གནང་བསྐུལ་ནས་བྱིན་གྱིས་བརླབས།

十三歲時親見鄔金尊，應許甚深伏藏作加持，

Just thirteen years of age, you met Orgyen in person. He blessed you with empowerments of treasures profound.

།ལྷ་སྲས་ཕྱགས་དར་ཏེན་སོགས་དངོས་གྲུབ་ཐོབ། །དགོངས་གཏེར་སྤྱིང་ནས་བཅོས་ལ་གསོལ་བ་འདེབས།

獲得王子修行所依物，湧現心意伏藏敬祈請。

You received the gift of Lhasé's sadhana objects. I supplicate you, whose mind treasures spontaneously flowed.

།ཀར་འབྲུག་འབྲི་སྟག་ཡབ་སྲས་གཙོར་གྱུར་པའི། །རིས་མེད་ཚད་མའི་སྐྱེས་ཆེན་དུ་མ་བསྟེན།

依止眾位正量利美師，噶（瑪）、竹（巴）、直（貢）、達（隆）持教法王等，

You followed, without sectarianism, countless genuine great beings, headed by the hierarchs of Karma, Drukpa, Drikung, and Taklung.

།མཉེས་པ་གསུམ་གྱིས་མདོ་སྔགས་བདུད་རྩིའི་བཅུད། །ཐུགས་ཀྱི་དཔལ་བེར་བསྐྱིལ་ལ་གསོལ་བ་འདེབས།

三喜承侍令顯密甘露，匯聚心間祥結敬祈請。

Through the threefold pleasing action, in the glorious knot of your heart you gathered the nectar of Sutra and Mantra. I supplicate you.

།པདྨ་བྱུང་དངོས་སྣང་བརྩད་དབང་ཆེན་དང་། །དཔལ་ལྡན་དཔའ་བོ་གཙུག་ལག་ཆོས་རྒྱལ་གྱིས།

蓮師真身貝瑪旺千尊，具德巴沃祖拉確嘉等──

Pema Wangchen, who was Padmakara in person, and the glorious Pawo Tsuklag Chögyal—

།བདེ་ཡིས་ལུང་བསྟན་དོན་གྱི་བརྒྱུད་པ་གཏད། །བགེགས་སེལ་དངོས་གྲུབ་བརྙེས་ལ་གསོལ་བ་འདེབས།

交付實義傳承做授記，除障獲至悉地敬祈請。

they gave you directions and entrusted you with the ultimate lineage. I supplicate you, whose hindrances were dispelled and who attained all siddhis.

།ཁྱད་པར་འཇམ་མགོན་མཁྱེན་བརྩེའི་དབང་པོ་དང་། །ཡབ་སྲས་འབྲེལ་པའི་ལས་ཀྱི་འཕྲོ་སད་ནས།

尤與文殊怙主智悲王，父子宿世業力甦醒故，

Especially, upon meeting Jamyang Khyentsé Wangpo, you awakened the residual karmic link of father and son.

།ཐུགས་ཡིད་གཅིག་འདྲེས་ཏོ་མཚར་རྟེན་འབྲེལ་གྱི། །སྒོ་འབྱེར་བརྒྱ་ཕྲག་ཕྱེ་ལ་གསོལ་བ་འདེབས།

稀有緣起心心令相印，百千伏藏門開敬祈請。

Mingling your minds, you opened hundreds of doors , for wondrous coincidences. I supplicate you.

།སྐྱེ་བས་ཐོབ་པའི་དྲི་མེད་ཡེ་ཤེས་སྤྱན། །དྲང་ངེས་ཆོས་ལ་ཕྱོག་ཏུ་མ་གྱུར་པས།

與生俱來無垢智慧眼，了非了義諸法見無礙，

To your immaculate wisdom eye, obtained at birth, nothing was concealed in the expedient and definitive teachings.

།མཁས་དང་གྲུབ་པར་རློམ་ཀུན་ཟིལ་ནོན་པའི། །མཁྱེན་གཉིས་རྩལ་ཆེན་རྫོགས་ལ་གསོལ་བ་འདེབས།

懾服貢高自詡智成眾，二智勝力圓融敬祈請。

I supplicate you, who perfected the great power of the twofold knowledge, outshining all who pretend to be learned or accomplished.

།ས་སྤྱོད་གསུང་གི་འཁོར་ལོ་ལ་སོགས་པར། །བསྐྱེད་རྫོགས་རྫོགས་ཆེན་ཉལ་རྣལ་འབྱོར་མཐར་ཕྱིན་ཏེ།

地行語輪等諸聖境[1]中，究竟生、圓、大圓相應行，

At the Terrestrial Chakra of Speech, and in other places too, you perfected the stages of development, completion, and Great Perfection.

།འཁྲུལ་པ་ཞིག་ཅིང་ལས་བཞིར་རང་དབང་འབྱོར། །གྲུབ་པའི་གཙུག་རྒྱན་གྱུར་ལ་གསོལ་བ་འདེབས།

息增懷誅自在除迷妄，成就者之頂嚴敬祈請。

I supplicate you, who caused confusion to collapse, in your mastery over the four activities, the crown ornament of all siddhas.

།དག་པའི་སྣང་བར་པདྨ་འོད་ཞིང་དུ། །ཡང་ཡང་ཕེབས་ནས་བླ་མ་སྐུ་གསུམ་དང་།

淨相屢屢往詣蓮花剎，蓮師三身及諸王臣眾，

Again and again, in pure visions you went to the realm of Lotus Light, performing the four aspects of approach and accomplishment

།རྗེ་འབངས་ཚོགས་བཅས་བསྙེན་སྒྲུབ་རྣམ་བཞི་མཛད། །དབང་བསྐུར་ལུང་བསྟན་ཐོབ་ལ་གསོལ་བ་འདེབས།

共同踐行近修四次第，接受灌頂授記敬祈請。

in the company of the trikaya gurus and the gathering of disciples. I supplicate you, who received empowerments and prophecies.

།རྒྱལ་བ་སྲས་བཅས་ཡི་དམ་དཔག་མེད་གཟིགས། །མཁའ་འགྲོ་རྣམས་དང་ཚོགས་ཀྱི་འདུ་བར་རོལ།

親見無邊諸佛佛子眾，與空行眾分享薈供輪。

Perceiving countless Conquerors with their heirs and yidams, you partook in feast gatherings with all the dakinis.

ཁས་ཆན་གཏེར་སྲུང་དཀར་ཕྱོགས་སྐྱོང་རྣམས་ཀྱིས། ཅི་བཅོལ་བཀའ་བཞིན་སྒྲུབ་ལ་གསོལ་བ་འདེབས།

具誓寶藏護法善神眾，悉皆依教奉行敬祈請。

I supplicate you, whose every command is obeyed by pledge holders, treasure guardians, and protectors of the Victorious.

བླ་མ་སྐོར་གསུམ་སྒྲུབ་སྡེ་ཞི་དང་ཁྲོ། མཉམ་སྦྱོར་མདོ་སྒྱུར་རྫོགས་ཆེན་སྡེ་གསུམ་སོགས།

《蓮師三類》、修部寂怒尊，等合（《勝樂諸佛等合》）、經（《密意合集經》）、續（《金剛薩埵大幻化網》）、大圓三部等，

You revealed the three cycles of the Guru, with sadhanas both peaceful and wrathful, the union of Sutra and Tantra, the Three Sections of the Great Perfection, and others.

ཕྱིན་ཆད་ས་སྟེང་མ་བྱོན་ཆོས་རྟེན་གྱི། ནོར་བུའི་མཛོད་ཆེན་ཕྱུང་ལ་གསོལ་བ་འདེབས།

舉世稀有所依及法要，如意寶庫開顯敬祈請。

I supplicate you, who opened the great treasury of jewels—Dharma representations never before revealed on earth.

མདོ་ཁམས་གནས་ཆེན་ཉེར་ལྔ་གཙོ་གྱུར་པའི། གནས་མཆོག་བརྒྱ་རྩའི་ཞལ་རས་དངོས་བརྒྱུད་ནས།

多康廿五勝境為主之，百餘重地尊身皆降臨，

In person, you visited a hundred sacred sites, foremost among them Dokham's twenty-five major places.

སྣང་བར་མཛད་ཅིང་སྐྱེ་རྒུ་མཐའ་ཡས་པ། ཐར་པའི་ཁ་ལོ་སྒྱུར་ལ་གསོལ་བ་འདེབས།

令得顯耀引導無邊眾，駛向解脫舵手敬祈請。

I supplicate you, who illuminated them all and became the helmsman for countless beings, steering the way to liberation.

ཀར་འབྲུག་ཡབ་སྲས་སྔ་འགྱུར་བསྟན་འཛིན་མཆོག །གངས་ཅན་དཔལ་མགོན་རྣམས་ཀྱིས་གཙོར་མཛད་པའི།

噶舉各派、前譯持教者，守護雪域祥德眾善師，

Led by the Karma and Drukpa hierarchs, the supreme doctrine holders of the
Early Translations and the glorious protectors from the Land of Snow—

རིས་མེད་སྐྱེས་ཆེན་ཀུན་གྱིས་ཞབས་ལ་བཏུད། །བླ་མའི་བླ་མར་གྱུར་ལ་གསོལ་བ་འདེབས།

無偏利美宗師咸依止──眾師之師足下敬祈請。

the great beings of all traditions bowed down at your feet. I supplicate you,
who became the master of masters.

ཨོ་རྒྱན་རྡོ་རྗེའི་ལུང་གིས་བསྔགས་པ་ཡི། །རྩ་བའི་ཆོས་བདག་རྣམ་བཅུས་ཐོག་དྲངས་ཏེ།

鄔金金剛密語親授記，十大根本法主為首之，

There were ten major recipients of your teachings extolled in the vajra
predictions of Orgyen.

མངའ་རིས་དབུས་གཙང་མདོ་ཁམས་མཐའ་དབུས་སུ། །ཟབ་གཏེར་ཕྲིན་ལས་སྤེལ་ལ་གསོལ་བ་འདེབས།

阿里衛藏多康邊境中，伏藏事業增弘敬祈請。

I supplicate you, whose profound treasures and activities were spread by these
ten—throughout Ngari, Central Tibet, Tsang, and Dokham.

གནས་མཆོག་རྣམས་ལ་རྡོ་རྗེའི་བྱིན་ཆེན་པ། །སྡེ་བརྒྱད་འབྱུང་པོར་བཀའ་ཉན་རབ་བཟུང་།

金剛加持降注諸聖境，威赫統領八部鬼神眾，

Showering vajra blessings in splendor in all sacred sites, you subdued all eight
spirit classes with your majestic command.

།ས་གནད་ཀུན་ཏུ་ཕྱི་ནང་རྟེན་འབྲེལ་བསྒྲིགས། །སྙིགས་མའི་སྐྱལ་ངན་བཟློག་ལ་གསོལ་བ་འདེབས།

諸重地中締結內外緣，回遮濁世災劫敬祈請。

I supplicate you, who repelled the evils of the degenerate age, arranging the outer and inner coincidences through all the major sites.

།ཐུན་མོང་ཐུན་མོང་པའི་སྨིན་གྲོལ་དང་། །སྒྲུབ་ཆེན་གར་འཆམ་མྱོང་གྲོལ་སྨིན་པ་སོགས།

廣弘共與不共（成）熟解（脫）道，大修舞會甘露嘗解脫，

You imparted the general and specific transmissions for ripening and freeing. You performed Great Accomplishments and dances, and the gift of liberation by taste.

།ཕྱོགས་མེད་བསྐལ་བས་སྐྱེ་རྒུ་གྲངས་མེད་ལ། །འབྲེལ་ཚད་དོན་ལྡན་མཛད་ལ་གསོལ་བ་འདེབས།

無偏施予無數眾生類，結緣咸令具義敬祈請。

You spread these activities, without partiality, for countless beings. You benefited everyone you encountered. I supplicate you.

།རྟག་འཛིན་ཅན་རྣམས་དགེ་ལ་བསྐུལ་བ་དང་། །དོན་མཆོག་རྒྱ་ཆེན་གཞན་ལ་གཟིགས་ནས་ཀྱང་།

勸導執常眾生速行善，並於他剎廣大利生故，

You then perceived a greater purpose in another realm and the need to urge to virtue those who cling to permanence.

།སྐལ་ལྡན་སྣང་ངོར་ཚོ་འཕྲུལ་དུ་མར་བཅས། །པདྨ་འོད་དུ་གཤེགས་ལ་གསོལ་བ་འདེབས།

具信眾前廣示神變已，逝往蓮花光剎敬祈請。

I supplicate you, who went to the Lotus Light, surrounded by numerous miracles that were perceived by the worthy.

།པདྨ་ཡོངས་སུ་ཞིབས་པའི་ཞིང་ཁམས་སུ། །པདྨེ་འོད་ཟེར་རྒྱལ་བའི་སྲས་མཆོག་ནི།

蓮花普遍開敷剎土中，蓮花光芒最勝佛子身，

Within the vastness of the Lotus-Covered Realm, You are the supreme child of the victor Lotus Light Rays.

།པདྨའི་སྐུ་གུ་ལ་སོགས་ཕྱོགས་བཅུ་ན། །རྣམ་འཕྲུལ་མཐར་ཡས་སྟོན་ལ་གསོལ་བ་འདེབས།

蓮花苗芽尊等於十方，神幻超思量者敬祈請。

I supplicate you, who manifests as Lotus Essence, while displaying infinite other emanations.

།སྐུ་གསུམ་གུས་པས་གསོལ་འདེབས་བུ་རྣམས་ལ། །སྐུ་གསུང་ཐུགས་ཀྱི་བྱིན་རླབས་སྩོལ་བ་དང་།

身語意密加持普賜予，我等三門虔祈諸法嗣，

Bestow the blessings of your awakened body, speech, and mind upon all devoted disciples who supplicate you with their three doors.

།སྐྱེ་བ་ཀུན་ཏུ་འབྲལ་མེད་རྗེས་བཟུང་ནས། །དག་པའི་ཞིང་ཁམས་མཆོག་ཏུ་དྲང་དུ་གསོལ།

生生世世攝受勿分離，導入清淨勝剎敬祈請。

Accepting us throughout all our lives, without separation, guide and lead us to the supreme pure realm.

།བྱང་ཆུབ་སྒྲུབ་པའི་འགལ་རྐྱེན་ཀུན་ཞི་ཞིང་། །གནས་སྐབས་བསམ་དོན་ཆོས་བཞིན་འགྲུབ་པ་དང་།

修行菩提違緣盡息滅，時處所欲如法得成就，

As we pacify all adverse conditions that hinder awakening, May, temporarily, our wishes be fulfilled in accordance with the Dharma.

།རིག་འཛིན་རྣམ་བཞིའི་གོ་འཕང་བདེ་བླག་བགྲོད། །མཐར་ཕྱུག་བདེ་ཆེན་རྡོ་རྗེ་སེམས་འགྲུབ་ཤོག

安穩臻至四種持明果，願成究竟大樂金剛心。

As we journey with ease through the four vidyadhara levels, may we ultimately accomplish Vajrasattva of great bliss.

།ཟབ་གཏེར་བསྟན་པ་འཛམ་གླིང་ཀུན་ཏུ་ཁྱབ། །དེ་འཛིན་སྐྱེས་མཆོག་སྐུ་ཚེ་བསྐལ་བརྒྱར་བརྟན།

甚深伏藏教法遍贍洲，持教大士身壽駐百劫，

May the profound Treasure teachings spread throughout the Jambu Continent. May the lives of the great upholders last for a hundred aeons.

།ཕྲིན་ལས་རྟག་ཅིང་ཁྱབ་པའི་དགེ་ལེགས་ཀྱི། །བཀྲ་ཤིས་ཉི་མས་ས་གསུམ་སྣང་གྱུར་ཅིག

藉以事業廣遍善妙德，吉祥大日光耀遍三地。

With this goodness of vast and everlasting activity, may the sun of this auspiciousness illuminate the three worlds.

ཅེས་རིགས་སྔན་སྣ་མཁའ་འགྲོའི་གཙོ་མོ་བདེ་ཆེན་ཆོས་སྒྲོན་གྱིས་རྟེན་དང་བཅས་བསྐུལ་བའི་གནང་གིས་བསྐུལ་བ་དང་། གཞན་སྣ་དགའ་དགའ་གིས་ཀྱང་མཆོན་སྐྱར་ལ་བརྟེན། གཏེར་ཆེན་ཆོས་ཀྱི རྒྱལ་པོ་གང་གིས་གསང་བའི་མཛོད་ཀྱིས་དབུགས་དབྱུང་བསྐྱལ་བ་ཀརྨ་ངག་དབང་ཡོན་ཏན་རྒྱ་མཚོ་འམ་སྒྲོ་མཐའ་ཡས་པའི་ཕྲིན་གྱིས་ཆེ་གོས་ཕྲིན་ནས་གསོལ་བ་བཏབ་པ་དགེ་ལེགས་ འཕེལ།།

此乃空行種姓主母德千碓炯供養所依、殷重勸請，並在其他具信者的共同請求下，由大伏藏師法王本人以教法密藏垂賜安慰者噶瑪昂旺雲丹嘉措，亦稱蔣揚羅卓泰耶，以虔敬心書寫，並如是祈請。願善妙增長！

This was based on the verbal request accompanied by gifts and made by the noble chief of dakinis, Dechen Chödrön, in combination with the requests of other devoted people. It was written with great veneration by Karma Ngawang Yönten Gyatso, alias Lodrö Tayé, someone who was been blessed with the treasury of secrets by the Great Tertön, the Dharma King. May the virtuous goodness of this supplication flourish.

---

1 這是秋吉林巴在奧明噶瑪寺的住所，康區二十五聖地中語密聖地之一。

第十二章

淨信的種子

帕秋仁波切作

　　《吉祥法螺悅耳音》傳記祈請文是秋吉林巴圓寂後，蔣貢康楚應佛母德千確炯的請求而著。蔣揚欽哲旺波隨之以名為《和風妙音》的長行釋論形式，對此偈頌祈請文給予闡釋（詳見下章）。首先我想在此釋論的基礎上，分享自己對康楚所作的這篇傳記祈請文的理解。

　　上師傳記的字面意思是指「普令解脫行誼」。它通常有多種書寫方式，可以是祈請上師歷代轉世的方式，可以是記敘上師此生行誼的方式，或是懇請上師身壽穩固的方式。

　　蔣揚欽哲和蔣貢康楚在這裡撰寫的是秋吉林巴的即生事蹟，並將其比喻為右旋白海螺。之所以喻為海螺，乃因其螺體白淨，連續五次皆轉生為海螺，螺音亦悠揚迴蕩。同樣，秋吉林巴的即生純淨毫無雜染，過去累世亦勝妙絕倫，一如法螺之音令正法響徹大地。

第一個偈頌：

> 周遍大樂光明之法身，
> 輪涅精藏不壞大明點，
> 澤被萬象遍主本初怙，
> 至尊上師足蓮敬祈請。

上師傳記通常先從真實了義的角度來闡述行誼。在凡夫的感知中，我們總傾向於將上師視為跟自己一樣的俗人。相較之下，真正的行者會看到上師的本質就是法身、真正的覺者。不能視師為佛者，難以生起清淨觀與虔敬心。故而，我們選擇看待事物的思維模式至關重要。

以我個人的經驗為例：當祖古烏金第一次向我傳授教法時，我只覺得他是祖父，而非上師。雖然我會向他請教佛法，但他並沒有給予我太多教導。但是當我轉變視角、真正視他為上師之後，他才開始給予我法教引導，並向我指認心性。

我父親慈克秋林仁波切也是如此。起初我只視他是父親，請教他佛法時，他會戲謔著說：「今天不行。明天、也許後天再說吧。」但當我視他為成就上師時，情況就完全不一樣了。

因此，一方面，就我的家庭而言，我十分幸運。我父親是偉大的修行人，祖父母也是。還有我母親，她歷經千辛萬苦修行、護持佛法。就這些而言，我真的十分幸運。但另一方面，他們是我最親近的家人，這導致我很難從一開始就對他們生起信心、虔敬心和淨觀。

當你與上師保持一定的距離時，更容易生起信心。若離上師過近，則會困難許多。你可能會覺得他的想法跟你一樣，甚至會覺得他並沒有什麼偉大之處。總之，什麼樣的想法都會有。如果你不能看到上師的本質即是佛，則將無法生起信心與淨觀。

十六歲時，我第一次從祖父那裡領受大圓滿心性直指。那時的我雖具信心，但不具備清淨觀，故而缺乏虔敬心。於是，我開始培養自己的虔敬心，日復一日、月復一月、年復一年地修持，將其牢記在心。三年後，我的修行取得進展，開始生起些許的虔敬心。這是需要時間的。

我對父親也是如此。二十五歲時，在我進行第一次閉關前，一直

覺得他很普通。當時我想進行忿怒本尊的修持，便去詢問父親。他回答說，由於這些修法需要全力以赴，以我的性格可能不太合適。於是，我珍貴的父親——慈父仁波切[1]讓我在阿蘇拉山洞進行為期四個月的閉關，修持半寂半忿本尊。

閉關進行到第二個月，有天夜裡，我做了一個非常奇怪的夢，夢見自己在一個僧人的屍體上畫字元，快畫到臉上時，僧人突然睜開眼睛，我看到他頭骨打開，露出裡面的腦漿。我一下子從睡夢中驚醒，接下來好幾天一直處在恐懼當中。我無法安睡，一打盹兒就會從怖畏中驚醒。

這樣過了三天，第四天清晨，其他閉關僧人都已經起來修法了，我還躺在床上嘗試著入睡。突然，我聽見門外走廊上有人走動的聲音。緊接著，我的房門被猛地一腳踹開。父親當時穿著一身軍裝，深綠色的制服和黑色的靴子，大踏步走了進來。他沖我怒吼道：「趕緊從無明中醒來！現在就起來修行！」我試著起身，但他用手砸我的頭，驚愕中我疼得兩眼冒金星。父親走後，這幾天來的恐懼感完全消失得無影無蹤。

當天上午，父親折返回來。他看著我的佛龕說：「我能看到這裡的加持力。但是，你在壇城上的修法供具陳設有誤，這導致道障的出現。」他將我那個不甚如法的嘎巴拉拿走，把他自己的送給我，讓我以後就用他那個。那是一個如此漂亮厚實的顱骨杯，簡直太精美了。我曾對妻子諾布拉說：「你是我的大老婆，這個顱骨杯是我的小老婆。」總之，不管怎樣，那次閉關讓我學習到很多東西——但不是從課本上，那些堪布式的教學或提問中。

短短幾天時間，我就領受到了如法嘎巴拉的加持力和修持忿怒本尊的覺受，還有偉大伏藏師令人印象深刻的行止。這些證悟者的行為

異於常人，甚至看起來有些怪異——但我們不應隨意評判。那次閉關讓我對慈父仁波切生起真正的虔敬心。以前我敬他是父親，自那天起，我視他為偉大上師。那段非常有意思的日子讓我真正認識到了什麼是加持、什麼是信心。

我自己的例子可以說明，虔敬心與清淨觀實為不易，因此我們需要依靠祖師們的傳記來激勵自心。我們總傾向於視上師為凡夫，會這樣想：「可他跟我一樣、也會生病。」然而，從佛法修行的角度來看，這種態度既不能培養信心，也無法開啟淨觀。為了收穫這些功德，視師為佛至關重要。

為什麼我們需要策勵生起信心與淨觀？事實上，這兩者緊密相關，是證悟空性的關鍵。信心有助於生起淨觀，淨觀讓我們更接近內心本自具足的真如、萬法的實際真相。所謂清淨觀的真正意涵是：我們對待事物的看法透射出了事物的本質。保持這樣的覺知，是得以證悟空性、明心見性的方便。

所有大師傳記的主要作用，就在於直指心性。因此，首先講述了義傳記，其目的在於激盪淨信。《吉祥法螺悅耳音》的開篇偈就指出，萬法的本質即究竟法身，秋吉林巴自本初即在法身中醒悟。我們從一開始就需要認識到這一點。

第二個偈頌：

烏金第二佛尊之心子，
取藏成就海會轉輪王，
行儀難思濁世教眾怙——
秋吉林巴足下敬祈請。

接下來展開的是方便善巧的不了義傳記。方便義是指立足於特定個體的智慧根器，將其接引至正法解脫道上。基於這種方法的教導，被稱為「方便法門」。這遠非狡黠欺詐。有些人誤以為方便法門不過是謊言，了義教法才是實相。事實上，權巧法門是引導有緣眾生、令其徹悟心性最有效的方式。

因此，此偈展示了方便義傳記。其中的「鄔金第二佛尊」指的是蓮師，「心子」指的是秋吉林巴。

第三個偈頌：

> 本初即證寂靜甘露法，
> 身與剎土瀚海雲莊嚴，
> 無量工巧凡俗勝化身——
> 普現四調神變敬祈請。

此四句偈提到秋吉林巴的過去歷生。從本體上講，他自本初即已徹悟自心本性。從自性上講，他生生世世都在持續投射出無數的佛身與剎土。

闡釋「本體」和「自性」的一個比喻：太陽的本體是熱，自性是光。同理，秋吉林巴的本體是本初佛，自性是無量無邊佛身與剎土的遊舞。

最後用「工巧凡俗勝化身」來描述他的大悲。他以各種方式應時化顯——過去生曾經是人類、旁生和鳥等。如同釋迦佛的本生故事一樣，他出於悲心而以無數種方式應時降世。

因此，傳記祈請文的開頭講述了他的了義性相、究竟真如。而他

的方便義化現，則關於「本體」「自性」「大悲」三個層次。事實上，單純的生平記載不具任何力量，只是平淡地描述：「從前有個叫秋吉林巴的人，他生活在某某時期和某某地方。」這些無法激發人們的信心。祖師傳記的主要意義是為了昭示他究竟是誰，在這裡，我們要展示的是秋吉林巴以及他與蓮師的因緣。所有大師鋪展解脫行誼的內在目的都是為了激發讀者們的虔敬心與清淨觀。

最後一句的「普現四調神變」是密續祕密表法。簡言之，一如佛陀的行誼，秋吉林巴以身、語、意、功德、事業上的神變來化導眾生。

第四個偈頌：

雪域聖主赤松德贊之，
王子彼身時獲勝悉地，
桑吉林巴等諸世稀有──
百種幻舞遊戲敬祈請。

此四句偈是關於秋吉林巴在雪域西藏的化現。他先是作為藏王赤松德贊的次子出現，王子當時有很多尊號，諸如十地自在大菩薩、拉瑟洛匝瓦、牟汝贊普等。

作為牟汝贊普王子時，他修持獲證智悲身與勝悉地；作為大伏藏師桑傑林巴時，他取出《上師密意總集》等重要伏藏法。秋吉林巴有很多非凡的前世，並且在所有這些轉世中，從牟汝贊普王子到秋吉林巴，一直都在藏地弘傳佛法。

因此，這篇祈請文包括了他安住在本初基界、應化於雪域藏地，

直到秋吉林巴以前的歷代轉生。如果能明白這一切，就會知曉他的殊勝功德。秋吉林巴並非只是生活在十九世紀的某個人，這種看法太簡單膚淺。他的歷代本生源遠流長，回溯到久遠劫前。

第五個偈頌：

> 特勝宏願垂憫濁世眾，
> 特勝事業隨順所化機，
> 特勝解脫空前祕藏持，
> 具三特別尊您敬祈請。

如釋迦牟尼佛與蓮師的大悲心一樣，秋吉林巴為度化我們五濁惡世的眾生而化現於世。作為一百位主要伏藏師中的最後一位，這尤其彰顯出他的大悲。他隨緣教化、應機調眾。例如，從二十八歲開始，他公開掘取大多數的地伏藏，以此來激勵人們的信心。如果伏藏師不公開取藏，現代人往往沒有信心，他們會認為那些伏藏都是杜撰臆造出來的。在秋吉林巴的時代，藏人中也有類似持懷疑態度者——冒牌伏藏師的現象的確由來已久，因此公開取藏變得十分重要。

秋吉林巴應弟子的需要而出現，這表明他的悲心與事業密不可分。他即生成就了許多超凡絕倫的利生事業。例如，他取出《大圓滿三部》教法、獲得所有七種受命傳承——這些皆是他開展空前佛行事業的方式。他真正具足大悲發心、踐行不渝、宏願無邊之三殊勝。

第六個偈頌：

如願住胎多康之腹地，
縱於幼時澈然心開解，
甦醒超凡脫俗妙行傳，
具信皆生歡喜敬祈請。

從這裡開始，以下將詳細介紹秋吉林巴的生平與事業。

秋吉林巴出生在東藏康區南開宗聖山腳下，一個曾取出過無數伏藏的聖地。他在藏曆第十四個勝生周雌土牛年（西曆一八二九年）初十，一個星期四的良辰妙時出生，諸根健全、族姓高尚。經文中說，釋迦牟尼佛由於母親夢見一頭大象入胎而受孕，之後又從母親的右肋下出生，沒有給母親帶來苦痛。同樣，秋吉林巴降生時也示現了各種吉祥瑞兆。

第七個偈頌：

十三歲時親見鄔金尊，
應許甚深伏藏作加持，
獲得王子修行所依物，
湧現心意伏藏敬祈請。

秋吉林巴自幼便非同尋常。由於宿業習氣早已消融，他的行為舉止令周圍人自然充滿信心。十三歲時，他親見蓮師，領受了蓮師佛父母的加持。烏金督加仁波切對此敘述道：

小時候，秋吉林巴常常去放牛。有一天，他在一處名叫「瑪尼卡」的地方遇到一位印度班智達。班智達問他叫什麼名字，他回答：「我叫諾布丹增。」班智達又問：「這個地方叫什麼？」「叫瑪尼卡。」「這座山谷叫什麼？」「叫阿日雅囊（聖者穀）。」班智達宣稱：「善哉！你將聞名於世。」這位班智達正是蓮師。

烏金督加仁波切還講述了同一時期的另外一則故事：

秋吉林巴年少時，除了叔叔教導他讀寫外，再沒學過別的。有天，他撿到一個「擦擦」[2]，便將它揣進口袋裡。在回家路上，當經過一大戶人家時，他被一大群狗追咬。大人跑過來查看他是否受傷，當解開他的腰帶時，「擦擦」從裡面滾落出來，砸到一顆石頭上，「擦擦」中掉出來一個紙卷——上面是他被授記將要取出的所有伏藏目錄。

因此，他自少年時便開始發掘伏藏，只不過對大多數人嚴格保密。比如，他小時候在扎嘎宗瓊岩取出他前世作為牟汝贊普王子時的個人物品——一個寶鏡、金剛杵和日修課誦。此後，他還回想起自己前世作為桑傑林巴時取出的伏藏法——《忿怒蓮師紅吽字心滴》。

有時候，他顯得有些怪異。烏金督加仁波切講述了他在囊謙噶爾寺作沙彌時的故事：

他在囊謙噶爾寺獲得密法續部的全部教授。由於精通跳金剛舞，他被選為領舞者。那時經常舉行一種叫「普巴金剛舞」的表演，如今印度扎西炯康楚仁波切的寺院中仍保留這一傳承。有一天，當他領舞時，在淨觀中看到蓮師和二十五位弟子正在跳另外一種舞，便加入到他們當中，令這邊的舞者跳錯了。領舞一跳錯，其他人全都跟著跳錯。大家面面相覷，鐵棒喇嘛把他暴揍一頓。這種事情之前從未發生過，最後他被寺院掃地出門。

他少年時發生了許多非比尋常的事件，但在他的傳記釋論《吉祥法螺悅耳音》中並未對此做詳細介紹。大師傳記可分為外、內、密三個層面來講述。外傳記講述大師在何處出生、上師是誰、領受過何種教法、弟子有哪些；內傳記講述大師從事何種修持；密傳記講述大師在修持中獲得的覺受與淨相。在《吉祥法螺悅耳音》中有講述密的傳記並鼓勵我們去瞭解，但並未做詳盡說明。如果大師的所有淨觀、覺受都被寫進傳記裡，那麼大多數人會感到難以置信，這反而會障礙他們生起信心。我等凡夫難具淨觀。我們未曾見過蓮師，故而不具淨觀，在談到淨觀時，我們會感到難以置信。所以大師傳記的某些部分通常會被保密。不管怎樣，具信弟子應當領會祖師們的清淨顯現與覺受體驗。當聽聞大師的內、密傳記和修證功德時，他們的信心會變得純實、不可退轉。因此，大師的傳記傳統上會分成外、內、密三個部分。

第八個偈頌：

依止眾多具量利美師，
噶（瑪）、竹（巴）、直（貢）、達（隆）持教法王等，
三喜承侍令顯密甘露，
匯聚心間祥結敬祈請。

此四句偈講述了秋吉林巴如何依止上師。總的來說，他有四位主要上師。第一位是達隆瑪仁波切，給予他沙彌戒；第二位是達桑仁波切，授予他菩薩戒，此後三年，他斷肉茹素；第三位是蔣貢康楚仁波切，賜予他灌頂和密咒戒；第四位是蔣揚欽哲旺波，傳授他大圓滿心

性直指。當他從蔣揚欽哲旺波處領受灌頂時，在淨相中見到欽哲本來即是無垢友尊者，眾空行高擎華蓋環繞四周。隨後，他們二人一起見到一髻佛母；她告知三年內將賜予他們大悉地的加持。這些是秋吉林巴的重要法緣。除此之外，他還依止第十四世噶瑪巴泰秋多傑、司徒仁波切等其他偉大上師。他絕不偏墮任何宗派，跟隨不同傳承的善知識修學，獲得對於佛法的真正了悟。

第九個偈頌：

蓮師真身貝瑪旺千尊，
具德巴沃祖拉確嘉等——
交付實義傳承做授記，
除障獲至悉地敬祈請。

二十五歲時，依蓮師授記，秋吉林巴前去拜見司徒仁波切貝瑪旺千，向他供養了自己取出的再伏藏《忿怒蓮師紅吽字心滴》。他還曾取出關於他們二人善緣相遇的授記，司徒仁波切亦賜予他灌頂和竅訣。如此，吉祥緣起得以確立。

第十個偈頌：

尤與文殊怙主智悲王，
父子宿世業緣甦醒故，
稀有緣起心心令相印，
百餘伏藏門開敬祈請。

秋吉林巴自己最重要的法緣連結是蔣揚欽哲旺波，他前世投生為牟汝贊普王子時，蔣揚欽哲旺波是他的父親——藏王赤松德贊。他們又在此生相遇，再續前緣。

在秋吉林巴取出地伏藏《上師意修遍除道障》的同時，蔣揚欽哲旺波取出了意伏藏《上師意修善逝總集》。他們見面時，發現這兩部伏藏不僅內容一致，就連措辭文句也大都雷同。於是，他們決定將兩部伏藏合而為一。欽哲宣稱，秋吉林巴取出的是地伏藏，較之自己的意伏藏更為權威，鑒於此，他們決定留取秋吉林巴的《上師意修遍除道障》修法。蔣揚欽哲旺波與秋吉林巴真正心意相融。

自那時起，蔣揚欽哲旺波視秋吉林巴為毋庸置疑的伏藏師。事實上，他們兩位大師始終彼此觀待如己。就像《和風妙音》中所述，他們之間的關係一如過去的阿里班禪和稱波大伏藏師，這兩位十六世紀的伏藏師也曾取出過完全相同的伏藏，繼而對彼此生起堅定的信心。

蔣揚欽哲旺波德高望重、享譽盛名，他對秋吉林巴的信心令後者的名望日漸增長。在三怙主——蔣揚欽哲旺波、蔣貢康楚和秋吉林巴中，蔣揚欽哲旺波和蔣貢康楚早已是威名赫赫的公認的大師。直到後期秋吉林巴才變得愈加重要，即是由於他與蔣揚欽哲旺波的關係。他們兩位非凡的伏藏師一直心意相通，從前世到今生。另外，如《大圓滿三部》所確認的那樣，他們兩位均完整持有七種受命傳承，故而皆被稱為「大伏藏師法王」。

第十一個偈頌：

與生而來無垢智慧眼，
了非了義諸法皆無礙，

懾服貢高自詡智成眾，
二智勝力圓融敬祈請。

秋吉林巴對方便義和了義教法的內容無所不知，沒有任何學者能夠與他匹敵。就像祖古烏金對我說的那樣，從他寫給噶瑪巴的信中可以得知他的讀寫水準確實糟糕。然而，他寫下的伏藏法本卻美妙絕倫。如果伏藏師從一開始就精通學問，那麼對他生起信心或許稍有困難，但對於目不識丁卻能寫下如此深廣美妙教法的伏藏師，人們自然另眼相待。對追隨者來說，會更容易對這樣的伏藏師生起信心。此外，不論人們有任何問題，他總是知道如何回答。在他心中，一切事物皆清晰圓滿。他如所有、盡所有地了知萬法，毫無滯礙。

第十二個偈頌：

地行語輪等諸聖境眾，
究竟生、圓、大圓瑜伽行，
息增懷誅自在除迷妄，
成就者之頂嚴敬祈請。

秋吉林巴在噶瑪寺進行三年閉關時，他的淨觀得以展現，斷除疑惑，自在掌控四種事業，究竟生、圓次第，成就與證悟就像之前多次顯露的那樣。

舉例來說，有一次，他與蔣揚欽哲旺波、蔣貢康楚以及一大群弟子出行，途中遇到桑天康薩護法山神製造障礙，令大雪封山阻斷他們的去路。秋吉林巴決定所有人一起共修拙火[3]，以使冰雪融化。於

是，上師和弟子圍坐成一圈開始修法。慢慢地，蒸汽在周圍升起，他們頭頂上方雲開霧散，不僅所有積雪融化，烏雲散去、碧空如洗，甚至因為雪山融化的溫度，把山頂都燒焦了。這即是大師修持拙火的威力。

烏金督加仁波切還講述以下這則故事：

十五這天，秋吉林巴抵達果瓦村的一座小寺院。他計畫在此停留五日，傳授教法並舉行法會。抵達寺院後，剛一落座，奉上茶點，他就立即扔掉手中的茶杯，跳下法座，躍過臺階，噶美堪布緊隨其後。門口的馬還栓在馬鞍上，他飛身上馬，馬好像知道發生什麼似的已經掉轉頭，噶美堪布掏出刀子，一把割斷馬韁，他旋即騎馬飛馳而去。該地區有條大河，沒有船無法穿渡。當時正值盛夏，河中水位很高。他的侍者和隨從全都追在後面，想看看他要幹什麼。他騎馬直接沖入河中，在中央水下消失不見了。大約五分鐘後，他現身在河對岸，全身濕透，手中握著一個伏藏紙卷。原來剛才在寺院時，耶喜措嘉現身對他說，有一隻水怪正用牙齒咬住一張黃色伏藏紙卷，水怪的嘴巴將會在正午十二點合上，如果他不能及時取回書卷，這部伏藏法六十年內都無法再取出。該伏藏中包含了許多忿怒本尊的修法。

這正是秋吉林巴所展現的遠見力量和成就徵象。他還有無數關於其他本尊、親見蓮師、前往銅色吉祥山領受教法的淨相。他的護法也同樣無數次現身幫助他。但遺憾的是，我們未能記錄下所有這些事蹟，許多書文都已散失。

第十三個偈頌：

淨觀屢屢到訪蓮花剎，
蓮師三身及諸王臣眾，
共同踐行近修四次第，
接受灌頂授記敬祈請。

　　秋吉林巴曾多次親臨銅色吉祥山蓮花光淨土[4]，從蓮師及二十五位弟子處領受教導與灌頂，其中包括兩種《上師意修》（《遍除道障》和《所願任成》）。本書第十六章是關於他其中一次淨觀之旅的詳述。那次，他在「蓮花光明宮」見到空行耶喜措嘉，她賜予了一部將來注定由他取出的教法。就這樣，他在銅色吉祥山聽聞教法，領受日後將要發掘的伏藏教法的相關灌頂，這正是「伏藏近傳」的含義。對具有信心與淨觀的佛子來說，伏藏教法極其稀有。

　　第十四個偈頌：

親見無邊諸佛、佛子眾，
與空行眾分享薈供輪，
具誓伏藏護法善神眾，
悉皆依教奉行敬祈請。

　　無論秋吉林巴下達何種命令，護法眾都會聽命遵從，諸如一髻佛母或具善大黑天。

第十五個偈頌：

《蓮師三類》、修部寂怒尊，

等合（《勝樂諸佛等合》）、經（《密意合集經》）、續（《大幻化網》）、大圓三部等，

舉世稀有所依及法要——

如意寶庫開顯敬祈請。

秋吉林巴最重要的伏藏法是《上師二教三類》，在他的傳記釋論中有對此做詳細介紹。他還取出完整的文武百尊教法。尤其是，他發掘出前所未有的《大圓滿三部》教法。因此，「珍寶伏藏法庫」指的正是秋林伏藏法的尊貴。舉例來說，《遍除道障》伏藏法涵蓋了完整無誤、浩瀚廣博的法道，囊括各種便於修誦的廣、中、略軌——只有寥寥數語，但卻蘊含深義。

這些正是我們當前這個時代所需的法類。現代人往往沒時間持誦長篇儀軌，言簡意賅的簡短法本尤其受到歡迎。以《遍除道障》為例，時間充裕的人，可以念誦廣版事業儀軌；時間稍少的人，可以念誦中版事業儀軌；閒暇寶貴的人，可以念誦略版事業儀軌；幾乎沒有空閒的人，可以念誦《瑜伽日修極簡軌》，雖然只有短短數頁，但卻涵蓋了《遍除道障》的完整修持。因此，秋林伏藏法是真正為當今濁世而量身訂做。

雖然秋吉林巴名下有百餘部伏藏，但據統計，他只取出了三十七個伏藏——其中有大有小，大多數是地伏藏。如傳記所述，他還取出大約二十五尊伏藏佛像。同其他伏藏師一樣，他也取出好幾尊蓮師替身像，但他的獨特之處在於，他發掘出經過特殊加持的泥土，再用這

些泥土重新製成再顯替身像。這是秋林伏藏又一前所未有的特色。

第十六個偈頌：

多康廿五勝境為主之，
百餘重地尊身皆降臨，
令得顯耀引導無邊眾，
駛向解脫舵手敬祈請。

秋吉林巴的主要取藏地點在康區，尤其是德格、囊謙及其周邊谷地的二十五處聖地——身密、語密、意密、功德和事業各五處。在此四句偈中，稱頌他為「引導無邊眾生駛向解脫的舵手」。當然，他不僅取出伏藏教法，還取出諸如佛像等身密伏藏；諸如經卷等語密伏藏；諸如法器和舍利等意密伏藏；諸如法藥和聖物等功德伏藏；諸如法會儀式編排等事業伏藏。因此，他發掘出各種各樣的珍貴蓮師伏藏。

有一次，當他從銅色吉祥山返回時，發覺手中握有大量悉地物。他問空行此為何物？空行回答蓮師的心子說，許多伏藏師為利生而應化於世，任何服用這些悉地者，都將永不損毀三昧耶，並往生銅色吉祥山。以此方式，他獲得多種悉地加持聖物，然後分發給不計其數的眾生。他還將這些加持聖物埋入地下，以令增生。

秋吉林巴的所有伏藏皆是蓮師利益眾生之身、語、意、功德和事業菩提佛行的一部分。關於「身」之菩提佛行，蓮師透過所有替身像和其他化身利益眾生。即便是今天新鑄造的蓮師像，也是其身密菩提事業的一部分。因此，秋吉林巴以取出無數蓮師伏藏替身像的方式，

來傳續身密大覺聖行。

「語」之菩提佛行包括所有教法和修持、淨觀和伏藏。在秋林伏藏法中，我們可以找到大圓滿教法、廣軌法本、簡軌法本，以及上師法類、本尊法類、空行法類、文武百尊等諸多修法。我們依個人業力所需的一切修法全部囊括其中。舉例來說，惡業深重的人可以修持其中的金剛薩埵；遇到障難的人可以修持其中的普巴金剛。《秋林德薩》包含了我們想要的一切修法。

佛法是為利生而傳授，雖法無定法，卻能暫時幫助眾生並究竟引導他們成就佛果。因此，佛法含攝了所有證悟的方法，這是佛陀教法的特質。佛教從未宣說讓所有人走同一條法道的單一真理，而是依照每個眾生的特點與根器，因材施教。舉例來說，如果弟子感到自己與女性本尊相應的話，上師會告訴他們修持度母、作明佛母、金剛瑜伽女、密智佛母等。同理，我們可以根據個人意樂選擇不同的本尊，在法道上充分發揮自己的特質。因此，秋吉林巴通過他的伏藏教法，來開展語密菩提行儀。

「意」之菩提佛行是通過實修、達證自心本性和轉世利生以做廣弘。秋吉林巴不斷示現轉世，開演並分享他的覺證，令眾生心中同樣生起了證。一般來說，透過實修，覺受和了悟將得以增盛。秋吉林巴通過不斷轉世、實修和開演教法，來秉承意密正覺行持。

關於「功德」菩提佛行，秋吉林巴取出無數的醫書法類、聖物、加持品和法藥。有許多眾生既不能、也不想做修持。他們不瞭解佛法，也抽不出時間，更不具備修持能力。但我們不能放棄他們，通過分發加持物讓他們受用，令所結緣者悉皆獲益。

關於「事業」菩提佛行，在《遍除道障》的《大悲觀音修法根斷輪迴》中，有一種加持太陽光線的修法。我的上師曾告訴我，當清晨

醒來時，我們應留心觀察風、日、地、水等自然現象，並憶念蓮師和王臣二十五弟子、歷代傳承祖師、大伏藏師是如何為了利益一切有情而加持四大元素的。藉由這些憶念，能夠對自心產生莫大利益。

通過修持《大悲觀音修法根斷輪迴》，我們可以加持太陽。在給予加持時，我們發願無論太陽在何處升起，都能利益眾生。以同樣方式，也有加持水、風、地元素的修持。在《金剛薩埵密咒聽聞解脫》修法中，我們還可以加持所有聲音、不論悅耳還是刺耳，一切眾生只要聽到聲音，皆能立即獲得加持。這是秋吉林巴所秉持的事業菩提佛行。

因此，當談到諸佛的菩提行儀時，這不僅僅只是上師教導禪修、弟子遵照修持。身、語、意、功德、事業的利生菩提佛行極為廣大，難思難詮。秋吉林巴藉由自己的伏藏和行誼來開展佛行，故而是極其寶貴的伏藏師。

第十七個偈頌：

噶舉各派、前譯持教者，
守護雪域祥德眾善師，
無偏利美宗師咸依止——
眾師之師足下敬祈請。

秋吉林巴向噶瑪噶舉、竹巴噶舉、敏珠林寺、雪謙寺、佐千寺、白玉寺和嘎陀寺等眾多不同教派的上師賜予灌頂。例如，偉大上師巴楚仁波切曾有一次去佐千寺領受他的灌頂，薩迦法王赤欽扎西仁欽也從他那裡接受過灌頂，許多偉大上師都曾獲得秋林伏藏法。

就我的個人宗派——達隆噶舉來說，類烏奇寺的三位法王——傑仲、夏仲和帕秋仁波切都是他的弟子、檀越和教法弘傳者。秋吉林巴還在蘇曼寺、司徒仁波切的八蚌寺和噶瑪巴的楚布寺等其他寺院傳授教法，所有這些大師也全都是他的弟子。

故而，秋吉林巴乃是眾師之師。對於像他這樣在四十二歲就示現圓寂的年輕伏藏師來說，實屬了不起的非凡功績。許多大師的名望都是在經過多次轉世之後方得以建立，而秋吉林巴在短暫的一生當中便實現了所有這一切。事實上，他的佛行只持續大約二十年左右的時間，但他的弟子當中，全是諸如蔣貢康楚、蔣揚欽哲旺波和巴楚仁波切等聲名赫赫的大師，這些是他作為伏藏師權威性的真實判定。

第十八個偈頌：

鄔金金剛密語親授記，

十大根本法主為首之，

阿里衛藏多康邊境中，

伏藏事業增弘敬祈請。

許多偉大上師都是秋林伏藏法的弘傳者，特別是在阿日、中藏、後藏和康區弘傳秋林教法的十位主要法主，他們的名號在秋吉林巴歷代轉世傳記中均有所記載。所謂法主，意指躬身實修秋林伏藏法、傳予弟子從而廣弘教法者。法主的主要特點是他們在促進教法的佛行事業中所扮演的角色。

第十九個偈頌：

金剛加持降注諸聖境，
威赫統領八部鬼神眾，
諸重地中締結內外緣，
回遮濁世災劫敬祈請。

秋吉林巴不僅發掘伏藏、撰寫教法、向弘法者賜予灌頂，而且到訪康區和中藏的諸多聖地給予加持。透過這些加持，即使是今天，當人類或小動物去到這些聖地時，均會感到放鬆、內心愉悅，五毒煩惱消散，對佛法的信心油然而生，這即是加持的力量。

因此，對金剛乘的行者而言，最佳的修行地就是往昔大師們的修行處和行者們的證悟處，這些地方極具威力。例如，祖古烏金仁波切曾在尼泊爾帕平阿蘇拉山洞中放置了一個加持寶匣。這些聖地具有無數大師的加持，能夠為修行帶來極大的助益。秋吉林巴同樣加持過許多聖地，並且降伏了當地的鬼神。

當諸如天龍八部等鬼神或魔眾製造障礙、引發家庭衝突、導致乾旱饑饉時，為了回遮這些災害，蓮師過去曾調伏過藏地的鬼神，使它們立下誓言放棄傷害眾生。秋吉林巴再次降伏了其中不守誓言的魔眾，迫使它們牢記誓言。直至今日，藏地各路神祇仍然受到在蓮師面前所立誓言的約束，守護著密教與眾生的安樂。這些皆是大師佛行事業的一部分。

如今，有很多人認為伏藏師只負責取出教法、並無功德，這是極其狹隘的片面知見。在閱讀大師的傳記時，我們必須理解其究竟義與方便義，大師的過去、現在和未來生，以及他們身、語、意、功德、

事業的利生菩提佛行。如果能對大師傳記的這些要素詳加研習，則能真正心開意解。

例如，就培養悲心來說，對大多數人而言，通常很容易對自己的父母生起悲心。但如果一直局限於自己的父母，便永難突破。我們需要先從父母開始，再將悲心逐漸擴展至一切眾生——無論親疏愛憎。這是真正培養悲心的方便。

同理，就培養虔敬心來說，僅僅將上師視為教法的發掘者，將不利於我們生起真正的信心與淨觀。我們需要瞭解大師的佛行事業，他們如何修持、如何弘法等。知道所有這些重點，我們就會生起真正的信心與淨觀——不僅是對這位大師，而是對整體佛法。為了令修行增上，我們需要擁有廣大平等的信心與虔敬心。

第二十個偈頌：

廣弘共與不共（成）熟、解（脫）道，

大修、舞會、甘露嘗解脫，

無偏施予無數眾生類，

結緣咸令具義敬祈請。

如前所述，秋吉林巴令《大圓滿三部》、伏藏三要（上師意修、大圓滿、大悲觀音修法）及其他所有傳承弘揚光大。另外，他一共主法三十三次大成就法會，其中包括多次甘露法藥大成就法會，這些在《和風妙音》中均有記述。他還教授並示演各種金剛舞，其中許多都是他在淨觀中所學。他還數次製作嘗解脫甘露法藥。這些皆是他即生所秉持弘傳的佛行事業，結緣眾生無一例外悉獲實益。

就個人來講，我想在此補充一下，今年適逢蓮師和《遍除道障》的特殊年份——猴年。為了充分利用這一機緣，我帶領寺院的僧、尼眾和在家眾一起，分別在印度菩提迦耶、錫金扎西嶺、不丹布姆塘和尼泊爾加德滿都噶寧謝珠林寺進行了四次大成就法會。在其中兩地進行的是《遍除道障》修法，另外兩地進行的是《所願任成》與《遍除道障》共修。這四次大成就法會都在與蓮師修法密切相關的藏曆猴月前後進行。尤其是最後一次在尼泊爾進行的甘露法藥大成就法會，從藏曆猴月二十五空行日開始，所有會眾齊聚噶寧謝珠林寺，在《遍除道障》修法基礎上，遵照儀軌修製甘露法藥。我們在配方中加入由秋吉林巴、蔣揚欽哲旺波和蔣貢康楚三位大師在所有甘露法藥大成就法會期間共同加持過的甘露，製成大量法藥，最終會有超過十萬以上的信眾得以受用。因此，即使三怙主已經圓寂，但他們的佛行與加持仍持續利益無邊的眾生。這正是諸佛廣大事業的意義所在，遠超個人的單修獨行。

第二十一個偈頌：

勸導執常眾生速行善，
並於他剎廣大利生故，
具信眾前廣示神變已，
逝往蓮花光剎敬祈請。

秋吉林巴的圓寂只是凡俗之人的感知，正如釋迦牟尼佛唯獨在凡俗眾生前才示現涅槃一樣。同理，在我們的不淨觀中，歷史上曾有過一段時間，菩提迦耶完全淪為廢墟。但對具淨觀者來說，菩提迦耶從

來都不會衰落。當秋吉林巴在淨觀中去到銅色吉祥山時，他看到那裡是一片廣大遼闊之地，美輪美奐、完整圓滿。這正是淨觀之理。

秋吉林巴四十二歲時，於藏曆馬年薩嘎達瓦[5]示現圓寂。他為勸導眾生速行善法而示現圓寂，藉此提醒弟子：所有人都難免死亡，修行的唯一時間即是當下。此外，大伏藏師感受到其他世界對他的需要，故而離開他塵世的色身。伴隨他的離世，出現了如虹光、舍利等無數神奇示現。

他圓寂後不久，蔣揚欽哲旺波在淨觀中看到他以菩薩身相化現在毗鄰西方極樂淨土的一個全新剎土中。菩薩名為「蓮芽」，剎土名為「蓮花遍滿」。蔣揚欽哲旺波在淨觀中從蓮芽菩薩處獲得了與此蓮花遍滿剎土有關的，以《三身族姓總集甚深精滴》為主的，包含了灌頂與竅訣的全部教法。蔣揚欽哲旺波後來向蔣貢康楚完整描述了此淨觀，隨後他們二人共同傳授此全新剎土的修法。所有與《秋林德薩》具有連結、未損毀三昧耶的具信之人，毋庸置疑皆將往生蓮花遍滿剎土。

佛法總是具足初善、中善和後善，秋吉林巴的傳記亦然。初善，他自本初即已成佛；中善，他累生累世廣弘佛行；後善，他為利益眾生而化現了蓮花遍滿剎土。

第二十三個偈頌：

身語意密加持普賜予，
我等三門虔祈諸法嗣，
生生世世攝受勿分離，
導入清淨勝剎敬祈請。

文末是蔣貢康楚向秋吉林巴所做之祈請，這是一種增上伏藏師佛行事業的方便。

小時候，當祖古烏金仁波切向我講述秋吉林巴時，我心中充滿了信心與虔敬心。如果你在讀到這本書時，也生起了同樣的信心與淨觀，那你真應該修持《秋林德薩》。接下來，你需要先修持前行、再到正行。如果你想將來把這些伏藏教法帶回自己國家，那你必須先自行修持。作為修行的助緣，你還需要有一個僧團、母語的法本、一個共修處——佛法中心。如果這些全都具備，那就跟蓮師傳記《如意寶樹》中所描述的別無二致了。蓮師到達西藏後，他持教、禪修、譯經、引導弟子修行達至成就。秋林教法將會以同樣方式，傳播到你的國家。

祖古烏金仁波切帶領家人，從西藏經由錫金到達尼泊爾後，在四十年的時間裡，他在尼泊爾修建了六座寺院和閉關中心；為數百位僧、尼授予出家戒；向無數弟子宣講佛法。他的主寺——位於博達滿願大佛塔的噶寧謝珠林寺現有近五百位僧眾。他還在加德滿都河谷的高山寂靜處修建了納吉尼寺，現有二百位尼眾在那裡研修佛法，其中有近七十位尼眾已經完成傳統三年閉關。同樣，有許多僧眾在祖古烏金仁波切修建的、蓮師證得大手印持明果位的聖地——帕平阿蘇拉山洞閉關中心圓滿了三年閉關。我祖父一生中，在其指導下，有超過三百位僧尼致力於秋林傳承的學習與實修。秋林教法就這樣從西藏傳到尼泊爾。

如果你想將《秋林德薩》像傳到尼泊爾那樣傳至你的國家，理想做法是要建立相同的學修體系。當心中有了目標，那麼從現在開始就要從心發願。發廣大願、愛惜佛法、積聚福德資糧。請記住，若不懂善加發願，則難以達成目標。

1 慈父仁波切的字面意思為「珍貴父親」，這是一種既尊敬又親切的措辭。

2 擦擦（*tsa-tsa*）是指通常由黏土所塑成的佛、本尊或佛塔等小型聖像。

3 拙火是一種開展大樂的內熱修持，可令整個地區變暖，或在冬夜室外烘乾濕被單。

4 蓮花光是蓮師的宮殿名，位於銅色吉祥山的山巔。

5 薩嘎達瓦（Sagadawa）是指藏曆四月，即藏人慶祝佛誕的月份。

第十三章

和風妙音——
化身大伏藏師秋吉林巴傳記之問答

蔣揚欽哲旺波作

編者按：蔣貢康楚仁波切所作之《吉祥法螺悅耳音》偈頌依次附上。

嗡 願成善妙！

關於蔣貢康楚撰寫的大伏藏師秋吉林巴共通傳記《吉祥海音》[1]中一些重要問題的回答，我想先從標題——《吉祥法螺悅耳音》開始給予解釋。

通常，上師祈請文的著作風格在措辭和含義上會有很大差異。簡單來說，上師祈請文可分為三類：一、對上師歷代轉世的祈請，主要講述上師的前生歷世；二、稱為傳記[2]祈請文，主要講述上師的即生事業；三、祈請上師未來長久住世。

我們在這裡所要講解的屬於第二類，即傳記祈請文，其標題《吉祥法螺悅耳音》，意指殊勝法器右旋白法螺的美妙韻音。事實上，以右旋白法螺譬喻跨越三時傳記是有充分理由的。

首先，正如同右旋白法螺連續五世都轉生為法螺，其聲悅耳動聽，令聞者普皆歡喜一樣，珍貴的化身伏藏師秋吉林巴歷世歷代都示現為殊勝大師，令無量所化眾生的心願悉皆得以圓滿。

其二，右旋白法螺具有三種非凡特質，這位尊貴大師的生平也同樣具有三種特質。正如法螺的顯著特徵是其色澤純白、在所有器物之中最為吉祥一樣，大師傳記之「因」，即秋吉林巴的非凡菩提心澄澈通透，其密意所至之處令一切暫時與究竟吉祥得以生起，利益濁世的教法與眾生。同時，正如法螺的形狀為右旋，大師傳記之「果」，即秋吉林巴的超勝佛行隨順每位弟子的化基，引領他們走上增上生與決定勝的善妙法道。最後，正如法螺的功用是震響妙音，大伏藏師傳記之精髓，即為撼動具緣者的心意。故而，秋吉林巴的發心與事業無別，他秉持甚深密教伏藏的殊勝事業空前絕後，能摧毀濁時災劫衰損之痛苦，廣施有寂一切善相賢妙，圓滿輪涅一切所願。

其三，正如具有「性」（性質）、「相」（形式）、「用」（功能）三殊勝的神聖右旋白法螺在天、人、龍三界普降吉祥圓滿妙欲之雨一般，具有「因」「果」「本質」三殊勝的尊勝上師秋吉林巴於前生後世無邊幻化的佛行，施予一切所化吉祥圓滿妙欲之雨。

第一個偈頌：

周遍大樂光明之法身，
輪涅精藏不壞大明點，
澤被萬象遍主本初怙，
至尊上師足蓮敬祈請。

此四句偈闡釋的是了義傳記。如《大幻化網密續》[3]中所釋，在本初自性的了義層面，基果無別。

第二個偈頌：

鄔金第二佛尊之心子，
取藏成就海會轉輪王，
行儀難思濁世教眾怙——
秋吉林巴足下敬祈請。

此四句偈闡釋的是方便義傳記。所有共通傳記皆可攝略為此偈，
其本身即可單列為一篇簡短的祈請文。

第三個偈頌：

本初即證寂靜甘露法，
身與剎土瀚海雲莊嚴，
無量工巧凡俗勝化身——
普現四調神變敬祈請。

在《大幻化網密續》第三章中，詳細解釋了「四種幻化調伏」[4]
之道。

第四及第五個偈頌：

雪域聖主赤松德贊之，
王子彼身時獲勝悉地，
桑吉林巴等諸世稀有——

演繹百億幻舞敬祈請。

宏願特勝垂憫濁世眾，
事業特勝隨順所化機，
解脫特勝空前祕藏持，
具三超勝尊者敬祈請。

在秋吉林巴的歷代轉世簡略傳記中，出自《藏地安樂十法》的
《甚深緣起成就法略述》中提及他的功德：

「拉瑟！汝身之殊勝功德[5]，
含藏汝父王之善緣中，
善觀察、心生勇猛見識。」

因此，我們可以從秋吉林巴各種前世傳記中了知他歷代轉世的殊
勝功德。他歷世皆被廣泛讚譽為：凡所結緣，皆獲利益。

第六及第七個偈頌：

如願住胎多康之腹地，
縱於幼時澈然心開解，
甦醒超凡脫俗妙行傳，
具信皆生歡喜敬祈請。

十三歲時親見鄔金尊，

應許甚深伏藏作加持，

獲得王子修行所依物，

湧現心意伏藏敬祈請。

十個稀有聖蹟[6]中的第一個，關於秋吉林巴年少時期聖蹟的描述，從「耶多絜[7]的山谷……」這句開始。根據伏藏授記，對他的宗族、姓氏、出生日期、時辰和星象等均予以記錄。尤其無有增減、如實記述了他孩提嬉戲時的神跡。

第八個偈頌：

依止眾多具量利美師，

噶（瑪）、竹（巴）、直（貢）、達（隆）持教法王等，

三喜承侍令顯密甘露，

匯聚心間祥結敬祈請。

第三個聖蹟，根據伏藏授記與口述，提到了四位上師──外上師，即賜予別解脫戒的上師；內上師，即幫助發菩提心的導師；密上師，即通過金剛乘甚深灌頂，幫助金剛智慧生起的金剛上師；了義上師，即直指大圓滿內義、自心本性的根本上師。就如廣傳中所說的「四位大恩之經師……」。

秋吉林巴四位上師中的第一位，是十三歲時為他授予沙彌戒的上師──大譯師嘎瓦白哲的殊勝化身、千萬持戒聖僧頂嚴達隆瑪仁波切多覺祖古昂旺丹貝尼瑪。

第二位，是二十五歲時於藏曆雌水牛年六月初四（西曆一八五三

年七月十日）佛陀轉法輪日，為他授予菩薩戒的上師——聶氏智童的化身大士堪千達桑祖古噶瑪涅頓丹巴雅傑。此後，他嚴格持守戒律，諸如三年斷肉茹素等，令愛他勝己之菩提心無勤任運生起。

第三位，是佛陀授記其為南贍部洲大車軌的大譯師毗盧遮那的化身——蔣貢康楚羅卓泰耶貝瑪嘎傑旺秋匝。藏曆六月二十五日（西曆一八五三年七月三十日）下半月[8]空行日，當秋吉林巴從他那裡領受《大悲觀音修法善逝總集》成熟灌頂時，獲得樂空雙運之密乘戒。

第四位，是我本人蔣揚欽哲旺波。藏曆同年九月初八（西曆一八五三年十月十日），我們二人[9]初見。我向他供養了灌頂的法緣，從而淨除與他流年有關的障礙。尤其是，次年藏曆雄木虎年十一月（西曆一八五四年十二月至一八五五年一月），他專程前來看我，我向他供養了無數的灌頂與指導，特別是《上師心滴如意寶》的灌頂、口傳和竅訣引導。當無戲灌頂之智慧加持傾注而下時，他在境界中見到上師[10]顯現為無垢友尊者，空行母眾擎持孔雀羽翎華蓋右旋繞行。當直指心性時，他說自己認出赤裸本覺。最後，在我交付他密咒主母授命灌頂時，神跡顯現：仿若大地震動般，我們二人親見一髻佛母，她說：「三年內，我將賜予你們師徒二人大悉地！」這是《大圓滿三部》將要被取出的預兆。

第九個偈頌：

蓮師真身貝瑪旺千尊，
具德巴沃祖拉確嘉等——
交付實義傳承做授記，
除障獲至悉地敬祈請。

關於此偈中的「蓮師真身貝瑪旺千尊」，在《蓮花頂髻》中對其授記道：

護法持教將要出現時，
吉祥山頂金色河左岸，
貝瑪寧謝我之語化身，
護佛子嗣擎實修勝幢，
濁世之中持熾燃火炬，
圓長壽法身壽八十五，
若具機緣持教九十載，
廿五歲時王子遇見他，
毫無猶豫將自身交付，
吉祥緣起任運自然成。

二十五歲時，藏曆水牛年正月（西曆一八五三年二月至三月），秋吉林巴值遇大司徒仁波切貝瑪旺千。他向司徒仁波切供養了廣軌的《普巴金剛》灌頂法本及其他伏藏，令後者諸多障礙得以遣除，創造了長壽的吉祥緣起。司徒仁波切私下建議他要全力修持伏藏教法並保守祕密。同時，司徒仁波切表現出最大敬意，向他供養了自己在大普巴殿進行陀羅尼咒繩儀軌[11]期間的修法所依金剛杵。

第十個偈頌：

尤與文殊怙主智悲王，
父子宿世業緣甦醒故，

稀有緣起心心令相印，

百餘伏藏門開敬祈請。

在《吉祥緣起之略記》中，對此場景描述如下：

於南開宗[12]埋甚深伏藏，

不會閒置具緣子所取。

此乃王子汝最後轉世。

譯師學者王臣弟子聚，

尤其君王父子再重逢，

同心同德業緣漸甦醒。

我賜汝等究竟之指引[13]，

於淨觀中親見我本人。

傳授汝等密教之竅訣。

付諸實修則無礙成就，

汝等弟子亦將獲成就。

許多外、內、密授記極為清晰地描述了這些事件。秋吉林巴二十七歲時，藏曆木兔年九月（西曆一八五五年十月至十一月），我向他供養了昆氏傳規普巴灌頂。隨後，他獲得吉兆，夢見自己殺掉了正在給深奧伏藏製造障礙的三十一個作祟靈魅。在我給予《揚達黑汝嘎九尊》大灌頂時，他看見天空變成青金色，上師[14]顯為黑汝嘎身相，從頂輪融入自身，從而令心間脈結[15]得以開解。這些均與薩迦《道果》[16]法中具信行者經由加持力，令界收攝、脈輪開解，以及龍樹傳規《密集金剛》法系中手印持命風的要訣相符。

接著，金剛道歌無礙噴湧而出。他之前對破譯《上師意修遍除道障》的空行文字略有困難，自此則完全開解無礙。我們二人還發現，這一教法與我取出的《上師意修善逝總集》伏藏法完全相同，詞義亦極為接近。

如《解脫明點密意自解》中的伏藏授記所說：「除祕密授記外，你們將共同編譯各自教法；彼此相互信任、清除迷惑。」正如此言，阿里班禪貝瑪旺嘉和稱波伏藏師般若光尊者彼此對照了各自的伏藏法──《持明總集》與《解脫明點密意自解》，他們互相信賴、心意相融。

正因如此，我們二人無須臆造字句，即能無誤破譯空行密文。此外，當我們共修伏藏法時，蓮師佛父佛母展現真身，無數淨相得以湧現，還獲得許多伏藏聖地目錄。如此，諸多殊勝因緣匯聚一處。

就個人來說，同年冬天，我進行《三身上師》的近修持誦，平息壽障的吉祥緣起得以締結，故而尚能為服務蓮師的伏藏教法和持教正士稍盡綿薄之力。這些均與秋吉林巴大師在藏曆火蛇年（西曆一八五七至一八五八年）親見賢劫千佛的淨相一致。千佛授記說我將廣弘教法，成為眾生之所依、應供[17]。對於這些細節，可以通過極密傳記來瞭解，將來會另行奉上。

第十五個偈頌：

《蓮師三類》、修部寂怒尊，
　等合（《勝樂諸佛等合》）、經（《密意合集經》）、續（《大幻化網》）、大圓三部等，
　舉世稀有所依及法要──
　如意寶庫開顯敬祈請。

第七個聖蹟，關於秋吉林巴的伏藏發掘，它涉及到通常被稱為《上師二教三類》的三部上師成就法。關於《二教》，在經教層面，指的是本師釋迦牟尼佛的一○八個聖號；在密教層面，指的是蓮師一○八個聖號的修法與竅訣。

關於《三類》，指的是以法身、報身、化身的形式修持上師成就法。就此來說，《法身實義引導》是法身上師成就法；《五方佛延壽修法·大幻化網》是報身上師成就法；蓮師的寂、忿和寂忿結合形式是化身上師成就法。關於寂靜本尊，外修法是《遍除道障》，內修法是《所願任成》，密修法是《海生心滴》；關於忿怒本尊的極密修法是《極密上師金剛威猛力》；關於寂忿結合的修法是《上師悉地海》和《上師意修密集總集》。

秋吉林巴相繼成功取出三十七個地伏藏，其中有些具祕密封印，有些被再次封藏等，難以詳述。我僅在此記述我們師徒二人掘取的伏藏：

一、秋吉林巴十三歲時，藏曆雌鐵牛年（西曆一八四一年）春天，他在一處名叫「瑪尼卡」的地方親見蓮師佛父母，並且根據授記，從那裡的扎嘎宗瓊岩取出拉瑟牟汝贊普王子的證悟標幟金剛杵、寶鏡和個人修持用的二十四個儀軌。後來，他將寶鏡贈予蔣貢康楚，將金剛杵贈予我。

二、此後，他應時發掘諸多伏藏，取藏地點均與他十三歲時冬天從水晶岩下發現的伏藏地點目錄一致。十四歲時，他從桑耶白塔處取出甚深伏藏，由於因緣所致，又將其就地埋藏。

三、二十歲時，藏曆土猴年九月初十（西曆一八四八年十一月七日），他從丹因卡拉絨果大吉祥岩山腳下取出《上師意修遍除道障》伏藏法。

四、二十一歲時，藏曆雌土雞年八月初十（西曆一八四九年九月二十七日）正午，他從納本宗取出《大悲觀音修法蓮花頂髻》和其他聖物，其中包含一尊見解脫佛像及另外一尊法王松贊干布骨頭上自然所成的觀音像[18]。

五、二十七歲時，他從蓮師在旺修山頂的修行處嘎爾宗岩，以祕密伏藏方式，取出《遍除道障》的附屬教法《除障四法》。

六、二十八歲那年春天，他從奧明噶瑪寺丹間扎岩取出《甚深七法要》，其中包含了《金剛薩埵幻化網之文武百尊》，這些均是具足密續、竅訣和引導[19]的深奧伏藏法。

七、同年夏天，他去到康區南開宗耶加山，亦叫拉瓦岡集山，從伏藏寶篋中取出無量教法，其中主要包括《甚深七法類》的輔助教法和兩尊替身像。

八、同年秋天第二個月，他從大吉祥岩山頂裂縫處取出《意修》目錄、聖地指引及其他聖物，其中包括具密印三昧耶誓言物[20]。

九、同年藏曆十二月初三，我們師徒二人在麥宿贊囊蓮花水晶洞當眾取出《大圓滿三部》祕密教法。此後，大多數伏藏均為公開掘取。

十、藏曆十二月初十，在此聖地山頂，他以交付伏藏方式，獲得持明極喜金剛的舍利及兩部《心滴》[21]教法。

十一、二十九歲時，藏曆正月初一，他從巴沃旺千岩取出《康區二十五伏藏聖地目錄》。

十二、藏曆正月初九，我們在身密聖地直年棟時，他從大祕密岩洞中取出《文殊友心滴》。

十三、藏曆正月十五，他從事業聖地森欽南扎岩山頂取出各類深奧伏藏目錄及《措嘉心滴》。

十四、藏曆正月十九，他從最高處岩石下當眾取出偉大的伏藏教法、佛像和聖物，其中包括《正法六卷》《教傳金剛莊嚴》、一本祕卷、蓮師寶冠、拉瑟王子的印章、釋迦牟尼佛的法袍、極喜金剛的法藥及其他聖物。

十五、藏曆正月二十，他在同一地區的仁千巴瓦岩取出屬於王、臣二十五弟子的法藥寶匣和一種法類。

十六、藏曆正月二十二，他從真如藥師岩公開取出藥方伏藏和一張黃色伏藏法卷。他將藥方贈予我，將法卷自行祕密保存。所有從岩石中取出的伏藏均是當眾公開掘取。

十七、在前往落達地區途中，他從孜麥空行水晶洞取出寫在寂護大師法衣上的聖地目錄、嘉瓦秋陽的耳環及其他法物。

十八、他從給榮多傑炯普洞取出蓮師及其佛母的長壽法物、天珠寶匣和各種目錄。

十九、藏曆十月二十五空行日黎明時分，他從聖地噶瑪本宗蓮花水晶洞取出《大悲觀音根斷輪迴》四法類和其他誓言物。

二十、龍魔伽羅羅剎在湖中交付給他一個石匣，內有護法法類。

二十一、他從乃寧洞最深處的鄔仗那法座中取出自生大悲度母像、婆羅門扎巴哈德尊者的肉身甘露丸和《宿氏六法》。尤其是，在我根據授記而勸請之下，他取出殊勝法類《大悲觀音修法蓮花幻網》的密續、竅訣和教授，以及各種寶物。

二十二、三十歲時，藏曆雄土馬年（西曆一八五八年至一八五九年），他從奧明噶瑪寺山上取出《瑪姆總集》修法筆記，並從瑪姆遊舞佛殿門檻下取出身、語、意的甘露丸。

二十三、同年藏曆九月初十（西曆一八五八年十月十五日），在我根據前後淨觀明相和授記而勸請之下，他從給拉仁千巴瓦山峰取出

《上師意修如意寶如願任運》全部法類及蓮師替身像。

二十四、同年藏曆十月（西曆一八五八年十月至十一月），他從果多沃巴扎岩取出《事業遊舞》大修法會編排及《多聞天王成就法・如意寶》法類。

二十五、三十一歲時，藏曆雌土羊年七月初十（西曆一八五九年九月六日），我們在八蚌寺山頂閉關處時，他從贊扎仁欽扎取出《密滴精要三法》、聖地指南，以及含有諸佛舍利的名為「大寶頂」的甘露法藥。

二十六、同年冬天，他從嘎多梅森珍寶水晶岩取出一個內有蓮師牙舍利的玉底金頂擦擦，以及包含西藏大小聖地和無數其他伏藏的目錄。他將其中的《多底岡嘎山聖地指引》破譯成文，其餘未做宣傳。

二十七、他從嘎多玉扎岩取出無垢友尊者的白度母長壽聖物「寶月精藏」和《意滴精藏》等，但對此極為保密[22]。

二十八、三十六歲時，藏曆雄木虎年薩嘎達瓦四月初十（西曆一八六四年五月三十日），他從南開宗耶加山南坡允貝岩取出廣大甚深法類《八大法行善逝普集》的密續、口授和竅訣，以及一尊替身像和法藥等。

二十九、他在此山西坡的彩霞岩，又名才傑岩中取出蓮師及佛母的殊勝長壽聖物、《長壽密續甘露漩成就法類》及其他各種法物。

三十、三十八歲時，藏曆火虎年九月二十五日（西曆一八六六年十一月二日），我們師徒二人在榮麥奇美嘆媄達倉會合。藏曆九月二十七日（西曆十一月四日），他從密洞右側取出《正法精要五類》及其他幾件法物。

三十一、此後，他成功解除洞中岩石上的十三道封印。藏曆十月初九（西曆十一月十六日）清晨，他從祕密山洞左側取出《上師意修

金剛威猛力》。藏曆十月初十（西曆十一月十七日）黎明時分，他又取出蓮師本人的金剛杵及其他法物。

三十二、藏曆十一月初十（西曆一八六六年十二月十七日），他舉行浩大的取藏薈供，從瑪雍森果玉湖中無礙取出偉大的伏藏教法及其他聖物。

三十三、三十九歲時，藏曆火兔年二月二十八日（西曆一八六七年四月二日），他從功德聖地宗修善逝總集殿取出蓮師、寂護大師和法王[23]親手做的擦擦佛像及羊皮書卷。

三十四、藏曆三月初十（西曆一八六七年四月十四日），他從殊勝的蓮花水晶山取出被譽為修行所依的名為「空界喜漩」的神聖法藥，見者獲益。此外，他還取出《空行密修》伏藏法。

三十五、藏曆三月十一日（西曆四月十五日），我們師徒二人在空行意密聖地瓊倉扎取出一個石匣，隔層內有《持明全圓心滴》及甘露法藥。同時還取出一個形似鉞刀的伏藏寶篋，內有《黑汝嘎總集心滴》教法。

三十六、藏曆薩嘎達瓦四月初八（西曆五月十一日），他從功德聖地措汝當雪山大樂禪修院取出三個石匣，內有《勝樂諸佛等合》、汝當雪山指引，以及名為「黑汝嘎總集」的甘露法藥誓言物。

三十七、藏曆七月十五（西曆九月十三日），在我根據授記而再三勸請之下，我們在前往拉薩途中，專程去到給拉諾布彭松岩，他從那裡取出《正法珍寶七類》、獅吼蓮師的身莊嚴、幾尊替身像及各類法物。

以上是我所知道的秋林伏藏，其中包含了秋吉林巴掘取的教法和甘露法藥。此外，他還取出無數的小伏藏和各種目錄。例如，他從森千南扎岩取出一個深奧伏藏，內含七種伏藏地點目錄：各種時間前後

的伏藏目錄、主要目錄、目錄正文、重要目錄、簡略目錄、極簡目錄和心要目錄。

如前所述，二十七歲時，他從嘎宗扎岩取出《意修》附屬法類。之後，他去到旺修山腳下的南開寧波修行洞，從門渠上取出釋迦牟尼佛舍利、瑪拉蒂卡岩洞的土石等各種聖物。

二十八歲時，藏曆九月（西曆十月至十一月），他從米耶扎岩取出梵志黑飲血尊者的頭骨。

三十一歲時春天，他行至聖地巴沃布姆，從那裡取出蓮師及其佛母的菩提心甘露丸和耶喜措嘉的祕密伏藏。同年秋天，他從蔣加玉措湖取出迦葉尊者的舍利等聖物[24]。

總之，有關我們師徒二人的授記目錄宣稱，我們將會從身密、語密、意密、功德、事業聖地取出一百個伏藏。關於身密所依，秋吉林巴取出二十五尊佛像，其中包括一尊蓮師替身像，以及諸佛、菩薩、本尊的各種身像。尤其是，他前所未有地取出了製作蓮師替身像的材料，並以此材料製成了大名鼎鼎的蓮師像——重製替身像。

關於語密所依，他取出無數種深廣教法，據說光《心滴》法類就多達一百種。因此，上述授記中所提到的數字，只是為了強調秋林伏藏種類之繁多。以主要伏藏法類為例，《甚深七法類》中包含了七個法類，《大圓滿三部》分為七個《心滴》法類等。因此，秋林伏藏法類之多，難以計數。我們可以通過甚深伏藏目錄進行瞭解。

關於意密所依，他取出無數種法器，其中包括金剛杵、金剛橛等。至為重要的是，他取出無量的嘗解脫甘露法藥。它們的傳續形式可以通過聖物目錄和伏藏釋文進行瞭解。由於細節過於繁雜，在此難以盡述。

尤其是，關於教法的傳承方式，可以分為遠傳、伏藏和淨相三

種，亦可進一步分為七種受命傳承：遠傳、地伏藏、再伏藏、意伏藏、隨念伏藏、甚深淨相和極深耳傳。

就遠傳的生、圓次第和大圓滿來說，秋吉林巴獲得其中大多數延續至今的傳承。藉由這些傳承的甚深加持力，他教授並大力弘傳包括《密意合集經》《大幻化網》和大圓滿心部在內的傳承教法。

他在寧瑪派吉祥類烏齊寺賜予《密意合集經》中的大匯總集壇城灌頂；向多傑扎寺、敏珠林寺的大學者和金剛阿闍黎們賜予各種灌頂，並給予《大幻化網文武百尊》的密續講解；向以吉祥桑耶青浦閉關院僧眾為主的有緣弟子多次轉動大圓滿無上密法之輪。此外，雖然秋林伏藏中出現的前所未有的「經」「幻」和「心部」[25]法類被視為是伏藏傳承，但在本質上，它們的宗義和佛法名相皆與遠傳噶瑪教敕傳承完全相同。從這個方面來講，堪稱奇蹟[26]。

近傳伏藏也可分為兩類：廣大的地伏藏和深奧的意伏藏。

廣大的地伏藏又可分為兩種：授記由特定伏藏師所掘取的地伏藏和由另一位伏藏師重新掘取的再伏藏。

上述三十七個伏藏全部屬於廣大的地伏藏中的第一種，即名副其實的地伏藏。

廣大的地伏藏中的第二種，即再伏藏，是指由前面的伏藏師重新埋藏的伏藏。它們可以是再次實地取出；或藉由加持再次顯現；或在文本尚存，但灌頂、口傳和竅訣均已缺失的情況下，以近傳方式再現於世。《忿怒蓮師紅吽字心滴》的再現即是其中一例，它是秋吉林巴前世作為大伏藏師桑傑林巴時所傳的再伏藏，藉由加持力，他再次獲得此傳承。空行衮嘎布姆的近傳教法《母續空行祕密道用》是其中另外一例，它由秋吉林巴再次復興，並傳授給蔣貢康楚仁波切。

深奧的意伏藏也可分為兩種：甚深意伏藏和隨念伏藏。

第一種「甚深意伏藏」，指的是藉由三根本的加持等，令埋在取藏者智慧光明界中的深密伏藏噴湧而出。以《度母甚深精要》為例，當度母三次朗朗宣說「善哉！善哉！善哉！」之際——度母深髓的心意伏藏在秋吉林巴心間自然噴湧而出。

第二種「隨念伏藏」，指的是基於前世從本尊或上師處領受竅訣的回憶所寫下的伏藏法。例如，《教傳金剛莊嚴》是秋吉林巴根據前世作為努氏隆巴允丹嘉措時領受教法的記憶而撰寫，這些教法是努千桑傑耶喜圓寂前賜予的遺教贈言。秋吉林巴還曾寫下回憶自同一個前世的教法《努氏傲言》。他回想起各種唱誦韻調，包括揚達黑汝嘎心咒的四種唱法和無數金剛舞姿。同時，基於前世作為殊勝化身大伏藏師桑傑林巴時的記憶，他仔細抉擇了《上師密意總集九種幻輪鍛煉》瑜伽修持法。同時，他還擁有其他的大量隨念伏藏。

甚深淨相傳承又復分為兩種：甚深淨相和極深耳傳。

第一種「甚深淨相」，指的是由於往昔的願力與現在的吉祥緣起結合，三根本及護法於淨相中在根識前直接顯現而賜予的甚深教敕。例如，當開啟旺修山聖地時，秋吉林巴在淨相中看見無垢友尊者的修行山洞變成一團光韻，大班智達本人安住其中，向他賜予了《甚深無垢友上師修法》。這還會發生在禪定覺受中獲得上師、本尊親自講法的清晰穩固淨相，即便它並非根識所感覺。同樣，天空中出現文字，聽到法音，或在夢中所見淨相，均屬於此類。

第二種「極深耳傳」，指的是大師以極細微的風心所放射出的智慧幻身親自前往淨土，或當凡俗顯現悉皆消融、自然升起為清淨無量宮與本尊淨土時，三根本聖眾直接將教法傳入耳中所得。例如，秋吉林巴親臨銅色吉祥山時從蓮師處領受的《耳傳阿底深義心滴》。此

外，在真實穩固的定境與夢境中所得，也屬於此類。

七種受命傳承的意義和類別廣為人知，但為了清楚闡釋名相，我想引用《大圓滿三部》中關於超勝之秋吉林巴的授記：

遠傳教敕無間斷，
地伏藏及意伏藏，
再伏藏及隨念藏，
甚深淨相及耳傳。
七種傳承大江河，
流作國王父子[27]緣，
濁世教法廣興盛，
深廣弘傳勝日光。

因此，七種受命傳承出現在該文本和許多其他法本中，我僅在此做簡單介紹，詳盡闡釋應參考教證及理證。

第十六個偈頌：

多康廿五勝境為主之，
百餘重地尊身皆降臨，
令得顯耀引導無邊眾，
駛向解脫舵手敬祈請。

秋吉林巴打開無數重要金剛聖地之門的方式，應在《康區二十五聖地目錄指引》的基礎上做理解，細節解釋可在作為地伏藏取出的個

別聖地指引中找到。其中有些是在他的智慧中生起，有些則是由本尊和空行直接授予。

第十七個偈頌：

噶舉各派、前譯持教者，
守護雪域祥德眾善師，
無偏利美宗師咸依止——
眾師之師足下敬祈請。

第八個聖蹟，關於秋吉林巴弟子的描述，應根據各種授記做參考和理解，諸如他的持教法主授記等等。

第十九個偈頌：

金剛加持降注諸聖境，
威赫號令天龍八部眾，
諸重地中締結內外緣，
回遮濁世災劫敬祈請。

第九個聖蹟，關於秋吉林巴對各大聖地的勝住開光，主要講述了他的外傳記。此處的重點是，他進行了大約三十三場具足近修四次第[28]的大成就法會。這是舊譯寧瑪派歷代大持明聖尊所宣導的大傳統，具體細目如下：

一、二十五歲時，藏曆雌水牛年十月上半月（西曆一八五三年十

一月），他直接抵達主要聖地旺修神山，以無戲論的古薩里[29]方式，圓滿了《意修極密無上》大成就法會。後來他說，當時因為只有上師和數位弟子在場，故而能無有散亂、專精修持。他還提到那次覺受令人滿意，很大程度上是由於修法時具有蓮師的淨相。

二、二十八歲時，他在蓮花水晶洞附近進行《八大法行險隘堡壘》甘露法藥大成就法會。那次雖值寒冬，但天氣卻暖如夏季。雖然他們忘記在法藥中加入酵母和其他配料，卻仍然圓滿製出色、香、味俱全的法藥。

三、二十九歲時，藏曆正月，他在德格更慶寺進行合修《八大法行善逝總集》與《八大法行險隘堡壘》甘露法藥大成就法會。

四、藏曆四月間，他在噶瑪寺進行《八大法行》甘露法藥大成就法會。

五、藏曆九月間，他進行合修《揚達黑汝嘎》與《普巴金剛》大成就法會。

六、三十歲時，他在奧明噶瑪寺進行《八大法行》甘露法藥大成就法會，其間出現虹光等奇妙徵兆。因此，法會上所製法藥被取名為「虹光甘露法藥」。

七、他在寧瑪派吉祥類烏齊寺給予《密意合集經》大灌頂時，領受者心續悉皆得以成熟。

八、同年藏曆歲末，他在德格王宮附近的江洛間寺進行大成就法會，並賜予《八大法行善逝總集》灌頂。

九、三十一歲時，他在巴沃旺千岩附近進行《上師意修密意總集》甘露法藥大成就法會。

十、他在八蚌寺大殿內進行合修《大悲觀音修法祕密總集》與《甚深七法類》中的《馬頭明王》新伏藏竹千大成就法會。

十一、在達隆噶舉派傑仲和帕秋兩位仁波切的護持贊助下，他在十萬空行洲所有主要聖地進行《意修》大成就法會。

十二、三十三歲時，藏曆鐵雞年（西曆一八六一至一八六二年），在楚布寺供養資助下，他在奧明噶瑪寺耶莫齊殿進行一系列《秋林德薩》大成就法會。與會者中包括伏藏師本人、世間怙主十四世噶瑪巴、噶瑪巴的非凡姪子[30]、蘇曼寺轉世祖古、殊勝的乃多恰美仁波切，以及其他持教大士和法王等。他們共同進行《教傳金剛莊嚴大匯總集壇城》《上師意修密意總集》《大悲觀音修法蓮花幻網》《大幻化網文武百尊》、包括《伏魔猛咒》在內的《大修十三部》，以及《甚深七法類》中的《白長壽佛》修法。參加此一系列大成就法會的數萬會眾得到必將達至「四種解脫」的確定。從這個和其他角度上講，此空前盛事在時間、地點、本師、眷屬和教法之「五圓滿」來看，都極為殊勝。

十三、三十四歲時，他在噶瑪寺進行《八大法行》大成就法會，製成大量殊勝法藥。

十四、三十五歲冬天，他在蘇曼寺尊勝頂進行《八大法行》大成就法會。

十五、三十六歲夏天，他在格加囊進行《蓮師財神》大成就法會。

十六、他在蘇曼寺進行合修《初十修法祕密總集》與廣軌《意修》大成就法會，並親演金剛舞。

十七、三十七歲時，他在察瓦岡進行《意修》大成就法會。

十八、他在涅頓岡建造泰秋久美林新寺時，進行《教傳金剛莊嚴》大成就法會。

十九、三十八歲時，他在嘎多倉薩寺進行《意修》大成就法會。

二十、他在創古寺進行《普巴金剛》大成就法會。

二十一、他在八蚌寺大學院進行《意修密意總集》甘露法藥大成就法會。

二十二、他在宗薩蓮花水晶洞進行《大圓滿三部》中的《本尊現前圓滿王》廣、簡軌甘露法藥大成就法會。

二十三、在德格法王贊助下，他在扎瑪桑雅南開宗進行廣軌《意修》大成就法會，以及薈供和金剛舞等修持。

二十四、三十九歲時，藏曆正月，他在吉祥噶陀金剛座擔任《密意合集經》主法金剛上師。

二十五、藏曆十一月間，撰寫完《八大法行》的法會修持框架後，他立即在宗修善逝總集殿完整展現其大成就法會，據說出現暫時回遮蔑戾車入侵的徵兆。我個人則強烈感覺到加持力，覺受中聽到商羯羅拘多佛塔[31]響起無量密續之聲。

二十六、藏曆三月上半月，他在達岡旺普半月懷柔洞前方山頂處製作與《八大法行善逝總集》大成就法會相關的甘露法藥。

實際上，最後兩次大成就法會也是秋林伏藏的預備修法。在舉行完最後一次大成就法會後，如金剛授記所述，他直接前往聖地蓮花水晶山。在第八天晚上，他有去到銅色吉祥山蓮花光明宮的清晰淨觀，在那裡，他與蓮師及持明聖眾一起共修《八大法行》，並且獲得完整的灌頂、密續和教授。

二十七、藏曆同月下半月，他在佐千寺烏金桑丹秋林佛學院擔任《密意合集經》薈供主法金剛上師。

二十八、藏曆五月間，他在雪謙寺丹尼達傑嶺主持初十法會和《八大法行》大成就法會。

二十九、藏曆六月間，他在八蚌寺圖丹確闊嶺進行合修《意修密

意合集》與《遍除道障》大成就法會。這是一次極為殊勝廣大的大成就法會，其所有修法和事業完全符合《親授心要》中所述。

在扎瑪桑雅南開宗編寫完簡軌《利益藏地十法》後，他立即安排噶陀寺、佐千寺和八蚌寺舉行蓮師、寂護和赤松三尊紀念法會。同時，他令僧眾廣授經典，令瑜伽士修持各種儀軌，舉行大型薈供和金剛舞，從而為佛法的廣弘、講修與事業創造了勝妙緣起。

三十、藏曆七月上半月，他在多囊進行《揚達普巴合修》大成就法會。

三十一、四十歲時，他在吉祥奧明楚布寺反覆舉行盛大的《揚達普巴合修》大成就法會和金剛舞。

三十二、四十一歲時，藏曆土蛇年（西曆一八六九至一八七〇年），從中藏返回後，他立即去到涅頓寺，結合遠傳、近傳，進行共修《密意合集經》《大幻化網文武百尊》、揚達黑汝嘎、文殊閻魔敵、金剛橛、無量壽佛和瑪姆伏藏修法的具量大壇城大成就法會，這一修持傳統仍盛行至今。

三十三、同年夏天，他去到格加，進行合修廣軌《意修》與《大幻化網》大成就法會和金剛舞。

如前所述，他在旺修神山進行廣軌《意修》修持，在蓮花水晶洞進行甘露法藥大成就法會，有時會眾者稀少，這意味著修法未以廣軌的方式進行。但這些法會全部完整進行了前行、正行和結行修持，悉皆具足加持，故而都是真實純正的大成就法會。

第十二個偈頌：

地行語輪等諸聖境眾，

究竟生、圓、大圓瑜伽行，

息增懷誅自在除迷妄，

成就者之頂嚴敬祈請。

　　除共修外，以下是單修的部分。年輕時，秋吉林巴經常進行《三寶總集》的近修念誦，以及直貢傳承《甚深長壽修法》的修持。後來，他在八蚌寺跟隨喇嘛桑昂丹增學習熱納林巴的伏藏法《寂靜三身上師》的詳細儀軌修持。為了純正地從事儀軌修持，他還進行了《忿怒蓮師》與《普巴金剛》的近修修持。同時，他有效完成了帕當巴傳承的《文殊語獅子》的近修和事業念誦，以及《龍種上尊王如來》、列哲匝的伏藏法《金剛手降伏傲慢》的事業修誦。他還在不同時間、視具體情況，宣講釀氏《八大法行善逝總集》伏藏法的近修念誦，咕嚕確旺《大悲觀音修法精要總集》的近修念誦，以及敏珠林伏藏傳承《大悲觀音修法善逝總集》的近修念誦。

　　尤其是，二十八歲時，藏曆火龍年（西曆一八五六至一八五七年），在編撰完《甚深七法類》伏藏書卷後，他立即前往各大主要聖地修持伏藏儀軌，直至出現徵兆。

　　三十一歲時，從藏曆土羊年（西曆一八五九至一八六〇年）深冬開始，他在奧明噶瑪寺閉關院隱修處進行三年閉關，主修《遍除道障》根本和支分法類的近修念誦，以及自己的其他伏藏法，諸如《上師意修所願任成》和《大悲觀音修法蓮花幻網》的廣、略儀軌修持等。此外，他還談到，在修持《海生心滴》祕密成就法的近修時，他的覺受感知熾然增盛，將自己的金剛鈴杵直接安放在虛空中。

　　根據自述，他在修持《無死聖母心滴》、岡倉傳承白度母的近修

時，也同樣獲得了各種吉祥徵象。

第二十個偈頌：

廣弘共與不共（成）熟、解（脫）道，
大修、舞會、甘露嘗解脫，
無偏施予無數眾生類，
結緣咸令具義敬祈請。

他在堆龍楚布寺世間自在歡喜殿開展不可思議的佛行，創立進行
《揚達普巴合修》大成就法會和中軌金剛舞的傳統。他在蘇曼多衮寺
首次創立進行合修《揚達黑汝嘎》與《普巴金剛》大成就法會以及下
部事業金剛舞的傳統。之後，他在諾布林進行平息地祇儀式和廣軌金
剛舞，該傳統仍持續至今。

他在江雄拉卓寺同樣創立進行合修《揚達黑汝嘎》與《普巴金
剛》大成就法會以及金剛舞、廣軌《大悲觀音修法根斷輪迴》和《四
曼扎供》的儀軌修持傳統。

他在吉祥類烏齊寺上方隱居處創辦閉關院，建立《多聞天王》日
修傳統。

他在八蚌寺圖丹確闊林修建多聞天王新護法殿，並要求以多聞天
王為護法，長期進行《上師意修所願任成》的修持。尤其是，他在昆
桑德千歐色林閉關院創立修持《密精精要》閉關日修傳統，並安奉伏
藏護法六臂大黑天為主要護法。

這些均是他在各地寺院建立秋林新伏藏傳承的本尊和護法的無間
修持傳統，為教法和眾生帶來無邊利益的幾則事例。

此外，他還在孜嘎寺修建《上師意修》新佛殿，創立不間斷修持兩種《意修》[32]的傳統。他還建議在竹巴噶舉法座桑昂確林寺進行《甚深七法類》中閻魔敵本尊的日修傳統。他贈予蘇曼寺尊勝頂殿一尊殊勝的蓮師替身像，並談到需要在那裡長期舉行初十法會，蘇曼寺兩位活佛兄弟欣然接受，並依言奉行。這些都是他的佛行事業將會在未來持續開展的證明。

至為重要的是，《上師意修遍除道障》法類正八方弘傳。他建立的許多其他法類，諸如《上師意修所願任成》《揚達普巴合修》《大悲觀音根斷輪迴》等，也在廣泛開展與弘揚之中。

第十八個偈頌：

鄔金金剛密語親授記，
十大根本法主為首之，
阿里衛藏多康邊境中，
伏藏事業增弘敬祈請。

在宣講和傳播《秋林德薩》的法主中，有許多偉大上師，其中包括佛經中授記的持明尊者蔣貢康楚羅卓泰耶，以及諸多與秋吉林巴互為師徒的大師，甚至連像我這樣於兩種傳統[33]均無甚瞭解的愚鈍之人也位列其中。許多大師闡釋並弘傳《秋林德薩》的灌頂、口傳和竅訣，一心專注地承侍秋林傳承教法，廣弘大小成就法會，製作重製替身像[34]，延續嘗解脫甘露法藥的傳統。

在這些大師之中，偉大的持明尊者蔣貢康楚在藏曆第十四個勝生洲（即一個甲子年）雄火龍年（西曆一八五六至一八五七年）[35]領受

完《甚深七法類》後，立即在藏曆火蛇年（西曆一八五七至一八五八年）前往衛藏，向噶瑪噶舉和竹巴噶舉的上師和主要弟子，例如敏珠赤欽仁波切等其他持教大士廣開教法之門[36]。在兜率宮提供各種順緣下，令《意修》和《甚深七法類》的近修和事業修持在三大教法中心——桑耶、拉薩、昌珠，以及身、語、意、功德、事業閉關聖地廣為進行。藉由這份恩德，衛藏和康區的教法與眾生安樂進一步增盛。

在水晶岩舉辦的盛大甘露法藥大成就法會是秋吉林巴深廣佛行的代表之一，其婉轉動聽的法音，令善緣與智者耳聞欣喜。秋吉林巴還在雅瑪龍進行《三根本白無量壽》年度修法，該傳統一直持續至今。兩種《意修》大灌頂儀式如教法明燈般，無異蓮師親口所宣說，光芒更勝。有如一切有緣弟子的慧眼。

在自己和他人提供順緣下，秋吉林巴進行《上師意修遍除道障》的正行及附屬修法大成就法會，直至完全純熟，這僅僅是他圓滿秋林新伏藏修法的其中一例。總之，無上正等正覺本師釋迦牟尼與第二佛——蓮花生大士及其心子一再授記並大加讚嘆道：秋吉林巴將降生世間，光顯弘法佛行。同時，就博學與成就表現來說，無人能夠與秋吉林巴並肩。即便有人向他挑戰，也如區區螢火，難敵皓月光芒。

有關秋吉林巴的授記，與那些華而不實的凡夫預言截然不同。他的授記意義深遠，高擎教法火炬。他對廣大經續明處，尤其是包括自己伏藏在內的金剛乘深廣教法進行了浩瀚廣博的完美闡述。

當今那些被稱為是「遍知」「全知」的芸芸學士，根本無法與他些許的佛行相提並論——眾生僅僅通過與秋林教法結緣，就足以全然解脫。那些貢高我慢如大梵天一般的學究，更不可與他一概而論。那些如戰場上的瘋狂醉象般的各路「伏藏師」「瘋行者」，也較他相差千里。那些能在空中像插翼的獅子般翱翔的大修行者，也難以與他等

量齊觀。

然而，這些偉大聖蹟永遠無法被嫉妒和偏見者理解。相反，唯有尋求智慧、遠離偏私，徹底檢驗事實真相的人方能真正領悟。儘管這裡所講述的現在暫時無法令世人全部曉達，但秋吉林巴的殊勝傳記將會在未來永遠頌揚廣遍，這是無可阻擋的必然。

第二十一個偈頌：

> 勸導執常眾生速行善，
> 並於他剎廣大利生故，
> 具信眾前廣示神變已，
> 逝往蓮花光剎敬祈請。

第十個聖蹟，就秋吉林巴圓寂的年、月、日，尤其是時辰，以及圓寂法會和修建靈塔等細節，給予了詳細敘述。根據楚布藏曆，秋吉林巴的圓寂時間是藏曆五月初一，但普氏藏曆給出不同解釋。根據普氏曆算，閏月[37]不應該被計算在內。因此，秋吉林巴的圓寂時間應該是藏曆薩嘎達瓦四月初一。我個人認為，應該以普氏曆算為准。

儘管我在這裡記錄下自己瞭解的大致情況，以此拋磚引玉，但反覆查證並向博學正直之士提問請教，依然十分重要。以秋吉林巴的圓寂時間為例，他圓寂的年月，尤其是日期，仍有可能存在錯誤。大師的生平傳記應一五一十、實事求是，不能妄加任何增減。

關於結尾後善部分，伏藏授記表明，秋吉林巴的未來生生世世將會以身、語、意、功德、事業的五種幻化，以及其他各種方式持續利益世界的眾生。試圖以凡夫之心去評判已獲聖者果位者，猶如以針眼

來衡量整個天空的大小。不論如何,如果我們能善加思惟大伏藏師反覆宣說、毫無增減的金剛諦實語,就會暸解未來所能發生的事情。我們以這些金剛語為基礎,還可參考蔣貢康楚的金剛語《三身族姓總集深髓》和《往生蓮花遍滿剎土發願文》[38]。

總的說來,有無數種撰寫傳記的方式——依據了義或不了義,或依據外、內、密三個層面等。然而,秋吉林巴的三世傳記可流暢清晰地梳理為以下七個主題:

一、他的歷代轉世傳記或結合伏藏授記的連續幾世傳記。

二、他名為《吉祥海音》的此生共通傳記。此處的「共通」並非「特殊」的反義詞,而是指在主要講述外傳記的同時,還穿插了內、密和極密傳記。因此是共通的,絕非單獨一種。

三、外傳記,關於他的行止之地。特殊外傳記,可追溯至蓮師授記的金剛語,其中包括宣說之善,即秋吉林巴對經續教法的闡釋;修持之善,即秋吉林巴在主要修行地降注金剛加持,並進行大成就法會的修持;佛行之善,即秋吉林巴舉行前所未曾有的金剛薈供和金剛舞。這些皆是他佛行事業的重要部分,諸如他為紀念師君三尊舉行的各種紀念法會。

四、內傳記,關於具七種受命傳承的伏藏教法源流傳記。特殊內傳記講述如何令伏藏聖物、見解脫、嘗解脫遍布虛空,並開啟廣大金剛聖地之門[39]。

五、祕密傳記,關於親見真如浩瀚淨相的傳記。

六、殊勝證悟傳記,關於秋吉林巴的殊勝驗相和證悟。其中一種是關於他修持「拙火」直接將濕冷衣單烤乾的傳記。

七、未來轉世傳記,包括化身之基和化身海眾的傳記。

這些傳記均來自祖師們的教證理證,智者譯師將其譯成優美的偈

頌詩歌，聰慧者以普賢妙輪回文詩[40]唱誦讚歌，證悟者以道地功德徵象予以宣說。一無所知者我，亦可不偏不倚、不增不減，如實記錄我的見聞。

簡言之，藉由廣泛傳播這位殊勝大師的傳記，能夠在自他心中播下利樂善根的種子，打開聖教講修事業弘傳的殊勝緣起之門。

在多傑扎寺附近，應大授戒師、經續教主噶美仁千達傑反覆來信殷重勸請，由我，具舍世者虛偽形象的曼殊闍沙[41]，根據個人見聞，遠離臆造增減，撰寫此傳記之種。

善妙吉祥遍滿諸方！

1　《吉祥海音》是秋吉林巴傳記的別名。

2　原典註釋中說：「如果將梵文的『毗目叉』（vimoksha，意指解脫）作為藏文中傳記一詞，即『南塔』（rnam thar，意指徹底解脫，此處指解脫行誼）的出處，那麼可做如下解釋：當梵文動詞詞根——muc（見梵英詞典《最終形式的言語根集合》）加首碼——vi 時，同樣可指自輪迴和惡趣中解脫，以及開放或開花的意思。基於 vimuc 的後一種意思，南塔意指對蓮師傳記的闡述——傳記如一朵盛開的蓮花。同時，該詞的特殊含義是指『解脫身』或『解脫象徵』。簡單來說，非凡大師的傳記可以從資糧道開始的完整五道角度來理解，因此可通過『講授傳記的方式來給予引導』。」從這個及其他的例子可知，「南塔」一詞可以做非常詳細的解釋。

3　在第一世秋吉林巴傳記的詳盡傳記中，第二世秋林貢秋久美對此解釋道：「在《大幻化網密續》中說：『未被束縛，亦未解脫，本初任運即圓滿——此即佛法。儘管從輪迴的角度，我們的心看似被束縛；從涅槃的角度，它看似獲得解脫；但事實上，心性從未被束縛和解脫，它是輪迴與涅槃之本基。』」詳見貢秋久美所著，《大伏藏師秋吉德千林巴吉祥傳記妙言明照》，《化身大伏藏師秋吉德千錫波林巴欽列卓度匝之深伏藏如意寶大藏》第三十九卷，p.8，加德滿都噶寧謝珠林寺，二〇〇四年，p.8。

4　四種幻化調伏是藉由身、語、意、神變的方式來調伏弟子，為伏藏師十種無

上功德之一。十種無上功德是：（1）超勝智慧、（2）超勝佛身、（3）超勝功德、（4）超勝學問、（5）超勝思惟、（6）超勝禪修、（7）超勝自信、（8）超勝辯才、（9）超勝記憶力、（10）超勝耐心。詳見貢秋久美所著，《大伏藏師》，p.29-30。

5 此處的特殊含義是指，講述牟汝贊普王子殊勝功德的傳記被埋為伏藏是為了他的未來轉世也可以讀到，並受到啟發。

6 這一解釋方式遵循了康楚和欽哲為此傳記制定的框架：「正文分為三部分：（1）簡略傳授聖記的究竟和善巧含義，（2）通過對他十個稀有聖蹟的描述作為擴充解釋，（3）以祈請文和祈願文作為結尾。」十個稀有聖蹟是：（1）幼年時期，（2）宿業潛在的覺醒，（3）上師，（4）修行，（5）禪定成就，（6）淨相，（7）伏藏發掘，（8）弟子，（9）神聖環境，（10）趣入涅槃。詳見安德魯・道科特所著，《西藏伏藏文學：夢幻佛教中的揭示、傳統和成就》，紐約州伊薩卡雪獅出版社，二〇〇五年，p.79-80。

7 耶多扎的具體地理位置不詳。

8 通篇提到的藏曆上半月均指上弦月，藏曆下半月均指下弦月。

9 即蔣揚欽哲旺波和秋吉林巴。

10 蔣揚欽哲旺波間接地稱自己為上師，是為了不表現出不認同此覺受，或對此感到自豪。

11 根據敦珠仁波切的說法，羅陀尼繩是由多層絲線交叉而成的木制框架結構，用作誘捕和驅魔的法器，其外形大小因供奉的本尊和儀式功能而有所差異。詳見敦珠仁波切和吉哲耶喜多傑的註釋，《藏傳佛教寧瑪派的基礎與歷史》，作者：久美多傑和馬修·卡普斯坦，波士頓智慧出版社，一九九一年，p.60。

12 南開宗意指虛空藏，是秋吉林巴的出生地和無數伏藏的發掘處。

13 這是蓮師所宣說的文本。

14 此處的上師是指蔣揚欽哲旺波。

15 脈結是指微細身中能量脈的結。

16 《道果》的字面意思為「法道和果位」，是蔣揚欽哲旺波所屬的薩迦派的教法通用名。

17 在貢秋久美的廣軌傳記中，引用了千佛的承諾：「偉大的化身伏藏師和遍知蔣貢（蔣揚欽哲）的共與不共佛行是佛陀珍貴教法的無上回報。由此，他們於過去和未來建立利生之供養境。」詳見貢秋久美所著，《大伏藏師》，

p.153。

18 原典註釋中說：「部分手稿稱，該伏藏是在狗年取出，秋吉林巴時年二十二歲。但我本人在親自領受第一灌頂和口傳，並詢問詳情時，他向我講述了我在此所講的這個故事。」

19 密續、竅訣和引導分別指的是瑪哈瑜伽、阿努瑜伽、阿底瑜伽的教法。

20 原典註釋中說：「在該聖地破譯列表中，有些副本中提到秋吉林巴是在二十九歲時取出這些伏藏的。但其實他時年二十八歲，後在二十九歲時破譯了《意修》總列表。因此看來這課程是一處錯誤。」

21 兩種《心滴》在傳統上指的是出自蓮師和無垢友尊者的大圓滿教法，並由龍欽巴大師編纂成《四心滴》。

22 原典註釋中說：「此聖地由敦杜開啟，另外還有一本指引，珍貴大伏藏師秋吉林巴確認它是二十五主要聖地之一的身密菩提聖地黑扎。」

23 蓮師、寂護大師和法王分別指的是寂護大師、蓮花生大士和赤松德贊。

24 原典註釋中說：「藏曆土龍年（西曆一八六八至一八六九年），秋吉林巴四十歲時，在前往拉薩途中，據說他在揚宗岩山停下來，從那裡取出努千仁波切的拇指指環和一張黃色羊皮紙。但這只是傳聞，無人知曉其中確切細節。在另一個傳聞中，據說他此行還去到青浦，於藏曆土蛇年初（西曆一八六九年）抵達修多迪多，從那裡取出了一些深奧伏藏。」

25 「經」是指寧瑪派阿努瑜伽的基礎經文《密意合集經》；「幻」是指寧瑪派瑪哈瑜伽的重要經文《大幻化網密續》；「心部」是大圓滿三部教法之一。蔣揚欽哲旺波的說法表明，秋吉林巴獲得並傳授寧瑪派三部內密續的所有教法。

26 原典註釋中說：「偉大的南加蔣秋林佛學院為所有現存舊譯寧瑪派竅訣部灌頂和口傳傳承的二十七個偉大壇城建立年度大成就法會，這是我們師徒二人向白玉寺加楚仁波切多昂丹增提出的共同請求。白玉寺中整套竅訣部經文木刻版也是這位元大師及其兒子的作品。此處註釋由佳納所加。」

27 國王父子是指蔣揚欽哲旺波和秋吉林巴。

28 近修四次第是：念、近念、修和大修。

29 古薩里是一種瑜伽行者，外表看起來沒有在用心修行，於內卻修持上師所傳授的教法。因此他們表面上似乎懶惰散漫、無所事事，除生存所需的吃喝拉撒睡以外，什麼都不做。該詞由三個梵文詞根：「古」「薩」「里」組成，

分別意指吃、睡、排泄。

30 這裡的非凡侄子可能指另外一位大師。

31 商羯羅拘多佛塔藏文叫德千側巴佛塔，位於現今印度菩提伽耶附近的屍陀林，空行類給旺姆在此取出蓮師與印度八大持明的《八大法行》。

32 兩種《意修》是指《上師意修遍除道障》和《上師意修所願任成》。

33 兩種傳統是講和修的傳統。

34 此處指的是由秋吉林巴取出的特殊伏藏物所製成的蓮師像。

35 雖然藏文原典中說這裡是藏曆木虎年，但可能是一處錯誤。因為當時秋吉林巴尚年幼，還未遇到蔣貢康楚。根據《蔣貢康楚自傳》所述，這件事發生在藏曆火龍年，並且在譯文中注明了日期。同樣，下一句在原典中也錯誤地提到是木蛇年。

36 根據《蔣貢康楚自傳》所述，秋吉林巴當時遇到噶瑪巴，並走訪了許多其他寺院。詳見《蔣貢康楚自傳——多彩珍寶》，作者：蔣貢康楚羅卓泰耶和理查·德巴隆，伊薩卡雪獅出版社，二〇〇三年，p.114。

37 閏月是指藏曆中有時為了讓年份均等而額外加出的月份。

38 這篇發願文由蔣貢康楚撰寫，詳見本書第二十章。

39 原典註釋中說：「從此處開始，可以給出一個廣泛的解釋，即他本人大印上的銘文含義，上面寫道：遠傳和伏藏之轉輪聖王。」

40 普賢論體回文詩是一種傳統的詩歌技巧，文本以類似填字遊戲方式書寫，無論橫向、縱向還是對角線閱讀，都具有意義。

41 原典註釋中說：「曼殊闊沙（Manjugosha）即夏仲仁波切，蔣揚欽哲旺波。」

第十四章

《西方極樂頌》——秋吉林巴上師祈請文

根本文：仁增曲伽多傑

簡釋：帕秋仁波切

仁增曲伽多傑是與秋吉林巴同時代的伏藏師，他在淨相中從蓮師那裡獲得了與《秋林德薩》相關聯的上師瑜伽祈請文——《西方極樂頌》。蓮師告訴他，任何念誦此祈請文者，皆可獲得巨大的利益與加持。《西方極樂頌》是按照《遙呼上師祈請文》的風格所撰寫的上師瑜伽教法，能夠為自他一切眾生帶來極大利益。此特別的上師瑜伽修法觀修法身無量壽如來、報身觀自在菩薩、化身蓮花生大士——他們皆與秋吉林巴無二無別，這樣的祈請方式極為重要。

祈請文最後，我們發願此生來世自他——一切有緣眾生——皆可獲得解脫正覺之果位。

此上師瑜伽教法總攝了上師修法的一切精要。遙呼上師慈悲垂愍，此為上師瑜伽的精髓，上師的大悲事業無不融攝於此。在《西方極樂頌》中，秋吉林巴同時是無量壽佛、觀自在菩薩、蓮師、空行、本尊、財神——他們皆圓融無二。我們至誠祈願自他一切眾生都能被接引至他們的清淨剎土。這是一篇極具加持力的祈請文。

༄༅། །ནུབ་ཕྱོགས་བདེ་ཆེན་གསོལ་འདེབས། །

《西方極樂頌》

Prayer to the Blissful Realm of the West

ཨེ་མ་ཧོཿ ནུབ་ཕྱོགས་བདེ་ཆེན་གྱི་ཞིང་ནཿ

哎瑪吹！西方極樂剎中，ཿ

Emaho! In the Blissful Realm of the Westཿ

ཆོས་སྐུ་སྣང་བ་མཐའ་ཡསཿ

法身無量光佛，ཿ

is the dharmakaya Amitabhaཿ

དབྱེར་མེད་མཆོག་གྱུར་གླིང་པཿ

無別秋吉林巴——ཿ

inseparable from Chokgyur Lingpa—ཿ

བདེ་ཆེན་རྡོ་རྗེ་ཁྱེད་མཁྱེན་ནོཿ

大樂金剛您知！ཿ

Blissful Vajra, watch over me!ཿ

བདག་དང་འབྲེལ་ཐོགས་མཁའ་མཉམཿ

與我有緣等空，ཿ

Lead me and those connected with me,ཿ

མ་གྱུར་སེམས་ཅན་ཐམས་ཅད༔

如母有情眾生，༔

all mother sentient beings, infinite as space,༔

བདེ་ཆེན་ཞིང་དུ་དྲོངས་ཤིག༔

接引極樂剎中！༔

to the Blissful Realm!༔

རི་པོ་པོ་ཏའི་ཞིང་དུ༔

普陀落迦山中，༔

In the realm of Mount Potala༔

འཕགས་མཆོག་སྤྱན་རས་གཟིགས་དབང་༔

聖者觀世自在，༔

is the noble and supreme one, mighty Avalokiteshvara,༔

དབྱེར་མེད་མཆོག་གྱུར་གླིང་པ༔

無別秋吉林巴──༔

inseparable from Chokgyur Lingpa──༔

བདེ་ཆེན་རྡོ་རྗེ་ཁྱེད་མཁྱེན་ནོ༔

大樂金剛您知！༔

Blissful Vajra, watch over me!༔

བདག་དང་འབྲེལ་ཐོགས་མཁའ་མཉམ༔

與我有緣等空，༔

Lead me and those connected with me,༔

མ་གྱུར་སེམས་ཅན་ཐམས་ཅད༔

如母有情眾生，༔

all mother sentient beings, infinite as space,༔

པོ་ཏ་ལ་རུ་དྲོངས་ཤིག༔

接引普陀境中！༔

to the realm of Potala!༔

ང་ཡབ་ཟངས་མདོག་དཔལ་རི༔

妙拂洲銅色山，༔

Upon the Glorious Copper-Colored Mountain of Chamara༔

རྗེ་བཙུན་པདྨ་འབྱུང་གནས༔

至尊者蓮花生，༔

is the precious Lotus-Born,༔

དབྱེར་མེད་མཆོག་གྱུར་གླིང་པ༔

無別秋吉林巴——༔

inseparable from Chokgyur Lingpa——༔

བདེ་ཆེན་རྡོ་རྗེ་ཁྱེད་མཁྱེན་ནོ༔

大樂金剛您知！༔

Blissful Vajra, watch over me!༔

བདག་དང་འབྲེལ་ཐོགས་མཁའ་མཉམ༔

與我有緣等空，༔

Lead me and those connected with me,༔

མ་གྱུར་སེམས་ཅན་ཐམས་ཅད༔

如母有情眾生，༔

all mother sentient beings, infinite as space,༔

པདྨ་འོད་དུ་དྲོངས་ཤིག༔

接引蓮花光中！༔

to the realm of Lotus Light!༔

ཨོ་རྒྱན་མཁའ་སྤྱོད་ཞིང་དུ༔

烏金空行刹中，༔

In Uddiyana's celestial realm༔

རིག་འཛིན་པདྨ་འབྱུང༔

持明蓮花金剛，༔

is the vidyadhara Padmavajra,༔

དབྱེར་མེད་མཆོག་གྱུར་གླིང་པ༔

無別秋吉林巴——༔

inseparable from Chokgyur Lingpa——༔

བདེ་ཆེན་རྡོ་རྗེ་ཁྱེད་མཁྱེན་ནོ༔

大樂金剛您知！༔

Blissful Vajra, watch over me!༔

བདག་དང་འབྲེལ་ཐོགས་མཁའ་མཉམ༔

與我有緣等空，༔

Lead me and those connected with me,༔

མ་གྱུར་སེམས་ཅན་ཐམས་ཅད༔

如母有情眾生，༔

all mother sentient beings, infinite as space,༔

མཁའ་སྤྱོད་ཞིང་དུ་དྲོངས་ཤིག༔

接引空行刹中！༔

to the pure celestial realms!༔

འོག་མིན་ཆོས་དབྱིངས་ཕོ་བྲང༔

奧明法界宮中，༔

In the dharmadhatu palace of Akanishtha༔

ཆོས་སྐུ་རྡོ་རྗེ་འཆང་ཆེན༔

法身大金剛持，༔

is the dharmakaya Great Vajradhara,༔

དབྱེར་མེད་མཆོག་གྱུར་གླིང་པ༔

無別秋吉林巴──༔

inseparable from Chokgyur Lingpa──༔

བདེ་ཆེན་རྡོ་རྗེ་ཁྱེད་མཁྱེན་ནོ༔

大樂金剛您知！༔

Blissful Vajra, watch over me!༔

བདག་དང་འབྲེལ་ཐོགས་མཁའ་མཉམ༔

與我有緣等空，༔

Lead me and those connected with me,༔

མ་གྱུར་སེམས་ཅན་ཐམས་ཅད༔

如母有情眾生，༔

all mother sentient beings, infinite as space,༔

འོག་མིན་ཞིང་དུ་དྲོངས་ཤིག༔

接引奧明剎中！༔

to the realm of Akanishtha!༔

ཀྱེ་གཙུག་བདེ་ཆེན་གྱི་ཕོ་བྲང་༔

頭頂大樂宮殿，༔

In the palace of great bliss upon the crown of my head༔

དྲིན་ཅན་རྩ་བའི་བླ་མ༔

具恩根本上師，༔

is my kind root guru,༔

བཀའ་བརྒྱུད་ཀུན་འདུས་ཀྱི་ངོ་བོ༔

教傳總集本體，༔

embodied essence of the Oral Transmissions,༔

དབྱེར་མེད་མཆོག་གྱུར་གླིང་པ༔

無別秋吉林巴──༔

inseparable from Chokgyur Lingpa──༔

བདེ་ཆེན་རྡོ་རྗེ་ཁྱེད་མཁྱེན་ནོ༔

大樂金剛您知！༔

Blissful Vajra, watch over me!༔

བདག་དང་འབྲེལ་ཐོགས་མཁའ་མཉམ༔

與我有緣等空，༔

Lead me and those connected with me,༔

མ་གྱུར་སེམས་ཅན་ཐམས་ཅད༔

如母有情眾生，༔

all mother sentient beings, infinite as space,༔

ཆོས་དབྱིངས་སྐྱོང་དུ་དྲོངས་ཤིག༔

接引法性界中！༔

into the expanse of dharmadhatu!༔

ཡུལ་ཆེན་ཉེ་ཤུ་རྩ་བཞིའི༔

廿四聖地之中，༔

Master of the host of dakas and dakinis༔

དཔའ་བོ་མཁའ་འགྲོའི་ཚོགས་དཔོན༔

空行勇父主尊，༔

of the twenty-four great places,༔

རིག་འཛིན་མཆོག་གྱུར་གླིང་པ༔

持明秋吉林巴——༔

the vidyadhara Chokgyur Lingpa一༔

བདེ་ཆེན་རྡོ་རྗེ་ཁྱེད་མཁྱེན་ནོ༔

大樂金剛您知！༔

Blissful Vajra, watch over me!༔

བདག་དང་འབྲེལ་ཐོགས་མཁའ་མཉམ༔

與我有緣等空，༔

Lead me and those connected with me,༔

མ་གྱུར་སེམས་ཅན་ཐམས་ཅད༔

如母有情眾生，༔

all mother sentient beings, infinite as space,༔

དག་པ་མཁའ་སྤྱོད་ཞིང་དུ་དྲོངས་ཤིག༔

接引空行淨刹！༔

to the pure celestial realms!༔

འགྲོ་འདུལ་སྤྲུལ་པའི་ཞིང་དུ༔

度眾隨化刹土，༔

In the realms of the nirmanakayas who tame beings༔

ཆོས་སྐྱོང་དམ་ཅན་རྒྱ་མཚོ༔

護法具誓海眾，༔

is the ocean of oath-bound Dharma protectors,༔

དབྱེར་མེད་མཆོག་གྱུར་གླིང་པ༔

無別秋吉林巴──༔

inseparable from Chokgyur Lingpa──༔

བདེ་ཆེན་རྡོ་རྗེ་ཁྱེད་མཁྱེན་ནོ༔

大樂金剛您知！༔

Blissful Vajra, watch over me!༔

བདག་དང་འབྲེལ་ཐོགས་མཁའ་མཉམ༔

與我有緣等空，༔

For me and those connected with me,༔

མ་གྱུར་སེམས་ཅན་ཐམས་ཅད༔

如母有情眾生，༔

all mother sentient beings, infinite as space,༔

རྐྱེན་ངན་བར་ཆད་སོལ་ཅིག༔

惡緣道障滅盡！༔

dispel adversities and obstacles!༔

མཆོག་ཐུན་ཀུན་སྩོལ་ཞིང་དུ༔

普賜勝共剎土，༔

In the realm bestowing all supreme and common siddhis༔

ཨོ་རྒྱན་ནོར་ལྷ་ཡབ་ཡུམ༔

鄔金財神父母，༔

is the Wealth God of Uddiyana with his consort,༔

དབྱེར་མེད་མཆོག་གྱུར་གླིང་པ༔

無別秋吉林巴——༔

inseparable from Chokgyur Lingpa—༔

བདེ་ཆེན་རྡོ་རྗེ་ཁྱེད་མཁྱེན་ནོ༔

大樂金剛您知！༔

Blissful Vajra, watch over me!༔

བདག་དང་འབྲེལ་ཐོགས་མཁའ་མཉམ༔

與我有緣等空，༔

Protect me and those connected with me,༔

མ་གྱུར་སེམས་ཅན་ཐམས་ཅད༔

如母有情眾生，༔

all mother sentient beings, infinite as space,༔

དབུལ་ཕོངས་འཇིགས་ལས་སྐྱོབས་ལ༔

脫離貧窮怖畏！༔

from the fear of poverty!༔

མཆོག་ཐུན་དངོས་གྲུབ་སྩོལ་ཅིག༔

普賜勝共悉地！༔

Bestow the supreme and common siddhis!༔

ཚེ་འདིར་ཅི་བསམ་ཆོས་ཀྱི༔

此生一切所願，༔

Bring whatever aims and Dharma activities we undertake in this life༔

བྱ་བ་མཐར་ཕྱིན་མཛོད་ལ༔

法行皆得究竟！༔

to completion and fulfillment!༔

ཕྱི་མ་བར་དོའི་འཇིགས་པ༔

後時僅以憶念，༔

Afterward, may we be protected from the terrors of the bardo༔

དྲན་པ་ཙམ་གྱིས་སྐྱོབས་ཤིག༔

請度中陰恐懼。༔

simply by remembering you.༔

རང་སེམས་ཕྱག་རྒྱ་ཆེན་པོ༔

自心大手印境，༔

Grant your blessings that༔

རང་ངར་རང་གྲོལ་གྱི་དོ་པོ༔

本體自顯自解，༔

right now, in this very moment,༔

ད་ལྟ་སྐད་ཅིག་མ་འདི་རུ༔

當下剎那此中，༔

we swiftly realize our mind as mahāmudra,༔

མྱུར་དུ་རྟོགས་པར་བྱིན་རློབས༔

加持速得開悟。༔

the essence of spontaneous self-liberation.༔

ད་ལྟ་དུས་ཀྱི་སྙིགས་མ༔

現今末法濁世，༔

In these degenerate times,༔

སྐྱིད་སྡུག་ལེགས་ཉེས་ཅི་བྱུང་༔

無論悲歡喜樂——༔

whatever occurs—good or bad, happy or sad—༔

རེ་ས་ཁྱེད་ལས་མེད་པས༔

除您別無依怙，༔

we have no other hope but you,༔

ཐུགས་རྗེའི་སྤྱན་གྱིས་གཟིགས་ཤིག༔

悲眼垂愍鑒知！༔

so look upon us with compassion!༔

ཆོས་རིག་འཛིན་མཆོག་གྱུར་བདེ་ཆེན་གླིང་པའི་གཏེར་རྫས་རིན་པོ་ཆེ་མཆལ་བ་ཙམ་དུ་ཤོང་ཙ་ཧྲག་མོ་རྒྱལ་ཡབ་ཡུམ་དངོས་སུ་མཆལ་ནས་གང་གིས་འདི་ལྟར་གསོལ་བ་བཏབ་པ་དག་པའི་
ཞིང་དུ་བར་ཐ་ཆོས་ལ་ཞལ་གྱིས་བཞེས་ནས་བདག་ཧོག་མེད་མེད་ནས་གང་དང་དངོས་ནས་མཆལ་བའི་དག་ནང་གླིང་སྐྱབས་མེད་པོའི་ཞོང་ནས་རིག་འཛིན་ཆོས་རྒྱལ་རོ་རྗེ་
ཐྲིན་ལ་རིག་ནས་གསུམ་ལ་མ་མགོན་པའི་པ་ལ་གསུམ་ཐ་ཕྱུང་། དེ་འགྲོ་བ་ལས་ཅན་རྣམ་ཀྱི་ཉམས་སུ་ལང་ན་ན་ཧྲག་དེ་ཆེ་པའི་འཕྲེལ་ཐོག་དར་ཅེ་ང་། ཐེ་ཆོས་མེད་རྣམས་གང་དགོས་ཞིང་ལ་ཁམས་
ཏྲ་། ས་མ་ཡ༔ རྒྱ་རྒྱ་རྒྱ༔

親見持明秋吉德千林巴伏藏聖物後，僅做品嘗，我即得見鄔金蓮師。
蓮師親宣承諾：「無論何者，若以此祈請，則毋庸置疑，定往生淨
土。」

此乃得見從森給宗取出伏藏黃紙卷的淨相後，由我，仁增曲伽多傑所
書。願以此供養三族姓怙主化身之所有轉世。願他們諸位有緣弟子皆
能修持，並以大悲心令此願文廣為結緣。任何無有疑慮者，定將往生
其所願剎土。三昧耶！印！印！印！

Upon encountering the vidyadhara Chokgyur Dechen Lingpa's precious
treasure substance, I actually saw the Master of Uddiyana with consort the
very moment it touched my tongue. "Whoever prays in this way will be
reborn in the pure realms," he assured me. "Of this there is no doubt!"

This was written down by me, Rikdzin Chögyal Dorjé, from the yellow
parchment I found at the Sengé Dzong after having the vision there. It was
offered to each of the incarnations of the Lords of the Three Families, and, if
their karmically-linked followers endeavor in this practice, it will spread and
flourish and connect everyone with the Great Compassionate One. All those
who harbor no doubts will be reborn in the buddhafield of their choice.
Samaya. Seal. Seal. Seal.

第十五章

虔敬的旅程

帕秋仁波切作

　　我在本書其他章節中提到了秋吉林巴在銅色吉祥山的淨相之旅，故不在此多加贅述，但我想指出兩個重點。首先，準確來講，它對銅色吉祥山各部分之間的關係給出了精確描述，尤其是對印度和斯里蘭卡的兩座瑪拉亞山的位置和它們彼此間的關係，以及當代的斯里蘭卡與銅色吉祥山所在的遮摩羅洲（妙拂洲）之間的方位關係做出了詳細記述。關於斯里蘭卡與妙拂洲的關係，雖然它們有諸多相似性，但如空行所說，斯里蘭卡只是與銅色吉祥山淨土稍有關聯的世間處所。這樣的解釋有助於釐清容易發生在不同層面但卻具有相同名稱與特徵的聖地間的混淆。

　　第二個重點，秋吉林巴的淨觀之旅與其說是故事，不如說是它所蘊含的教義。因此，我想強調一下其中的關鍵資訊，以便你們在閱讀時能夠理解它們的意思。首先要強調的是，在秋吉林巴和空行一同前往銅色吉祥山的途中，他們去到聖地菩提迦耶。秋吉林巴看到那是一處令人難以置信的優勝美地，而歷史上十七世紀的菩提迦耶破敗不堪，他十分詫異，於是詢問空行。她們回答說，這是他在淨觀之中看到的菩提迦耶，因此會更加接近金剛座的內在實相。她們還說，他這一淨觀所創造的吉祥緣起必定能令聖教重新弘揚光大。

描繪秋吉林巴首次銅色吉祥山淨相之旅場景的唐卡。

　　我們要記住：愈是把心中的淨觀鋪展開來，我們就會愈接近萬物的真相、加速證悟的旅程。同時，個人心中所感知的相對清淨程度的不同，解釋了為什麼在不同人眼中的同一事物會產生截然不同的顯現。

　　事實上，秋吉林巴見到的銅色吉祥山與其他大師看到的不完全一樣。他們看到的總體布局極其類似，都是宮殿四面各有不同顏色，同時有四組相應顏色的蓮師腳印。但秋吉林巴描述的蓮花光宮的細節更像是一個大曼陀羅，比如宮殿頂有十三個法輪等。此外，他淨觀中的銅色吉祥山，在宮殿的每一層都有蓮師，這相較於頂上兩層是觀世音菩薩和阿彌陀佛的說法，更加強調了蓮師本人。同時，他還見到每一

層都有一位蓮師的主要化身在向不同會眾傳授不同的教法。秋吉林巴最重要的描述是他最後在那裡見到了蓮師、耶喜措嘉和廿五王臣。蓮師和耶喜措嘉都向他親口承諾：他們情同親子，永不相離。王臣眾也齊聲授記：所有《秋林德薩》的後世持有者都注定成就正果，而秋吉林巴本人則會利益無量眾生。與此同時，秋吉林巴立下誓願：自己會不停重返銅色吉祥山。

作為《秋林德薩》的修行者，我們要真心珍視這些教言。這意味著所有秋林傳承的行者都必定獲得蓮花生大士、耶喜措嘉和王臣二十五弟子的加持。如果我們時刻牢記，就自然會飽嘗加持，而不再過度焦慮。除此之外，秋吉林巴的描述顯示了銅色吉祥山一直在等待我們前去，他甚至還詳述了去到那裡的方法。

實際上，縱觀歷史，有許多大師都曾親自到訪過銅色吉祥山，例如近代的第二世慈克秋林，他的銅色吉祥山之旅和前世一模一樣，也是穿過橋後到達海心島上。當他經過另一側的山洞時，注意到其中一個山洞中端坐著吉祥天女。她旁邊還有一個空坐墊，坐墊上放著一把短刀，他認出那是桑天加措的刀，便就此詢問伽梨女神。她回答說，第一世秋吉林巴的外孫桑天加措實際上正是她的勇父——四臂瑪哈嘎拉。她讓他向下看，只見桑天加措正安住在下方的藏地。她說：「我丈夫大黑天經常回來看我。他上次回來時，將這把鉞刀落在這裡。」

後來，慈克秋林在談及此事時說到，桑天加措是一位持戒嚴謹的高僧，但他身上總會佩帶一把怪異的舊短刀，並常常打磨、保持它的鋒利。他不管幹什麼都只用這一把刀，別的從來不用。有一天，這把刀遺失不見了，他的侄子祖古烏金四處尋找，但卻沒有找到。不久之後，桑天加措從馬背上摔下來、大病不起，幾天後就示現了圓寂，而那把刀再也沒有找到過。這佐證了祖師們淨觀覺受現象的真實不虛。

描繪第二世慈克秋林仁波切銅色吉祥山淨觀之旅場景的畫作。

我們千萬不要將銅色吉祥山和其他淨觀經驗看得遙不可及。無數大師都曾去到銅色吉祥山，有些是真正肉身去到那裡，有些則在當下即可親見，這兩種覺受都同樣真實。例如，你可以在夢裡看見自己正在睡覺的房間，也可以夢見自己到了一個遙不可及之地，這兩者都同樣是夢、無二無別。同理，這兩種銅色吉祥山的淨相覺受也是究竟無二的。此外，經典中提到，若行者修行具量，就能直接去到不同淨土領受各種深奧的教法。因此，淨土也同樣是金剛乘密續法道中的終極目標，而金剛乘比顯宗更加著力強調淨土的修法。

　　不管怎樣，對行者來說，銅色吉祥山真實存在於當下此處。我們既可以像秋吉林巴那樣長途跋涉地去拜訪，也能在當下即刻到達。事實上，大伏藏師感覺那像是一次長途旅遊，但淨相可以在眨眼間完整發生，如夢一般。我們的身體有可能被時間禁錮，但心卻永遠不會。真正有虔敬心的行者，在一個彈指間便已抵達銅色吉祥山。在這裡，虔敬心是唯一關鍵。如果不具虔敬，既無法成功領受到加持，也感受不到悉地的跡象。清淨的虔敬心能夠驅散禪修時遭受的所有迷惑和疑慮，因為其功德會令我們的心自然打開、信解不退。另一方面，若不具虔敬心或清淨觀，則任何形式的造作修持都不可能有成效，不論你是持誦祈請或是住於心性。

　　當然，一開始修持虔敬心的時候，我們需要專門對治那種想去質疑一切的習氣。我們嘗試努力修持，但內心總是油鹽不進，令修行失去效用。然而，我們的心會不可避免地向虔敬的方向逐漸傾斜。最終，我們一切所見皆會成為淨土。不過在此之前，我們仍需要不斷打破內心的疑慮。我個人一開始的經驗也是如此。為了能夠戰勝疑慮，我們需要時刻提醒自己：被迷亂的念頭捲走毫無益處，我們應一心專注、努力生起實修的覺受。透過自心的內在經驗，才能理解何為虔

描述秋吉林巴第二次銅色吉祥山淨觀之旅場景的唐卡。

敬、何為淨觀。沒有親歷覺受的人，即使親眼目睹奇蹟，自心也無法產生任何轉變。

　　一個人是否真的具有虔敬心，這判斷起來特別簡單。具虔敬心的行者自然而然心裡時刻充滿慈愛，為人謙遜隨和。他們不需要任何裝模作樣的修行，也沒有需要打理的一長串情緒清單。當我們在藏區遇到一位虔信三寶的老奶奶時，撲面而來的即是全然的精進心與虔敬信，她十分單純、無時無刻不在祈禱。另一方面，我們周圍有時會充斥著各路誇誇其談的學閥——他們當中有些人甚至完成過好幾次大閉關，但為人卻糟糕透頂，內心見解極端扭曲。顯而易見，他們口口聲聲所謂的修行並不如理如法——甚至連藏區老奶奶的千分之一都不如，儘管老奶奶對各派哲學觀點一無所知。這兩類人之間的關鍵區別，即在於虔敬心。

　　當這位老奶奶在蓮師像前頂禮時，我敢保證她不僅是在向佛像，而是在向蓮師本人頂禮。由於一心專注的祈請，老奶奶的心安靜祥和，加持自然滿溢，煩惱當下止息。她看起來傻傻地手持念珠，怡然微笑地坐在那邊；還有各種自封的「大圓滿修行人」在世界各地東奔西走、企劃著幾萬件宏圖偉業，他們心力交瘁，最終筋疲力竭。這些差異有目共睹，那我們為什麼不相應地去改變自己的行為模式呢？

　　如果你迄今從未在某個人身上見到過這種真實無偽的虔敬心，那這僅僅依靠語言根本無法理解。所以我認為去錫金、拉達克等藏區聖地進行巡禮十分重要。在那些窮鄉僻壤，人們心中依然充滿虔敬。雖然有些城鎮發生了改變，但鄉下廣袤的土地、各處人跡罕至的蓮師祕境，依然是我們值遇虔信行者、瞥見他們生活方式的好去處。

　　我的上師紐修堪仁波切和祖古烏金仁波切都是貨真價實的博學大班智達，但在他們教育弟子時，第一件事總是說：「如果你不具信

心、虔敬、慈悲，那就徹底完蛋了，你做任何事都毫無利益。」 這
永遠是他們上的第一堂課。因此，請在閱讀秋吉林巴銅色吉祥山淨觀
之旅時，放下你的評判妄念，嘗試生起一些虔敬心與清淨觀。

第十六章

具緣耳之甘露——
記述秋吉林巴銅色吉祥山淨觀之旅

貢秋久美作

　　此為十種稀有聖蹟之六，秋吉林巴無邊淨觀的滄海一粟。秋吉林巴反覆在清淨顯現中去到蓮花光明淨土，親見三身蓮師、廿五王臣，

尼泊爾雪謙寺唐卡，描繪了秋吉林巴銅色吉祥山淨觀之旅的場景。此唐卡是基於秋吉林巴的記述，由頂果欽哲仁波切委託繪製。

與他們一起共修近修四次第。以下是他的其中一次淨觀之旅，講述他如何領受灌頂與授記。

輪涅一切顯相皆包含在兩種無上實相當中，其本質是平等清淨的自性法身，其遊舞是當下任運覺性，現為無量佛身與剎土。雖然淨相具有重要意義，但通過修持而實現者卻極為罕見，人們通常會認為這些描述只是虛幻的。淨觀覺受經常藉由甚深禪觀證悟力而封藏於本初基界之中，而秋吉林巴則是透過二位文殊怙主尊師[1]及其他弟子，方得以完整傳譯他的淨觀覺受，但不確定所有細節是否都以詳盡書面形式被記錄下來。因此，本文僅是他其中一次淨觀之行的簡短記述。

化身大伏藏師秋吉德千錫波林巴，被稱為最勝之基、大樂之道、消融之果，其名號猶如日月般響徹天下。

如前所述[2]，他在吉祥噶瑪寺隱修處進行了一段時間的嚴格閉關，之後便在猶如俗世中的密嚴剎土般的雪林山脈閉關院獨自修行。有一天，從空中傳來悠揚的笛聲和空行密語聲，空氣中頓時芬芳瀰漫。

廣闊無垠的天空中出現五位年方二八、身著綾羅綢緞、佩戴璀璨珠寶的妙齡空行母，她們異口同聲地說道：「我們來自《教集法海》廣為弘傳的銅色吉祥山鄔金空行剎。種姓子！我等奉命作為使者前來邀請你見證勝景。阿杭！」

在她們講話之際，秋吉林巴大樂覺受熾燃湧現，一時安住其中，對肉身的感知暫時消泯。他問道：「善女子！你們何以有五位？」她們以偈句

作答：

「嗟呼！
五毒[3]清淨自性光明，
外在現為五大[4]空行，
吾等佛母智慧海潮，
有五無盡莊嚴輪轉，
顯現轉成五智明妃。
善男子汝何以不知？
瑜伽德性誠然稀奇！」

言畢，她們以十二股十字黃金金剛杵鋪設法座，繼續說道：
「黃金意指不壞，十二股則象徵你能在剎那間自然清淨十二緣起
支。清淨轉化如此出現：製造輪迴之十二緣起，乃因念頭生起當下未
能認清自性而迷現。在念頭生起的第一剎那就認出你的覺性，念頭自
然解脫，十二緣起轉為涅槃。種姓子！以此來清淨你現在之學修，釐
清你對直貢覺巴吉天頌恭大師教法的困惑。此淨相乃第三灌頂之本智
覺受。唉旺莫耶！[5]」

她們話音剛落，秋吉林巴即坐上十字金剛杵的中央，騰空飛往西
南方向。

他首先看到拉薩普陀幻變宮殿，於是恭敬祈請、禮拜無數，並做
七支供、曼扎供。

　　那時有關於衛藏的授記，據說因為無人重視，故而失效了。秋吉林巴在淨相中聽到此授記的隱藏含義，這與他賜予攝政王熱振呼圖克圖諾門汗[6]昂旺耶喜慈誠加參的預言授記內容一致。

　　接著，他被請到不變任運光顯吉祥不可思議桑耶寺，於是呈上《金剛七句》祈請，做七支供和外、內、密曼扎供養，自受四種灌頂。

　　飛過籠罩在虹光中積雪覆蓋的五臺山，其中央頂峰仿似水晶塔一般，由密林、岩石、峭壁、湖泊、大小山谷和無數潺潺溪流圍繞，四周是巨山與懸崖，鹿群自由徜徉其中。他看到其他天神向那羅延天呈奉供養、沐浴淨水，滔滔大河從中央和四面八方奔湧而出，如飄動的絲帶般波光粼粼。見此景象，他斷斷續續地看到三根本聖眾身相活靈活現，隨即被虔敬不退之心的巨浪深深撼動。

　　他問五位空行，此地為何處？她們以婉轉妙音異口同聲地回答道：

「哎瑪吙！啊拉拉吙！
此為廿四聖地匝日扎。
在此清淨剎土水晶山，
四周環繞群峰之花環。
加以金剛寶劍珠寶輪，
各種所成護輪作莊嚴。
山頂籠罩火焰之花環；
煙雲瀰漫森林遍覆滿，
清靈山谷溪流水潺潺，
普諸十方豎立勝幢幡。

咒音隨風震響未絕耳，
哈哈吽吽呸呸徹十方。
懸崖峭壁森林枝葉繁，
猶如各種武器盡裝點。
無數兇猛飛禽走獸類，
戒備外敵穿行此等間。
周圍遍布篾庋車村落，
屍林鬼魅起屍舞翩翩。
食肉屍鬼地祇遊漫漫；
此地享譽盛名最關要，
吐蕃聖境原始本具足，
未曾染汙如是甚賢善！
阿杭吠！」

她們接著說道：

「種姓子、密咒瑜伽行者，悉心諦聽！此吉祥遮利嗟羅（匝繫神山）智慧輪乃二十四聖地中最殊勝之地，於三十二聖地中獨一無二。它位於嘶吼屍林的中央，由上處天界、中間地界和地下之界所組成。此地乃身、語、意壇城總集，處於永恆、遍在、任運之五光明點中。

「此聖地形似五股黃金金剛杵的右旋喜漩[7]，東股是扎西炯，西股是舊匝日，中央是法身天宮白色聖湖。此處有四個大門，東部朝向漢地，乃文殊師利童子加持之無量門，名曰帝釋暢演壇，護法神為閻魔敵明王；南方朝向印度，為金剛手菩薩加持之門，名曰閻魔遊戲場，護法神為甘露漩明王；西方朝向鄔金空行寶庫，乃度母加持之門，名曰海神婆留那歡喜處，護法神為一髻佛母；北方朝向藏土，乃觀世音

菩薩加持之門，名曰夜叉力士垂跡處，護法神為馬頭明王。

「圍繞四門的是不可思議的無量四部勇士、空行，門外是屍林、金剛牆和火焰山。

「善男子！於外的層面，蓮師加持此聖地為可觀見的化身剎土；於內的層面，蓮師在此埋藏無數甚深伏藏，大班智達無垢友尊者此後會來到這裡，拉瓦巴尊者亦隨其而至。蓮師化身無等達波拉傑岡波巴尊者曾授記，藏巴嘉惹耶喜多傑將蒞臨此處，開啟聖地之門；大聖噶瑪巴希、白衣大士則將接踵而至，被任命為此地金剛闍梨。種姓子，密咒瑜伽行者！將來於此聖地，定將湧動無量的外、內、密之吉祥緣起。勿令時節空過，機緣不可錯失。」

聽聞此言，秋吉林巴身上汗毛直豎，他心想：「樂哉！我得以真正造訪此聖地，實屬幸事！僅聞聖地其名，即令毛髮聳聳；方得親眼看見，障礙消隱無餘；僅做經行轉繞，善妙功德普生。」在如此心境中，他反覆祈請、廣立誓願。

此時，他心想，「若能繞行此聖地，領受這裡的土地、水和草藥的加持，就再好不過了。」五空行立即微笑著說道：「種姓子！你可以去收集一些土壤，我們現在需要一匹具有神通四足[8]的汗血寶馬。」她們話音剛落，十字金剛杵變成一匹金色駿馬，以珍寶、金鞍、玉韁、寶座、寶嚼、玉繩為裝飾，馬身黃金比例，美輪美奐。他騎馬前行，五部空行跟隨四周。

只見一座外形不大的閃耀水晶白塔，他問此地為何處？空行回答道：「此為清淨塔，是本師釋迦如來落髮出家的聖地。」帶著巨大的信心與虔敬，他在此處反覆發清淨願。

接著，他看到一條清澈純淨的河流。他問此地為何處？空行回答道：「此為尼連禪河，是本師佛陀刻勵苦行之地。」於是他領受青琴

神女的加持，並供養祈請文，發清淨願。他在淨觀中見到清甜甘凜的河水猶如不死甘露，具足八種功德[9]。

　　他們繼續前行，經過一座覆蓋著綠色草甸和野花的山脈。他從未見過如此枝繁葉茂、鮮花怒放、果實纍纍的山林，空氣中充滿了舒緩的氣息。山腳下有一座瓦片屋頂、宮牆環繞的宮殿。他問此地為何處？空行回答道：「此為拘屍那伽羅，是本師佛陀示現涅槃、趣入寂靜之娑羅雙樹聖地。」

　　充滿虔信、欽慕和渴望，他以甚深不退轉信心做發願，渾身汗毛豎起、淚流滿面。為首空行對他說道：「《大般涅槃經》中說，佛陀未曾有涅槃，正法未滅恆安住。此中真意為：本來面目正等覺，亦稱自性如來藏。胸間五光明點中，心佛無離常安隱。三摩地吽阿阿阿！」

　　聞聽此言，他剎那入於無念之中。

　　他們繼續前行，來到一座藍山，那裡有許多村莊環繞的山谷。山

脈碧藍，有如無雲晴空、通透澄澈。其山非尋常之山，但見高聳陡峭無比，其間山路崎嶇、或隱或現。望向山頂，只見一座紅色小屋。他問此地為何處？空行回答道：「種姓子！此非小屋！此乃具足一切忿怒莊嚴的黑汝嘎宮殿，聖境真正難思難議。僅從這裡很難看清，蓋因此山太高太險、是瑪拉亞山頂尖，名叫南迦巴瓦——天鐵熾燃峰，此處即是密教首次降世之地。我等作為勇父空行，應於此再再立誓發願，並奉上廣大薈供。」

他們歡欣起舞，以和美之音雋永而唱：

瑪拉亞山天鐵熾燃頂，
誅度瑪章汝扎天子魔，
並諸羅剎共住雙入身。

密咒教法最初降於此，
化機尤超勝尊誠祈請。

秋吉林巴與五位空行唱誦祈請文，跳起金剛舞，然後唱誦道：
「三昧耶稀有。三昧耶即汝。我乃祕密，似可愛取。阿啦啦吷，攝入
縛住！此為超越凡夫行境之解脫。密哉，印！印！」

他們繼續前行，他問此地是否為金剛座西南惡魔城？空行回答道：「此為西南羅剎國土開日山，位於支分生之邊，毗鄰印度薩霍國。要到達此羅剎島，需穿越另一水域。本師釋迦牟尼曾受楞伽王子羅摩納之請而蒞臨此處，並應大慧菩薩之請而宣說《楞伽經》。此即阿努瑜伽母續降臨之地。此處如今名為僧伽羅（即斯里蘭卡），在妙拂洲也有同名、同相、一切功德無不等同的聖地真實存在。你所見此處，即與其遙相呼應之地。」在《心滴》教法中，對此解釋道：

臨近薩霍國，
毗鄰瞻洲東，
馬哈多海島。
洲渚彼岸上，
楞伽羅剎境。
羅摩納王土，
楞伽城池邊，
大王享資養，
統領羅剎眾。

秋吉林巴後來提到說，這些諦實語完美對應了敏林德達林巴兄弟在密續釋論中所述。他對這些教言生起大信心，永不退轉。

他們繼續前行，在一座大城市中心只見一座華美莊嚴的寺院，由外可見五座佛塔組成的塔林，由內可見一座七面牆壁環繞的完美天宮。他問此地為何處？空行回答道：「此乃南贍部洲中央印度金剛座，是無上正等正覺本師釋迦如來證得佛果之聖地。」聞畢，他生起深切的敬意，五體投地、瑜伽頂禮，並做七支供、曼扎供。五空行齊

聲唱道：

印度金剛聖座寶殿中，
以因果地成辦眾生利。
高擎三藏聖教勝幡幢，
聲聞菩薩眷屬眾圍繞。
化身能仁寂靜敬祈請。
蓮師釋迦雄獅敬祈請。
鄔金蓮花生師敬祈請。

他也加入到空行的歌聲中，一心專注，以無盡的虔敬心做祈請。一時，他想到：「在伏藏師頓杜的淨觀教法《遣除憂苦》中，當談到金剛座時，提及那裡只有三座寺院和一座佛塔，其餘全都破敗不堪、淪為廢墟。但為何現在會有如此精美的建築結構和圍牆？」他正思忖時，五空行以笛聲般的妙音唱誦道：

阿吙耶！
無數外在萬象感知縱起現，
實際本初自顯覺性寬廣境。
金剛座、金剛座、安住奇妙哉！
賢劫千佛生處何其微妙耶！
淨剎實相此亦汝清淨顯現，
是則聖教廣弘吉祥緣起善。

　　她們以空行語復唱誦幾首讚歌。他們繼續前行，穿過一片湍急的水域後，但見一座覆蓋著宜人森林和草地的山谷。山谷呈三角形，代表一切法源[10]。山谷中央有一座金頂三層寺院，時而被光、雨和霧縈繞；天降花雨，樂聲隆隆；無數空行伴隨著各種空行語音聚集在三層

佛塔入口四周；不時傳來虎、豹等野獸的陣陣咆哮；電閃雷鳴，冰雹
驟降，狂野大笑撼動周遭。他問此諸多神變之地是為何處？五空行做
頂禮，並在他五處塗抹辛杜粉[11]，然後說道：

> 頂禮金剛亥母尊，
> 大樂悉地奇矣哉！
> 此為天竺西方鄔仗那。
> 空行城市杜瑪塔拉中，
> 密咒教法生源鄔金境，
> 清淨空行剎土[12]敬祈請。

　　五空行手結各式蓮印，腳下變幻舞步，唱起悅耳妙音，向他奉上
前所未曾聞的七支供養，令他陷入無邊淨信狂喜之中，他清楚感到自
己的身體變成一盞光團。

他們繼續前行，看見有條界河隔在鄔金國西部與妙拂洲羅剎國中間，河中有座大橋，上面有一座天然佛塔形狀的自生岩石橋堡，旁邊是索波巴允的兒子達金所住的小房子。達金的法名是拉貝耶喜或華吉耶喜，為第五地難勝地菩薩。因為他是橋主，五空行說他們應當前去拜會。她們目視前方，三斗豆蔻粉自然出現在各自手中，將所有豆蔻粉匯聚一處，供養了十五升充當過橋費。她們喊到：「巴拉巴拉！」他們繼續輕鬆前行，滿懷喜悅。當抵達河中央時，空行說道：

「種姓子，密咒瑜伽士，珍寶之人！你必將獲得陀羅尼門無限總持神力。請善加牢記：當你返回藏地時，將成就不可思議的佛行。為了所有弟子和傳承持有者，你必須將所見所聞落筆成文、作畫描述。一切有緣見、聞、憶、觸此地者，命終之時必得往生妙拂洲！」

空行話音剛落，所有十二羅剎島完全無有山崖阻隔，全部盡收眼底。他感知中沒有刻意前去，便已瞬間到達。

那邊有大片平原向

東部延伸；南部是檀香林和各種風格的樓宇廣廈；西部是百花盛開的花圃，河流之中點點洲渚，還有美麗宜人的果園；北部是多彩懸崖，上有自顯像和表面流光溢彩的佛塔。

為首空行說道：

「諦聽！莫散亂、莫忘失！我將向你逐一介紹每個羅剎島。銅色吉祥山東邊這個可怖宮殿是羅剎島豆蔻城，城內二百八十萬所居羅剎以豆蔻為食，能以神變飛行天際。羅剎王為蓮師化身，名叫『金剛熾燃力』，傳授《吉祥黑汝嘎》教法。廟宇院落叫作『寂滅天宮』，是蓮師化身羅剎王的宮殿。

「與此毗鄰、由北坡順流而下的大河所滋養灌漑的紅色山谷是羅剎大雲島，島內以宮殿、森林、廟宇為莊嚴。此地屬於三十億食香羅剎，他們有偵測並捕獲遠距離以外血肉獵物的特殊能力，只食用大型肉類。這裡的羅剎王是蓮師化身，名叫『蓮花雄獅』，傳授寂相怒相文殊本尊的續部、教法和竅訣。

「在遠處茂密山谷的森林中央，有無數大峽谷，可見深紅色平原上有一座由城池和城牆環繞的城市，人頭和人皮幡幢漂浮於空中，此地是楞伽城，城內七十萬所居羅剎飲血食肉，能以神變遨遊虛空。羅剎王為蓮師化身，名叫『金剛勇猛』，傳授《蓮師紅黑火鬘》忿怒修法。

「此地上方城市是巴扎拉，城內一千萬所居羅剎均食野鹿血肉，能以神變自由穿越山岩。羅剎王為蓮師化身，名叫『蓮花王』，傳授《大悲觀音修法》。

　　「其上可見一座巨大島嶼中間的深紅水漩，島中央是紅色懸崖，崖頂似有三層，頂峰有一座具多層圍牆的紅色城堡，圍牆內有許多大、小房子，屋頂裝飾著人頭和人皮幡幢，此地是天鐵熾燃瑪拉亞山，它與印度薩霍瑪拉亞山就像村莊與隱居處般相連。此地約有十萬城市，城內所居羅剎能以神變在空中飛行。羅剎王為蓮師化身，名叫『蓮花舞自在』，在此傳授《寂忿無量壽尊》及《蓮花大權馬頭》教法。

　　「此外可見山頂發出像火焰般紅色光芒的城市，名叫『給日山』。此島名叫『廚師手山谷』，所居羅剎以野鹿血肉為飲食，所有羅剎都能變出百隻手臂，每只手臂都能降下兵器雨。羅剎王為蓮師化身，名叫『智慧語獅子』，傳授《瑪姆修法》。

　　「其上可見像凸起兵器般的紅崖，底部是鮮紅岩石，黑色湖水波濤翻滾，湖中升騰著水氣，水氣所到之處，滿樹花開。在多邊形紅色城堡上，由人頭、手臂和心臟組成的忿怒花鬘令人心生恐懼，此地是『紅色血肉城堡』，有時也叫『忿怒紅堡』。在羅剎山中，有一塊叫『熾盛大銅岩』的羅剎魂石，一面叫『血湖』的羅剎魂湖，一棵叫

『熾燃麝香肉』的羅剎魂樹，一座叫『九節』的羅剎魂堡。羅剎王為蓮師化身，名為『金剛大鵬』，傳授普巴金剛教法。哦，種姓子！此地將是你《極密唯一意金剛橛》法類及其圓滿次第法類所出之處。城北有一片遼闊平原，平原中央有一塊巨石，高處可見一座綠寶石屋面、金色尖頂的宮殿。花園中聳立著一個巍峨法座，一個巨大的法堂內鋪滿各種璀璨寶石。羅剎王為蓮師化身、名為『蓮花遍照王』，他將所有羅剎縛於誓言下，並轉動《八大法行》的法輪。平原中央的巨石是羅剎聚會處，平原名為『羅剎灰原』，廟堂名為『光熾懷柔宮』，其中供奉許多部《八大法行》的密續教授與竅訣。

「那邊深紅山谷中有岩石、絕壁和稀疏的樹木，有條河從山坡順流而下，流經許多星羅棋布的紅色湖泊，此地是『熾燃血湖』，上有三層宮殿，周匝環繞著廣大噪雜的城鎮。城內二千七百萬所居羅剎，以海洋生物和花果為食，具有無礙穿越水域的神變力。羅剎王為蓮師化身，名叫『天雷顱鬘』，傳授《大悲觀音修法》，行持各種布施。

「北坡可見森林和岩石圍繞的紅色地域，那裡河水洶湧湍急，巨大的三角平原上有一座寺院，是傳法聚集處，中央有一個高聳法座。

「此地名叫『如意寶』。二千萬所居羅剎以祈請此處如意寶而降下所欲之雨為受用，具有如鳥飛越海洋般的神變力。羅剎王為蓮師化身，名叫『達摩金剛』，傳授密續，尤其是《伏魔猛咒》教法。此地寺院名叫『和合誅法宮』，法座上是蓮師化身，名叫『威嚴忿怒光耀』，他號令所有羅剎，並藉由忿怒事業摧毀破三昧耶戒者，同時轉動《忿怒母續密法》的法輪。

「北境低窪之地，有璀璨的山脈、繁密的森林和湍急的河水，可見一座城市，城中心有一座以頭骨和忿怒本尊為莊嚴的大廈，此地是『樂城羅剎島』。三萬所居羅剎以各種穀物為食，具有不受四大限制的神力。羅剎王為蓮師化身，名叫『蓮花威伏』，傳授無上瑪姆教法——《現前圓滿王》。

「東北方可見赤紅色城市，那是『怖畏聖境羅剎城』。由深紅色山脈環繞的城市中心坐落著一座以人頭和人皮為裝飾的城堡和一面深紅色的三角形湖泊。此地有三千萬城鎮，所居羅剎喜食各種血肉和穀物，具有起死回生的神力。羅剎王為蓮師化身，名叫『威光語獅子』，傳授母續護法。此地有許多《猛詈詛咒》的明咒與事業成就大師。」

在一些羅剎島內，會將眾生關入地牢之中。對某些人來說，描述這些內容會擾亂他們的心。許多人過於執著自心幻變的單一覺受，故而這些覺受的背後含義，並未在此做詳細講述。

隨後，秋吉林巴跟隨五位空行來到一片海天同色的遼闊水域，海水一眼望不到盡頭。他問此地為何處？空行回答道：

「此為神變青金石[13]湖，我們需要坐船過去，隨即抵達妙拂洲中央的銅色吉祥山。種姓子！看海中那座山，那裡有猶如一把舉起的兵器般的赤銅懸崖，下面是眼花撩亂的森林、草地和城市，此為伏藏教法持有者、鄔金蓮師的攝政賜予各種法緣和嘗解脫甘露法藥之地。此處信心與誓言未退轉的眾生，雖仍顯現為人、神、鬼和鳥獸等身相，但他們的心續將會成熟，融入法身。在金剛香積山，所有服用薈供物的眾生皆顯現為他們身相的映射。不管怎樣，所有人都安住於甚深三昧，故而所言所語皆成妙法。」

她們話音剛落，一艘形似駿馬的航船不知從何處駛來，停靠在岸邊。大持明者秋吉林巴與空行一同登上大船，一剎那便抵達彼岸。

　　五空行說道：「現在，我們需要沿銅色吉祥山東側的空行密道前行。」她們在前方帶路，旋即來到山東側。他們在自然形成的猶如水晶般晶瑩剔透、閃閃發光的自生塔下前行。他問此地為何處？空行回答道：

　　「此乃伽尼悉伽佛塔，從其下方走過的密咒行者，就最微細的三昧耶衰損也能立即得到清淨，並成為修持一切悉地的法器，諸如獲得十種自在功德[14]等。佛塔由帝釋天法堂所用的珍貴阿莫力迦石製成，那是一種扁平的白石，名叫達爾瓦巴。塔中有許多聖物，包括四種舍利，尤其是八大蒲耳和十六瓶如芥末籽大小的佛陀自生舍利。據蓮師與耶喜措嘉的諦實語，此塔也稱『自生任運塔』，能降伏一切羅剎，具足『四種解脫』[15]。

　　「靠近佛塔的宮殿東面有一塊其形如鼓的白色圓石，是由一位
『喝乳酪』的大成就者舍利所生的金剛石製成，上面有一組極其清
晰、光芒四射的蓮師腳印，與蓮師的息事業相關；南方有一塊由黃金
製成的方形巨石，上面有一組閃亮的黃色腳印，與蓮師的增事業相
關；東方有一塊由蓮花紅寶石製成的新月形紅色巨石，上面有一組閃
爍紅光的腳印，與蓮師的懷事業相關；北方有一塊由翡翠製成的三角
形巨石，上面有一組散發著柔和五彩之光的腳印，與蓮師的誅事業相
關。」

當為首空行講說這些細節時，秋吉林巴無須費力，或去到宮殿四周，便可無有遮障、直接見到所有這些種種裝飾與特點。他滿懷信心、虔敬心和歡喜心，再三做清淨發願。妙拂洲所居稱這些腳印為「降伏羅剎之任運圓滿四事業」。

秋吉林巴向四方看去，只見四事業浴池、繁花似錦的花園、各種奇珍鳥類、婉轉鳴叫的鹿群，所有動物都說人類的語言，並且根據各自的根器研討佛法，樹、水、風皆發出法音。他感到如此愉悅，覺得就算再在這裡待上幾個大劫都不足夠。

隨後，他們看見十萬空行、一百位班智達、一百位大譯師和一百位持明尊者齊聚一處，共同迎請蓮師。蓮師乘坐一輛金色馬車到達，令整個壇城熠熠生輝。譯師、班智達、持明尊者全都頭戴班智達帽、身穿法袍。十萬空行演奏著種類繁多的樂器，華蓋、彩旗、幡旗和絲帶等無數供品仿若金色花鬘，富麗堂皇。

五空行對秋吉林巴說：

「我們因為耽著各羅剎島風光，所以稍微有些遲到，但正好趕上初升旭日和賜予加持的時辰，這預示著吉祥緣起永不散失。甚妙！甚喜！種姓子，密咒瑜伽士！趁金色供鬘仍在外面，尚未進入大殿，我們現在應該進去看看裡面的四事業佛殿。」

他們穿過由各種兵器、蓮花、羅睺羅木欄、浴池和池塘等環繞的圍廊，來到息業薈供殿。只見蓮師正在向一大群聚集的年輕男女羅剎轉動三藏法輪，如幻術一般，蓮師同時開展講（宣講）、辯（辯經）、著（著作）等佛行。秋吉林巴無數次頂禮，並獻上七支供和曼扎供。會眾中一位年輕的譯師說道：

「若欲解釋頂禮咒之義——
於基奠定文殊師利尊；
於道奠定蘇師利善德；
於果奠定烏陀摩師利。」

此人臉上洋溢著笑容，在歡聲笑語中做宣講。秋吉林巴問此為何人？空行回答道：「此乃玉扎寧波化身敏林洛欽達摩師利。」秋吉林巴請求他給予摸頂加持。此時，蓮師正賜予關於密咒總體涵義的釋論講解，說道：「在善妙語之十二支分中，甚深大密金剛乘為建立定解之部分。」接著，在場所有眷屬就此議題展開討論。

他們繼續前行，順時針繞行宮殿，來到南方增業大殿。只見至尊上師蓮花無量壽正在開演關於氣、脈、明點的瑜伽修持，勇父、空行共同出演金剛舞。五空行做右手舉起、雙腿右曲左伸的姿勢，讚嘆道：「阿底部吹！（意為無上供養）」秋吉林巴大師也同樣此舉。所有壇城聖眾和瑜伽男女眷屬皆回道：「扎迪嚓吹！（意為奇妙供養）」

他們坐下來享用薈供，聆聽從空中傳來的教法自音，清楚聽到與薈供有關的梵語和空行語音，其中不僅有《大圓滿金剛歌》，還有其他前所未聞的唱誦，食用薈供和酒肉等，秋吉林巴無勤感受到樂空無二之本覺，他在此境中安住一段時間。當唱起龍欽巴大師所作之「我身一切蘊、界、處……」薈供文時，所有空行一起載歌載舞。

隨後，他們繼續右繞，來到西方懷柔大殿。只見馬頭明王與金剛亥母在和合中跳起大樂之舞。五空行以《喜金剛續》中所說手勢做回應，並說：「我們應以瑜伽方式頂禮。」她們全身赤裸，念誦道：「向您頂禮，我者頂禮，頂禮頂禮，吽！」以四種標識做祈請，她們在進入大樂瑜伽密行時說道：「五部空行，祕密大樂，瑜伽瑜伽女，誓言稀有哉！」與會者中還有大瑜伽士嘉哈威拉，他給予秋吉林巴稀有耳傳的甚深教授。

他們繼續右繞，來到誅法大殿。殿中安住著蓮師和三重眷屬（智慧眷屬、業緣眷屬、世間眷屬），各使者在蓮師面前做降伏魔障及破誓言者的四種誅殺手印。一○八位大伏藏師身穿誅法服——黑色大帽和舞裙——由瘋行泳給明就多傑擔任主舞金剛上師，身後敦杜紐丹多傑、達相紐丹多傑、久美紐丹多傑、敦珠若巴紐丹多傑、綽傑紐丹多傑、扎波紐丹多傑等二十一位名帶「紐丹」二字的大師依次排列。秋吉林巴也自現本尊，加入到他們的舞蹈中，咒師服自然出現在他身上。

中場時，他認出桑傑林巴、熱納林巴、錫波林巴、直貢南加美

巴、確吉扎巴等也都在舞蹈中。伴隨誅法韻調，黑白空行引路，他們將誅殺朵瑪請到外面。這時，空行說道：「與其現在無功而返，不如我們去到宮殿裡面，拜見蓮師佛父佛母。」秋吉林巴的著裝瞬間變回到之前的紅衣白裙、班智達帽。

　　在寬敞的中央大殿中，威嚴無比的蓮師由一百位大班智達、一百位大譯師、一百位持明尊者和一百位伏藏師環繞。蓮師在此開啟《教集法海》壇城，並在降注加持環節由四部空行於壇城前呈獻舞蹈，藏王赤松德贊及其血脈作為護教法王坐在最前面。目睹一切，秋吉林巴歡欣鼓舞、無比虔敬，一如登臨初地極喜地。對於自己無須捨棄五蘊之身便能來到這裡，他並未感到一絲驕傲，而是由衷地深深祈願：

「此刻，若能有身、語、意之所依、曼陀羅來呈奉供養、廣積福德資糧，那該多好啊！」五空行立即大呼道：「種姓子！對於能隨心所欲任意展現一切變化的大瑜伽士、人中珍寶者你來說，怎會缺少供養物呢？願你匯聚無邊如意摩尼供雲！」

她們話音剛落，如意寶堆便直接出現在蓮師面前。空行復說：「種姓子，密咒瑜伽士！讓你的身體成為身所依，讓你的聲音成為語所依，讓你的心成為意所依，以此作為外、內、密曼扎供養！」

正如無垢友尊者在《密滴・本智捷徑》中所授，秋吉林巴奉上廣大的曼陀羅供。他再三領受四灌，在大圓滿無偏無墮的透澈見解中憩息。

接著，在大殿頂上角落中的涼亭內，出現一位極美的二八妙齡空行，周匝縈繞著五部空行海會，她們共同誦持一個簡軌。秋吉林巴問

此為何人？空行大笑著說道：「若不知她為何者，則胎障實在嚴重！這是耶喜措嘉，我等唯一母親、三種空行（剎生、咒生、俱生）普遍主尊，本初浩瀚大空廣界之女王，又名德千嘉措（大樂瀚海）、藍光熾燃、羅剎王后、唯一佛母、大光明海螺、降魔舞女、現行猛女、勝樂法母。現在她正在修持的是你很快將要從熾燃松石光洞取出的悉地，你將如寶瓶滿溢般，一併獲得所有灌頂與教授。空界消融，幻化網羅祕密本印！」

言畢，五空行旋即融入耶喜措嘉的心間。在呈獻七支供和曼扎供養後，秋吉林巴一段時間安住於三昧，能所二執全部消融。

他隨後想起：「我還應該去到中層和頂層，從蓮師佛父母那裡請求特別的竅訣！但得有人給我領路才行。」五空行再次出現，她們為自己獲得悉地而感到極為歡喜，說道：「種姓子！現在我們就上去中層和頂層！」

底層大殿聚滿羅剎王和無數羅剎眾。當他們到達中層時，見到那裡有蓮師和包括印度八大持明在內的一百位持明尊者，蓮師正轉動心部、界部、竅訣部的大圓滿無上極密法輪。秋吉林巴頂禮，並做曼扎供養。在他深切祈請時，蓮師說道：「大圓滿，遠離所有勤作之原本自然清淨者是！」然後直視空中，念誦：「啊！啊！啊！呸！」，安住在離言超思的虛空境界中。接著，由四位持明眷屬圍繞的蓮師繼續賜予言教：

「大圓所詮之本基——
心之明朗乃化身，
心之無念乃法身，
心之大樂乃報身，
此三無別自性身。
大寶祕密甚稀奇！」

聞畢，秋吉林巴問四位持明為何人？空行回答道：「種姓子！他們是本師極喜金剛尊者、文殊師利友尊者、師利星哈尊者和智經尊者。」

她們接著說：「我們現在上去頂層。」秋吉林巴跟隨她們來到上層，只見無邊的五部報身佛環繞著五部蓮華顱鬘力，他們在無邊無際的十方虛空中收攝並放出無量的幻化壇城。蓮師以無生法身之語、報身標相之語、化身言詮之語宣講佛法，以十萬殊勝化身佛之法衣莊嚴其身，安坐在不可思議無邊眷屬海會中央，還有無量的天子天女呈奉供養、聽聞教法。此情此景難以言表。空行請求與會，並獻上標相禮敬和曼妙歌舞，秋吉林巴也陣列其中。空行復說道：

「種姓子！所見種種慎莫遺忘！須將淨土全貌深深銘記於心。未來任何見、聞、憶念此淨土並祈願往生者，來生定能抵達此西南妙拂洲蓮花光明宮，獲得無窮利益。任何與此淨土所結的因緣連結都珍貴無比。」

秋吉林巴從天宮頂環顧四周，只見東牆白色、南牆藍色、西牆紅色、北牆綠色。宮殿底層白色、中層紅色。三層中每一層都有四個角樓，頂層繪有浮雕圖案，屋頂金色、有十三個法輪頂飾，鑲嵌著各種大小鑽石。天宮上方是五智自性所幻化的七彩虹光雲蘊，光輝照耀在天空的每個角落。看過去，只見西方大部分是紅色，北方是金綠色，所有八方祥雲復次化出無邊無際的普賢供養雲。

秋吉林巴看見此妙拂洲吉祥山的東面有如意樹；南方有各種浴

池、湖泊；西方朵朵寶蓮放光充盈天空，人們從中化生而出；北方佛塔形岩石晶瑩剔透，光明閃耀。而這些都不過是全貌的一瞥，其細節無法具言。

除羅剎城外，此淨土所有顯現皆如虹光所成。天宮本身是半透明的，無論於外於內，於心皆能通透顯現，無有阻礙。

秋吉林巴在心中思忖道：「我來此銅色吉祥山淨土，以最神奇的方式親見尊貴的蓮師佛父母、領受竅訣言教，業緣實為善妙！但我尚未領受針對我自己的單傳密訣。」

就在此刻，蓮師燦然降臨，陪同者中包括大譯師毗盧遮那、南開寧波、嘎瓦巴澤、巴吉耶喜等幾位主要親弟子。秋吉林巴見此情景，虔敬心頓時增上無窮，蕩漾在廣大周遍的覺空雙運境中，離於所有意識造作與執取。

他再次恭敬頂禮，以頭頂碰觸蓮師雙足，請求賜予有針對性的單傳竅訣。蓮師隨即授予他不可思議的共與不共的竅訣教授。由於這些內容極為重要、不容忘失，蓮師還特別賜予他一份記錄所有這些指引的法卷，並直接告知道：「此指引與《寶鬘口授》傳記其義相同。」

秋吉林巴復思惟道：「我還得從耶喜措嘉所幻化的五位空行主母處請求加持。」此時，一個聲音在晴朗天際中迴響：

「母子我倆剎那未分離，
勿忘每月初十呈供養，
廣大密咒修持莫斷絕，
勿如凡夫速速斬妄念，
住於一知遍解無別境。
種姓之子密咒瑜伽士，
摩訶安隱三昧耶甚妙！」

聞聽此言，秋吉林巴心中充滿了無盡喜悅。復又請求毗盧遮那、南開寧波等人的加持，他們答道：

「種姓之子傳承持有者，
一切勝共悉地汝能成。
有如獲得如意妙寶般，
凡所結緣具義瑜伽士，
現當安返雪域藏土中。」

他們滿懷深情地一再表示不希望他離開。蓮師又一次將雙手放在

秋吉林巴的頭頂，宣說道：

「哎瑪！具足種姓善緣子，
調伏藏地大任降汝身。
你我父子無有分離故，
汝將一再歸入此聖境，
現為利眾生故請返回。
幻化之身無論於何處，
你我父子恆常無別離。
我等必能再再常相見，
定當賜汝伏藏作授記，
現為藏地教眾請返回。」

聞聽此言，秋吉林巴的妄念如晨霧般消散，安住於遠離一切所緣的空性境中。他飛向天空，旋即發現已然回到自己在語輪聖地奧明噶瑪寺的禪房中。

第七世哲霍夏仲仁波切臣列旺波向喇日大學者噶瑪桑滇供養黃金、一卷棉畫布和十四個銀錠，希望得到展現秋吉林巴淨觀之旅的畫作。他們向秋吉林巴請求關於此行的詳述，當大伏藏師法王歡喜複述時，蔣揚欽哲旺波做筆錄。所有場景在帆布上被勾勒出來，展示給秋吉林巴反覆過目並做修改，然後依此模版繪成唐卡。

堪千桑傑曲培在涅頓寺舉行《教集法海》伏藏法大成就法會前行修持時，在久美林大殿牆壁上將此淨相繪成壁畫。唐卡畫師——持咒族姓者古扎在嘎域（玉樹）德塔城鎮舉行的大成就法會期間，完成此淨相的簡版畫作，並在進行一個空行伏藏法的前行修持時，記錄下更

多詳盡細節，例如，無量宮頂層有無量壽佛，中層有密智空行，以及對秋吉林巴幼時所見淨相的描述等。

秋吉林巴本人在聖地開光法會上向大眾親口闡釋了此淨相。特別是，他在十萬空行洲講述了羅剎島的構成以及他在那裡獲得教法的細節。

總言之，在修持大多數伏藏法時，秋吉林巴都有見到銅色吉祥山的淨相，且每一次的顯相都不盡相同。尤其是，他表示蓮花光宮會以廣、中、略各種方式顯現，至少可以分為九種可能性。此文僅是大伏藏師廣大難思淨相之滄海一粟。

1 即蔣貢康楚仁波切和蔣揚欽哲旺波。

2 此故事節選自秋吉林巴完整傳記。

3 五毒是指：貪、瞋、癡、慢、妒。

4 五大是指：地、水、火、風、空。

5 唉旺莫耶（Evam maya）是梵文短語，佛陀弟子在後來的經文中引用於所有佛陀教法的開頭，其意為：如是我聞。

6 諾門汗是一種帝王頭銜。

7 喜漩是在西藏藝術和修行觀想中常見的三色旋轉圖案。

8 神通四足是指：發願、修心、堅持、自省。

9 這意味著河水具有甘露水的八種功德：清涼、甘甜、輕軟、清澈、純淨、不傷胃、不刺激喉嚨。

10 法源是指一切現象和萬法的源處，以三角形為表徵；也代表子宮頸，是女性的象徵。

11 五處是指微細身的五個中心：頂輪、喉間、心間、臍間、密處。辛杜粉是灌頂時常用的紅丹粉。

12 清淨空行剎土是鄔迪亞納的別稱。

13 青金石是一種藍色礦物質，由碳酸氫銅組成，通常以藍色稜柱體或晶體形式，與孔雀石一起出現。

14 根據月稱菩薩在《文殊閻魔敵續釋》中的解釋，十種自在功德分別是：（1）壽命、（2）行誼、（3）所需、（4）信心、（5）願力、（6）神變、（7）出生、（8）教法、（9）心意、（10）智慧。

15 四種解脫是指：（1）見解脫、（2）聞解脫、（3）憶解脫、（4）觸解脫。

第十七章

《往生銅色吉祥山發願文》

根本文：秋吉林巴

釋論：帕秋仁波切

在金剛乘中，一切皆有三個層面，此三分法框架的意義為密法所獨有。從外的層面上講，蓮師此刻正在銅色吉祥山傳授佛法，我們通過對生修持能夠理解此外在層面；從內的層面上講，蓮師是我們自己的清淨本性，從未與我們分離，銅色吉祥山即一切周遭顯相的清淨層面，我們通過自生修持能夠瞭解此內在層面；從密的層面上講，蓮師和銅色吉祥山皆與萬法究竟自性、與我們的自心本性無二無別，在秋吉林巴所作的《往生銅色吉祥山發願文》中，頌揚了此祕密層面：

「無別本初自性蓮花生，
自顯清淨銅色吉祥山，
覺顯無二無改本初境——
願往本自清淨剎土中。」

無別本初自性蓮花生

本初自性從未受到業力與分別念的染汙，恆常安住於全然清淨中。我們哪怕只是剎那間瞥見此究竟實相，即照見真實的蓮師。在此

清淨本然狀態中，蓮師與我們的心、與我們的所見所聞在本來清淨界中皆無二無別——不論是鳥鳴，還是上座部僧眾誦經的聲音，亦或交通堵塞時的汽車鳴笛，每一種聲音、每一種顯相皆具勝義蓮師的無染本性，此即觀修之精要。我們需要透過無勤禪修，離於作意、期冀和執著來修持。

我的上師祖古烏金仁波切曾說，心性如此簡單，以至於人們很難相信自己對它的感知。因為我剛剛開始修持時，在禪修上遇到很多困難，所以覺得他的這番話可能另有所指。

我們都曾經歷過相同困境。一開始，試著去認識心性，能瞥見幾下，但不持久。覺受太短暫了，以致讓我們自己無法確定，但又不好意思詢問上師。我們想釐清疑慮，又怕令上師和自己失望。我們想私下請教上師，但他總是沒時間。我們不敢當眾問他，害怕被其他同修指指點點。我們很虔誠，卻充滿疑惑。這種心態一直持續，令我們疲憊不堪。我非常清楚這些感受，解決這些困難的唯一方法即祈請上師。你可以向上師問一百個問題，但缺少的部分始終是你對上師的虔敬心。

當修持上師瑜伽時，在外的層面，你觀想蓮師，確信他本人真正親身降臨。當然，對金剛乘的行者來說，釋迦牟尼佛與蓮師並未圓寂。佛陀只是在我們的想像中圓寂了，他其實一直都在。其他人可能對此有不同看法，但這不是我們要去評判的；對每個人來說，他們自己的感知才是最真實的。只不過，不同的感知會帶來不同的結果。

不管怎樣，釋迦牟尼佛與蓮師依然存在——他們彼此無二無別、與一切諸佛無二無別——因為他們皆具無染之自性。這是了知無死、無過去、無現在、無未來的自性。它從未改變、不增不減。它是覺醒、是光明，是對自心佛性的痛徹感悟。

佛祖的了悟即是此，觀見所有一切世俗心的體驗皆如夢如幻、轉瞬即逝，未曾存在過。我們夢中出現的一切完全無有根基，當我們醒來時，看見自己的夢皆是虛妄。同樣，當佛陀達至覺醒時，他明瞭一切庸常顯相包括死亡在內，皆是無根基的心之造作，這就是為何佛陀未曾真正圓寂的原因。佛陀與萬法的究竟自性無別、與蓮師無別、與一切證悟者無別、與我們的本然自性無別。

因此，在上師瑜伽修法中，雖然我們觀想蓮師在外，但一直要記得，蓮師與我們無別。這兩種層面的理解並不矛盾。事實上，對行者來說，外、內、密三個層面的意義是相互支撐的。

通過對蓮師所有三個層面的理解，我們就會感受到他的存在與莊嚴，視他為周遍萬法的究竟自性。藉由此智慧，我們能真正領受到他的加持。當禪修自然無勤流動時，我們會感受到加持。當修行遠離一切期冀，我們自然安住於本然之中。當念頭生起，無須與之對抗，而視它為本初智慧的顯現，故而能滿懷虔敬地任運感知外、內、密的蓮師，我們的修行和結果將變得截然不同。

為了加深這種理解，我們應試著安住於心性，每次從幾秒鐘到幾分鐘、再到幾小時。祖古烏金仁波切曾告訴我，無散亂安住心性一小時，即等同於阿羅漢的成就；安住心性一整天，即相當於登地菩薩的境界；日日夜夜無有散亂，即是佛果。

我覺得自己能夠追隨這樣一位上師實在是太幸運了，他告訴我如何根據自己的覺受去衡量阿羅漢、菩薩和佛的各自成就。從這個角度來看，我們其實已經相當接近目標！如果只是追隨經典和釋論，那我們仍在千里之外。這正是金剛乘教法的珍貴之處。

保任心性是金剛乘法道的精要。當處於這樣的狀態時，我們的覺受便具有銅色吉祥山的一切功德。因此，藏傳佛教會有如此多的顏

色、圖像、曲調和音律，它們皆是自性無礙遊舞的化現——每個念頭、每個覺受，無一例外，都與周遍一切的內在本性無別。當我們持續地關注念頭，而非念頭的本質、其內在本具自性時，就仍是眾生；我們愈關注自性，就愈接近佛果。

心性具有佛、蓮師、天宮、眷屬和壇城的一切功德，這些全都歸於五種佛行事業[1]、五種證悟屬性[2]、五種智慧[3]和五方佛部[4]。因此，金剛乘的法器和圖案會有五種顏色，它們代表了清淨自性所流露的無量妙用。

所以，金剛乘就像生活一樣，並不平淡乏味，也不似默劇或黑白影片。畢竟我們的生活不是一維的，其中充滿了喜怒哀樂，這是輪迴展現的種種色彩，其本質在於本初智慧的證悟顯現。事實上，一切皆從與蓮師無別之內在本性中生起。

自顯清淨銅色吉祥山

當了無妄執安住於心性的體悟時，蓮師便一直與你同在，你的所在之處即銅色吉祥山。你的全部覺受會變得全然清淨，此即銅色吉祥山。因此，第二句指出銅色吉祥山並非身外之地，而是我們自己的覺受。但重點是要記住，無論我們感知的銅色吉祥山在外還是在內，它們僅僅只是覺受而已，或破或立只會證明我們無法放下個人覺受的我執，其意指我們的心從未融入究竟與周遍的內在本性。通過培養此究竟自性，我們的心同樣可以變得周遍。

心住於本來自性之中，唯能感受淨相和對一切有情眾生的同體大悲。事實上，心性無有賢劣之分，因此平等感知一切。故而，秋吉林巴寫道，「清淨觀（淨相）本身即真正的銅色吉祥山——蓮師之無染光明本質。」如果可以見到並保持這種淨觀，我們的覺受就轉變為蓮

師的淨土。

覺顯無二無改本初境

我們要如何培養淨觀？沒有散亂地單純安住於無勤狀態，既不追逐外在的覺受，也不執著內在的本具自性，自然就會與本初自性合而為一。追逐外在的顯相是二元心識的活動；另一方面，過分刻意地向內去尋找心性，也是執著的行為，藏語中稱之為「囚禁自性」。此兩種——無論向外還是向內尋找——都不合理，因為它們二者自然就是無別的。沒什麼要去造作的，只需保任萬法本來自性之本具光明。

願往本自清淨剎土中

這是我們發願的往生處——本初永恆清淨光明實相。若缺乏將蓮師視為與本師釋迦牟尼佛等一切諸佛以及我們自己的本來面目無二無別的虔敬心與信心，將墮入無明黑暗之中。反之，如果我們對此具有信心，則一切皆是光明。

你可能會覺得這種修持並不適合你。那麼，哪種修行適合你？不應該讓教法去適應你，而你應該去適應教法。佛法是用來轉化我們的，而非相反的做法。你或許不能馬上完全理解，但只要持續正確修持，毫無疑問，你最終就會理解——這就好像如果從懸崖上跳下去，就一定會墜落一樣。

為了正確地修持，需要具有三個要素：首先是上師瑜伽與虔敬心；第二是發願與迴向；第三是通過善行、慈悲和法行來積累資糧。具備此三要素，我們就必定能證得外、內、密的蓮師。

秋吉林巴的《往生銅色吉祥山發願文》是一個絕妙教授，通過四句偈完整歸納了修行的基、道、果。第一句描述了基——蓮師永遠存

在的真正自性。因為看不到這一點，我們仍是凡庸眾生。一旦證得真正的自性，在那個當下，我們便是佛。

關於道，我的上師紐修堪仁波切曾經說過，完整的金剛乘教法可分為兩類：第一類是智慧清淨顯相的修持——稱為「生起次第」；第二類是內心本具自性的直觀根本法道——稱為「圓滿次第」。

祈請文第二句提出了道之生起次第。透過培養智慧，一切顯相成為我們修行的映射。這就好像談戀愛時，我們的表情和語言自然流露出內心的愛意。當我們安住於內在本性時，所有五根的感受自然清淨無染，這就是清淨的涵義。它不是從不淨變為清淨，此說法本身即是有染的二元執著。本初清淨是完全無染的，一直離於好壞賢劣等所有二元，此即銅色吉祥山和蓮師的究竟自性——我們安住的本然狀態。因此，第二句說的是通過觀修「生起次第」來培養我們的個人覺受。

第三句描述了心性的直接法道——「圓滿次第」。既不散亂於外，也不沉迷於內，安住於無執的究竟自性。保任此狀態，無須禪修或期待，即是無染的修持。因此，內在本性與我們的覺受任運融合為一，此即「圓滿次第」的直接法道。

第四句是關於果位。永恆清淨是我們來世祈願往生的無染清淨覺受，今生希望保任並證得的本淨。無論我們修持虔敬心、信心、觀想、成就法或大圓滿，銅色吉祥山都是我們自己修持的映現。因此，並不需要為往生銅色吉祥山具有多大的證量，最好是修持大圓滿的見地。但至少，如果我們具有視上師為內在本性的虔敬心的話，這本身便已足夠。

1 五種佛行事業是指：（1）平息苦及苦因、（2）增長眾生安樂、（3）懷攝弟子、
（4）誅殺剛強難化眾、（5）自然任運成就一切所願。

2 五種證悟屬性是指：（1）佛淨土、（2）無量宮、（3）清淨光芒、（4）高
大法座、（5）自然出現所欲受用。

3 五種智慧是指：（1）法界體性智、（2）大圓鏡智、（3）平等性智、（4）
妙觀察智、（5）成所作智。

4 五方佛部是指：（1）如來部、（2）金剛部、（3）珍寶部、（4）蓮花部、
（5）羯磨部。

第三部

消融妙果

—— 蓮花遍滿剎土

藏區慈克寺唐卡，描繪了蓮花遍滿剎土的盛景。

第十八章

天心月圓

帕秋仁波切作

　　秋吉林巴圓寂後，顯現往生西方無量壽如來的極樂世界剎土。在同一剎那，他基於往昔久遠的度生願力，任運幻化出一方全新淨土——蓮花遍滿剎土，其毗鄰極樂國土。他在那裡顯現為蓮芽菩薩的身相。在秋吉林巴圓寂數日後，蔣揚欽哲旺波在清淨智慧觀中往詣蓮花遍滿剎土，親見本尊蓮芽菩薩，從他那裡獲得了為後世弟子所精心準備的一系列教法。所有誠摯受持此等教法的修行人，皆已獲得大樂證悟。

　　大樂心性之道是金剛乘的祕密竅訣，開顯樂空無二之義，故稱安樂祕徑。蓮芽菩薩賜予蔣揚欽哲旺波尤其能令行者內心生起大樂的殊勝觀修儀軌。儀軌中，觀想豔紅色的本尊蓮芽菩薩位於金剛亥母的心間，蓮芽菩薩頭頂是金剛薩埵的化相蓮花總持，無量壽佛的圓滿受用身相蓮花眼與蓮花曼達拉娃雙運於自心中央。

　　這種方式觀想有異於常見的各種自觀本尊修法，轉而觀想本尊蓮芽菩薩位於心間。行者通過祈請上師，令加持直接降注心間，無勤生起真實大樂。在大樂心境中，自然而然輕鬆安住。所以，蔣揚欽哲旺波說，蓮芽菩薩的修法特別能幫助弟子昇華悟境。

　　此教法名為《三身族姓總集甚深精滴》，意指化身蓮芽菩薩同時

具足報身蓮花眼如來和法身蓮花總持如來。該修法中包括了傳承祈請文、一髻佛母等護法供贊、簡略薈供文，它們分別屬於瑪哈瑜伽、阿努瑜伽和阿底瑜伽。

蔣揚欽哲旺波在蓮花遍滿剎土的淨觀中領受了這一法類的完整灌頂、竅訣和修持儀軌。因此，這是秋吉林巴以菩薩身相為所有具信弟子和嚴肅行者準備的最終遺教，無疑是秋林教法中心要的心要。

《三身族姓總集》屬於深傳淨相[1]，蔣揚欽哲以這種方式領受到全部教法後，先保密了一個月，然後將淨觀全部細節口述給蔣貢康楚仁波切，並由後者記錄下全部修法內容，這彰顯了秋吉林巴永無間斷的廣大佛行。蔣揚欽哲旺波首先領受他的遺教，然後第一個傳給蔣貢康楚，他們兩位皆是眾師之師。

蓮芽菩薩告訴蔣揚欽哲旺波，未來所有修持《三身種姓總集甚深精滴》傳承的弟子和發願者皆將獲得證悟，並有助於《秋林德薩》傳承教法的廣弘。

這意味著，就個人來說，蓮花遍滿剎土的修法能夠帶來覺受與證悟；就整體來說，它能引領行者將教法傳向四面八方，從而為《秋林德薩》傳承和整體佛法帶來無量的利益。

蓮花遍滿剎土本身也是秋吉林巴佛行事業的一個重要元素。當然，菩薩所發大願總在成就正覺時得以圓滿。例如，阿瓊堪布教導說，金剛薩埵曾如是發願：任何憶念、誦持金剛薩埵名號者都將解脫所有惡業，這些在金剛薩埵成就正覺時全部得以實現。同樣，蓮花遍滿剎土證明了秋吉林巴在圓寂之時便已成就佛果，儘管他表面上示現為菩薩的身相。同時，藉由往昔的願力，他立即催生出一個完全嶄新的淨土。故此，蓮芽菩薩恆常住於蓮花遍滿剎土。如果能夠瞭解秋吉林巴的生平與行誼，定期誦修蓮花遍滿剎土的修法，譬如每月一次，

將利益無窮。在閉關時進行儀軌修持、祈請蓮芽菩薩、做薈供和發願等，所有這些對於《秋林德薩》的行者來說，都極為重要。

念誦《往生蓮花遍滿剎土發願文・遍喜明點》將尤其獲益。如前面章節所釋，為了往生淨土，需要培養對那裡的憶念。因此，秋吉林巴從銅色吉祥山剛一返回，便詳細講述了他的整個淨觀之行。同樣，如果我們想要往生蓮花遍滿剎土，首先需要記牢它的樣子。同大多數淨土祈願文一樣，《遍喜明點》中描述了蓮花遍滿剎土的細節及所居本尊。

但前面章節中有提到，僅僅知道淨土還不夠，還必須累積資糧。若沒有通過做祈請和七支供養去累積資糧，光發願並沒什麼效果。往生任何淨土都需要具足所有因緣，方能達成目標。為了往生蓮花遍滿剎土，必要條件包括累積資糧、向蓮芽菩薩祈請、禪修蓮花遍滿剎土和發願往生彼處等等。因此，這篇祈請文本身即包含了積累資糧和迴向發願。我們祈願當天累積的任何功德都能引導我們在臨終時直接往生蓮花遍滿剎土。「願往生彼此」是發願，「願以此功德，令往生彼處」是迴向。發願與迴向同等重要。

有專門的往生阿彌陀佛西方極樂淨土發願文、往生蓮花生大師銅色吉祥山發願文等。秋吉林巴的《往生銅色吉祥山發願文》描述了上師即自心真如、自明覺性，藉由修持此覺性，銅色吉祥山可以在我們的淨觀中顯現。因此，銅色吉祥山既不在此，也不在彼；既不在上，也不在下；它遍及一切。但由於不淨觀，令我們無法親見到它。往生蓮花遍滿剎土的過程相同，如果修持自心覺性的上師瑜伽，我們的概念心將得以淨除，蓮花遍滿剎土會以清淨自顯的方式顯現。對於淨土的這種感知將引導我們來世生於彼處。

此外，由於秋吉林巴的蓮花遍滿剎土毗鄰阿彌陀佛的西方極樂淨

土，因此很容易找得到。往生極樂淨土是每個人都力所能及的，蓮花遍滿剎土也同樣觸手可及。弟子知道如何進行相關修法，並保持信心和清淨的三昧耶，那麼毋庸置疑都將往生那裡。

《三身種姓總集甚深精滴》法本鼓勵弟子弘揚此教法，持續維繫傳承的清淨三昧耶。如屍林天女護法修法一樣，《三身種姓總集甚深精滴》能夠為弘傳《秋林德薩》創造吉祥的緣起。藏區慈克寺的僧眾每年藏曆正月初一都會完整念誦此教法。《三身種姓總集》完整法類同時是上師瑜伽、遺教、淨觀和吉祥緣起，是真正甚深珍貴的修法。蔣揚欽哲旺波曾說過，任何走上《秋林德薩》法道的行者，一定要修持這部蓮花遍滿剎土教法。

因此，遵循蔣揚欽哲旺波的心要建言，修持此教法，將會為你的修行帶來巨大利益。我們這個時代的許多偉大上師都無比珍視此教法，頂果欽哲仁波切曾寫下展現這一法類及其歷史源流的灌頂筆記，詳見下章。

---

1 寧瑪派有三種主要傳續方式：（1）從一位大師傳給另一位大師的遠傳或教傳（Kama），（2）被封藏並在合適時間取出的近傳伏藏（Terma），（3）深傳淨相（Daknang）。

第十九章

蓮花遍滿的源泉

頂果欽哲仁波切作

　　《三身種姓總集甚深精滴》是四種《意修》[1]的精要，是三大持明[2]的甚深伏藏法總集，完整涵蓋了此生、臨終和中陰的所有修法。

　　此教法最初由雪域普諸智成頂嚴的三持明尊者領受並傳續，分為外、內、密和極密修持方式，含攝了生起次第、圓滿次第和大圓滿。它的重點在於其言簡意賅、便於修持，乃是從證悟廣境中任運流淌出的遺教。在上師修法伏藏根本文中有提到：

「諸意修究竟心要，

乃為此四種法類。

彼諸要義之精髓，

唯獨此深奧修法。」

　　我們在這裡所要修持的本尊是三持明尊者之一、百千伏藏師之轉輪聖王鄔金秋吉林巴。他是藏王赤松德贊的次子當增牟汝贊普王子的直接轉世，而他前世的這位父王正是鄔金蓮師的三弟子——王、臣、友之一，勝義上是文殊師利的化身。

　　牟汝贊普獲授「獅子賢居士」的名號，這反映出他作為第二

佛——蓮花生大士弟子的卓越性。由於累世修持獲得的圓滿功德，他也被稱為拉瑟洛匝瓦（王子譯師）。在領受黃金教法《上師密意總集》大灌頂時，他還獲得祕密名耶喜若巴匝（智慧遊舞力）。他不僅是該教法的受法者，還被蓮師授命為傳法上師、金剛王。有一次，蓮師和王臣二十五弟子前往康區，他們憑藉無礙神變力，疾馳穿越二十五處聖地，廣大轉動方便勝乘與成熟解脫的法輪。他們開展《甚深七法類》《教集法海》《上師意修》、大圓滿和《大悲觀音修法》，以及《密意總集精要五類》和《八大法行》的講修。彼時，牟汝贊普成為蓮師最主要的心子。由於與蓮師心意相融，他即身證得大遷轉虹光身。

然而，考慮到未來後世的需要，鄔金德千林巴於三時中恆常示現，不斷化身為眾多智者與成就者，其中包括桑傑林巴和錫波林巴等各位大伏藏師。他還示現為祕密主、金剛法、因扎菩提國王、國主第司桑吉嘉措等顯弘聖教、普利群生的持教大士。蓮師亦大加盛讚，授命他為自己的攝政替身。

為了末法時代的弟子，當色身融入法界時，他在毗鄰西方極樂世界的蓮花遍滿剎土，以五種現證等覺[3]之理趣化顯身色成為蓮芽菩薩。此乃為淨治一切剎土而起現的不可思議大幻化網莊嚴身相，是雪域一切智成之最高頂嚴——蔣揚欽哲旺波在他的清淨智慧顯現中親見。他凝聚自生密意通澈之精華，賜予蔣揚欽哲此《三身族姓總集深髓》遺教。其根本文中明確指出：

「若以專注定解虔信心，
　如理恭敬修持此法道，
　外內密諸道障皆止息，
　成就一切所願無劬勞。

大樂智慧無勤任運生；

見修行之決斷道力圓。

三身族姓總集阿闍梨，

永無分離加持定垂賜。

故當珍視受持深心髓，

一切深廣教法精要此。

慎勿忘失！實操取覺受，

以此自利利他皆成辦。」

　　藏曆鐵牛年十一月十五日，一切成就持明及伏藏師之大轉輪王貝瑪歐色多昂林巴（蓮華光明顯密洲）⁴於淨觀中前往蓮花遍滿剎土，從與秋吉林巴無別的蓮芽菩薩處親自領受《三身族姓總集深滴》的灌頂、儀軌，以及六中陰引導文和種種甘露竅訣。

　　接著他將此教法祕密封印一個月。隨後在藏曆十二月初十薈供之際，將其抉擇成文，並由遍智上師契美丹尼永仲巴匝（無死雙教永恆洲）⁵做筆錄。當他們著筆書寫時，所在地區冰雪消融、溪流潺潺，吉祥瑞兆普眾共睹。蔣揚欽哲旺波隨即首次開啟成熟解脫之門，將教法反覆確認校對後，呈奉廣大薈供輪，逐漸向一切有緣弟子廣傳此稀有深道之廣略灌頂教授。

1 四種《意修》是指秋吉林巴和蔣揚欽哲旺波的四種《意修》教法：（1）《遍
　除道障》，（2）《所願任成》，（3）《海生心滴》，（4）《金剛威猛力.
　道次第智慧藏》。
2 三大持明是指蔣揚欽哲旺波、蔣貢康楚和秋吉林巴。
3 五種現證等覺是生起次第本尊觀想中的五個步驟：（1）月墊，（2）日墊，
　（3）種子字，（4）標幟、手幟，（5）本尊的完整身形。
4 貝瑪歐色多昂林巴是蔣揚欽哲旺波的密續名。
5 契美丹尼永仲林巴匝是蔣貢康楚的密續名。

第二十章

《往生蓮花遍滿剎土發願文‧遍喜明點》

ༀༀ། །སྐུ་གསུམ་རིགས་འདུས་རྩ་བ་ཆིག་ལས། རྣམ་དག་ཞིང་དུ་སྐྱེ་བའི་སྨོན་ལམ་ཀུན་དགའི་ཐིག་ལེ་ཞེས་བྱ་བ་བཞུགས་སོ།།

《往生蓮花遍滿剎土發願文‧遍喜明點》

The Sphere of Universal Joy

Aspiration for Taking Rebirth in The Realm of Utmost Purity

蔣貢康楚仁波切作

（Jamgön Kongtrül Rinpoché）

釋論：帕秋仁波切

།ན་མོ་གུ་ར་བུཎྞ་བོ་དྷི་ས་ཏྭ་ཡ།

頂禮上師諸佛與菩薩！

Homage to the guru, buddhas, and bodhisattvas!

ཆོས་དབྱིངས་ཀུན་ཁྱབ་རྒྱལ་བ་སྲས་བཅས་དང་།

周遍法界諸佛與佛子；

To the Victorious Ones and all your sons pervading the whole of dharmadhatu;

ཁྱད་པར་མི་མཇེད་འཇིག་རྟེན་ནུབ་ཀྱི་ཕྱོགས།

尤於娑婆世界之西方，

to Lotus Essence in particular, the sovereign of all bodhisattvas—

།པདྨས་ཁེབས་པའི་ཞིང་ན་རབ་བཞུགས་པ།

蓮花開敷刹土中安住，

he who dwells to the west of this Saha World,

།སེམས་དཔའ་ཀུན་གཙོ་པདྨའི་སྐུ་བུ་ནི།

普諸菩薩尊主蓮花芽，

in the Lotus-Covered Realm,

།རྒྱལ་སྲས་རྒྱ་མཚོའི་ཚོགས་དང་བཅས་པ་ལ།

佛子海會眷屬眾圍繞，

accompanied by an ocean-like assembly of the Victors' heirs—

།གུས་པས་ཕྱག་འཚལ་སྙིང་ནས་སྐྱབས་སུ་མཆི།

恭敬頂禮至心虔皈依。

I bow with respect, sincerely taking refuge within my heart.

།སྒོ་གསུམ་ལོངས་སྤྱོད་དགེ་རྩར་བཅས་པས་མཆོད།

三門受用善根普供養，

I offer you my three doors, my riches and roots of virtue,

ཕྱིག་སྦྱིབ་ཉེས་ལྟུང་གང་མཆིས་མཐོལ་ཞིང་བཤགས།

罪障犯墮悉皆發露懺。

and I admit and confess all my misdeeds, faults, and failings.

སྲིད་ཞིའི་དགེ་ལེགས་ཀུན་ལ་རྗེས་ཡི་རངས།

隨喜一切有寂之妙善，

I rejoice in all the virtuous goodness of existence and of peace,

ཀླ་མེད་ཆོས་ཀྱི་འཁོར་ལོ་བསྐོར་བར་བསྐུལ།

祈請轉動無上正法輪。

and I request that you turn the wheel of the unexcelled Dharma.

བསྐལ་བརྒྱར་ཅུ་ངན་མི་འདའ་བཞུགས་གསོལ་འདེབས།

百劫之中安住勿涅槃，

I beseech you to remain for one hundred eons without passing into nirvana,

དགེ་རྩ་མི་གནས་བྱང་ཆུབ་ཆེན་པོར་བསྔོ།

善根迴向無住大菩提。

and I dedicate my roots of virtue to great unabiding awakening.

སངས་རྒྱས་སྲས་བཅས་བསོད་ནམས་མཐུ་དཔལ་དང་།

諸佛佛子福德威神力，

By the merit, power, and splendor of the buddhas and their children,

།དུས་གསུམ་བསགས་པའི་ལེགས་བྱད་གང་མཆིས་དང་།

三世所積一切善根力，

by every single deed of goodness in the three times,

།སྟོང་ཉིད་རྟེན་འབྱུང་བསླུ་མེད་བདེན་པ་ཡིས།

空性緣起無欺諦實力，

and by the unfailing truth of emptiness and dependent origination,

།བདག་གཞན་འབྲེལ་ཐོགས་འགྲོ་བ་མ་ལུས་པ།

自他結緣所有諸眾生，

may I and all other beings with whom I have made a connection,

།ནམ་ཞིག་འཆི་བའི་དུས་བྱེད་གྱུར་པའི་ཚེ།

此生壽盡臨欲命終時，

when the time of death has come,

།འཁོར་བ་ངན་སོང་སྐྱེ་གནས་ཀུན་སྤངས་ཏེ།

輪迴惡趣生處皆摒棄，

Leave behind all further rebirths in the evil of samsara.

།དག་པའི་ཞིང་མཆོག་པདྨས་ཞེབས་པ་རུ།

刹那之間願能化生於，

May we miraculously take birth, within a single instant,

308

།སྐྱེད་ཚིག་ཚམ་གྱིས་བཏུས་ཏེ་སྐྱེ་བར་ཤོག
最勝淨土蓮花遍滿中。

In the eminent Lotus-Covered Realm.

རིན་ཆེན་བྱང་ཆུབ་སེམས་ཀྱིས་ས་བོན་ནི།
大寶菩提覺心之種子，

Precious bodhichitta is its seed,

།རྒྱལ་བའི་སྲས་ཀྱིས་ཡོངས་སྦྱངས་ལས་སྨིན་པ།
菩薩發心淨化得成熟；

matured from the purification of the Victors' heirs;

སྙིགས་མ་ལྔ་ཡི་མིང་ཡང་མི་གྲགས་ཤིང་།
五濁煩惱之名亦不聞；

there, even the names of the five degenerations are unknown,

།ཡོ་མཚར་ཡོན་ཏན་བྱེ་བས་རབ་བརྒྱན་པ།
千億稀有功德極莊嚴。

and everything is adorned with wondrous qualities—

།པདྨས་ཁེབས་པའི་ཞིང་དུ་སྐྱེ་བར་ཤོག
願往蓮花遍滿剎土中！

may we take birth in the Lotus-Covered Realm!

།ཁྱུ་ཡངས་ཤིང་རྒྱ་ཆད་དཔག་ཏུ་མེད།

方所廣博維度無限量，

Expansive in size, its dimensions are boundless,

།ལག་མཐིལ་ལྟར་མཉམ་གསེར་གྱི་ས་གཞི་ལ།

平坦如掌黃金大地上，

its golden earth, smooth as the palm of the hand

།རིན་ཐང་མེད་པའི་རིན་ཆེན་གཅལ་དུ་བཀྲམ།

鋪展無價奇珍異寶類。

and strewn all around with priceless gems.

།པདྨས་ཁེབས་པའི་ཞིང་དུ་སྐྱེ་བར་ཤོག

願往蓮花遍滿剎土中！

May we take birth in the Lotus-Covered Realm!

ནོར་བུའི་ལྗོན་ཤིང་གསེར་གྱི་དྲ་བས་འབྲེལ།

寶樹黃金網羅所連成，

Its jewel trees are strung with lattices of gold,

།ལོ་འདབ་སྲབ་འཇམ་ཡངས་པའི་དར་ཟབ་གོས།

樹葉柔軟繁茂如絲絨，

with soft leaves supple and lush like velvet,

།འབྲས་བུ་ཆུ་ཡི་བཅུད་དང་རིན་ཆེན་སྨིན།

結滿甘露珍寶藥果實。

and fruits of nectar and divine precious gems.

།པདྨས་ཁེབས་པའི་ཞིང་དུ་སྐྱེ་བར་ཤོག

願往蓮花遍滿剎土中！

May we take birth in the Lotus-Covered Realm!

།ཡན་ལག་བརྒྱད་ལྡན་ཆུ་ཀླུང་རྣ་ཚོགས་འབབ།

八功德水潺潺而流淌，

There, streams of water flow with all eight qualities,

།དྲི་ཞིམ་སྤོས་ཆུའི་རྫིང་བུས་ཀུན་ནས་གཏམས།

遍滿曼妙芬芳香水池，

and fragrant pools are perfumed with sand

།གསེར་གྱི་བྱེ་མ་རིན་ཆེན་པ་གུས་བཀོར།

金沙鋪滿珍寶流蘇綴。

that is golden and fringes set with jewels.

།པདྨས་ཁེབས་པའི་ཞིང་དུ་སྐྱེ་བར་ཤོག

願往蓮花遍滿剎土中！

May we take birth in the Lotus-Covered Realm!

ལ་བྱ་ཁྱུང་ནེ་ཙོ་ངང་ངུར་སོགས།

孔雀仙鶴鸚鵡妙天鵝，

There are peacocks and cranes, parakeets, and swans,

ཁྱད་པའི་འདབ་ཆགས་ལྟ་བས་ཆོག་མི་ཤེས།

奇珍異鳥見皆無能厭，

and many other fascinating birds—quite miraculous,

ཀུན་ཀྱང་སངས་རྒྱས་མཐུ་ཡིས་ཆོས་སྐྲ་སྒྲོག

皆因佛力宣鳴正法音。

all through the Buddha's power—singing Dharma songs.

པདྨས་ཁེབས་པའི་ཞིང་དུ་སྐྱེ་བར་ཤོག

願往蓮花遍滿刹土中！

May we take birth in the Lotus-Covered Realm!

ཡིད་འོང་མེ་ཏོག་ཕྲེང་བས་ཀུན་ཏུ་ཁེབས།

遍覆一切悅意妙花鬘，

Flower garlands unfurl their loveliness everywhere,

པདྨོའི་སྐྱེད་ཚལ་འདོད་རྒུ་ཡིད་བཞིན་འབྱོ།

寶蓮庭院妙欲隨願滿，

lotus groves yield all conceivable wishes,

།བསིལ་ཞིང་དྲི་ངད་པ་རེག་ན་བདེ་བ་རྒྱུ།

清涼香風輕撫樂綿延。

and cool breezes are pleasant to the touch.

།པདྨས་ཁེབས་པའི་ཞིང་དུ་སྐྱེ་བར་ཤོག

願往蓮花遍滿刹土中！

May we take birth in the Lotus-Covered Realm!

།ངན་འགྲོའི་སྐྱེ་གནས་བྲལ་ཞིང་ལྷ་དང་མི།

遠離惡趣生處天人身，

Free from lower rebirth, the blissful qualities of the realms

།མཐོ་རིས་ཡོན་ཏན་འཕགས་པའི་ནོར་བདུན་གྱི།

善趣功德聖者七資財[1]，

of both gods and men, the seven riches of noble beings,

།འབྱོར་པ་རབ་རྒྱས་བདེ་ཞིང་ལོ་ལེགས་པ།

以此獲富饒樂常豐年。

are abundant, and all harvests are excellent.

།པདྨས་ཁེབས་པའི་ཞིང་དུ་སྐྱེ་བར་ཤོག

願往蓮花遍滿刹土中！

May we take birth in the Lotus-Covered Realm!

།དངས་མ་བསམ་གཏན་ཟས་ཀྱིས་བདེ་བར་འཚོ།

精髓禪定飲食所滋養，

Happily nourished by the pure food of meditation,

།ཚེ་རབས་དྲན་བློ་གྲོས་གཟུངས་སྤོབས་ལྡན།

通曉宿命總持辯才慧，

remembering past lives, possessing wisdom, recall, and eloquence—

།དེར་སྐྱེས་ཕྱིར་མི་ལྡོག་པའི་ས་ལ་གནས།

甫生彼處即達不退地。

rebirth there means reaching the level of nonreturner.

།པདྨས་ཁེབས་པའི་ཞིང་དུ་སྐྱེ་བར་ཤོག

願往蓮花遍滿刹土中！

May we take birth in the Lotus-Covered Realm!

།རྒྱན་གོས་ཡོ་བྱད་རོལ་མོའི་ཁྱད་པར་སོགས།

服裝寶飾資具妙音樂，

Myriad ornaments, garments, supplies, and musical instruments—

།འདོད་པའི་ཡོན་ཏན་བསམ་པ་ཙམ་གྱིས་འགྲུབ།

欲妙享受僅念即成就，

all these and other valuable things, ours by merely thinking of them.

ཁྱིང་འཛིན་པའི་ཕུན་ཕྱུག་བསལ་ནག་ཏུ་མེད།

具三摩地大樂無憂苦。

Enjoying samadhi's bliss, and free from pain and suffering,

ཕདྲས་ཁེབས་པའི་ཞིང་དུ་སྐྱེ་བར་ཤོག

願往蓮花遍滿剎土中！

may we take birth in the Lotus-Covered Realm!

ལྷ་ཡི་མེ་ཏོག་སྦྲོས་ཆུའི་ཆར་རྒྱུན་འབེབས།

天雨妙花香水常氤氳，

Amid showers of flowers divine, and fragrant water,

སྤྲུལ་པའི་ལྷ་མོས་མཆོད་ཅིང་བསྟོད་དབྱངས་སྒྲོག

幻化天女奉養詠讚音，

magical goddesses offer praise in melodious voices,

ཉིན་དང་མཚན་མེད་རྒྱལ་བའི་འོད་ཀྱིས་ཁྱབ།

無有晝夜佛光皆普被。

and day and night the Conqueror's light pervades.

ཕདྲས་ཁེབས་པའི་ཞིང་དུ་སྐྱེ་བར་ཤོག

願往蓮花遍滿剎土中！

May we take birth in the Lotus-Covered Realm!

།བར་དོར་སངས་རྒྱས་སྤྲུལ་པས་མདུན་བསུ་ཞིང་།

願於中陰諸佛化身迎，

May we be welcomed in the bardo by emissaries of the buddhas,

།སྒྲིབ་པའི་དྲ་བ་མ་ལུས་ཕྱིར་བསལ་ཏེ།

斷除一切惑障之羅網。

waving aside, in an instant,

།སྐད་ཅིག་ལགས་པ་བརྐྱང་བསྐུམས་ཙམ་ཞིད་ལ།

猶如屈伸手臂刹那間，

all our webs of obscuration.

།དག་པའི་ཞིང་ཁམས་མཆོག་ཏུ་སྐྱེ་བར་ཤོག

願往殊勝清淨刹土中！

May we take birth in this supreme pure realm!

།ཞིང་དབུས་རིན་ཆེན་ལས་གྲུབ་གཞལ་ཡས་ཁང་།

刹土中央珍寶無量宮，

The palace at its center is built of precious gems

།བྱང་སེམས་སྨོན་ལམ་སྤྲུབས་ལས་རྣམ་འཕྲུལ་པ།

乃由菩薩願力所化成，

magically conjured by the power of the bodhisattva's aspirations,

།བཀོད་པའི་ཁྱད་པར་བློ་ལས་འདས་པའི་ནང་།

不可思議種種莊嚴類，

with extraordinary arrangements surpassing every thought.

།རྒྱལ་སྲས་རྒྱ་མཚོས་མདུན་གྱིས་བལྟས་པའི་དབུས།

佛子海會皆看向中央，

Within it, surrounded by oceans of bodhisattvas,

།གཏེར་ཆེན་ཆོས་ཀྱི་རྒྱལ་པོ་མཆོག་གྱུར་གླིང་།

大伏藏師法王秋吉林，

is the king of Dharma, the Great Tertön Chokgyur Lingpa,

།མངོན་བྱང་དབྱིངས་ལས་གཟུགས་ཀྱི་སྐུར་བཞེངས་པ།

從現等覺界所現色身，

a rūpakaya arisen from the space of full awakening,

།སེམས་དཔའ་ཆེན་པོ་པདྨའི་ཀྱུ་གུ་ནི།

摩訶薩埵蓮花芽聖尊，

none other than the great bodhisattva Lotus Essence.

།དམར་གསལ་ཉིན་བྱེད་སྟོང་གི་གཟི་འབར་བ།

紅亮百千大日威光熾。

Brilliant red in color, glowing like a thousand suns,

ཁྱག་གཡས་མཆོག་སྦྱིན་འདོད་འབྱུང་ནོར་བུས་མཚོན།

右手勝施印持如意寶，

with his right hand held in the boon-granting gesture, he holds a wish-fulfilling jewel.

ཁྱོན་པས་སྐྱབས་སྦྱིན་ཁུ་བ྄ལ་ཚེ་བུམ་བསྣམས།

左手護印持睡蓮壽瓶。

In his left he holds, in the refuge-granting gesture, a blue-colored lotus with a vase of longevity;

དར་དང་རིན་ཆེན་རྒྱན་སྤྲས་མཆན་དཔེ་རྫོགས།

寶綢嚴飾相好普圓滿，

silks and jewels adorn him, and the major and minor marks are complete.

ཕྱེད་སྐྱིལ་པདྨ་ཉི་ཟླའི་གདན་ལ་བཞུགས།

蓮花日月墊上半跏趺，

Seated in half-vajra, on a throne of lotus, sun, and moon,

ཐུགས་རྗེའི་འོད་ཟེར་ཕྱོགས་བཅུའི་ཞིང་དུ་འཕྲོ།

大悲光芒普照十方刹，

he radiates compassion to all realms of the ten directions.

ཇི་མེད་སྤྱན་རས་གདུལ་བྱར་རྟག་ཏུ་གཟིགས།

無瑕眼眸常觀所化眾，

His immaculate eyes gaze constantly on the beings to be tamed,

།ཐེག་ཆེན་ཕྱིར་མི་ལྡོག་པའི་ཆོས་སྒོ་ཕྱེན།
廣開不退大乘正法門，

guiding them through the doorway of the irreversible Mahayana,

།འབྲེལ་ཆད་བྱང་ཆུབ་སྙིང་པོར་དབུགས་འབྱིན་པ།
結緣得滅度於菩提藏，

establishing any who connect with him in the state of supreme awakening.

།རྒྱལ་སྲས་མཆོག་དེའི་ཞལ་རས་མཐོན་སྙམ་དུ།
最勝佛子彼顏願現見，

Upon seeing the face of this eminent bodhisattva,

།མཐོང་ནས་ཞི་བསིལ་བདུད་རྩིའི་རོ་མཆོག་མྱང་།
得嘗清涼寂靜甘露味，

one savors the cooling taste of the most supreme of nectars.

།རྟག་ཏུ་དམ་པའི་ཆོས་ཀྱི་མཛོད་འཛིན་ཅིང་།
恆常執持妙法珍寶藏，

Constantly maintaining the treasury of sacred Dharma,

།བྱང་ཆུབ་ཆེན་པོར་ལུང་བསྟན་ཐོབ་པ་དང་།
獲得授記決定成大覺，

may we receive for ourselves the prophecy of great awakening;

།བཟང་པོ་སྤྱོད་པ་རྒྱ་མཚོ་མཐར་ཕྱིན་ནས།

究竟圓滿普賢行願海，

May we bring to perfection an ocean of noble deeds;

།རྒྱལ་བ་ཀུན་བསྔགས་ཞིང་མཆོག་དམ་པ་རུ།

於諸勝者所讚勝妙剎，

and, within this realm sublime, praised by all the buddhas,

ཚེ་དང་ཡེ་ཤེས་གཟི་བརྗིད་དཔག་མེད་ཅིང་།

壽命智慧威光皆無限——

amid all the boundless splendor of vitality and wisdom,

།རྣམ་ཀུན་མཁྱེན་པའི་སངས་རྒྱས་ཉིད་གྱུར་ཅིག

遍知諸相佛果願成就！

may we awaken to the buddhahood of omniscient wisdom!

།སངས་རྒྱས་སྐུ་གསུམ་བརྙེས་པའི་བྱིན་རླབས་དང་།

諸佛獲證三身加持力，

By the blessings of the buddhas who have attained the three kayas,

།ཆོས་ཉིད་མི་འགྱུར་བདེན་པའི་བྱིན་རླབས་དང་།

法性不變真諦加持力，

by the blessings of the unchanging truth of dharmata,

།དགེ་འདུན་མི་ཕྱེད་འདུན་པའི་བྱིན་རླབས་ཀྱིས།

僧伽不壞意樂加持力，

and by the blessings of the unshakable will of the sangha,

།ཇི་ལྟར་བསྒྲུབས་ཤིང་སྨོན་པ་འགྲུབ་པར་ཤོག

所作迴向發願皆成就！

may our every wish and dedication be fulfilled!

ཞེས་གི་སློང་ལས་འབྱུང་ཐབ་གསང་གི་མཆོག་བདག་ཀུན་མཁྱེན་བླ་མ་རིན་པོ་ཆེའི་ཐུགས་གཏེར་འབབ་པའི་ཡིག་ཆ་ཉིད་ཁ་ལམས་འདེགས་ལུ་སྐྱབས་བགྱིད་དགོས་པའི་བཀའ་བསྐུལ་རྩེ་གཅིག་པོར་ཡོད་པ་དང་། གནས་མོ་གངས་རྩ་སྤྲུལ་པ་དང་དཔལ་ཆེན་སྔགས་འཆང་ཨོ་རྒྱན་བསྟན་འཛིན་སོགས་སྐྱེ་བུ་དམ་པ་གངས་ཀྱི་བསྐྱར་བསྐུལ་ལས། པདྨ་གར་དབང་བློ་གྲོས་མཐའ་ཡས་རིས་མེད་དབེན་པའི་རི་ཁྲོད་ལུ་བྲིས་པ་ས། སརྦ་སིངྒྷི་བྷ་བ་ཏུ། དགེ་ལེགས་འཕེལ། །།

此乃深密教主遍智上師²敕令說：「為作服務於意伏藏教法而撰寫書文時，應當作此文。」並經乃多覺拉活佛和巴慶持咒者鄔金丹增等諸多善士反覆勸請，為滿所願，由貝瑪嘎旺羅卓泰耶³於山居僻靜處所作。願如是成就，善妙增上！

I have had the honor of serving the Omniscient Guru, sovereign of profound secrets, as a scribe. On this particular occasion, as I was committing to writing the profound teachings revealed from his wisdom mind, he said I should compose an aspiration for the Lotus-Covered Realm. Thus, honoring his command as well as the oft-repeated requests of the Chö Lama and Tulku of Nendo, and of the tantrika Orgyen Tenzin, and others, this aspiration to be reborn in the pure land was written by Pema Garwang Lodrö Tayé in a remote mountain retreat. *Yatha siddhir bhavatu.* May virtue and excellence increase!

---

1 聖者七資財是指：（1）信財、（2）戒財、（3）施財、（4）聞財、（5）慚財、
　（6）愧財、（7）定慧財。
2 遍知上師是指蔣揚欽哲旺波。
3 貝瑪嘎旺羅卓泰耶即蔣貢康楚。

藏區涅頓寺四柱大殿內的秋吉林巴畫像壁畫，在大伏藏師住世期間繪製。

第二十一章

秋林世系

烏金督佳仁波切作

慈克秋林傳承或給拉秋林傳承

第二世秋吉林巴，貢秋丹貝加參（1871—1939）

秋吉林巴圓寂時，他的兩個兒子均無子嗣，兩位蔣貢（蔣揚欽哲旺波和蔣貢康楚）認為認證轉世祖古刻不容緩。於是，第二世秋吉林巴——來自德格金薩家族的貢秋丹貝加參被尋獲並得到認證。有一天，這個男孩被放在高高的法座上，兩位蔣貢迎請秋吉林巴智慧身融入，加持他與大伏藏師無二無別。自那時起，貢秋丹貝加參便具有與秋吉林巴同樣的心相續。他坐床當天，道道彩虹飛旋，紛紛花雨飄落。

他的根本上師是蔣揚欽哲旺波。此外，他還從蔣貢康楚及其他上師處領受教法。在接受良好教育之後，兩位蔣貢告訴他：「去給拉！你的大多數佛行事業在那裡等著你。」同時問他：「你有自己的授記伏藏，你是想繼續前世的教法，還是集中精力尋找自己的伏藏？」他回答：「我想繼續前世的教法。」兩位蔣貢非常歡喜，他們說：「這正是我們想要的答案。不論你是在給拉修建泥土寺院，還是在別處修建黃金寺院，功德都一樣。」隨即為他踐行。

他在給拉見到旺秋多傑，他們一起擴建寺院、道場和佛堂，製造佛像。他下令雕刻三十函教法木刻板，舉行秋林大成就法會，從事各種金剛舞表演，賜予眾多教法。

宗薩欽哲確吉羅卓經常從他那裡領受灌頂和傳承。有一次，他在甘露法藥大成就法會期間製作的法藥全部自然變成蓮師像。他曾持誦一億遍金剛上師心咒，人們認為他已圓滿一切。

由於戰爭原因，他遭到逮捕囚禁。以為自己快要死了，他向蔣揚欽哲旺波做祈請。蔣揚欽哲旺波在淨觀中出現，身形如高山一般，對他說：「今天你不用擔心。」他便對看守士兵說：「我不想見普通士兵，帶我去見你們的最高長官。」士兵真的帶他去見了。會談結束後，最高長官非常喜歡他，請他做雙方調解者。他同意安排兩軍頭領會面，為此雙方都十分尊敬他。隨後，他啟程出發去衛藏朝聖。

他極大地利益了秋林傳承，若不是他安排人將《秋林德薩》刻在木板上，這些教法恐怕現在早已不復存在。他還在給拉山腳下興建閉關院。在個人修行方面，他晚年達至大圓滿的「法性融盡」。

當他見到第三世涅頓秋林仁波切時，後者尚且年幼，他認證後者為另一位秋林祖古，並且傳授了許多教法。他總是說：「等我死後，會投生在雅礱，那是整個藏區最令人愉悅之地。」他活到暮年，在七十二歲時示現圓寂。

第三世給拉秋林（1940—1952）

第三世給拉秋林出生在吉美林巴法座附近的雅礱，由噶瑪巴認證。這位祖古被帶到給拉寺坐床，他學習十分刻苦，所有人都寄望他會成為一位偉大的上師。但由於不善緣起，最後事與願違，他十三歲就圓寂了。這位祖古後來又有兩位轉世，其中一位出生在德格頂礱，

由宗薩欽哲確吉羅卓認證，他被帶到給拉寺坐床，不久後由於戰爭，又被帶回德格。[1]

第四世慈克秋林，明就德瓦多傑（1953—2020）

藏曆十六年一遇的水龍年冬天，明就德瓦多傑在拉薩出生，母親是雪龍貴族之女昆桑德千。伴隨著他的出生，出現了許多吉祥瑞兆。他被取名為德瓦（意指喜悅）。

他從小便自然具有聖者功德，毫無困難便學會了從讀寫開始的所有科目。第十六世噶瑪巴日佩多傑認證他是秋吉德千林巴的轉世。

十歲時，他被送到隆德寺謝珠確闊林佛學院，進行律藏、初等和高等論藏、《入中論》、因明、《彌勒五部論》[2]以及各宗派經典的學習。此外，他還接受密咒乘外、內密續教法，其中包括《甚深內義》《喜金剛根本續》、蔣貢康楚《知識寶藏》的根本頌和釋論。他完整學習以上所有內容，並從噶瑪巴日佩多傑處領受了五大藏中其餘四大藏和岡倉噶舉的全部教法。

尤其是，作為一位非凡的弟子，他得到當代無可置疑的大成就者伏藏師、雪域一切智成頂嚴的依怙主頂果欽哲久美德秋加珍的極大恩惠。如滿溢寶瓶般，他從無數大師那裡領受了眾多遠傳和新、舊伏藏灌頂教授。特別是，他獲得了自己前世秋林深奧伏藏法的成熟灌頂、解脫竅訣和所依口傳，由此成為頂果欽哲仁波切的心子。

這位秋林祖古絕非凡夫俗子，他有許多蓮師的淨相，有時會作出非常可靠的授記。在我看來，他是真正的慈克秋林祖古。他與戴德家族之女德千巴炯成婚，他們育有二子，次子被認證為頂果欽哲的轉世，現在所有人都對這個男孩寄予厚望。

涅頓秋林傳承

涅頓秋林的世系脈絡如下：

秋吉林巴圓寂前交給弟子噶美堪布仁千達傑一封信，對他說：「將來有段時間你會非常沮喪，那時再打開這封信，此前不要打開。」噶美堪布便將這封信保存在聖物箱中。秋吉林巴圓寂後，噶美堪布為大伏藏師尚無任何孫輩而感到萬分悲傷，於是拆開那份信，信中寫道：「我會回老家。」他將這封信交給蔣揚欽哲旺波。蔣揚欽哲旺波說：「果不出我所料，這的確是秋吉林巴的信。我們馬上就要有一位涅頓祖古了。」

第二世涅頓秋林，涅頓竹貝多傑（1873—1927）

出生在賈蘇家族的祖古被適時尋獲，隨後被帶到涅頓寺，取名為涅頓竹貝多傑。這個非凡的男孩從小就超凡脫俗，示現了許多神跡。他誰的話都不聽，沒人管得住他。有時他會把衣服掛在太陽光線上。指導老師試圖教他閱讀，但他不肯學習，只是玩耍。經師經常揍他，他卻滿不在乎。即使把他鎖在房間裡，但仍能看到他在外面玩兒。

有一天，他在屋頂上玩鬧，經師呵斥他，威脅要打他屁股。他試著逃走，直接從三層建築的屋頂跳下去，然後安全落地。經師跑下來抓他，他又跳回到屋頂上。他就是不肯讀書，經師只好將他揍一頓。他叔叔德瑟旺秋多傑對經師說：「你不能打他，我們家族不存在不識字這件事。如果他真學不會，那一定是他自己的業。」等他長大些，即便沒人教他，他也學會了讀書。

他去到德格跟蔣揚欽哲旺波和蔣貢康楚兩位大師待在一起七年，領受他們的教法和口授。在蔣貢康楚最後一次傳授《大寶伏藏》時，他擔任事業闍黎。隨後，他返回康區法座涅頓寺。

他進行了相當長時間的閉關。作為密乘瑜伽士，他的主要明妃是昆桑確炯，此外還有許多其他明妃，但卻沒有兒子。曾經有一、兩個女人找上門來，聲稱他是她們孩子的父親，但那些孩子很快便全都夭折了。被問及此事，他回答說：「他們不是我的兒子，所以肯定是一髻佛母生氣了。」

他的行為就像印度大成就者那般粗魯，酗酒過度、吸食鼻煙。當人們前去拜見他時，他會叫人帶女人和酒過去。他具有極高的證量，能立即知道來訪者的想法，並且會當場揭發他們所有隱藏的過失。當高僧大德或顯要人物來訪時，他會讓侍者放著響屁、赤身裸體地進去奉茶。

涅頓竹貝多傑圓滿了所有大圓滿的修持，身體幾乎沒有影子。阿瓊堪布見到他後，說道：「在恆河這邊，再沒有比他證量更高的修行人。」宗薩欽哲確吉羅卓也前去涅頓寺，從根本上師涅頓秋林那裡領受《大圓滿三部》教法。有一天，宗薩欽哲確吉羅卓問他：「人們都說您讀誦速度很快，我想見識一下。」說著便掏出《甘珠爾》中的《時輪金剛根本續》，請他讀誦。他說：「我什麼都看不見，沒辦法讀。」宗薩欽哲央求道：「至少讀一點兒就好。」他便逐字拼讀，欽哲又央求道：「請好好讀。」他回答說：「看來我要是不讀的話，你是不打算讓我安生坐著了。我得先來點鼻煙。」

他吸了一大口鼻煙，然後用布擦了擦手指，接著開始以驚人的速度，從頭到尾通讀了一遍《時輪金剛根本續》。他說：「我可以同時看到紙的正反兩面，但舌頭只能讀正面的！」

他一共傳授了三次《大寶伏藏》、四次《秋林德薩》全集和七次《四心滴》。他擁有很多不可思議的弟子，還無數次示現過神通。有一次，在跳金剛舞時，閃電不偏不倚正好擊中他的頭，連他腳下的石

頭都被擊得粉碎，他卻毫無畏縮，也未中斷跳舞。

他喜歡冒險。我們家鄉附近有條大河，有一天，他想划船過河。他拿著槳上船，當船到河中央時，他把兩支槳全都扔入河中，船被湍急的水流直接沖向下游。侍者們全都嚇得閉上眼睛，他卻哈哈大笑著。住在岸邊的人大喊：「上師被河水沖走了！」人們沿著河岸一路追趕，無奈水面太寬，他們也無能為力。

最後，船被沖到激流處，在進入激流前，他徒手抓住一塊大石，對居住在水中的龍神波讓居士說：「現在可以了！」船立即逆流直上。他在岩石上留下一個很深的手印，雖然無人能上去那塊岩石，但通過望遠鏡依稀可見上面的手印。

他在涅頓寺上方修建了一所小房子，大部分時間都安靜地坐在裡面，雙眼凝視虛空，有時會突然開懷大笑，問他發生了何事，他會說某人正在某地做某件滑稽事。

四十六歲時，他決定去類烏齊寺。臨行前，他對所有人說：「我不會再回來了。如果你們想見我，得過來找我才行。」他派人叫來佛母和明妃，贈予她們建言和禮物，並說：「我們此生不復再見。在你們臨終時，我會前來接你們。」

他身穿精美服飾，在最富有僧人的陪同下，騎馬離開。在類烏齊寺達隆噶舉側殿內，他開始進行《甚深七法類》中的普巴金剛大成就法會。時不時地，他在法會期間病倒。醫生開了藥，但他基本不吃。有時就算服下，也會用指尖再把藥摳出來。

法會圓滿時，他說：「我們明天返回涅頓寺。」次日，他們只行進了一小段路，就支起帳篷安營扎寨。他不帶絲毫憂傷地說：「今晚我們在路下方搭帳篷，不要在路上方。睡覺時，我們頭朝下方山谷，不要朝上，因為今晚我會死去。我的身體不會保持禪定姿勢，你們找

根繩子綁在我脖子上，放進袋子裡，把我直接送回涅頓寺。我的轉世即刻會在德格出生。」

陪同僧人都很年輕，不滿二十五歲。有人說：「他有很大神通，今晚可能真會圓寂。」也有人說：「可能不會，他只是在嚇唬我們，今天他可是又騎馬又唱歌的。」

那天夜裡，他真的示現了圓寂。年長的僧人說：「他可能真圓寂了，拿根頭髮放到他鼻子下面試一試吧。」一試，頭髮紋絲不動，那天是藏曆五月初三，年輕的僧人都哭了，年長的僧人說：「別哭了，我們上師可不像其他的喇嘛，應該按照他的吩咐去做。」他們用一根繩子繫在他脖子上，將法體放入袋中，帶回涅頓寺。

那晚出現了許多神奇徵兆，類烏奇寺的人說：「昨晚出現很多徵兆，秋林仁波切肯定圓寂了，我們得過去看看。」他們啟程追趕，但陪同僧人早在黎明前就出發了。茶毗大典在涅頓寺舉行，骨灰中發現很多舍利，他的心臟沒有焚燒，依然鮮紅完好。舍利被安置在佛塔中，後來佛塔被毀，有位僧人將心臟妥善保管下來。這就是涅頓竹貝多傑的生平故事。此外，他還撰寫了許多著作和教法指導。

第三世涅頓秋林，貝瑪久美（1928—1973）

涅頓竹貝多傑剛一圓寂，涅頓寺就派人去德格尋找他的轉世祖古。他們詢問宗薩欽哲碓吉羅卓，得到回覆說：「那裡可能已經有轉世了。我有一個淨觀，祖古現在德格。」僧人們想馬上過去接回祖古，但宗薩欽哲說：「他在麥宿一個叫布覺的地方，離蔣揚欽哲旺波的法座不遠。那戶人家叫贊秋，母親叫巴桑卓瑪，此刻尚未分娩，祖古仍在胎中。」

僧人們又等了四個月，直到祖古出生，宗薩欽哲為祖古取名為貝

瑪久美。人們到後來知道宗薩欽哲是如何得知的。大約藏曆五月十五那天，宗薩欽哲打了個盹，涅頓竹貝多傑出現在他面前，對他說：「我已圓寂，轉世會出現在贊秋家族。」宗薩欽哲便將此事寫在日記中。後來，他把那頁紙撕下來，交給我們的一位侍者。這張紙至今仍保留在印度的比爾。

貝瑪久美家境貧寒，他五歲時被送到涅頓寺，在那裡接受廣泛的學習。十七歲時，他在一群僧人的陪同下，前去拜見宗薩欽哲，領受了包括菩薩戒在內的諸多教法。在返回涅頓寺前，他還從八蚌寺司徒貝瑪旺秋加波那裡接受了大量的灌頂和傳承。

他想在涅頓寺建立一所佛學院，於是修建了一棟新建築。他邀請瓊珠嘎江前去寺院講授《大圓滿三部》。佛學院竣工後，他還邀請嘎陀寺最高階堪布慈誠尼瑪前去教授。此外，他還研習十三大論和許多明處。

二十九歲時，他心想，「這還不夠，我必須再去見宗薩欽哲。」他帶著一、兩名侍者祕密離開。途中，看見前方有頭騾子突然從陡峭的崖邊滑下去，他用一隻手便將騾子拉了上來，許多人目睹了這一幕。起初他還想，「我蠻有力氣的。」過後方意識到，那肯定是護法神所為。為了安全抵達德格，此後一路，他每天都做一髻佛母的供贊。因為一髻佛母曾對他說過，「如果你去德格，我會幫助你。」

抵達德格後，在他去見宗薩欽哲的前一天晚上，宗薩欽哲夢見一髻佛母對自己說：「現在我把他交給你來照顧。」因此宗薩欽哲告訴他，「一髻佛母真的非常關照你！」事實果真如此。在他第一次去涅頓寺時，還只是個孩童，當時母親沒有隨行，但他感覺一直有位慈母在照顧他，只不過別人看不見罷了。後來他意識到，那肯定就是一髻佛母。

他從宗薩欽哲那裡領受了《大寶伏藏》《教敕藏》，以及其他所有不同宗派的教法。有一天，宗薩欽哲在為一大群人傳授出家戒時，對他說，「你也應受戒為僧，但不會一直保持。從來沒有哪位秋林祖古是僧侶，但今天你要把握機會，因為將來我不會再傳出家戒了。」就這樣，他領受了沙彌戒和出家戒。

他跟隨許多堪布學習各部大論，常常參加辯經，研習聲明和醫明。有一天在學習因明時，他發現自己無法理解其中的內容，於是便向薩迦班智達做祈請。接著，他合上書睡著了。在夢中，一位戴過肩班智達帽的長鷹鉤鼻僧人坐在他身邊，問他：「你在學習因明？」他回答：「是的，但我不明白。」「沒什麼不明白的。」僧人邊說邊打開他的書本，正好翻到他不懂的那一頁。僧人講解一遍，他立刻就明白了。他問班智達：「你是誰？」僧人回答：「我是袞嘎堅贊。」他瞬間醒來，這是一個多麼神奇的夢！他打開書本，發現自己跟夢中一樣，全懂了。

他還喜歡壯觀場面。有天晚上，一髻佛母在夢中對他說：「你喜歡奇觀，看吧！我將向你展示不僅這個世界的，而是整個三千大千世界的真正偉大奇觀。」她用一把刀剖開自己的胸膛，裡面如雲堤般積聚了無數大千世界和宇宙，清晰而分明。

他還在另一個夢中見到一髻佛母，她雙腿分開站立，頭上是三角架顱骨杯，顱骨杯中有朵瑪——還有大樂蓮師坐在閃耀的虹光中。當他看的時候，只見大樂蓮師融入朵瑪，朵瑪融入顱骨杯中的血供，血供開始沸騰，一髻佛母立即伸手取下顱骨杯，遞給他，說：「喝下它！」他一飲而盡。接著他就醒了，但卻醉得完全站不起來。

有一天，宗薩欽哲告訴他在某地能找到一塊屬於一髻佛母的特殊石頭。他便找到這塊石頭，把它供養給宗薩欽哲。還有一次，他和貢

納活佛一起去屍林尋找顱骨，他們搜尋了很多具屍體，最後只帶回一個顱骨。他把它藏在床下，但整晚它都在床下震動作響、跳來跳去。幾天後，宗薩欽哲問他是不是找到一個顱骨，他意識到宗薩欽哲的神通，便回答說「是的。」宗薩欽哲說：「我要那個顱骨。」

他在宗薩停留一段時間後，返回自己的住地，進一步擴建了現有閉關院，並任命慈誠尼瑪為佛學院首任堪布。慈誠尼瑪去世後，下一任堪布是古瑪仁千，然後是巴登堪布。第四任是耶喜仁增堪布，他跟巴登堪布相繼被囚禁。

他建造了許多佛陀身、語、意象徵的佛龕，包括一尊由金銅所製的一層樓高的蓮師像和幾尊蓮師二十五弟子等身像。

他後來成為瑜伽士，與朗桑家族之女成婚。他一生傳授了許多灌頂和口傳，關於主要的《秋林德薩》，他一共傳授了四次。第一次是在涅頓寺，他向包括偉大上師和祖古在內的四十位會眾給予口傳。在《所願任成》灌頂期間，所有人都快暈厥過去，大家都在問：「發生了什麼？」他的弟子都有不同的淨相，流下虔敬的眼淚。在場承諾修持《普賢意滴》的人當中，許多後來都能自由穿過岩山。

第二次是在尼修寺，他在那裡有很多弟子。在《所願任成》灌頂期間，智慧本尊融入會眾，令他們可以講說梵語。在準備長壽五姐妹灌頂時，他聽見顱骨杯中發出聲響，抬頭一看，甘露正在沸騰，長壽五姐妹在蒸汽中敲擊著手鼓，隨後融入甘露中。

他還在康區舉行許多次大成就法會。在其中一次甘露法藥大成就法會期間，顱骨杯中的乾燥法藥全都化成甘露。還有一次，他在步行兩天以外的地方為一位去世的功德主修頗瓦法，屍體的頭明顯抽搐，一撮頭髮從頭頂脫落下來。

同前世差不多，他也嗜好喝酒、吸食鼻煙。傳言他有許多女朋

友，他還喜歡槍，並且精於槍法。

有一次，宗薩欽哲在去拉薩途中到訪涅頓寺。為了教法和眾生，欽哲讓他在一處名叫嘎瓦頂的地方建造一座新寺院，那裡曾有松贊干布時期建成的寺院現在淪為廢墟。他開始著手這項工作，有很多人在他手下做事。欽哲告訴他會出現一些障礙，需要舉行秋林伏藏法中的閻魔敵回遮法會，以淨除這些障礙。

於是，他在側加山洞進行閉關。他把除障朵瑪放在一個巨大的鐵碗中，進行為期七天的閻魔敵修誦，然後將朵瑪放到外面一塊大石頭上。次日早上，人們看見朵瑪連同鐵碗全都消失不見了。幾天後，他又進行為期三天的修誦，這次將回遮朵瑪放在一個石頭盤子上，隨後又都消失不見了。又過了三天，他重新開始修法，將朵瑪放在一個小石頭盤子上，進行一天的修誦。黃昏時分，他猛烈地祈請，大地搖動，山洞深邃，伴隨著朵瑪的移動，從深處傳來水牛般的低吼聲。隨後火熱的朵瑪向南面天空飛去，不見蹤跡，吼聲也隨之消失。侍者全都嚇得逃出洞外，洞中的秋林仁波切還在敲擊著法鼓，繼續勸請。他在淨相中看見洞中到處都是跑來跑去的野狗，一隻兇猛的條紋斑大狗向他跑過來，把一顆跳動的心臟扔到他膝蓋上。次日清晨，人們看見放置朵瑪的石頭上有一大灘血跡。

為了建造嘎瓦頂寺，涅頓秋林不得不去囊謙。有天晚上，他在帳篷中睡覺，夢見自己的一個女朋友對他說：「這段時間不太好，宗薩欽哲已經去了印度，你也應該過去那裡。」他醒來後立即下令：「馬上備好馬鞍！」他徑直返回涅頓寺，並通知一些特別的功德主和朋友同他一起去印度。他們準備了七天，然後啟程出發去拉薩。大家都覺得他瘋了，「剛開始建寺，花光了前世留下的所有錢財，現在他卻要走了。」他不時地說自己不會再回來了。

他直奔拉薩，隨身只帶了《秋林德薩》的全部教法。他在拉薩和桑耶寺朝聖，因為此前去過拉薩，所以這次並未做過多停留，便徑直去了錫金。他在那裡見到宗薩欽哲，向後者供養了一尊長壽金剛鬘佛像和許多長壽法會。他說，「如果宗薩欽哲能進行三個月閉關，便會活到一百一十三歲。」不幸的是，事與願違，宗薩欽哲後來將佛像退給他，對他說：「它對我此生已無幫助。」

在返回錫金前，涅頓秋林去印度和尼泊爾朝聖。他作為錫金皇室的國師，舉行了許多法會。在此期間，宗薩欽哲示現圓寂。為了完成上師的願望，他又開始進行新一輪的朝聖。

在尼泊爾，有許多《秋林德薩》的修行者請他去努日給予教法和口傳。途中，他在達竹切向兩百位僧、尼眾傳授了《秋林德薩》。在努日汝寺，他向五百名會眾給予《秋林德薩》的口傳。他還舉行《遍除道障》大成就法會，給予《道次第智慧藏》的講解。人們對他的博學感到驚訝，他的教法著實深奧，大多數人都無法理解。

返回印度後，他在德里見到尊者噶瑪巴。噶瑪巴讓他在印度建立中心，並給予許多建議。於是，他在措貝瑪（蓮花湖）建立貝瑪埃旺確嘎，舉行大成就法會。他遊歷過許多不同地方，與大批民眾一起進行了無數次大成就法會。

年少時，涅頓秋林曾多次夢見一位身穿樹葉的男子向他伸出長長的手臂，他問那人叫什麼名字，那人回答說自己叫仙巴，是普巴金剛的護法之一。仙巴說：「未來我會在印度給你一塊土地。」後來，秋林仁波切借助外國援助，在比爾買下一片土地。他還從事社會工作，幫助貧困的藏人，現在有一千多人居住在比爾，他們大多來自德格和囊謙，他為其中三百戶家庭修建了房屋。他還準備在印度修建第二座涅頓寺，名為泰秋久美林。

他與噶瑪巴、康祖仁波切、貝諾仁波切、宗諾仁波切、嘎陀歐楚等多位上師及康巴頭人一起，負責創建了旨在幫助貧窮流亡藏人的組織——藏民福祉協會。他還與印度政府和不同外國援助機構建立直接聯繫。西藏中央合作協會的一些高層官員對此十分不滿，因此他與該組織有些許摩擦。

他一生取出了許多伏藏教法。早在幼年時，他就有許多銅色吉祥山的淨觀。遺憾的是，關於這些淨觀的紀錄在西藏遺失了。他從南開宗取出《空行密意總集精要》。在菩提迦耶於淨觀中見到獅面空行，並從她那裡領受了非凡的伏藏法。他在措貝瑪有許多關於蓮師的淨相，並且獲得了祈請措貝瑪護法的教法。

一次，他同康祖仁波切一起旅行至瓦拉納西，他們住在一間平房裡。由於天氣炎熱，大家都在午休，但他感覺自己應該去外面走走，便從床上起來。不知怎地，他發現自己置身在一片森林中，正在跟一位穿著虎皮裙的莊嚴班智達交談。班智達正是蓮師，賜予他一些建言，結束時，對他說：「我們很快再見！」他轉頭往回走，但沒走兩步，突然想起還有問題要問，便急忙四處尋找，但班智達已經不見了。他猛然發現自己像夢醒一般，置身於瓦拉納西的鹿野苑。他赤著腳，因為剛才是下床直接出去的，他費了好大勁兒，才找到回平房的路。

他在比爾舉行了許多次大成就法會。四十七歲那年，當從德里返回途中，他遭遇車禍，顱骨碎裂，當場斷氣。隨後，他甦醒過來，長舒一口氣後，便示現圓寂，那天是藏曆十二月十九日。沒人知道他早已留下一封建言信。頂果欽哲仁波切、康祖仁波切、宗薩欽哲確吉羅卓的祖古、宗諾仁波切及其他上師應邀參加他的荼毗儀式。為了紀念他，建造了一座裝點著珠寶和貴重金屬的黃金佛塔，裝有他聖骨的這

座佛塔現供奉於比爾的寺院中。

第四世涅頓秋林，仁增久美多傑（1973—）

貝瑪久美的轉世——第四世涅頓秋林仁增久美多傑由噶瑪巴和頂果欽哲仁波切共同認證。藏曆八月初十，他出生在不丹的一個貧窮家庭中，噶瑪巴為他取名為久美多傑。七歲時，他被帶到比爾的寺院，頂果欽哲仁波切親自為他在克萊蒙鎮因頓嘎扎林寺坐床。在到達祖寺前，噶瑪巴還為他在隆德寺坐床。他從頂果欽哲仁波切那裡領受了《大藏經》《寧瑪十萬續》《寧瑪教傳》《大寶伏藏》《秋林德薩》及其他眾多教法。人們在談到他時，會說諸如他曾在岩石上留下腳印，但我本人沒見到過。

---

1 烏金督佳仁波切未提及第四世給拉秋林仁波切，其自傳詳見本書第二十三章——《如今的秋林轉世》。

2 《彌勒五部論》是指：《現觀莊嚴論》（*mNgon par rtogs pa'i rgyan,* Abhisamayalamkara, Ornament of Clear Realization）《大乘莊嚴經論》（*Theg pa chen po'i mdo sde rgyan,* Mahayanasutralamkara, Ornament of the Mahayana Sutras）《辨中邊論》（*dBus dang mtha' rnam par 'byed pa,* Madhyantavibhaga, Distinguishing the Middle from the Extremes）《辨法法性論》（*Chos dang chos nyid rnam par 'byed pa,* Dharmadharmatavibhaga, Distinguishing Dharma and Dharmata）和《寶性論》（*rGyud bla ma,* Uttaratantra Shastra, Sublime Continuum）。

第二十二章

傳承上師寶鬘

根本文：德瑟祖古、康楚仁波切、頂果欽哲仁波切
釋論：祖古烏金仁波切、慈克秋林仁波切
講述：帕秋仁波切

以下是《秋林德薩》的主要傳承祈請文。每座寺院和每位大師都是通過不同的傳承領受到《秋林德薩》，因此在念誦上可能略有不同。《秋林德薩》的三位主創是蔣揚欽哲旺波、蔣貢康楚和秋吉林巴，而《三信日光》中所呈現的傳承則主要源自於秋吉林巴。

秋林傳承的傳續方式如下：大伏藏師將所有伏藏法傳給次子策旺諾布。此外，策旺諾布與秋吉林巴的親近弟子蔣揚欽哲旺波和達傑堪布也互傳了許多灌頂和口傳；策旺諾布又將所有傳承傳給外甥桑天加措，後者也從母親——秋吉林巴的女兒貢秋巴炯那裡領受了竅訣和傳承；桑天加措再將所有傳承傳給侄子暨心子祖古烏金，因此我祖父祖古烏金仁波切是這一殊勝傳承所有教法的持有者，他還從頂果欽哲仁波切那裡獲得了許多傳承。所以祖古烏金仁波切是《三信日光》傳承祈請文中的最後一位，儘管在他本人所撰寫的祈請文釋論中並未提及他自己。

《秋林德薩》的第二條傳續主線是：策旺諾布將傳承傳給第二世涅頓秋林、噶陀司徒和宗薩欽哲，然後再傳至頂果欽哲仁波切。

從始至今，無數大師為持有《秋林德薩》傳承做出了貢獻。當然，並非所有人都被包含在這篇簡短的祈請文當中。在大伏藏師住世時，他的主要扶助者是：蔣揚欽哲旺波、蔣貢康楚、第十四世和第十五世噶瑪巴、達傑堪布、他的兩個兒子策旺諾布和策旺扎巴。他圓寂後，他的外孫德瑟祖古、秋林世系及其子嗣，以及其他眾多大師仍在持續弘傳秋林傳承，其中包括我的祖父和父親。我們當然也不能忘記秋林傳承中的女性，尤其是秋吉林巴的佛母康卓德嘎和女兒貢秋巴炯。

　　還有年復一年領受了所有《秋林德薩》教法的無數傳承持有者。以下祈請文記錄的是從秋吉林巴本人直接傳續下來的傳承脈絡，這也是當前所有與祖古烏金仁波切有關的寺院中正在使用的念誦文本。

༄༅། །མཆོག་གཏེར་རྩ་བརྒྱུད་བླ་མ་རྣམས་ཀྱི་མཚན་བསྟོམས་གསོལ་འདེབས་དད་གསུམ་ཉིན་བྱེད་རབ་སྣང་ཞེས་བྱ་བ།

三信日光——《秋林德薩》根本傳承上師名號祈請文

The Brilliant Sunlight of Threefold Devotion

Name-List Supplication to the Root and Lineage Gurus of the Chokling Tersar

頂果欽哲仁波切輯

（Dilgo Khyentsé Rinpoché）

དས་འཛིན་རྣམ་འཕྲུལ་མཆོག་གྱུར་བདེ་ཆེན་གླིང་། །

當增顯化秋吉德千林；

Manifestation of Damdzin, Chokgyur Dechen Lingpa;

བི་མ་དངོས་བྱོན་འཇམ་དབྱངས་མཁྱེན་བརྩེའི་དབང་། །

無垢友尊蔣揚欽哲旺；

Vimalamitra in person, Jamyang Khyentsé Wangpo;

བཻ་རོ་དངོས་སྣང་བློ་གྲོས་མཐའ་ཡས་སྡེ། །

毗盧光顯羅卓泰耶德；

Vairocana really manifest, Lodrö Tayé;

སྤྱན་རས་གཟིགས་དབང་མཁའ་ཁྱབ་རྡོ་རྗེ་རྩལ། །

觀世自在卡恰多傑匝；

mighty Avalokiteshvara, Khakhyap Dorjé Tsal;

རྒྱལ་པོ་ཛ་ཡི་སྤྲུལ་འཕྲུལ་ཚེ་དབང་གྲགས། །

因扎國王幻變策旺扎；

Magical display of King Jah, Tsewang Drakpa;

གཡུ་སྒྲའི་སྤྲུལ་པ་ཚེ་དབང་ནོར་བུའི་སྟེ། །

玉扎轉世策旺諾布德；

incarnation of Yudra Nyingpo, Tsewang Norbu;

ཞི་འཚོའི་ཡང་སྤྲུལ་མཁན་ཆེན་རཏྣ་སྟེ། །

寂護幻現噶美堪布尊；

reincarnation of Shantarakshita, lord mahapandita Ratna;

ནམ་སྙིང་རོལ་གར་རྣམ་རཏྣའི་ཞབས།

南開遊舞索達碓秋足；

display of Namkhé Nyingpo, venerable Dharma Ratna;

མཚོ་རྒྱལ་རྩལ་སྣང་སུ་ཁ་རྣ་དང་། །

措嘉力顯德千碓炯尊；

Display of Yeshé Tsogyal, Sukha Dharma;

འཕགས་མས་བྱིན་བརླབས་རཏྣ་ཤྲི་དང་། །

度母加持貢秋巴炯名；

blessed by Noble Tara, Ratna Shri;

བི་མ་དངོས་སྣང་བསམ་གཏན་རྒྱ་མཚོའི་ཞབས། །

無垢真身桑天加措足；

Vimalamitra appearing in person, venerable Samten Gyatso;

སྣང་བཞི་མཐར་ཕྱིན་འཆི་མེད་རྡོ་རྗེ་ར་ཙལ། །

四顯究竟吉美多傑匝；

perfector of the four visions, Chimé Dorjé Tsal;

ཟུང་འཇུག་གྲུབ་པ་གསང་སྔགས་རིན་པོ་ཆེ། །

雙運成就桑昂仁波切；

Siddha of union, Sang-ngak Rinpoché;

དབང་མཆོག་རྡོ་རྗེའི་རྣམ་འཕྲུལ་ཚེ་དབང་མཚན། །

旺秋多傑化現策旺名；

miraculous display of Wangchok Dorjé, with the name Tsewang;

འཇམ་མགོན་བླ་མས་རྗེས་བཟུང་མཁྱེན་བརྩེའི་འོད། །

文殊攝受頂果欽哲尊；

accepted by Jamgön Lama, Khyentsé Özer (Kyabjé Dilgo Khyentsé Rinpoché);

གནས་ལུགས་མངོན་གྱུར་ཨོ་རྒྱན་ཚེ་དབང་གྲུབ། །

實相現前烏金策旺竹；

actualizer of the natural state, Urgyen Tsewang Chokdrup (Kyabjé Tulku Urgyen Rinpoché);

ཙ་བ་བརྒྱུད་བླ་མ་གསེར་རིའི་ཕྲེང་བ་ལ། །

根傳上師金山珍寶鬘；

this garland of gold mountains, the root and lineage gurus.

མི་ཕྱེད་གུས་པས་རྩེ་གཅིག་གསོལ་འདེབས་ན། །

一心祈請虔敬不退轉，

With undivided devotion, I supplicate one-pointedly

ཐུགས་རྗེས་བྱིན་རློབས་གྲུབ་གཉིས་མཆོག་གྱུར་ཤོག །

悲愍加持現證二悉地！

Bless me with your compassion; may the two siddhis be actualized!

ཞེས་པའི་གསོལ་འདེབས་འདིའུ་ཚན་གཉིས་འདི་ཡང་ཆོས་རིགས་བརྒྱུད་འཛིན་དག་པ་གཉིས་པོ་བསམ་གཏན་རྒྱ་མཚོ་ནམ་མཁའ་དྲི་མེད་མཆོག་གིས་བཀའ་གནང་ལྟར། གཏེར་སྲས་མཆོག་སྤྲུལ་རིན་པོ་ཆེས་
མཛད་པ་ལ་སྤར་ཡང་སྐྲུནས་ཏེ་དགེ་མཚོ་མཐུན་འབྲེ་རིན་ཆེ་པོ་ཆེས་སྐོང་མཛད་སོང་བས་བརྒྱུད་བླ་མའི་ཐུགས་རྣམས་རྒྱ་ལ་འདྲུག་པའི་རྒྱུར་གྱུར་ཅིག །

此乃伏藏師之子德瑟仁波切，奉長兄暨家族血脈及法脈持有者南開直
美尊者桑天加措之命所作。

Composed by the son of the tertön, Tersey Choktrül Rinpoché, at the
command of his elder brother, the holder of the Dharma and family lineages,
the sublime Samten Gyatso Namkha Drimé.

秋林德薩傳承

祖古烏金仁波切作

當增顯化秋吉德千林（最勝大樂洲）

秋吉林巴是藏王赤松德贊次子當增王子的化身轉世。他的另一個前世是取出《上師密意總集》的大伏藏師桑傑林巴。

秋吉林巴是一百位主要伏藏師中的最後一位，名下有七種受命傳承，是公認的「伏藏師之王」，原因之一即在於，他是唯一取出過大圓滿界部教法的伏藏師。有些伏藏師曾發掘出心部教法，每一位主要的伏藏師都曾發掘出竅訣部教法，但只有他取出了界部教法，因此，《大圓滿三部》被視為是他所掘取的最為殊勝的伏藏法。他的佛母是德千確炯，蓮師授記他的三個孩子分別是三怙主觀世音菩薩、文殊菩薩和金剛手菩薩的化身。

我不是太喜歡講這些，因為這聽起來好像是在吹噓自己的家族，但確實有此授記。授記中說，旺秋多傑是文殊菩薩的化身，策旺諾布是觀世音菩薩的化身，我的祖母貢秋巴炯是金剛手菩薩的化身。

無垢友尊蔣揚欽哲旺（妙音智悲王）

蔣揚欽哲旺波同時是無垢友尊者和赤松德贊王的雙入化身。根據授記，赤松德贊共有十三位伏藏師轉世，蔣揚欽哲旺波是其中第十三位，他同時也被視為是吉美林巴大師的化身。

毗盧光顯羅卓泰耶德
（心慧無邊軍）

蔣貢康楚羅卓泰耶被視為是偉大譯師毗盧遮那的化身，繼而被視為是毗盧遮那佛的化身。

秋林、欽哲和康楚三位大師心意相融，他們彼此互為上師與弟子。秋林視欽哲和康楚為上師，同時，他向欽哲傳授了完整的《秋林德薩》教法，因此，他也是欽哲的上師。毋庸置疑，康楚亦視欽哲和秋林為上師。

蔣揚欽哲旺波和秋吉林巴共同得到蓮師的授記：「你們有持續的父子業緣。」此處的「父親」是指蔣揚欽哲旺波，「兒子」是指秋吉林巴。「他們的心融合為一」意指他們具有同等的修證。「如夏日激流般奔湧」是形容這兩位大師之間的交匯，他們互換法教，宿世業緣得以甦醒。

他們兩位都認證蔣貢康楚是大譯師毗盧遮那的真實化身。仿如太陽在天空升起，他們三位大師不斷相互幫助，共同利益教法與眾生。

當年在修建桑耶寺時，蓮師、無垢友尊者、佛密大師等諸位偉大上師，以及毗盧遮那和玉扎寧波等諸位主要弟子，猶如旭日東昇的萬丈光芒，共同大力匡扶佛陀教法的興盛與弘傳。如今在末法時期，這些大師又以蔣揚欽哲、蔣貢康楚和秋吉林巴之身重新歸來。此外，在康區的囊謙和德格、前藏和後藏等地，蓮師二十五位親近弟子的轉世也全部再次出現，並獲得認證。

宗薩欽哲確吉羅卓曾對我說：「二十五位元弟子全部再次出現，就像倉棚中跑出來整群的綿羊和山羊，這是西藏作為眾生『教化之地』的角色即將結束的預兆。一如早期他們聚集桑耶寺，如今又在欽哲、康楚和秋林的時代重聚，再次示現為具有不可思議的學修、證悟和成就的大師。他們自己的弟子，以及他們弟子的弟子也都同樣擁有非凡的成就。」欽哲如此講述三位大師同時歸來的故事。

觀世自在卡恰多傑匝（遍空金剛力）

這句指的是第十五世噶瑪巴卡恰多傑。在欽哲和康楚之後，再也沒有比他為《秋林德薩》做出更大貢獻者了。桑天加措對他的信心如此之大，以至於只要一提到他的名字，就會熱淚盈眶。

卡恰多傑從桑天加措處獲得了完整的《秋林德薩》傳承，當時有幾部伏藏法尚未寫成儀軌和灌頂文本，桑天加措請他參與撰寫。由於巨大的恩慈，他慈悲應允，並將這些內容口授給蔣巴慈誠，後者也是一位十分傑出的喇嘛。

桑天加措曾向我提及卡恰多傑是一位多麼不可思議的偉大上師，說起他的神通和成就徵兆，他看三世如同看自己掌紋般清晰。雖然他

具有無礙的神通力，但卻無法百分百掌控。例如，有時無須他人請求，他便已經知道哪位喇嘛快要圓寂以及會在何處投生，當負責尋找祖古的弟子前來詢問時，他早就將喇嘛的圓寂和轉世情況寫好了。

在其他情況下，只有僧眾特別祈請或出現一些吉祥緣起時，他才能觀察到轉世；有時他什麼也觀不到，即便有人請求幫助，嘗試數次後，他會說：「它籠罩在迷霧中。」他說這是由於去世的上師與弟子之間有問題的緣故。如果僧團內部出現爭鬥不合，那麼接下來上師的轉世情況就會變得模糊不清，好像被迷霧籠罩住一般。他還說：「清楚認證祖古的最大障礙就是上師與弟子的不合。在這種情況下，完全無能為力。轉世情形根本看不清楚，難以預見。」

因扎國王幻變策旺扎（壽自在稱榮）

這句指的是秋吉林巴的長子旺秋多傑，又名策旺扎巴。他是文殊菩薩的化身，此處描述他為「因扎菩提國王的神變化現」。因扎菩提國王，又稱金剛授記法王，是《十八部瑪哈瑜伽密續》的最初領受者。當旺秋多傑自然任運了悟心性時，還非常的年輕。直至圓寂前，他持誦了幾十萬遍文殊心咒。藉由修行的力量，他展現了令人難以置信的的敏銳智識，洞悉力常常令人啞口無言。但如果有人請他釐清疑惑，他會說：

「別問我關於心性指導！我不是一個臺階、一個臺階爬到屋頂，

而是一蹴而就的。就算我描述自己的修行狀態，你也無法領悟。我不是那個能為你指引心性的人。」

有人告訴我，旺秋多傑的地道證德甚至高於他的父親秋吉林巴。事實上，蓮師授記他將取出秋吉林巴所有剩餘伏藏，並擔負起確保它們廣為弘傳的責任。從孩童時期開始，他就能看見神奇的空行文字，彷彿就在眼前一般。他還能任意抄寫下空行文字中的所有教法。

人們都覺得他極致英俊，甚至有人說他具有天人的容貌，從未見過如此俊美之人。他高大威猛、舉止高貴。他的頭髮最為不凡，從來沒有剪過，總是編起辮子盤在頭頂。他的頭髮閃耀著深藍色光澤，洗頭時，甚至不用梳子梳理，髮絲也從不打結，這被稱為「迷人的寶冠」，意指他的頭髮從未剪過，據說在每根髮絲上都住著一位空行母。身為秋林傳承的持有者，他理應延續血脈子嗣，但他的生命在二十四虛歲那年戛然而止。此前他有好多女朋友，但因為他是一位掌控風心、得大自在的氣脈瑜伽行者，所以不曾有過一個孩子。

旺秋多傑去拜訪巴楚仁波切時，身邊帶了一大群追隨者，他們聲勢浩大地抵達營地。他在那裡請求上師巴楚仁波切賜予開示。巴楚仁波切常常說：「作大山之子，以霧靄為衣，舉止如噶舉傳承的偉大修行者。」他告訴旺秋多傑應當效仿的典範：「為了嚴肅修持真正的佛法，應該常居卑下位、只穿糞掃衣。佛法當中從沒允許我們可以趾高氣揚、錦衣華服。」旺秋多傑心想，「好吧，我也可以完全照做！」於是，他遣散身邊的隨從、扔掉錦衣華服，只留一件簡單的斗篷，斷絕所有異性關係，在巴楚仁波切面前落髮出家，領受沙彌戒。

在他剃光頭髮後，就再也看不到空行文字了。為了抄寫伏藏標相，文字必須懸於他的視線中，但現在這些文字變得模糊不清、四處飛舞，並且愈來愈小，很快他就再也無法破譯或寫下任何伏藏了。他

在巴楚仁波切的營地一待數年，神采光芒逝去，變得與常人無異。最後啟程回去時，他手持一根拐杖，由一頭犛牛馱著行李，看上去不過是一位苦行僧，從康區北部的果洛步行跋涉返回宗薩寺。他面容枯槁、虛弱無力，在快要抵達寺院時徹底病倒了。幾天之後，他在蔣揚欽哲旺波的山中閉關處——善逝總集宮殿示現圓寂。

聽聞他過世的消息，蔣揚欽哲旺波深感不悅，「哎！蓮師親自授記，這位秋吉林巴的非凡子嗣一定能將秋吉林巴的所有伏藏法從東方的漢地，一直廣傳到西邊的岡仁波齊山，如同風帆飄揚般廣利眾生。可現在全都弄砸了！」

欽哲以康巴人表達絕望的典型方式，雙拳捶胸、憂鬱地說，「吉祥緣起殞落了！他理應是取出秋吉林巴所有其餘伏藏之人。」

玉扎轉世策旺諾布德（壽自在寶軍）

策旺諾布是秋吉林巴與蔣揚欽哲旺波的侄女所生。在他大約一歲前，每天都有一隻老鷹棲息在他父母的屋頂上。蔣揚欽哲旺波後來說，那是《大圓滿三部》的特殊護法——金剛鷹翼天女。

《大圓滿三部》被首次傳授時，一共有二十五人在場，蔣揚欽哲、蔣貢康

楚、噶美堪布全都在。因為這部伏藏法是毗盧遮那的心要，而玉扎寧波是毗盧遮那在康區最為傑出的主要弟子，所以玉扎寧波的轉世策旺諾布必須是第一個得到灌頂的人。因此，這部伏藏剛一被取出，欽哲就將教法書寫下來，隨後秋吉林巴立即向只有六個月大的策旺諾布傳授此灌頂，這些在伏藏本身中都有授記。策旺諾布長大後回憶起當時的情形，用他自己的話說，「我從未忘記自己裹著羊皮躺在搖籃裡，從秋吉林巴和蔣揚欽哲兩位大師那裡領受《大圓滿三部》灌頂的情景，我對那天仍然記憶猶新。」

他極為博學多聞，與噶美堪布旗鼓相當。他將這歸因於自己早年與蔣揚欽哲一起共度的時光。他說：「我年輕時跟欽哲待在一起，這讓我成為富有之人——獲得豐碩的教法傳承。」他特立獨行，擁有瑜伽士直來直往的個性。他的前半生是僧侶，後來欽哲和康楚讓他還俗成為瑜伽士。他有兩位佛母，但沒有兒女。

我聽聞他後來曾這樣說：「太可悲了！我這輩子一事無成。既未保持僧侶的戒律，還俗後也無任何子嗣，真是太失敗了！」聽到這些，其他喇嘛常常會被他這種面無表情的冷幽默搞得無所適從。

只要是達官顯要或高階喇嘛請他做事，他概不聽從。噶瑪巴卡恰多傑請他傳授《秋林德薩》，他無論如何都不肯答應，沒人能夠說服他。噶瑪巴是觀音真身，誰會不願意傳授秋林伏藏教法作為供養呢？但他不這麼想。

他也是巴楚仁波切的弟子。有一次，他在康區山洞中小住，只帶了一小袋糌粑（青稞粉）。有天夜裡下起暴風雪，而他被困在洞中，與世隔絕長達六個月。揣測他已凍死的謠言在巴楚營地中傳播開來，大家認為他不可能活下來，於是人們以他的名義做超度法事。六個月後，積雪融化，他走回到營地。有人問他：「你怎麼沒有餓死？」他

回答：「為什麼餓死？我渴了喝雪水，餓了吃袋子裡的糌粑——每天吃一小勺。有吃有喝的怎麼會死？有備無患，對吧？」換句話說，他只是不願承認罷了。真相是，他已獲得氣脈瑜伽自在，能完全掌控自己的細微風心。

他有驚人的神通力，準確到令人恐懼。有一次，他在類烏奇寺賜予《大寶伏藏》灌頂後，開始直接傳授《秋林德薩》。他告訴在場的慈克秋林、涅頓秋林、桑天加措和德喜祖古，「我死後，不要尋找我的轉世，下一世我會自食其力弘傳秋林教法。不論什麼情況，都不要找我！你們所有人都必須向我保證！」他們只好發誓，不去尋找他的轉世。

寂護幻現噶美堪布尊（怙主珍寶名）

這句指的是噶美堪布仁千達傑[1]，他被視為是大班智達寂護大師的轉世。寂護大師來自印度薩霍國，藏人通常稱他為堪布菩提薩埵，是首位被迎請入藏幫助桑耶寺建成的大班智達。在才華上，人們常將他與噶瑪恰美相提並論。他的法座位於康區的噶瑪寺。雖然他是秋吉林巴的弟子，但卻屬於噶瑪噶舉傳承。

噶美堪布是傑出的持戒師，看起來很像十六羅漢當中的一位。作為完全清淨的比丘，終其一生，他從未沾過酒肉，他甚至還說自己的手未曾碰過一個女人，人們說他從不說謊。儘管天賦異稟，也如此親近秋吉林巴，但他卻未曾有幸領受過《大圓滿三部》教法。直到大伏藏師圓寂後，他才在一次秋吉林巴智慧身的淨觀中獲得此教法的完整灌頂和口傳。

他是一位十分罕見的偉大上師，就連敦珠仁波切都對他的著作讚嘆不已。敦珠仁波切曾對我說：「在這個世界上，能有像噶美堪布這

樣的人存在，實在是太美好了！」我相信他一直活到八十多歲，然後轉世為桑天加措的外甥。

南開遊舞索達確秋足（正法之珍寶）

這句指的是偉大的捨世禪修者索達確秋仁波切。他一生中大部分時間都在山中隱居處度過，不受任何世事干擾，專注於禪修。他是蓮師二十五位親近弟子之一南開寧波的化身。確秋是藏文，對應的梵文是達瑪熱納。

他是桑天加措的親密法友，他們兩位互為上師與弟子。當桑天加措需要釐清個人覺受上的疑問時，總是會求問於他。我父親吉美多傑也視他為根本上師，由於吉美多傑的恩慈，他被包含在《秋林德薩》傳承上師祈請文當中。

他自然成為一位非常重要的證悟上師。晚年時，他獲得禪修圓滿，達致「迷惑消融」的四相最後階段，據說已達「無修」之境。桑天加措告訴我，他獲得相當於虹光身的證量，雖然最後未以虹光身離開，但死後身體明顯縮小，他必定超越了一切迷妄。在他圓寂時，如大圓滿經典中所述，有明顯的聲、光和舍利子，漫天虹光。這就是為什麼連桑天加措都對他訝異不已的原因。

他圓寂之後，我父親在一次淨觀中見到他，從他那裡獲得許多甚深教授。我仍然記得父親在聽到他的名字時所表現出來的尊重與虔敬。父親的虔誠心如此深沉，以至於不得不講到他的名字時，便會哽咽得說不出話。

措嘉力顯德千確炯尊（大樂之法燈）

這句指的是秋吉林巴的佛母、耶喜措嘉的化身桑永德千確炯。蘇卡達瑪的藏文是德千確炯，意指大樂法燈。她與秋吉林巴育有一子一女，兒子是策旺扎巴，又名旺秋多傑；女兒是貢秋巴炯。

度母加持貢秋巴炯名（珍寶吉祥燈）

這句指的是秋吉林巴的女兒貢秋巴炯[2]。她在三次淨相中親見度母，圓寂前即已獲得圓滿證悟。

貢秋巴炯的母親德千確炯是一位相當忿怒的女性，有時她會跟大伏藏師對著幹，雖然不是很嚴重，但她的固執偶爾會引發爭吵。後來有人說，正是因為她的固執，才讓她最後生下一個女兒。但事實上，我認為貢秋巴炯的一生圓滿了蓮師授記。

貢秋巴炯與倉薩家族的金剛上師烏金確貝成婚，他們共育有四子二女，按照年齡依次是：桑天加措、吉美多傑、喇嘛桑昂、德瑟祖古、扎西吉美、仁增巴炯。秋林伏藏法的延續，主要歸功於她的四個兒子，他們極大光弘了傳承。這一切皆有可能，因為他們的母親是金剛手菩薩的化身，這本身就已非同凡響。

她是一位成就的修行人，當地民眾深切地信任她。人們經常會請一些她加持過的青稞粒放在小護身袋中，也會將她的護身符綁在山羊或綿羊的脖子上。有人甚至向山羊射擊，以測試她的護身符是否靈驗。他們說：「每次射到山羊，它都會痛苦地慘叫，但仔細檢查後，卻找不到任何槍傷。護身符真能防彈，我沒撒謊！」事實上，這不是什麼壞事，因為它增進了人們的信心。

蠻有意思的是，她的根本上師是自己的長子桑天加措。他向她指出心性，令她準確無誤地認出心性。桑天加措告訴我，他為母親達到的禪修次第而感到驚訝。晚年時，她達致「迷惑消融」的層次。那時她睡眠無夢，因為做夢的狀態已經完全得到淨化。密續經典中提到，在達到某個境界時，夢的續流會止息，光明覺性的續流日日夜夜無有間斷。

她實在是令人讚嘆！人們常說，從踏進她房間的那一刻起，念頭之流便立即平息，心一下子就靜了下來，感覺到異常清晰的狀態。

她在七十或七十一歲時示現圓寂。荼毗後，人們在她的遺骨上發現了數量驚人的辛杜羅粉，我聽說在其中一塊遺骨上生出度母像。宗薩欽哲和其他大師都認為這尊度母像極為重要，我相信宗薩欽哲現在仍保存著這塊遺骨。

無垢友身桑天加措足（禪定之大海）

祖古桑天加措是貢秋巴炯的長子，他是倉薩偉大成就者昂旺欽列的第四世轉世。慈克秋林曾在一次淨觀中看到他是無垢友尊者的化身，因此這裡描述他為「無垢友真實化現」。他是無比珍貴的秋林教法弘傳者，承擔了教法編撰工作。他四處求法，從而完整獲得了《秋林德薩》的所有灌頂、口傳和竅訣指導。如寶瓶灌滿般，他從噶美堪

布處得到了所有教法。在康區類烏齊寺，他從策旺諾布那裡一對一地領受了大部分教法。在此期間，以類烏齊寺三位蔣貢喇嘛為首的主要祖古晚上會聚集在策旺諾布的私人房間裡，接受竅訣教授，釐清個人覺受上的疑惑。桑天加措也在場，他身穿最簡單的僧袍，低調地坐在後面的低位上。

有一次，策旺諾布突然怒視所有人，厲聲道：「喂！你們倆覺得自己是秋吉林巴的轉世！你認為自己是秋吉林巴兒子策旺扎巴的轉世！看看你們志得意滿的樣子！那個一直坐在後面的謙遜僧人桑天加措，他可沒有絲毫的傲慢！但是談到弘傳教法，你們沒有一個人能比得上他！」那晚，策旺諾布如此當眾預言道。

此後，策旺諾布在前往中藏途中，去到我們的家族莊園——蒼薩宗。有天晚上，他對桑天加措說：「我倆不會再以此身相見了，我要把一切都託付給你。」隨後，他將自己的錦袍華服和法器等全部交予桑天加措，說道：「從今天開始，這些全都屬於你。我倆此生不復相見，即使再見也無用處。」

桑天加措在中藏傳授了三次《秋林德薩》，令許多偉大上師獲得了此教法，其中包括傑出的竹巴法王、達隆澤珠法王和江達隆寺的三位蔣貢上師等。他後來返回康區，應囊謙王室上師措尼仁波切的請

求，在采久寺傳授了完整的《秋林德薩》。

應蘇曼丹珠請求，他在蘇曼寺尊勝頂大殿傳授《秋林德薩》，當時有三百位喇嘛參加，其中包括蘇曼法王嘎旺仁波切、吉嘎康楚等十八位主要上師。之後，他前去德格，向彌勒怙主蔣貢司徒仁波切供養了包括《意修》法類在內的部分《秋林德薩》。

還有一次，第十五世噶瑪巴之子——蔣貢康楚仁波切的轉世祖古去到秋吉林巴的法座拜訪，桑天加措向他供養了幾個教法，其中最重要的當屬《意修遍除道障》灌頂。

這些是他所傳授的主要教法。此外，他還向無數其他喇嘛和修行者賜予灌頂。

他堅持隱藏自己的內在功德，對此完全絕口不提。他只說自己從八歲開始修持「寂止」。然而，他是具足三戒之金剛持。在僧侶中，他外在示現聲聞的形象，從來不沾酒肉；內在充滿菩薩功德，具足大悲心與虔敬心。在金剛乘極密層面，如第十五世噶瑪巴所說，「桑天加措是當今唯一一位完全證得無二覺性，並秉持《大圓滿心滴》無誤見地之人。」

我並非像下嘴唇讚美上嘴唇那樣一味地吹捧自己的家人。但說實話，在康區恐怕再也找不到像他這樣具有如此高的見地與證悟的上師，也見不到如他那般的威儀與風範，讓人見而起敬。在整個囊謙王國，他是那個時代最偉大的上師，甚至連囊謙國王都尊他為師。當時囊謙國王接二連三地痛失愛子，噶瑪巴和司徒仁波切建議國王將桑天加措作為自己的主要上師和顧問。於是，桑天加措在皇宮住了三年，期間沒有任何王子離世。

四顯究竟吉美多傑匝（無死金剛身）

依長幼順序，桑天加措的下面是我父親吉美多傑，他是宗薩寺索南耶喜大師的第四世轉世。旺秋多傑圓寂後，蔣揚欽哲旺波授記了他的轉世之處，然後問道：「貢秋巴炯有幾個兒子？」有人告知：「她之前生了一個兒子，今年又生了一個。」欽哲喊道：「啊！這個新生兒可能有壽障，一定要給他取名叫吉美多傑，這會有助於延長他的壽命。」就這樣，老欽哲為我父親取了名字，意為「無死金剛」。

我必須承認，儘管我的父親是一位祖古，但他年輕時確實有些野蠻。他總是隨身攜帶長刀和步槍出去狩獵。他還喜歡打架鬥毆，並且勇猛好鬥、屢教難改，周圍地區沒人打得過他。這就是我父親！你可以說他愛逞英雄，但直到二十二歲他才有了轉變。

當時他是桑天加措的侍者，他們一起去山裡會見索達確秋。在他們到達隱居處門口時，確秋出來迎接，他對桑天加措說：「歡迎仁波切！」然後環視四周，問道：「您帶來的這位是誰？」桑天加措回答道：「他是宗薩索南耶喜的轉世。」「哦，原來是索南耶喜的祖古來了！」確秋驚呼著，馬上直接拜倒在我父親腳下。吉美多傑極力試圖避開，但確秋一直朝他的方向頂禮，表達心中深切的敬意。我父親心想，「真是的！這位喇嘛怎會對我這般惡劣之人有如此的淨觀？他對我的前世懷有如此的虔敬心，哪怕我現在身穿俗裝站在這裡，也絲毫沒有影響到他對我的看法。我一直在浪費自己的生命！這傷了多少人的心。」

由於這位喇嘛的善巧方便，我父親的態度完全轉變了。他對桑天加措說，「今天我在這位喇嘛面前承諾，今後將不再重蹈覆轍，絕不造作過去的惡行。」桑天加措說，「如果你是認真的，那一定要說到做到。如果只是隨便說說，許下以後不會信守的承諾，又有何用？」

他回答道：「從這一刻起，直到我死，我將脫下世俗的裝束，衣著和行為會像喇嘛一樣！」

自那天起，我父親開始變得調柔，再也找不到如他那般溫和之人。我從未聽他訓斥過侍者，他也從未打過我，當然我也未曾忤逆過他。我像僕人一樣承侍他，為他做了兩年管家，早年間還為他煮飯、做饃饃³。

他從索達確秋那裡請求禪修的指導，索達確秋向他傳授所有直指覺性的心性教法與竅訣，因此他視確秋為自己根本上師。確秋圓寂後，在收到消息之前，他在淨觀中看見確秋在光中騎著一頭獅子，向他傳授禪修竅訣。他告訴我：「自那天開始，一切如同太陽在無雲晴空中閃耀一般，這位大師對我實在太仁慈了！」藉由此淨觀，他獲得穩固的無二明覺。

他還有許多上師、本尊和空行的淨觀，也不會隱瞞自己的神通力。舉例來說，每當有重要人物到達他隱居處之前，他會告訴我某人正在來的路上，我問他是如何得知的，他回答說是自己剛剛想到的。果不其然，沒過多久那人便會到達。

他進行了大量的瑪哈瑜伽的修法與修誦。以施身法為框架，他的極密核心修持是《普賢意滴》和《傑尊心滴》。有時他會對我說：「施身法的本質與大圓滿的見地怎會有所不同？它們完全相同！究竟上說，大手印、大圓滿和大中觀是完全相同的狀態，沒有絲毫區別，不是嗎？」

我父親喜歡朝聖旅行，還經常在嚴肅的佛法課程中間安排各種儀式和野餐。當他給予口傳時，你可以清楚聽到每一個字。在他讀誦了一天的經文後，受過教育的人都能記住這部經文是佛陀在何地向何人做的何種宣說，並能複述給其他人。值得一提的是，荼毗後他的舌頭

依然完好無損。他的舌頭可能得到過某種加持，因為很難找到像他那般口齒清晰、嗓音洪亮之人。他在隱居處唱誦施身法時，聲音在整個村落中迴盪。他可以三個月就念誦完一整部《甘珠爾》，通常每天能念一函半。他一共傳授了三次完整的秋林傳承教法。

他的聲音如此獨特，以致無論走到哪裡，遠近的人們都會聚集過來聆聽他講話。在他眾多功德之中，比較明顯的是他咒語的力量，這也許是他修持瑪哈瑜伽的結果。

由於他治癒疾病的能力，他甚至比長兄桑天加措還要出名。有時一些罹患疑難雜症的人會從兩、三個星期路程開外的地方被抬過來。他每週進行一次施身法法會，在法會過程中，接受加持的病人必須像真的死去那般直接屍躺，心中也必須拋開所有顧慮。在甚深禪定狀態中，他具足修持斷法成就之慧眼，能夠清楚看見患者生病的業力原因和迅速痊癒的方法，並會大聲講出這些內容，令所有人都能聽見。

當病人聽到自己為何以及在什麼情況下患病時，通常會驚愕不已。不是所有人都能被治癒，但在法會結束次日早上，人們都會清楚知道自己能否康復。他以這種方式治癒了非常多的人，獲得了普遍的尊敬與供養。如果你去問任何一位來自我家鄉的老人，他們都會記得吉美多傑和他的施身法。家父在六十三歲時示現圓寂。

雙運成就桑昂仁波切（密咒真言寶）

桑昂仁波切的全名是喇嘛噶瑪桑昂，他是貢秋巴炯的第三個兒子，證量非凡。在歷代轉世脈絡裡，他是格加山賽匝寺的祖古，但母親貢秋巴炯不同意寺院將他帶走，因此他得以一直留在母親身邊，幫她做飯和管帳，成為她的絕佳助手。他始終記得母親教給他的一切，擁有完美無暇的記憶力是他的最佳特質，凡是學過的東西，就絕對不

會忘記。作為伏藏大師之女，肩負著延續傳承重任的母親將完整的秋林傳承唱誦曲調和各種朵瑪的詳細做法悉數教予他。由此，他掌握了全部秋林傳承。母親圓寂後，他大部分時間都在進行閉關。

年輕時，他受戒成為僧侶，並且嚴格持守清淨的戒律：外在持守別解脫戒的道德誓言，內在持守菩薩戒，極內持守密咒戒。他過著禪修者的簡樸生活，事實上，那是一種非常美好的生活。他毅力驚人，只會在晚上小睡一下。老實說，我從未見過比他更堅毅不拔、完全投入禪修之人。他舉止低調、個性隨和、極為誠實，是一位非常優秀的祕密瑜伽士。

母親圓寂後，他隨長兄桑天加措一起住在宗國寺，時常擔任長兄的助手，在很多事情上為長兄效力。雖然自己也是一位祖古，但他從不認為自己可以跟長兄平起平坐。他從桑天加措那裡領受了直指心性的教導和所有竅訣，也從未再就這些問題找過其他上師。同長兄一樣，他的主要修持是《普賢意滴》和《傑尊心滴》。他對長兄極為敬重，每當桑天加措走進房間，他絕不會繼續坐著，你很少在兄弟姐妹間看到那樣的敬意。

人們告訴我，每當他在桑天加措的灌頂儀式上擔任壇城主事、處理佛龕上的供品擺設時，身手像貓一般靈活。無論他再怎麼忙碌，都不會笨手笨腳、弄灑東西或絆倒什麼人。他走路從來沒有腳步聲，做任何事都不會發出不恰當的聲響。

他沒有太多弟子，也從未給予過禪修指引，不像他那幾位如星月般的兄弟那樣人盡皆知。只有當桑天加措和吉美多傑都圓寂之後，他才勉強傳授了幾次《秋林德薩》的灌頂。他的名氣愈來愈響，來自各地的人們對他愈發虔敬，因為人們開始意識到他透過母親而直接純正持有秋林傳承的事實。實際上，最後傳續《秋林德薩》的任務落在他

的肩上。他在六十六歲時示現圓寂。

旺秋多傑化現策旺名（德瑟仁波切）

我第四個、也是最小的叔叔德瑟祖古[4]是因扎菩提國王化身旺秋多傑的轉世。旺秋多傑圓寂後，秋吉林巴的法座慈克寺捎信給蔣揚欽哲旺波，詢問如何找到祖古。欽哲立即回覆說：「前世他們是兄妹關係，現在我想知道他們是否會是母子的連結。」這是一個明確的預言，因為旺秋多傑的妹妹貢秋巴炯成了德瑟祖古的母親。

有跡象表明，甚至在德瑟祖古很小的時候，他就見到了許多淨相，並且獲得幾個授記。但作為祕密瑜伽士，他從不跟任何人提及這些。他拒絕撰寫個人外傳記，更遑論內傳記。很難找到比他更不露風聲之人！他這樣描述自己：

「蔣揚欽哲說我是旺秋多傑的轉世，我不想說他所言非真，因為他是一位無誤了知過去、現在和未來三世的具足正量之士。他不僅對我做出授記，甚至還寫下書面認證。他甚至還說，旺秋多傑是國王札化身之本基。所以從這些角度來看，我沒有辦法否認自己是旺秋多傑的轉世。但另一方面，當我檢視自己，試圖尋找與這兩位大師的相似之處時，卻發現在我身上連他們相續中芥菜籽大小的功德都看不到。看來，我自己更像是一隻狗的轉世！我不覺得自己曾經是一位大師。」

我聽說德瑟祖古多次示現神通、清楚預知了未來之事，但他本人拒絕證實這些。他就是這樣一位誠實正直之人。

他曾經去到中藏朝聖。他的身體十分健壯，自己背著行李用品，只帶了兩名信任的近侍。跟大多數旅行者不同，他們一人一個背包，沒有帶馱運行李的牲口。儘管這樣，他們遊歷四方，甚至走到了印

度。在回程路上，他遇到了自己生生世世的業緣上師——大成就者竹旺釋迦師利迦那。

　　他住在竹旺釋迦師利的帳篷營地中。釋迦師利雖然不是他的唯一上師，卻是他最重要的上師，釋迦師利也是《秋林德薩》傳承持有者。由於其他種種原因，他多年來沒有返回康區，一直過著無拘無束的瑜伽士生活。那時，他的地位與秋林祖古相當。在法會上，他法座的高度均與主法喇嘛相同。由於這樣的地位，某些時候需要他在東藏的寺院中露面。因此他的母親和三位兄長一起啟程出發，前去中藏尋找他並要將其帶回。儘管如此，他們還是用了整整三年時間才把他帶回康區。他當時飽受疾病折磨，只能拄著拐杖艱難行路。我聽說，這是空行母們對他上一世違誓出家的懲罰。

　　回到康區後，他居住在慈克寺。類烏齊寺的喇嘛們對他極具信心，邀請他過去傳法。桑天加措圓寂後，他還應邀去宗國寺傳法。他有許多弟子，是一位公認的智慧深邃之正師。在噶美堪布和策旺諾布圓寂之後，他被視為是最才華橫溢的大作家。他還撰寫了許多灌頂儀軌和引導文，儘管無人整理過他的著作，如果有保留的話，其總數加起來至少超過五函。尤其是，我記得他撰寫的關於《遍除道障》修法中每一位本尊的釋論，讀過的人都會驚訝到瞠目結舌。我至今沒見過這篇釋論的現存抄寫本，但誰知道呢？也許有一天它會自己浮出水面，出現在康區。他還撰寫了《普賢意滴》的念誦文法本，被收錄在《秋林德薩》全集當中。他為完善秋林傳承修法做了很多努力，儘管他從未接受過任何正規教育，但卻向我們展示了一位具有如此深刻智慧的人是如何自然湧現，並比任何一位堪布都要更加學識淵博的。

　　頂果欽哲在提到他時總是充滿歡喜，他們二人是密友，彼此互換了許多教法，真正互為上師與弟子。但他從來不會說自己是頂果欽哲

的上師，總是自謙為弟子。

德瑟祖古的主要修持是《傑尊心滴》和《普賢意滴》。他也極為喜愛一個非常獨特的蓮師修法——《大樂蓮師》，這是釋迦師利的心意伏藏。他直接從釋迦師利本人處獲得了這一修法，他對釋迦師利有著遠超他人的虔敬心。他在六十歲時示現圓寂。

文殊攝受頂果欽哲尊（智悲光尊者）

現在我們說到頂果欽哲仁波切，他的偉大之處無須我多言。在這篇祈請文中，他稱自己為「文殊怙主上師所攝受」。宗薩蔣揚欽哲確吉羅卓仁波切是真實的文殊師利菩薩，而他形容自己得到了文殊怙主上師的攝受，意指他遵奉宗薩蔣揚欽哲仁波切為自己的根本上師。從凡夫俗子的角度來看，因為他才智超群、勤勉努力，所以他的學識才會如此出類拔萃。但實際上，他同時是無垢友尊者和蔣揚欽哲旺波的雙入化身。所以，還需要我多加贅述嗎？如此珍貴的大師舉世無雙。

來自薩迦俄爾祖庭的蔣揚羅德旺波最先認證頂果欽哲為蔣揚欽哲旺波的轉世。蔣揚羅德旺波是蔣揚欽哲和蔣貢康楚的共同主要弟子，是一位極為重要的大師。雖然頂果欽哲自幼接受薩迦派傳統教育，但事實上他是不分宗派的利美傳承人。作為祖古，他被送到雪謙寺佛學院學習，所以有時人們也會稱他是「雪謙欽哲」。他是蔣揚欽哲旺波轉世祖古的身份得到噶瑪巴和宗薩欽哲確吉羅卓的反覆確認。當宗薩欽哲確吉羅卓心意融入法界時，我們昵稱為「祖古薩噶」的頂果欽哲像太陽般冉冉升起，顯耀佛法、廣度眾生。欽哲的轉世註定猶如日月交替，盡未來世永無斷絕。若其中一位回歸密嚴淨土，另一位較之更加炫彩奪目的化身注定隨之出現。當蔣揚欽哲旺波圓寂時，噶瑪巴卡恰多傑在淨觀中看到他示現為二十五個化身，代表了如來果位的二十

五個方面：欽哲的身、語、意、功德、事業五方面各有五位主要轉世，因此產生了許多名含「欽哲」二字的轉世祖古。蔣貢康楚的轉世情況亦是如此。

我們當前這個時代，在弘傳欽哲、康楚和秋林三位教法事業方面，沒人能與頂果欽哲相提並論。他是整個世界的上師，仿如高掛空中的太陽，行誼與佛行事業遍及各處。他無論走到哪裡，都會產生轟動，很多尼泊爾人曾驚呼道：「蓮師本人看起來必定就是他這個樣子！他的體格實在無人能比！」他教證功德非凡，雙眸清亮透徹，辯才無礙流淌。他是一位真正意義上的舉世空前的大成就者。凡見過尊者的人都會明白我的意思。

這是我盡綿薄之力，對秋林傳承上師所做的簡短解釋。

（註：祖古烏金並未提及自己是頂果欽哲仁波切親筆撰寫的傳承祈請文中的最後一位。）

實相現前烏金策旺竹（祖古烏金尊）。
根傳上師金山珍寶鬘，
一心祈請虔敬不退轉，
慈憫加持現證二悉地！

祖古烏金仁波切（1920—1996）

帕秋仁波切、慈克秋林仁波切作

成就紹聖噶瑪鄔金知，

覺空智慧界中祈垂視，

賜我意傳令成具緣子，

唯願體認覺性勝王位。

　　——此偈頌由頂果欽哲仁波切親自
撰寫，並插錄在蔣貢康楚的《遙呼上師祈請文》當中。

　　因為我祖父沒有在他撰寫的傳承祈請文釋論中提及他自己，所以
我們有必要在這裡單獨附上他的傳記。這是家父慈克秋林仁波切在我
祖父圓寂後不久所作。

祖古烏金仁波切傳記

慈克秋林明就德瓦多傑仁波切作

　　我想跟大家講述我的父親，暨上師祖古烏金仁波切的外、內、密
生平故事與行誼。從早年開始，直至他七十六歲高齡，我將在此描述
自己的所見所聞。當然，我沒有見過他小時候，但聽聞了許多他那時
的故事，我只是親眼目睹了他的後半生。

　　為人溫暖和善是他最獨特的品格，他內心總是洋溢著大慈大悲。
就普通社會常規上說，他也是非常善良的人。除了幫助眾生以外，他
沒有任何其他的動機。他心胸敞亮猶如明月，這是所有世人對他的形
容。幼年時，他從父親吉美多傑那裡領受關於心性的直指教導，談及

當時的覺受，他說：「我真正見到了自心本來面目。」

祖古烏金仁波切對三寶具有不可思議的虔敬心。他常說在所有吸引他注意並生起虔敬心的祖師之中，釋迦牟尼佛排第一位。他常常被自己獲得的教法撼動。他對所有僧團都時刻恭敬萬分，因為他們令教法實修得以延續。

在噶舉傳承上師中，他對密勒日巴極為敬慕；在寧瑪傳承上師中，他對遍知龍欽冉江有巨大信心。僅僅聽聞這兩位大師的名號，就會自然生起虔敬，熱淚盈眶、汗毛直豎。

我聽說他早年視自己伯父桑天加措、父親吉美多傑和來自康區的大師瓊楚仁波切為根本上師。他還與第十五世噶瑪巴卡恰多傑之子蔣貢嘎瑟康楚有法緣連結，並從後者那裡獲得了完整的《大寶伏藏》。

記得我幼年時，他和母親住在納吉寺。有一次，在完成《密戒長淨‧甘露海》大成就法會後，我們一起念誦《噶舉金鬘傳承道歌集‧降智慧雨》。他跟母親一起領誦，當念到嘎瑟康楚所作的道歌時，他們憶念起自己的根本上師，出於虔敬而泣不成聲，中斷了整個唱誦。這是他對嘎瑟康楚的深切虔敬心。

他還視第十六世噶瑪巴為根本上師，對其欣賞程度有如親見佛陀本人。他從不認為噶瑪巴是有血有肉的凡夫。所以不管噶瑪巴讓他做什麼，不論是修行還是俗世任務，只要能讓噶瑪巴高興，他都會毫不遲疑、一秒鐘也不耽擱地去實現上師的願望，這也正是那若巴承侍印度大師帝洛巴的方式。當帝洛巴說：「是我弟子的人會從這個懸崖跳下去。」那若巴毫不猶疑直接跳了下去而身受重傷，但帝洛巴立刻將他的身體恢復原狀。那若巴經歷了許多這樣的考驗，祖古烏金仁波切也同樣願意隨時犧牲自己的生命和身體去實現噶瑪巴所說的任何願望。熟知他的人都能從他身上看到這種獨一無二的虔敬心。

怙主祖古烏金仁波切

至於嘉旺噶瑪巴⁵本人，他深深地信任祖古烏金仁波切。在他的淨觀中，他視祖古烏金同秋吉林巴和咕嚕確旺無別。我小時候在隆德寺時，很多次都注意到，每當噶瑪巴收到父親的來信，總會立刻把信放在頭頂上，然後才打開。我那時還小，總是納悶：「他為何如此特別對待父親的來信？」同時，父親也視噶瑪巴為金剛總持、帝洛巴、那若巴、瑪爾巴和密勒日巴——所有這些大師的總集化身。他們之間的關係有如法父、法子般親密。

這是我在隆德寺與噶瑪巴相處時所知道的事情。當噶瑪巴進行各種法事，需要一位元金剛密咒師時，都堅持非祖古烏金莫屬。當他在德里病重時，立即發消息讓祖古烏金過去。秋吉林巴自傳中有一些與特定授記有關的說明：在受到狡猾水怪的威脅時，需進行《大屠魔持明》修法的朵瑪回遮。祖古烏金在長子確吉尼瑪陪同下立刻趕去德里進行這一甚深修法。後來長兄告訴我，父親非常專注地進行廣大的朵瑪儀軌修法，以確保噶瑪巴的健康。

在寧瑪派大師當中，祖古烏金與已圓寂的怙主頂果欽哲的關係最為親密。頂果欽哲仁波切的全名是涅頓德秋丹貝加參，意指「了義勝乘教法幢」。他們之間的關係有如父子般心意相融。頂果欽哲會請父親釐清任何的疑慮和不確定，而父親則會趁機更進一步增上明覺妙力。他們互相極為敬重，情投意合。頂果欽哲視祖古烏金為咕嚕確旺，祖古烏金視頂果欽哲為文殊菩薩。

讓我也來談一談怙主敦珠仁波切，他是近代舊譯寧瑪派不可或缺的中流砥柱。這位博學多聞的成就者在拉薩從祖古烏金那裡領受了秋林伏藏法中《大圓滿三部》的完整灌頂和口傳。後來他這樣形容祖古烏金仁波切，「就法脈和血脈而言，他都是秋吉林巴當代的心子。他的證量已經全然展現，就大圓滿修持次第而言，他已經達到第四相

『法性窮盡』的最後階段。換句話說，他已然圓滿本淨覺性之廣大妙力，這樣的人確實稀有罕見。」這位博學多聞的成就大師用這些字眼形容我們仁波切。

紐修堪仁波切是另外一位深深欽佩我父親的大師。他常說，這個時代像祖古烏金這樣對大圓滿有如此深刻了證的人非常稀少。我父親受到許多博學多聞的成就大師的推崇和盛讚，但他本身是如何行止的呢？他一向衣食簡單，堅持坐在下座。在尼泊爾博達大佛塔的主寺噶寧謝珠林建成後，他邀請第十六世噶瑪巴讓炯日佩多傑前來賜予《噶舉密咒藏》的灌頂和口傳，噶瑪巴欣然應允。在開光儀式上，尼泊爾比連扎國王以法王身份應邀參加，並主持典禮，噶瑪巴和眾多祖古、喇嘛一起共同開光加持。

幾年後，我的根本上師──一切壇城與佛部怙主頂果欽哲仁波切應祖古烏金仁波切的邀請前來寺院，賜予《秋林德薩》的完整灌頂、口傳和指導，講授被認為是寧瑪派獨有教法的《四心滴》，並給予《道次第智慧藏》和《大幻化網祕密藏續》的講解，傳授了大量深廣教法。

慈父仁波切住在噶寧謝珠林寺時，曾多次給予《大圓滿三部》傳承。其中一次是給德布仁波切，另外一次是給貢千康巴仁波切。長兄確吉尼瑪仁波切和我有幸在場領受了教法。接下來數年，他教導了成千上萬的外國弟子，其中很多人獲得殊勝的《普賢意滴》傳承。這些通常以年度開示的形式進行，由父親和長兄確吉尼瑪仁波切共同傳授。在年度開示期間，確吉尼瑪仁波切為參加者介紹佛法，最後由祖古烏金仁波切給予無二明覺的直指教導。很多學員通過課程，體驗到解脫的法味。許多人認出心性，獲得甚深的了悟。

我納悶在如此大型的集會上怎麼可能給予直指教導，為此詢問了

好幾位偉大上師，他們這樣回答我，「一旦明覺力通過修道達至圓滿，一切悉地徵兆會自動顯現，例如『三熾盛相』和『三懷柔相』，這些徵象是指熾燃的覺受、證悟和三摩地。由於祖古烏金仁波切無二明覺的強度，他的覺受和證量自動明燦熾燃，故而周圍的人有可能嘗到真實心性的滋味。」這讓我想起米龐仁波切的《文殊大圓滿願文》：「意傳加持遷轉入心間，願獲覺性妙力大灌頂。」

由於他對究竟傳承的實證，無二明覺妙力的意傳加持能令所有弟子的心與他的智慧徹底交融。這種融合令弟子無論程度或根器如何，皆能在刹那間認識心性，這已經發生在千千萬萬的弟子身上，有目共睹。這是祖古烏金利益眾生的獨特方式。

除傳授教法外，祖古烏金仁波切創立了噶寧謝珠林寺在每年藏曆正月進行《密戒長淨・甘露海》和《白無量壽》大成就法會的修法傳統。他還特意迎請博學的堪布們前來寺院佛學院講課。

對寧瑪派的行者來說，最珍貴的聖地是尼泊爾的揚烈雪上洞，亦稱阿蘇拉山洞。祖古烏金仁波切和我已故的母親在那裡修建了一座寺院，內有佛殿、佛像和三年閉關中心。有一次，他在那裡進行三個月閉關，期間傳授了《普賢意滴》和《傑尊心滴》傳承及相應竅訣，並慷慨賜予了斷法和前行法。

他最後的主要行誼是在納吉寺隱居處擴建大殿，他已經在那裡修建了一所閉關中心和尼眾大殿。

一九八六年，他在納吉寺向以怙主夏瑪仁波切、怙主司徒仁波切、怙主蔣貢仁波切、怙主嘉察仁波切四心子為主的噶瑪噶舉主要祖古傳授《秋林德薩》，參加者中還包括了來自世界各國的祖古、出家眾和在家眾。他向所有人賜予秋林伏藏法的成熟灌頂、解脫竅訣和所依口傳。

他還在納吉寺進行數次《大圓滿三部》的教授。有一次，我的根本上師——金剛持頂果欽哲仁波切應邀去納吉寺傳授《大圓滿三部》，他安排宗薩欽哲仁波切、碓吉尼瑪仁波切、涅頓秋林仁波切、竹慶本樂仁波切和許多其他上師一同參加。那次，頂果欽哲仁波切告訴他，「你是《斷法百灌頂》傳承的唯一持有者，你必須將它傳給所有這些上師。」於是，他給予了全部《斷法百灌頂》傳承。如此，他向眾多當代上師傳授灌頂。他最後給予的重要傳承是應納吉寺閉關尼眾的請求，賜予《龍欽寧提根本函》灌頂。

過去數十年間，他向當地民眾和外國弟子給予前行法指導，廣泛引導他們瞭解和修持心性。簡言之，他終其一生都在轉動法輪，生命中充溢了偉大的行誼。

祖古烏金仁波切的另外兩個兒子措尼仁波切和明就仁波切，他們跟碓吉尼瑪和我不是同母所生。父親為他們在正對斯瓦揚布大佛塔的山頂上修建了一所大寺院。在精美的大殿內，有佛陀證悟之身、語和意的象徵。

噶寧謝珠林寺、阿蘇拉山洞寺院和閉關中心、納吉寺、措尼仁波切山頂寺院，都在祖古烏金的個人指導下修建完成，並蓬勃發展。

人們有時會好奇祖古烏金個人的主要修持是什麼，這只能從他給予我們的教導中來猜測。例如，他總是說，「無論你做什麼，無論處於什麼情況下，不論行、走、坐、臥，你都要將注意力時時刻刻放在你自己的無二明覺本性上。就是這樣！」這即是他的主要修持：時刻安住於本然赤裸之法身覺性境界中。

作為修行所依，直到最後他都在持續修持的主要儀軌是《普賢意滴》和《傑尊心滴》。此外，他極其珍視龍欽巴的《法界寶藏論》。他也非常喜歡噶舉傳承上師，上溯至金剛總持、帝洛巴、那若巴、瑪

爾巴、密勒日巴和岡波巴等。他視噶舉傳承與寧瑪傳承無二無別，並精進於大手印、大圓滿的結合修持。這即是他的修法核心，也是他所傳授的教法，對此我可以作證。他圓寂前不久，有一天我去見他，提出這樣的請求：「為了您的健康，我們需要舉行一些法會。為了我們、教法和眾生，您必須住世。」

「你們不用擔心我，一、兩年之內我不會死的。」他笑著說。儘管他的身體狀況相當糟糕，一定非常不舒服，卻笑談自己的死亡，沒有絲毫畏懼、憂慮。他像一位真正的瑜伽士，即使瀕臨死亡，仍然充滿喜悅和平靜，毫無不安之感。在他生命的最後，我和他共處好幾個月。因為已經圓滿見地，所以他從未顯露出任何恐懼。他就是那種如天空般崇高的瑜伽士，能夠遇見這樣的人，我覺得自己非常幸運。

他圓寂前教導我們弟子以下要點。我們所有人都在分分秒秒地接近死亡，在這個世界上，沒有人能夠永遠活著，一旦我們出生，就注定會死亡。然而，如果我們能真正地修行，今生和來世必定都會受益。這是他的主要教法之一——通過讓弟子面對死亡的事實，來激勵他們的修行。在受到死亡實相的激勵後，他會告訴我們：「不要將徒勞無益的世俗目標視為值得追求的事物！」他以這種方式教導我們「轉心四思惟」：人身難得、死亡無常、因果業力、輪迴過患。他的主要教法架構是《岡波巴四法》，其與龍欽冉江的《四法》無別。四法分別是：使人的心轉向佛法——「願心向法」；使佛法修行成為修道——「願法入道」；使修道斷除迷惑——「願道斷惑」；讓迷惑顯露為智慧——「願惑顯智」。通常在傳授第四法「願惑顯智」時，他會給予直指教導。

一切佛陀教法的精髓皆歸於大圓滿竅訣指導。祖古烏金仁波切透過簡潔、扼要、易懂的方式給予這些教導，總能令人感到溫暖、充滿

加持。他能同時向許多人傳達佛法的甚深精要,指出心性,確保他們的心相續獲得暫時解脫。這種能力是達至圓滿見地的結果,而祖古烏金仁波切在這方面無與倫比。

他常常告訴追隨者,「萬法無常,稍縱即逝的事物不值得追逐。因此,修持佛法才是真實之道,這肯定會在此生和來世幫助到你。」修持佛法是他的主要教法和遺教!比起用黃金填滿十億宇宙,然後再供養給祖古烏金仁波切,不如你全身心投入實修更能令他歡喜——唯有如此,每個眾生才能達至覺醒。

有一次,我問他,對我自己和其他追隨者來說,什麼才是最重要的修行?他給予如下建言:「虔敬心與悲心至為重要!」虔敬心意指如果追隨噶舉教法,你應該視自己的根本上師為金剛總持、瑪爾巴或密勒日巴;如果修持寧瑪教法,你必須視自己的根本上師為普賢如來、極喜金剛、師利星哈或龍欽巴尊者本人。

他常強調說,在領受直指教導時,虔敬心與慈悲心是認識心性不可或缺的條件。他多次提到「被大悲心所遍滿的空性」。西藏有句名言,「心胸狹隘之人無法產生功德,如同被火焚燒的種子無法發芽。」一旦你擁有開放的信心,視傳授甚深教法的上師為佛陀本身,這樣才有可能得到究竟傳承的教法。在證悟的本質被引介時,才能毫無疑問地認識無二明覺。因此,虔敬心至關重要。

他說,「所有眾生無一例外都曾無數次做過我們的父母,請生起周遍一切的悲心!在金剛乘傳統中,我們將虔敬心與悲心視為重要功德。」關於三昧耶,他說:「一旦開始修持金剛乘,你就像竹筒中的蛇,只有兩條路——要麼向上、要麼向下。它比喻這條法道同時存在巨大的利益和巨大的風險。請記住,虔敬心與悲心是確保你能藉由金剛乘的教法獲得證悟與解脫的保險繩和安全鎖。」這些就是他給予我

的最後建言。

　　他還告訴我，未來想要修持秋林新伏藏，尤其是《意修遍除道障》和《大圓滿普賢意滴》的弟子，一定要遵循前行、正行和附屬教法的完整法道次第。他常說，即便只修持前行，其他法都不修，也已經足夠了。為什麼？因為前行甚至比正行還要深奧。我們需要積資淨障，真心修持四次十萬加行者，通過做大禮拜能清淨身的惡業；通過持誦金剛薩埵咒語能清淨語的惡業；通過供曼扎能清淨意的惡業；通過上師瑜伽能清淨身、語和意的惡業。我們需要淨除惡業的障蔽，如果沒有清淨障蔽，我們可能會因為過去的業力和暫時的因緣而瞥見空性，但它會轉瞬即逝。請勿忘失：不要欺騙自己，全心全意地修持前行法。這是祖古烏金仁波切再三反覆給予我們的教導。

　　一旦前行的修持發揮效用，淨除障蔽，你就會自然地認識心性，對「見地」的了證將進一步開展。

　　他還經常強調一個重點：「告訴你的所有弟子，他們的見地要如天空般崇高，但行為要如糌粑粉般細緻。」有些人可能認為自己擁有非常高的見地，從而不需要擔心自己行為的後果，這絕對是錯誤的。看看仁波切的典範：他滴酒不沾、過著完全清淨持戒的生活。同樣，不論你的見地多麼高遠，都應謙遜有禮、不可輕浮無禮。他接著說：「告訴你的弟子，先修持前行，然後再修持正行。」

　　另一個重點是：「告訴他們，未來的所有金剛法友都將以一個團體、一個壇城邁向證悟。因此，要保持僧團和諧、善待彼此、持守淨戒。如此，金剛乘不可思議的甚深教法才會發揮效用。」

　　珍貴的父親還告訴我最後幾個重點，此外再無他言。讓我來補充他的忠告：「請仔細觀見你的心性，這是所有大圓滿教法的精髓。首先，要認出心性；其次，確立這種認識；然後，對此認識生起信心。

光認出心性還不夠，你必須發展對於這種認識的強度；只開展出一些力量還不夠，你必須獲得穩定的認識。就是這樣！簡言之，好好修持，令你的修持達至圓滿。生起多於你現在具有的虔敬心與悲心，因為這會令你的覺受和了證自然增上。這是你應該告訴所有學生的。」

雖然我們珍貴父親的心已經融入本淨法身界，並安住其中，但他能持續了知眾生的所作所為。因此，作為他的弟子，請不要自欺欺人！如他在世時那樣，繼續修持前行法和持誦，別覺得你現在不用負責任了。請繼續你的個人修持，無論從事何種修持，不管是修持積資淨障的前行法、禪修還是其他修法，請讓自己的心與他的心相融，你的修道將會愈來愈深入。

我覺得應該告訴你們的是：你們是祖古烏金仁波切的追隨者，任何從他那裡領受過直指教導的人都極其幸運，這有如將傳承黃金寶鬘的一端放在你的手上。如果你能藉由修行而將此教導帶入個人覺受中，那麼可以肯定的是，你的上師將會繼續從無相法界看顧你們，真正的上師將在你的內心覺醒。有句話說，「上師唯獨由心而見，不在心外。」意指在認識心性的當下，你和真正的上師面對面。請瞭解這一點！

對於透過他的書與祖古烏金仁波切結緣的人，我想說：請不要只專注於書面文字！請將注意力轉向你的心性！在虔敬心與悲心生起的剎那，如果能讓自己的心與上師的心無別相融，你就能真正地瞭解大圓滿的教法，那實在是太殊勝了！

長兄確吉尼瑪仁波切正日漸純熟，他在隆德寺進行完整的修學，從十六世噶瑪巴讓炯日佩多傑和卡盧仁波切那裡獲得了無數噶舉傳承的灌頂和竅訣；從怙主頂果欽哲仁波切那裡領受了《大寶伏藏》《四心滴》和《龍欽寧提根本函》。我們還從祖古烏金仁波切那裡得到了

完整的秋林伏藏法。每一年,確吉尼瑪仁波切都會在年度開示和閉關期間給予教授,在來自世界各地不同國家的無數弟子心中種下佛法的種子。將確吉尼瑪仁波切視為你的上師,同時持守無欺的清淨三昧耶,將有助於達成祖古烏金仁波切的願望。

就個人來說,我完全沒有任何學識、證量或甚深禪定。噶瑪巴認證我是秋林祖古,但我完全徒有虛名。然而,我一定會踐行父親的最後遺教,開展虔敬心與悲心,修持認識心性。

我的弟弟們,措尼仁波切和明就仁波切將會繼續遵照父親的指導修行。我希望我的所有兄弟都能透過秋林伏藏法來利益無量的眾生。總之,無須再多言,請好好修持!請記住,無常有一天會發生在我們身上。確保在那一天到來時,你已經獲得全然的無畏。趁現在無常還沒到來,請好好修持!否則你會投生為狗、蛇等六道中的任何眾生,到時你還有多少機會領受教法?還會跟一位真正的上師結緣嗎?還有走上修道的可能嗎?誠實地想清楚這些。當感到恐懼時,你會對自己此生能夠值遇這樣一位真正的大師而充滿感恩之情。

得以領受無上大圓滿教法的重要口訣指導,這是何等的幸運!你握著傳承黃金寶鬘的一端,這是獨有的法緣!請不要浪費,或令此珍貴的連結空過!不要沉迷於對飲食、奢華和財富的追逐!請全心全意以修持純淨的大圓滿教法為目標。藉由虔敬心,視上師為佛陀本人;領受四灌頂;讓你的心與上師的心相融;住於覺空無別之本然;這是你度過今生和來世最有意義的方式。仁波切的所有弟子們,請以此來投入你們的修行。

一方面,我對父親的圓寂感到難過,他離開了,他的心融入法身界中;另一方面,當我想到他的所有行誼,他似乎已經達成所有目標,圓滿所有事業,向心子和弟子傳授了所有灌頂、口傳和竅訣,修

建了多座寺院和閉關中心。

他像龍欽巴一樣，雙手結心性休息印，以筆直的金剛坐姿圓寂。從凌晨兩點十五分到晚上他都安住於甚深禪定，直到心徹底融入於法界。一想到這些，我便不會擔心，為什麼？因為我知道他傳授的法教精髓就是要實修大圓滿，僅此而已！我知道自己遲早也會像他一樣離開這個色身，所以這令我倍受鼓舞、勇氣滿滿。

有人會覺得，「我的上師走了！」不需要這樣悲傷沮喪，應當振作鼓舞！要感激：上師的離開是一種揭示萬法無常本質的當頭棒喝。不像只是嘴頭上念死無常，這個特殊的死亡指導深深觸動我們的心，讓我們明白自己每分每秒都在邁向死亡。我們必須利用好每一天，真心去做修持。

就像我們珍貴的父親仍然在世時一樣繼續修持。如此，你的覺受和了證將會熾燃增盛、功德增上，並獲得善果。不要絕望地想：「現在我沒有上師了！沒人傳授我教法了！」並非如此，你已經領受了教法，你的任務是不要荒廢它們，必須精進地修持，除了自己，沒有人能代替你修行。如果領受了教法但不做修持，那麼它們毫無利益。銘記並消化吸收這些教法，將其用以調伏你頑固難馴的習氣。

讓自己的虔敬心與悲心更加強烈，毫無疑問你會與大圓滿之見面對面。我遇到的所有偉大上師——嘉旺噶瑪巴、怙主敦珠仁波切、頂果欽哲金剛持、卡盧仁波切和我父親，都對此確信無疑。

所有這些授予我眾多教法和灌頂的偉大上師們，他們透過融入法身界，向我們示現了無常的實相，令我們明白，終有一天我們也會死亡。所以，請實修你的上師傳授的教法，強化自己的虔敬心與悲心，不間斷地日夜做修持。唯有真正實修教法，我們才能走在成佛的路上，但是否走上這條修道，取決於你自己。獲得教法以後，是否修持

它，取決於你自己。趁現在還不算太遲，請做修持。不要只是沉浸在悲傷沮喪中。信任並珍視這些指法，全力修持，這會令上師感到歡喜。令上師歡喜，能夠淨除我們生命中殘餘的障礙，開顯更深層次的智慧。這會在死亡來臨時，讓我們前往銅色吉祥山，在那裡於同壇再次相聚。帶著最深切的祝願，這是我想對你們所有人說的話。

最後，在藍毗尼噶舉祈願法會期間，長兄確吉尼瑪仁波切返回家中與父親待在一起。當我們見面時，長兄告訴我，有人供養了藍毗尼的一塊土地，他請父親觀察應當如何使用。

父親說：「這個項目太棒了！藍毗尼是本師釋迦牟尼佛的出生地，我非常高興能夠得到這塊土地，若能在那裡修建一座大寺院，就太好了。寺院至少三百米寬，其中供奉有佛像。」他合掌繼續說道：「我祈願這座寺院能夠為世上所有眾生帶來和平，尤其是為尼泊爾這個國家。」這是他留給我們的最後心願與咐囑。

我們將如他所願，盡快建設藍毗尼的這座寺院，並且製作精美的佛像。我們將向所有功德主籌集資金，努力達成他的心願。

在更加內在的層面，我將在聖地阿蘇拉山洞進行數月閉關，以盡我所能達成他的心願。我會在那裡進行《普賢意滴》《傑尊心滴》《遍除道障》的完整修持。我先從前行開始，然後是正行，直到「立斷」和「頓超」。

不久前，天噶仁波切邀請我去他的寺院傳授《秋林德薩》的灌頂，我向病中的父親提及此事，我說：「現在我的心思全在納吉寺跟您一起，怎麼能去斯瓦揚布佛塔那裡傳授灌頂呢？這件事推遲一陣再說行嗎？」他回答道：「不！不能推遲！你必須去傳灌頂！秉持秋林傳承、弘揚秋林教法，這才是我想要你去做的事情！」因此，當他的四十九天荼毗法會[6]圓滿後我滿心歡喜地過去給予灌頂。我非常高興

這麼做，因為我知道這會令住於本初法身清淨本然的上師感到歡喜。

我從怙主頂果欽哲仁波切和怙主祖古烏金仁波切處獲得了猶如純金寶鬘般的《秋林德薩》傳承。此寶鬘包括了噶瑪巴卡恰多傑和倉薩桑天加措等眾多偉大上師。在祖古烏金仁波切的法體前，我立誓要達成他的願望，通過成熟灌頂、解脫竅訣和所依口傳，竭盡所能地持有秋林傳承。這並不是說我是某位非凡的人物或高階的大圓滿修行者，只因為這是我的願望。

願所有人健康長壽，悉皆達成修行所願。願你們的覺受和了證增盛。願你們的心與祖古烏金仁波切無別。這是我在他的殊勝法體前許下的願望。

我的祖父

帕秋仁波切作

以上是我父親慈克秋林仁波切在祖父祖古烏金仁波切圓寂後不久所作，它的時間、作者和意義都極為珍貴。雖然祖父圓寂時，我還很年輕，但我想基於自己的聽聞和記憶，再來談一談他。

怙主祖古烏金仁波切和帕秋仁波切，攝於一九八一年。

我祖父的一些老弟子曾經跟我分享了一些故事，這些故事可以說明他是多麼的獨特。一個重要的事實是，他對《秋林德薩》極為虔敬。我聽說他也非常喜歡噶瑪林巴的《文武百尊》修法和伏藏師明就多傑的《長壽修法日月和合》。有一次，在他叔叔德瑟祖古圓寂前，祖古烏金前去慈克寺探望他。德瑟仁波切傳他進去後，大聲訓斥道：「《秋林德薩》傳承已經擁有一切，你為什麼還去別處尋找？這是你自己的傳承，為什麼還要修其他教法？」祖古烏金後來說，這些話像在他心上插了一把刀，被叔叔這樣訓斥，他感到非常難過，因為他其實對《秋林德薩》有著巨大的虔信心。

慈父仁波切前面有提到，我祖父的主要修持是《普賢意滴》。有人告訴我，這其實是蔣揚欽哲旺波的轉世蔣揚欽哲確吉羅卓傳授給他的。他曾問蔣揚欽哲確吉羅卓，應當如何進行包括《秋林德薩》在內的所有教法的修持，他問道，「在所有非凡的大圓滿修法中，我應該修持哪一個？」確吉羅卓回答：「你應該修持《普賢意滴》。每部教法都是為了利益合宜之時的眾生，而現在正是修持《普賢意滴》的時候。從現在起，你要將此甚深教法作為自己的主要修持。」因此，祖父將這一教法作為他的主要修行，並在合宜之時廣泛弘傳。

慈父仁波切對祖古烏金的證量既無言過其實，也未輕描淡寫。我祖父是一位真正超凡的修行人，他的許多弟子以各種不可思議的方式見證了這一點。他的一個老弟子講述了祖父第一次做白內障手術的故事。通常做這種眼部手術，患者必須保持清醒，因此只能做局部麻醉。當外科醫生給祖父打上麻藥後，用手術刀切開他的眼球，他的眼睛立即抽搐起來，外科醫生驚訝地停下來，忙問他是否感覺到了什麼。我祖父的幾個學生在場給他翻譯，他說他感覺到刀子在切眼球。醫生嚇壞了，急忙為自己沒有檢查麻藥是否起效而道歉，但對於他只是安靜地躺在那裡，感受著刀子劃開自己的眼睛，這令醫生完全目瞪口呆。這就是他修行的力量。

還有一次他在法國跟一個沉溺於吸毒的老弟子一起，這個老弟子總是不停地問他：毒品是否能對修道的悟境有所幫助？跟禪修相比，嗑藥的感受有何區別？諸如此類的問題。最後他決定與另外兩個西方弟子一起吸毒試試。那兩個西方弟子在毒品作用下心智失控、神魂顛倒，而他卻安住自如，絲毫沒有半點感覺。過後，他告訴弟子：有一次他的上師桑天加措為了檢驗他，曾讓他吃下一劑強烈致幻的藏藥。那一次，他的心同樣完全沒有受到影響，僅僅是生理上略有不適。桑

天加措說，他的心沒有遭到半點擾亂，這是好的徵兆，但仍需提升修持，因為哪怕是身體層面也不應該受到影響。

這則故事透露了我祖父的證量。除此之外，他真的是一位簡單真誠的人。在我記憶中，祖父特別棒，非常疼愛我。說實話，他愛每一個人，但因為我年紀小，所以得到他更多的關愛。我不記得他曾親過我，藏人沒有這種表達情感的方式。他總愛拉著我的手，在他的臉頰上來回摩挲。他身上有股薰衣草的味道，皮膚十分柔滑。

他總知道我想要什麼。如果我需要錢，見面時他會塞一些給我。我有任何需要，不用開口，他就會給我，其實他對每個人都很慷慨。

怙主夏扎仁波切、帕秋仁波切和祖父母，怙主祖古烏金仁波切及佛母昆桑德千，攝於一九八一年。

舉例來說，人們前去拜見他時，如果向他供養一百元尼幣，他會把一百一十元尼幣夾在哈達[7]中給回他們。很多人並不知道哈達中包裹著東西，而他就是這樣不被知曉地給人錢。我幾乎從未見過其他人像他這樣。他確實擁有非常獨特的個性。

慈父仁波切在這一點上跟我祖父十分相像。他們倆給別人錢，就好像自己在銀行裡有百萬美金的存款似的，當然他們肯定沒有。他們總是隨時準備施予他人，例如，我父親總是給乞丐東西。小時候，我自然地模仿他。現在，我看到我的孩子也同樣效仿我，每次看見乞丐，總會回頭問我要些東西給他們。模式一旦建立，自然就會重複下去。佛法不單是典籍、教法或禪修，它是生命的存在之道。請牢記這一點。

我祖父摯愛並尊敬他的主要佛母——我祖母瑪雍昆桑德千。因此，我覺得也應該講講她。她是一位令人欽佩的女性，十分虔誠的修行人。我記得她絕大部分時間都待在阿蘇拉山洞，當時那裡連像樣的廁所都沒有，只能在戶外解決。即使如此，她一直在那裡修行，照顧著這處聖地。

她非常關愛僧人，總是隨時準備賣掉自己的珠寶首飾，用來請購佛像，或是為僧人提供食物，這是她對佛法的支援。她圓寂前的最後囑咐就是，「修持佛法，不要擔心死亡，每個人都會死，所以現在我要死了，你們不要太難過。別忘記給僧人最好的食物！」那是九〇年代初，我們寺院連寮房都不算寬敞，但僧人們的齋飯較其他寺院總是很好。祖母總是堅持買好一點的米，她告訴我們，如果錢不夠，她就把首飾賣掉。

就像祖古烏金仁波切珍愛他的祖母——秋吉林巴的女兒貢秋巴炯一樣，我也深深懷念我的祖母，是她給我取名為貝瑪姬美烏金喇嘛，

這也是我護照上的名字。那次，她告訴我緣由，「昨天我夢見一位空行母端著托盤，上面有一個紙卷。空行母告訴我，紙卷上寫的是我孫子的名字。我打開來，只見上面寫著：貝瑪姬美烏金。所以，從現在開始，我就叫你這個名字。」

在西藏傳統中，人們通常會使用上師賜予他們的法名。敦珠仁波切、頂果欽哲仁波切和我父親都曾給予我法名，但我護照上並沒有使用這些名字，只用祖母給的這個，這顯示了女性在我們家族中的顯著地位。我祖母確實是非常強大的女性，她嗓音洪亮，每天早上十分虔誠地修持度母法。她的主要修持是度母法和施身法——兩種典型的女性修法。不久前，我問父親，祖母是否得到過淨相，他用「理當如此」的口吻回答：「那當然！」好像我在問一個再明顯不過的事實一樣。

我還記得，有好幾次我們一起修持施身法時，祖母輕柔地對祖父說：「讓我來領誦。」她以悠揚的聲音唱誦，祖父跟隨著她。雖然她不像祖父是公眾人物，但在我們家族中卻有著不可動搖的影響力。她為祖父生育了兩位年長的兒子——我伯父確吉尼瑪仁波切和我父親慈克秋林仁波切。

總之，祖古烏金仁波切既

怙主祖古烏金仁波切和帕秋仁波切

是秋吉林巴的血脈，也是他的法脈。就家族傳承來說，瑪雍貢秋巴炯是秋吉林巴子女當中唯一有子嗣的，她嫁到倉薩家族，相繼生下四個兒子。她的次子吉美多傑有兩個兒子：貝瑪姬美和祖古烏金。我祖父祖古烏金離開西藏後，他的後代現主要居住在尼泊爾，他長兄的後代現主要居住在青海的囊謙。祖古烏金有六個兒子：碓吉尼瑪仁波切、慈克秋林仁波切、措尼仁波切、明就仁波切、烏金吉美和丹巴拉。他的次子——我父親慈克秋林育有二子二女，我是長子，頂果欽哲楊希仁波切是次子。因此，我們家族血脈完全源自秋吉林巴的女兒瑪雍貢秋巴炯。秋吉林巴的後人如今遍及西藏、尼泊爾和印度。

---

1 班智達是梵文，相當於藏文的「堪布」。梵文的熱納，即藏文的「仁千」。
2 貢秋巴炯是祖古烏金仁波切的祖母。
3 饅饅是指中國的餃子，現已成為藏人的主食之一。
4 德瑟意指「伏藏師之子」。
5 嘉旺通常是對噶瑪巴的稱謂，意指「強有力的統治者」。
6 慈克秋林講的是傳統上在大師圓寂之後舉行的四十九天法會，文中是指祖古烏金仁波切的荼毗法會。
7 哈達是與某人、尤其是佛教大師見面或離別時做供養用的一種白色絲巾。

第二十三章

如今的秋林轉世

帕秋仁波切作

在烏金督佳仁波切記敘秋林轉世的生平時，如今的秋林祖古仍相對年輕，因此並未對他們做詳細介紹。今天我想借此機會，對他們稍作敘述。

第三世給拉秋林圓寂後，給拉世系認證了兩位祖古。因此近年來，第四世秋吉林巴一共有三位祖古，他們分別與第一世秋吉林巴的寺院有關，即：給拉祖古、慈克祖古和涅頓祖古。

這三位秋林祖古主要分別在西藏、尼泊爾和印度持教，並且根據當地的習俗開展佛行。給拉秋林在西藏修建寺院和佛龕，看管聖物，賜予廣泛的傳承和灌頂，利益當地的教法與眾生。我父親慈克秋林在尼泊爾通過祛病、除障和打卦等方式利益眾生，這也是當地人前去拜見他的主要原因，有時會有多達萬人參加他的灌頂。涅頓秋林主要在印度從事閉關和修持，賜予灌頂，同時通過拍攝電影來影響世界每個角落，饒益現代人，以此展開他的利生佛行。

最後，他們每一位秋林祖古都致力於修建銅色吉祥山宮殿。給拉秋林已經在西藏修建完成了；慈克秋林正在尼泊爾興建當中；涅頓秋林計畫將在印度進行修建。因此，如今的秋林祖古以不同方式繼續持有秋吉林巴的遺教。願他們的行誼能激勵你們的修行。

第四世慈克秋林，噶瑪明就德瓦多傑（1953—2020）

就家族血脈來說，你們已經知曉，我父親是秋吉林巴的直系後嗣；就轉世脈絡來說，我父親是大伏藏師本人的轉世。以下是基於他與別人分享的和親口說的，以及我親身經歷的關於他的生平與行誼。

藏曆一九五三年六月初十日出時分，慈父仁波切在仲翁寺降生，他是祖古烏金仁波切和康卓昆桑德千的次子。九歲時，十六世噶瑪巴認證他是第四世慈克秋林，取名為噶瑪明就德瓦多傑。

一九五九年，我祖父祖古烏金仁波切帶著家人離開西藏，前往錫金，慈父仁波切當時年僅六歲。他隨長兄確吉寧瑪仁波切一起，先是在印度達羅希年輕喇嘛學校進行為期一年的學習，隨後第十六世噶瑪巴給我祖父寄了封信，信中說，「兩位祖古現在應該開始學習和修持我們自己的傳承，趕緊送他們來隆德寺。」就這樣，伯父和父親被送去錫金。那時，噶瑪噶舉的新法座仍在建設中。

慈父仁波切在隆德寺待了大約十二年，他先是跟隨噶瑪巴的祕書丹增學習讀寫，然後在創古仁波切的指導下，遵照新譯派密續，學習儀軌和修持。最後在天噶仁波切的指導下，學習成為金剛上師。他領受了噶舉派的全部灌頂和口傳、那若六法，並從卡盧仁波切那裡獲得了香巴噶舉傳承。此外，第十六世噶瑪巴還向他傳授了無數灌頂。

有人告訴我，慈父仁波切在隆德寺期間行為舉止十分古怪。例

如，僧人們有次在進行拋朵瑪儀式時，他亂蹦亂跳，到處扔東西。噶瑪巴對此泰然自若，告訴大家隨他去，不用試圖改變他。還有一次，不知道什麼原因，他跳上噶瑪巴的法座，坐在上面，其他僧人告訴他不能坐在那裡，這樣不合規矩。但噶瑪巴再次告訴大家，不要管他，放任他坐就好。

　　慈父仁波切曾提醒噶瑪巴會有一個大的障礙，需要印製並分發整部《大藏經》進行迴遮。噶瑪巴聽從他的建議，印製了整套《大藏經》。還有一次，慈父仁波切告訴噶瑪巴，自己要為他的長壽進行閉關修法。慈父仁波切開始閉關，還親手製作了長壽甘露丸。閉關結束出來後，儘管他製作的甘露丸看起來髒兮兮的，但噶瑪巴毫不猶豫直接吞了下去。這是噶瑪巴對我父親的極大敬重。

　　十四歲時，慈父仁波切仍待在隆德寺，祖父讓他回去尼泊爾領受頂果欽哲仁波切的灌頂和整部《大藏經》的口傳。當時祖父正奉第十六世噶瑪巴指示，在尼泊爾博達修建主寺噶寧謝珠林寺。十九歲時，慈父仁波切返回尼泊爾，擔任寺院的金剛上師。自那時起，他主要居住在博達，主法由祖父創立的每年一度的《密戒長淨・甘露海》和《白無量壽佛》大成就法會。

　　慈父仁波切的主要噶舉傳承上師是第十六世噶瑪巴和第一世卡盧仁波切，主要的寧瑪傳承上師是頂果欽哲仁波切、祖古烏金仁波切和他在不丹遇到的波達堪布。他從頂果欽哲仁波切那裡多次獲得包括《秋林德薩》在內的完整寧瑪傳承，也從父親祖古烏金仁波切那裡數次獲得《秋林德薩》傳承。頂果欽哲仁波切對慈父仁波切十分敬重，請他參加自己寺院雪謙寺進行的所有大成就法會。有一次，雪謙寺一位有修證的僧人布澤喇嘛請頂果欽哲仁波切賜予一個非常祕密的灌頂，除布澤喇嘛本人外，只有我父親慈克秋林和涅頓秋林領受了這一

灌頂。這是頂果欽哲仁波切離開尼泊爾前往不丹前賜予的最後一個灌頂，不久後他便圓寂了。

毋庸置疑，我父親和所有秋林轉世一樣，是一位極為獨特的大師。儘管他鮮少談及自己，但會跟我分享一些彰顯他覺受的事情。上世紀九〇年代中期，他去拉薩和桑耶寺朝聖，在桑耶寺遇到一位老堪布。這位老堪布身穿粗布袍子，過著極簡樸的生活，除一只缽以外，身無長物。慈父仁波切請所有人退到外面，自己單獨跟這位老堪布聊了一會。

老堪布問他：「你是誰？」「我從尼泊爾來。」「你的上師是誰？」「噶瑪巴、祖古烏金仁波切……」「你修什麼法？」「大圓滿。」

他們這樣一問一答。慈父仁波切沒有告訴我那次談話的具體內容，但說那是非常特殊的時刻。他離開後，桑耶寺的僧人過來——為老堪布換上精美華麗的法袍，遞上要傳授的法本。慈父仁波切則回到旅館。

次日清晨，在半夢半醒之間，慈父仁波切看到這位桑耶寺的老堪布突然變成無垢友尊者，尊者手持《法界寶藏論》的法本敲打他的頭。慈父仁波切說法本剛一碰觸到他，他便對整部教法完全了然於心。結束行程返回尼泊爾後，我請他背誦這個法本，他立即從頭到尾背了下來。他告訴我：「我真的見到無垢友尊者本人。在

文革之後的這個時代，他仍在桑耶寺傳授教法，只是身相不同而已！」藏人們相信，每隔一百年，無垢友尊者就會出現在西藏傳授佛法。欽哲仁波切被稱為無垢友尊者的化身，但同時可以有好幾個化身，授記未明確說明化身的詳細數量，只是說每過一百年化身便會出現。

多年來，我非常清楚慈父仁波切會經常看到貝哈爾王、吉祥天母等護法，以及鬼神等。有一次，他和家母下榻在馬來西亞的一家酒店，他說酒店中有人死了。母親下去前臺詢問，起初前臺什麼都不肯說，但他堅稱有個女人死在這裡，最後酒店員工承認確有此事。我母親問他怎麼知道的，他說，「我親眼看到她走了下去。」

慈父仁波切還擅長打卦，有時會做出非常精準的預測，特別是當他安住心性時，當地人都知道這件事。舉例來說，努日村民經常會詢問他是否需要用直升機把人送下山去。例如，當家人病重或傷勢嚴重時，他們會問他要不要把人送下去急救。我們碰到過一回，慈父仁波切的神態很特別，雖然看起來好像正在看念珠打卦，但你會發現他有些不太一樣。這次他回答說，不管送不送病人下山，那人三天之內都會離世。事實果然如此。

在我結婚時，曾經問過他關於我未來的孩子。慈父仁波切告訴我，「你肯定會先有一個兒子，然後再有一個女兒。」事實就是這樣。類似的情形，最近他在美國時，有一位我們寺院的還俗女尼前去拜見他。她懷有兩、三個月的身孕，請他為腹中的孩子賜名，慈父仁波切給孩子取名叫巴桑多傑（金曜金剛）。這個孩子在星期五（金曜日）出生，是個男孩。名字中兩點都說中了，因為金剛也指男性。

除了打卦的能力，慈父仁波切還是一位淨除障礙的威猛上師。尼泊爾的民眾經常因為生病或遭到邪惡鬼神打擾之事而前去拜見他。我

見到他治癒了非常多的病人，尤其是中風或面部畸形患者。他用很熱的金屬觸碰病人的頭和臉部的某個定點，幾週之內，他們就會完全康復。這種情況我見過太多次了。

慈父仁波切的個性非常獨特。現在，人們對於公眾人物愈來愈有興趣，而他卻完全離於世間八法。他從未說過自己要著書立作或搭建平臺攫取名利。當然，所有這些弘法事業他最後全都實現了，但他沒有刻意去做任何事。這裡的意思不是說不需要書籍，我們當然需要經書法本來研學，這肯定不是無意義的。然而，家父的例子說明，我們應當時刻遠離世間八法，自始至終唯一以清淨心來做事。

慈父仁波切從不關注俗事，無論是遇見大功德主還是無名之輩，他從不會區別對待。他對所有上師都具有平等的信心與尊敬。例如，對於同一位大師的幾個轉世祖古，他對每一位都具有同等信心。我從未聽他說，「我信這個，不喜歡那個。」他真正秉持完全清淨的三昧耶。

只不過，慈父仁波切的心情會有變化。最近他有心情傳法，但過去兩三年卻不是這樣。那時，他會接見訪客，但非常有限。現在，他有求必應，絕無任何偏頗。我們大多數人通常都會有偏好，給重要人物以優先特權，但他絕不會分別對待。不久前，他走訪了一個一百個人的夏爾巴族營地；緊接著又在一個很小的瑪哈嘎拉殿向八個人的小群體傳授頗瓦法；幾天後又在達芒族[1]的一間小房子裡傳授灌頂。他真的毫不在意，凡事有求必應。

他對蓮師具有堅定的信心，眼下正在尼泊爾修建銅色吉祥山宮殿。當第一世秋吉林巴前往銅色吉祥山時，空行母讓他記住所見種種細節，以便返回時完整記錄下來並繪製成唐卡。如此，即使秋吉林巴圓寂後，弟子們仍能知道如何去到那裡。

怙主慈克秋林仁波切在不丹虎穴寺。

　　基於同樣原因，他正依據第一世秋吉林巴的描述，修建一座真實
的佛殿。該工程目前已接近尾聲，它盡可能地體現了第一世秋吉林巴
淨觀中的所有細節。雖然這一專案最初由父親倡議發起，但是整個工
程的主要組織者和監管者卻是我母親，她得到了許多出家眾和在家眾

的幫助。這項工作對她來說是一件極為艱鉅的任務，銅色吉祥山並非她曾學習過的事物，因此需要付出相當多的努力才能指導施工和裝修。

這座佛殿的設計極為精美，雖然大多數的佛殿只有一個門，但銅色吉祥山佛殿三層中每一層都有四個門。在主要入口上方，有兩隻鹿。雖然這座建築不大，但著實令人嘆為觀止。我母親為此堅持不懈地努力，凡是涉及到佛法，她總有難以置信的勤勉與虔敬，父親也會聽取她的意見。雖然她不像父親那樣坐在高高的法座上，但可以看出來，父親真的十分尊敬她。法座只是人前所看到的，但在人後，我們家族的女性總是發揮著巨大作用。

銅色吉祥山宮殿的建造已經接近尾聲，但這一直都不是一件輕鬆的任務。每當母親在施工中遇到困難時，總會詢問父親的意見，而他總是說，「這不是建造我們自己的房子，這是蓮師的壇城！所以，別擔心，蓮師會關照一切。」母親只好默然接受，而最後，所有的困難總能迎刃而解。

這表明慈父仁波切對蓮師具有純淨、不動搖的信心，他將自己完全交給蓮師。現在，我們有一座所有弟子都能去參觀的銅色吉祥山宮殿，請將它清楚記在心裡。雖然慈父仁波切看起來並未親自忙碌於這些事情，但他圓滿持有秋林傳承的大量佛行。

事實上，終其一生，我父親的主要事業即通過證悟之身、語、意的象徵來弘傳《秋林德薩》。就身的象徵來說，他修建銅色吉祥山佛殿；就語的象徵來說，他印製新版《秋林德薩》；就意的象徵來說，他修持並傳續教法、賜予灌頂。直至今天，他一共賜予了三次完整的《秋林德薩》灌頂，第一次是給身處藏區的給拉秋林祖古；第二次是在班倩寺給天噶仁波切；第三次是給第十七世噶瑪巴泰耶多傑和怙主

夏瑪仁波切。如今值蓮師年的殊勝機緣，他賜予了第四次廣泛的《秋林德薩》灌頂，傳授了占《秋林德薩》全集三分之一部分的《遍除道障》完整法類。因此，慈父仁波切通過各種方式來持續秋吉林巴的遺教。

第四世給拉秋林，噶瑪仁增丹巴久美（1953—2010）

　　我十二歲時第一次見到給拉秋林仁波切，那時他來尼泊爾從慈父仁波切處領受《秋林德薩》的灌頂。他是灌頂的主要領受者，一同前來的還有他的佛母南瑟玉准和他們的孩子。在我記憶中，南瑟玉准是一位溫婉優雅的女士，她身材高䠷，秀髮烏黑，身穿一件走路時有小鈴鐺叮噹作響的衣服。給拉秋林給我的印象是他非常和善，能看出來，他非常尊重和喜愛自己的佛母。他為人正直隨和，對世間八法和

權力明顯毫不熱衷。

他非常信任和尊敬我父親。在灌頂期間，他們相處十分融洽。他一再堅持說，慈父仁波切應該去西藏。他的孩子和我都領受了這次灌頂。灌頂期間，他最小的兒子在尼泊爾出生。灌頂圓滿後，我最小的弟弟頂果欽哲揚希仁波切也出生了。那是一段特別的時光。

祖古烏金仁波切的親近弟子，我的好朋友加傑堪布同給拉秋林仁波切熟識，他跟我分享了幾則故事。有一次，給拉秋林仁波切和加傑堪布一起參訪桑耶寺，有一個年輕的女孩子跑過來，交給仁波切一尊古老的佛像，請他在她回來之前代為保管，隨後轉身消失不見了。那是一尊極為珍貴的觀音像，底座上有一個自生種子字「阿」。等仁波切結束在桑耶寺的行程時，手中一直拿著佛像，等女孩子回來。他們等了很長時間，她一直沒有出現。按照加傑堪布的說法，那個女孩一定是位空行母，為了回饋他承侍佛法，特別賜予他這尊佛像。給拉秋林就是這樣一位大師。

他還是具有真實修行法力的上師。有一次，他在慈克寺進行甘露法藥大成就法會，附近村民看到寺院起火了，紛紛跑去救火，等他們到達寺院後，卻發現那裡連一丁點兒的火星都沒有。他們驚愕不已，紛紛過去索要他在法會上製作的甘露丸。他們把那天製成的甘露丸叫做「火焰甘露丸」。自此之後，當地民眾不請其他寺院的，只請給拉秋林仁波切的甘露丸。

他妥善看管前世的聖物，盡己所能地留存秋吉林巴的伏藏經函，逐步修繕慈克寺，製作《秋林德薩》木刻板，修建銅色吉祥山佛殿。他在西藏向無數祖古、堪布和當地民眾給予完整的《秋林德薩》灌頂。他以切實的方式，利益了無量眾生。比如下面講到的他通過修繕毀壞的佛塔，阻止了疾病在村落中蔓延的故事。那次，當地人對他非

常感恩，向他做了大量供養，他將這些供養全部用於重建慈克寺。

他一生完成了許多偉大佛行。在他佛母離世後不久，他也病倒了，隨之示現圓寂，時年五十七歲。毫無疑問，他此生圓滿成就，巨大利益了教法與眾生。

這是我所瞭解和聽聞的給拉秋林仁波切。以下是秋林袞拉達色寺土登喜饒堪布所作的給拉秋林仁波切廣版傳記略要。[2]

噶瑪仁增丹巴久美出生在東藏德格的德隆東托貴族家庭。伴隨他的出生，出現了虹光和其他奇異景象。這位年輕的祖古最初由第十六世噶瑪巴日佩多傑和欽哲確吉羅卓共同認證，他們二人的授記與第三世給拉秋林留下的遺囑完全相符。

欽哲仁波切建議慈克寺盡快將祖古帶回去，因為時局看起來沒有定數。於是，慈克寺向噶瑪仁增家族供養了數套法袍，將年輕的祖古帶回寺院。但他只在慈克寺待了三年時間，之後便由於政治問題，同父親一起騎馬逃亡。寺院的所有財產、食物和聖物全被洗劫一空。他和父親在遊牧親戚家中避難。有一天，一名來自東托的信使請他們回去，並帶來消息說，作為對貴族的懲罰，他們的所有家財全部充公，他的母親已入獄，家族的男丁和牲畜都被帶走了。對於這段變故，日後他雲淡風輕地說，「除了認識無常實相之外，別無選擇。」

自此以後，他們家被打上農奴主的烙印，被迫住在小房子裡，不准見任何人。因為那時他尚年幼，依然是可以被改造的物件，因此按照政府慣例，他被送到公立學校上學，努力將其塑造成為共產主義接班人。

小學時，他實際上是一名優秀學生。在六年制小學義務教育結束後，他終於獲得一些自由，開始跟隨慈珠多傑醫生學醫。作為大夫，他治癒了數千名患者，人們尊稱他為「阿日祖古」，都說除非惡業深

重，否則光是憑藉醫術，他就能淨除所有障礙，永不墮入惡趣。

與此同時，一位來自慈克寺的虔誠的嘉傑堪布仁波切，穿越整個東藏去尋找給拉祖古。因為這位堪布要放牛，總是四處遊牧，所以很長一段時間內都無法找到。最後，在東托家族舉行的一場淨障法會中，堪布注意到在場有一位相貌英俊但衣衫襤褸的青年，渾身上下散發著不一樣的氣質。法會結束後，他在外面遇到這位青年，彼此做了自我介紹。堪布說，「未能認出您，是我的巨大過失，我必須懺悔。」給拉祖古說，「千萬別這麼講。請把我記在心裡，作為對我的庇護。」堪布回答：「我若還有一點慈心，就不會忘記您；您若還有一點慈心，此生和來世都請不要忘記我。」從那時起，嘉傑堪布向給拉祖古傳授了許多共與不共的教法，祖古對這些教法進行聞、思和修持。

後來有人建議給拉秋林仁波切娶一位佛母，因為這定會為佛法與眾生帶來巨大利益。於是，他與來自東托卓古藏家族的桑永南瑟玉准成婚，他們共同生兒育女。此後，他作為公職的會計和出納，協助當地領導度過了困難時期。

在此期間，他從第三世宗薩蔣揚欽哲仁波切、第三世涅頓秋林之子烏金督佳仁波切、司徒仁波切、頂果欽哲仁波切和我父親慈克秋林仁波切那裡獲得了廣泛的灌頂。為了領受完整的《秋林德薩》和《大寶伏藏》，他前去尼泊爾和印度。在途經各大聖地時，他親自給予加持，並舉行淨除法會。特別是在釋迦牟尼佛和蓮師的聖地，他發下無數大願。

當他返回家鄉囊謙地區時，在森給雍措湖受到一大群僧侶的迎接。對僧眾們來說，他的歸來是佛法未來源遠流長的預兆。他從那裡出發前去衛藏尋找嘉傑堪布，二人見面後，一起去到一座埋藏伏藏的岩山腳下，那裡是二十一度母的住所。他們環視四周，打算修建一所

閉關院。當地人勸告他們不要打擾岩山或製造噪音，因為有兩個盲眼地神護法住在岩山中。秋林仁波切讓大家放心，因為蓮師特別召集這些非人是為了保護行善者、驅逐邪惡者的。離開前，他們向該地區的在家眾和出家眾賜予了灌頂和加持。

他們接著行至一座年久失修的佛塔處，給拉秋林仁波切預見到，如果不修復此佛塔，當地將會出現巨大的障礙和災難。他安排好修葺事宜，並說自己會回來檢查，以確保完工。

最後他回到自己的寺院，人們沮喪地聚集在散落的廢墟上，四周雜草、灌木叢生，滿地糞便。他呈獻供養、向三寶發願，並與堪布共商重建方案。他們在寺院待了七天，進行供養、賜予灌頂、宣講佛法。

在拉薩，他向覺沃佛如意寶供養法衣並貼金。在色拉寺和哲蚌寺，他每次都會在一個巨幅唐卡前為眾生福祉而祈願。在給袞寺，他為時局安定而祈願。在東瓦寺法會上，有個名牌[3]自然起火。

有時，他在午休時得到將會再次弘法的授記。最後，他果然收到噶瑪巴的來信，指示他開始傳法。

在寺院廢墟上，他和僧眾一起舉行大量的法會，出現了許多祥瑞之兆，聖藥香味四處瀰漫，頭頂上方出現彩虹，一盞酥油燈在壇城中自然亮起，可見天人和天女在空中起舞。他還走訪其他地區，舉行法會並給予加持，展現了許多令民眾信心大增的徵象。

最後，他獲准在中藏修建一座大寺院。寺院主殿有三十三根柱子，許多人看見非人在夜間幫忙施工。整幢建築隨處可見宏偉的佛像、唐卡畫作、全套的《大藏經》和祖師文集。

隨著時光流逝，疾病和災難開始在荒塔地區肆虐。他此前建議必須緊急修復佛塔，但工程卻推遲了。他應請求前去救助，舉行了必要

的成就法會，為佛塔慈悲開光。他在那裡待了三個月，原本猖獗的疾病被徹底剷除。其間，他還為飽受山體滑坡、洪水和鬼怪附身的民眾舉行法會，所有這些法會上都出現了成就吉兆。

同所有秋林祖古一樣，第四世給拉秋林也有許多淨觀。在他的傳記中寫道，有天晚上，他的法性光明覺受自然顯現為大幻化網壇城，無邊無際，不可思議。次日清晨，他看見那個地方的不淨顯相——山巒和石塊等都變成淨觀中的奇異淨土。另外還有記載，那裡的土石直到今天依然留有他淨觀的明顯印記。據說，他曾看見蓮師隨著一束陽光策馬而行。

簡言之，他終其一生都是一位非凡的大師。作為伏藏師，他在淨觀中以及從護法那裡獲得伏藏。他的傳記中還提到，他從小就能根據需要發現伏藏地點。他還通過看手相和打卦來幫助危病患者。他能觀到六道中任何一道眾生的前世和累世業力。打卦時，他清楚觀見並做出解釋。他善於使用占卜鏡、預言和神通力來做預測。據說有一次，他在途中遇到一條河，沒有涉水，而是帶著所有隨從騎馬飛躍而過。

透過授記和神通力，他認證的幾位祖古此後都被其他大師所認可。他打開許多隱蔽之地，其中包括孜多傑確闊林山。那一次，孜多傑確闊林山頂數日籠罩在虹光中，期間三怙主真實出現，當蓮師二十五位弟子的法鼓之聲迴盪時，還出現了長壽佛的甘露，他認證此山為三十空行、勇父之聖地。

第四世給拉秋林通過各種方式，繼續秉持所有前世的佛行，利益教法與眾生，直至二〇一〇年示現圓寂。

第四世涅頓秋林，仁增久美多傑（1973—）

在我還是小孩子時，初次見到現在的涅頓秋林仁波切，但直到我十六歲進入佛學院學習，才得以真正瞭解他。那時他尚未結婚，我們成為好朋友，經常一起聚餐，時常見面。然後，他與我未來妻子的姐姐康卓丹增確陽成婚。這樣，我們又成為了親戚。此外，他們的長子後來被認證為我祖父的轉世——祖古烏金揚希仁波切。

涅頓秋林仁波切非常慈悲和謙遜，對自己的上師極具信心。他對佛法具有深刻了悟，進行了大量時間的閉關，是一位從不涉及世間八法的極具虔敬心的修行人。我曾聽我們的共同上師紐修堪仁波切說過，他在一次淨觀中看到涅頓秋林將會極大利益金剛乘，尤其是大圓

滿的教法。

作為證悟事業的一部分，他拍攝佛教電影，諸如《密勒日巴傳》《頂果欽哲傳》、正在製作中的《蓮師傳》等。我認為他的電影是對修行極具創意的創新與支持，是一種能激發現代弟子信心的善巧方便。以下是關於第四世涅頓秋林仁波切的簡短傳記。

第三世涅頓秋林貝瑪久美加措在一九七三年示現圓寂。那時，他先去到德里，然後去馬札工作，返回比爾途中，在喜瑪加爾邦靠近扎西炯一個叫巴若的地方遭遇車禍，當晚他罹難的消息便傳回比爾。

那天，頂果欽哲仁波切在烏達拉邦克萊蒙鎮，正準備前往扎西炯傳授《竅訣藏》的途中。加賢圖丹立即從比爾出發前去求見欽哲仁波切，請他速來比爾。欽哲仁波切說，「對我來說，失去秋林仁波切就如同失去一位至親。」次日，他便離開克萊蒙鎮，下午即抵達比爾。甫一到達，涅頓秋林的長子烏金督佳仁波切向他頂禮三次，奉獻哈達，然後詢問道：「大家都說仁波切處在『圖當』中，您能否確認一下？」欽哲仁波切回答說：「讓我來看一看。」他隨後進行了蔣揚欽哲確吉羅卓的上師瑜伽修法《心滴明燈》，確認了秋林仁波切正在「圖當」中。

幾天後的空行日清晨，鈴鼓聲作響。當天上午，頂果欽哲告訴烏金督佳，涅頓秋林的「圖當」已於前夜結束。他還告訴秋林仁波切的佛母，仁波切前夜已經去到銅色吉祥山，此刻正與蓮師在一起。欽哲仁波切說，「你完全無須擔心。」

秋林仁波切的法體被安置妥當，供奉在陳設有大量供品的壇城中。當《密戒長淨・甘露海》大成就法會進行到第三天時，頂果欽哲告訴烏金督佳，「我看到一些跡象，祖古好像會在錫金、不丹或聞隔地區出生。」此預測是基於欽哲仁波切與督佳仁波切分享的一個夢

境。在夢中，頂果欽哲見到秋林仁波切手裡拿著一個白紙卷，便問他，「你要去哪裡？這個紙卷上是什麼？」秋林仁波切肯定地回答說，他要去不丹，紙卷上寫的是帕羅扎卡的地址。

第三世涅頓秋林仁波切圓寂九個月後，在藏曆八月初十蓮師日，第四世涅頓秋林降生於世。伴隨他的出生，出現了許多吉祥瑞兆與夢境，但這位祖古並未被立即正式認證。四年後，烏金督佳覺得是時候該去尋找父親的轉世了。

那時，第十六世噶瑪巴、康祖仁波切和頂果欽哲仁波切都在不丹參加第四任國王的登基典禮，烏金督佳仁波切也在。有一天，他向第十六世噶瑪巴和康祖仁波切獻上哈達，問起關於父親的轉世情況。噶瑪巴沉思少頃，說道：「一切都清楚明瞭，但我需要有人做記錄。」康祖仁波切回答道：「我可以幫您記錄。」於是，噶瑪巴口述，康祖仁波切做筆錄。

次日，噶瑪巴的祕書丹增交給烏金督佳一封關於他父親轉世的正式認證信，這封信由康楚仁波切書寫在噶瑪巴的信箋紙上，蓋有噶瑪巴的印章。

烏金督佳將這份信捲在哈達中，呈奉給頂果欽哲仁波切。欽哲將信放在枕頭上，烏金督佳詢問是否應按慣例，即刻開始尋找祖古。但欽哲回答說：「沒必要尋找祖古，我們自會找到他的。」

幾個月後，烏金督佳在印度時，收到一封頂果欽哲仁波切的來信。信中說，涅頓秋林的轉世祖古此刻正在帕羅薩參佛塔領受《寧瑪十萬續》，許多人參加了這次口傳，其中包括祖古的雙親，他們帶著兒子前去領受該教法。幾天後，烏金督佳又收到一封信，這次是康祖仁波切的來信，信中說他不僅見到了涅頓秋林的祖古，還向祖古供養了一套法袍。

欽哲仁波切的預測果然沒錯，沒必要去尋找秋林祖古，實際上他會自己前來。欽哲仁波切向噶瑪巴確認了男孩的身份，並出具了正式認證函。頂果欽哲後來告訴烏金督佳，噶瑪巴的認證信確認祖古是尼瑪加參和昆桑確吉夫婦的兒子，這封認證信與自己夢中的授記完全相符。

在帕羅圓滿《寧瑪十萬續》口傳後，欽哲仁波切帶著祖古去到印度菩提迦耶。在那裡，欽哲仁波切累計完成了十萬遍《普賢行願品》的修持。這也是祖古首次與他珍貴的上師一起去到釋迦牟尼佛的聖地，並在那裡見到了上一世涅頓秋林仁波切的家人。

他們一行人從菩提迦耶去到尼泊爾，頂果欽哲仁波切在噶寧謝珠林寺給予《秋林德薩》的灌頂，涅頓秋林祖古同許多其他的祖古和上師一起領受了這一灌頂。第十六世噶瑪巴早前曾宣稱，他要親自為涅頓秋林坐床。因此，當灌頂結束後，欽哲仁波切便帶著祖古徑直去了第十六世噶瑪巴的法座——隆德寺。

他們在《甚深七法類》中的普巴金剛修法大成就法會舉行首日抵達隆德寺，法會由噶瑪巴、夏瑪仁波切、司徒仁波切、嘉察仁波切和蔣貢康楚仁波切共同主法。當祖古坐床時，噶瑪巴為他賜名仁增久美多傑，這也是寧瑪派重要上師德達林巴尊者的聖諱，噶瑪巴宣稱祖古將會成為偉大的聖者。緊接著，他們又從隆德寺去到喜瑪邦比爾，祖古在他前世的法座貝瑪埃旺傑卡丹秋久美林寺再一次坐床。

數月後，祖古帶著隨從離開比爾前往克萊蒙鎮，在敏珠林寺從頂果欽哲仁波切那裡領受《大寶伏藏》的灌頂。這一次，他作為大伏藏師秋吉林巴的轉世又一次坐床。為了創造吉祥緣起，欽哲仁波切隨後寫下了三頁紙關於大伏藏師名諱烏金秋吉德千錫波林巴的解釋——秋吉林巴為基、德千林巴為道、錫波林巴為果。

仁增久美多傑隨後開始跟欽哲仁波切學習字母表。八歲時，他正式跟隨經師接受正統的祖古訓練。八歲到十五歲期間，他在自己的寺院接受正式教育。當頂果欽哲仁波切傳授教法和灌頂時，他會過去隨侍左右。他在彭措嶺領受了《竅訣藏》，在密宿爾領受了《寧瑪教傳》和《麥彭仁波切全集》。他還去到印度、不丹和尼泊爾的很多其他地方。

　　十五歲時，有人建議他去南印度的寧瑪佛學院南卓林寺學習。由於宗薩佛學院剛剛從錫金遷到比爾，他最終決定不去南印度，就在離家較近的地方學習。此後，他開始作為走讀生在宗薩佛學院學習，每天在自己寺院和宗薩佛學院之間來回通勤。幾年後，當他從尼泊爾領受完欽哲仁波切的灌頂返回到比爾後，心中生起一種強烈的迫切願望，他不想再與上師分開，希望能一直留在欽哲仁波切身邊。他透過第三世涅頓秋林仁波切的女兒，同時也是欽哲仁波切的弟子德吉旺姆給上師捎信，懇請上師允許他回去。他當時以為上師肯定想讓自己繼續學習，應該不會同意。但令他喜出望外的是，上師歡喜應允了他的請求，在回信中說，「這很好，我會把一切安排妥當。」不出兩個月，烏金督佳仁波切就收到頂果欽哲的來信，信中說：「涅頓秋林不必再去佛學院了，你們把他送到我這裡來。」自那時起，直至頂果欽哲仁波切圓寂，涅頓秋林一直待在仁波切身邊，承侍摯愛的上師。

　　在欽哲仁波切的指導下，他被送去菩提迦耶完成十萬個大禮拜。在兩名侍者的陪同下，他先行出發，隨後欽哲仁波切會與他們會合，在那裡傳授《蔣揚欽哲旺波全集》。在菩提迦耶，涅頓秋林和兩名侍者每天清晨繞行正覺塔、做大禮拜。起初他十分興奮，每天可以磕四千個大頭，遠遠超過自己的兩名侍者。

　　那時，正覺塔外有一種小型街頭遊戲機。在完成當天的大禮拜

後，他有時會停下來駐足玩上一、兩局。時間長了，他花在玩遊戲上的時間愈來愈多，很少在塔內磕大頭了。那個年代的遊戲機像似一個龐然大物，他如此沉迷於玩遊戲，以致最後從印度老闆手上租下了那台遊戲機。他將笨重的機器搬回到自己住處，每天玩到深夜，有時甚至還通宵達旦。三個月過去了，他意識到兩名侍者已經完成了十萬個大禮拜，而自己則被遠遠甩在了後面！他感到十分沮喪，上師隨時會來菩提迦耶，於是他決定撒個謊，騙上師說自己已經完成了。

欽哲仁波切一見到他，就問，「你完成十萬個大禮拜了嗎？」他不假思索地回答：「是的。」欽哲仁波切直視年輕的弟子，說道，「不要對我撒謊。每天上課前，先提早去大塔把大禮拜做完。」他對欽哲仁波切的神通力早有耳聞，但那天方意識到上師果真了知一切。自打那時起，他便很難在上師面前生起任何奇怪、調皮或不好的念頭。那段時間，他害怕極了，每天早早起床去塔內磕大頭，避免碰到上師！他認為自己跟欽哲仁波切在一起的時光是他生命中最寶貴的時期，在修行上取得最大進步，領受眾多教法，獲得許多覺受的增上。

頂果仁波切圓寂幾年後，他有幸跟隨大圓滿上師紐修堪仁波切修習，並在六個月的時間內完整獲授了《大圓勝慧》及其釋論。他還從祖古烏金仁波切那裡領受了《大圓滿十七大續》，以及關於心性的教法。後來，所有這些偉大上師相繼圓寂——從他們那裡領受教法的全部意義即在於實修教法，於是，他決定將自己的所有時間都用來閉關修行。

他開始按次第進行閉關，從瑪哈瑜伽到阿努瑜伽再到阿底瑜伽。他先用九個月的時間進行《遍除道障》的閉關，接下來是《所願任成》的閉關等。他還在蓮師佛父母親臨過的錫金、尼泊爾和印度的所有聖地進行閉關。在具足加持力的聖地，藉由瑪哈瑜伽、阿努瑜伽和

阿底瑜伽的閉關修法，他的修行取得長足的進步。

頂果欽哲圓寂前不久，曾不下六、七次地問過他：他覺得自己是基——秋吉林巴，道——德千林巴，還是果——錫波林巴？然而他當時並未認真對待，沒能作答。頂果仁波切圓寂幾天前，十分嚴肅地看著他，再次提出了這個問題，那天他心想，「上師反覆問我同樣的問題，必定有特殊的緣起。」為了能創造吉祥的緣起，他回答道：「我是道——德千林巴。」

的確如此，仁增久美多傑透過自己的精進修持，以身作則，引領無數有緣眾生走上佛法之修道。

1　達芒族是尼泊爾的一個民族。

2　第四世給拉秋林的傳記摘要主要基於秋林袞拉達色寺土登喜饒堪布所著的《大伏藏師法王、雪域藏地慈克德千敏珠林寺住持——第四世烏金秋吉林巴傳記簡介》

3　名牌，也叫牌位，一種寫有亡者姓名的紙製肖像，在為亡者舉行儀式中會燒掉此名牌。

結語

第二十四章

秋吉德千錫波林巴——
最勝之基、大樂之道、消融之果

帕秋仁波切作

　　通常我們會說秋吉林巴為基，德千林巴為道，錫波林巴為果，但這並不意味它們之間有任何實質的區別。在本質上，它們是同一位大師的三個層面。正如觀世音菩薩、文殊菩薩和金剛手菩薩一樣——雖然他們以不同的身相現起，但卻具有相同的自性。因此，同一位大師的不同化身會以不同的方式展現他們的佛行。我由衷認為如今的秋林轉世——慈克、給拉和涅頓即是如此。

　　這純粹是我的個人理解，但就特質與事業來說，我會說第四世給拉秋林是最勝之基——秋吉林巴。因為他的主要佛行是在西藏延續秋林教法，那裡是我們傳承的根基。他重建大伏藏師原來的寺院，翻修大伏藏師的主要閉關院，看顧所有持秋林教法之地，以此來確保秋林傳承的源流基礎得以存續。因此，在我看來，這是他作為教法最勝之基的主要佛行事業。

　　涅頓秋林仁波切親口告訴頂果欽哲仁波切，他的主要佛行是作為大樂之道——德千林巴而出現。的確，他示現了藉由聞、思、修來穿越法道的三種方式。他領受了無數法教，將絕大多數時間用於從事閉關，在修行上投入極大的精進。透過這些為弟子樹立了榜樣，因此他

代表了大樂之道。

我父親慈克秋林則截然不同，他不會一次做幾個月或幾年閉關，但仍具有極大的神通力。在我看來，他的行誼顯示他對世間八法的執著悉皆消融，無有任何希懼與愛憎。透過他的行誼，示現了果之境界，一切二元妄執徹底消融。

在究竟上，所有秋林轉世完全相同，不同之處是他們展現佛行事業的方式。至為重要的是，直至今天，所有秋林轉世仍在繼續持有《秋林德薩》傳承，確保其在西藏、印度、尼泊爾和世界各地廣為弘傳。

第二十五章

金剛妙音——依（基、道、果）三續，對大伏藏師秋吉林巴名諱之講解

頂果欽哲仁波切著

願吉祥勝利！

事實上，萬法皆以名稱來做理解，正如《楞伽經》[1]中所言：

「若不予命名，則世間迷惑。
故善巧怙主[2]，為萬法命名。」

尤其是，密乘中的甚深祕密亦須經由名號來理解，正如五百班智達[3]頂嚴無垢友尊者在《大幻化網祕密藏續》[4]釋論中所言：

「上等利根示名號，中等根器傳綱要，劣等鈍根逐句解。」

與此偈句文義相符，對密乘持教者的名諱，也應當以密乘的解釋方式來做理解。《顯瓣持明根本續》[5]中說：

「本師及諸眷屬眾，修法成就之方便：
悉與自身無二致！九界[6]壇城智起現。」

因此，對於了悟密續之密意者，皆以其證悟法身的方式而命名。蓮花生大士紹聖者秋吉德千錫波林巴即是其中一位大師，他為利益濁世的眾生及弘傳正法而出現於世，是伏藏師海眾之轉輪聖王、具三殊勝功德[7]本初怙主之大悲化現。人如其名，他是甚深伏藏教法的偉大導師。

　　關於此名諱的聖者行跡為：鄔金蓮花生大士以文武百尊聖眾壇城遍主金剛薩埵的形象化現，在有如三十二須彌山之微塵數量般的勇父空行中，振響金剛鈴聲，廣宣密咒基、道和果之深奧義。遍智蔣揚欽哲旺波依此金剛語，廣泛闡釋大伏藏師三密[8]之七種金剛功德[9]。

　　首先，我將闡釋展現徹悟應證之名號，基續乃為：

「無上祕密大樂中，遍主總持諸有寂。
所有如來幻化身，摩訶安樂金剛心。
自然起現勝聖尊，乃為唯一天中天。
一切諸佛相和合，所有本尊最勝樂。」

　　因此，聖者的第一名號秋吉林巴為基，在《大幻化網後續》[10]中說：

「『續』者名義指相續：應與方便能生果。」

　　以下是應證基續之解釋——自然化基具足一切最勝相，雖於空性本體周遍一切輪涅，而遠離一切有寂之偏墮。若了悟此本基之顯相與本初智慧之自顯，則為涅槃。身與智於其本性中圓滿，稱為本基。當

心識向外探求，執以為主客二元，是為輪迴。然應了知此本基自身既無二元，亦無二元之消亡。故此基之名雖可分為二：一者為迷，一者為覺；然於實相中，此基遠離賢劣之分，無須任何所作，此為化身之真實本基。文殊金剛功德海尊者[11]所作之傳記祈請文中說：

「周遍大樂光明之法身，輪涅精義不壞大明點，
萬象遍主本原之依怙，尊貴上師足前敬祈請。」[12]

若上師名諱已指明他為一切輪涅之本基，則何須多加贅言！基續是你需要參悟的。覺受乃由精要竅訣所生，非靠文字而能定義。以此覺受，我們可了悟非建立於二元之本初覺醒，此即本初佛，非心造作所生之果，此即本師普賢王如來。故所有自心驟然現起的迷妄戲論與普賢王六種特法[13]之遊舞皆為同一智慧本性，解脫證悟功德稱為佛之顯現。正如《三根本精要續》[14]中說：

「未有上師前，為何無有佛？
最勝上師者，自性光明乃，
任運覺性王，未曾需積資，
本初佛所悟。故尊阿闍黎，
先於普賢佛。」

因此，秋吉林巴的名諱展示了他乃徹悟一切諸佛無別法身之聖者。

縱然未曾從法身之證悟中有所動搖，他的任運大悲卻遍滿一切輪涅。他的禪定證悟照見一切有寂之平等性，從而不斷看護三時一切有

情眾生。故而，他的化身遊舞不可思議。但為個別弟子考慮，他宣稱將會以某些特定方式不斷再來，正如他的歷生轉世祈請文一般。是故，他是教法與眾生無盡利樂之源泉。

其二為道續。持明聖者之王圓滿究竟一切無上金剛乘之道地功德，故稱德千林巴。此名源於具足一切最勝相的大空本性與一切最勝道的不變大樂之和合，乃為無上金剛瑜伽。在功德密續《大吉祥本初續》[15]中說：

「無始無終大勇識，安隱喜足金剛心。
彼為普賢本初怙，金剛慢女主尊主。」

與此所說相符，秋吉德千林巴首先領受了四種成熟金剛灌頂；成熟後，他實修生起次第和圓滿次第的解脫之道；最後，他了悟第四灌頂祕義大手印，直接和間接擊中修行的要點——樂空雙運之不變唯一智慧。此時，一切皆顯為道。他成為金剛族姓者，依教踐行成熟解脫道。如此聖者如鑽石般珍貴。他轉動轉輪聖王之千幅金輪，成就仿如四大洲[16]般廣袤的四種持明斷證功德。

秋吉林巴之名，彰顯他參透所有金剛密意，現證一切地道功德。有云，

「誰者安住於無作，縱然外顯人天身，
其意實乃如來體。此人利眾無有量，
無勤無修樂安隱。」

故而，他被譽為等同阿努瑜伽的最初五位紹聖者[17]。

其三，在證悟果續層面上，他被稱為錫波林巴，正如他乃為本初佛大悲化身一般。在《時輪略續》[18]中說：

「自淨其意是真佛，此外佛不作何事。」

故而，於世俗諦，一切迷亂顯相皆不實有、僅為幻顯；於勝義中遠離生滅、來去等一切所緣，乃為覺空無別。若能了悟此境界，則一切驟然現起的迷妄客塵頓時消融於了無所緣之深明法身的無二大空廣界中。此時，一切顯現與受用皆為無上智慧幻舞，而現證廣界童瓶身[19]。雖然錫波林巴與本初佛無二無別而安住，但他的任運大悲周遍法界，調伏十方[20]一切有情眾生。此名顯示他與自然顯現五種佛身和眷屬的持明本師金剛顯鬘力之智慧無二無別。在《文殊真實名經》[21]中說：

「盡超諸意識，持無二大智。
本住無分別，執三世佛事。」

這位聖者的前世乃贊普法王梵天妙華[22]的次子牟汝贊普王子，正值雪域教法明燈蓮師、寂護、赤松三尊為眾生帶來無量安樂之時。彼時，王子以超人勇氣調伏四國，利益普澤諸方。他在顯密經典、乃至各門學識開展出極大勇識，被稱為天子譯師，學識遠近聞名。第二佛蓮花生大士交付甚深密法寶藏之門，令其即身成就大遷轉虹光身。雖然他已證悟究竟無學之果位，但為了將來雪域弟子不斷示現轉世化身。在《卡拉絨果聖地授記指南》中說：

「縱使王臣皆反對，亦難令他心退轉。

為利雪域來時眾，定將不斷示佛行。」[23]

因此，錫波林巴是三時不斷顯現化身之上師。

此乃我對伏藏師海眾之轉輪王鄔金秋吉林巴三種名諱的理解，皆依據經教及遍知三時之第二佛鄔金蓮師的金剛名號而闡述。

大伏藏師語密法座泰秋久美林之轉世祖古仁增久美多傑於藏曆土羊年神變月十三日吉時[24]在印度敏珠涅頓嘎匝寺[25]坐床之時，由欽哲轉世虛名者、金剛上師任務者久美泰秋丹貝堅贊所作。以此吉祥緣起，願此文成為光明金剛藏[26]導師——第四世涅頓秋林仁波切佛行事業大願圓滿之因。願善妙增長！

秋吉林巴在蓮花遍滿刹土顯現的蓮芽菩薩身相

1 《楞伽經》（《楞加阿跋多羅寶經》），藏文是《朗噶謝貝多》（*Lang kar gshegs pa'i mdo*），出處：《甘珠爾（德格印經院版）》第 49 卷，p.113-384，德里噶瑪巴印經院，一九七六年至一九七九年。

1 善巧怙主是指佛陀。

3 五百班智達即古印度五百位智者。

4 《大幻化網祕密藏續》，又稱《金剛薩埵大幻化網根本續祕密藏》，藏文是《多傑森巴處匝威居桑瓦寧波》。詳見《大幻化網祕密藏續》（*rGyud thams cad kyi rgyal po dpal sgyu' phrul drwa ba rtsa ba'i rgyud gsang ba snying po*），澤仁嘉措等編輯，《廣版寧瑪遠傳教敕（藏族古譯文獻寶典）》（*sNga'gyur bka'ma shin tu rgyas pa*）第十三卷，成都四川民族出版社，二〇〇九年，p.11-88。

5 《顱瓣持明根本續》的藏文是《仁增匝居托比頓布》（*Rig 'dzin rtsa rgyud thod pa'i dum bu*）。詳見晉美林巴取藏，《龍欽心髓根本函》（*kLong chen snying thig rtsa pod*）第一卷《顱瓣持明根本續》（*Rig 'dzin rtsa rgyud thod pa'i dum bu*），德里雪謙出版社，一九九四年，p.81-88。

6 龍欽巴所教授的九界是：無變無遷見之界，了無是非修之界，無希無懼果之界，無破無立安住界，自性遊舞無滅界，凡俗根識解脫界，了無改變解脫界，自生遊舞無斷界，任運無別無時界。詳見《哲學體系的寶藏：完整哲學體系意義的釋論》，作者：龍欽冉江，譯者：理查 · 巴龍，加利福尼亞州交界市貝瑪出版社，二〇〇七年，p.323-324。

7 三殊勝功德是：他清淨的菩提心、善巧的佛證悟事業、他的生命精髓為菩提心與佛行事業無別。

8 三密是金剛身密、語密、意密。

9 七種金剛功德是實相的真實自性，即：無腐、無壞、無毀、真實、穩固、無礙、無敵。詳見理查 · 巴龍所著，《無修之佛性》，加利福尼亞州交界市貝瑪出版社，一九九四年，p.33-34。

10 《大幻化網後續》（Mayajala Uttaratantra）的藏文是《秋楚扎威舉奇瑪》（*sGyu' phrul drwa ba'i rgyud phyi ma*）。詳見塔巴羅匝瓦尼瑪堅贊、桂洛匝瓦勳努白所譯，《祕密藏續後續》（*gSang ba snying po'i rgyud phyi ma*），一九九二年。

11 文殊金剛功德海是指蔣貢康楚，即《吉祥法螺悅耳音》的作者，其完整譯文詳見本書第十一章。

12 此為《吉祥法螺悅耳音》中的第一個偈頌。

13 普賢王六種特法是：（1）由從本基而超越，（2）於自顏面中自顯，（3）區分諸別類，（4）區分之時即解脫，（5）未從他者所出生，（6）安住於自之本地。出自巴楚仁波切全集第五函《功德藏註釋大日光顯》。詳見諾章吳堅所著，《數稱詞釋義大全：藏文》第二冊，北京中國藏學出版社，二〇〇八年，p.1313。

14 《三根本總集心要續》出自秋吉林巴掘取的《甚深七法類》。詳見《秋林德薩》第十四卷《甚深七法類》，帕羅：喇嘛貝瑪扎西刊印，一九八二至一九八六年，p.163-78。

15 《最上根本大樂金剛不空三昧大教王經》，又作《吉祥勝初續》、《理趣經》，出自《寧瑪十萬續部》第十九卷，不丹王國辛布國家圖書館，一九八二年，p.213-579。

16 此處的「洲」是「林巴」中「林」的意譯。

17 五位紹聖者是指領受阿努瑜伽的五種不同世間眾生，即：忿怒尊秋陽、龍王嘉波、夜叉嘎他東，羅剎羅卓達丹、補特伽羅利匝威哲。

18 《時輪略續》詳見月怙班智達、卓洛匝瓦喜饒扎巴、雄洛匝瓦洛珠丹巴所譯，《時輪略續》第一卷，《甘珠爾（卓尼版）》，卓尼縣卓尼寺，一九二六年，p.51-297。

19 童瓶身即法身佛普賢王如來。

20 此處的「十方」是「林巴」中「林」的另一種意譯。

21 詳見《文殊真實名經》，司徒班禪郤吉炯乃等編輯，《甘珠爾（德格印經院版）》第77卷，德里噶瑪巴印經院，一九七六至一九七九年，p.3-28。

22 梵天妙華是赤松德贊的別名。

23 詳見《秋林德薩》第一卷《卡拉絨果聖地授記指南》，帕羅：喇嘛貝瑪扎西，一九九二至一九九六年，p.9-10。

24 原文意為：藏傳曆算中，毗訶波提（木星）與熾盛宿（鬼宿）交會之良辰吉日。

25 俗稱敏珠林寺。

26 光明金剛藏是大圓滿法教的別名。

後記

《秋林教法事業增盛祈願文》

蔣揚欽哲旺波作

ཤྲུལ་པའི་གཏེར་ཆེན་རྒྱ་མཚོའི་འཁོར་ལོས་སྒྱུར།

如海化身伏藏轉輪王，

May the tradition of Drodül Chokgyur Dechen Lingpa,

འགྲོ་འདུལ་མཆོག་གྱུར་བདེ་ཆེན་གླིང་པ་ཡི།

調眾最勝大樂洲主尊，

the universal monarch of the ocean of incarnated tertöns,

རིང་ལུགས་ཕྱོགས་དུས་ཀུན་ཏུ་ཁྱབ་པ་དང་།

傳承法脈普遍諸時方，

pervade throughout all directions and all times,

ཕན་བདེའི་དགེ་མཚན་རྒྱས་པའི་བཀྲ་ཤིས་ཤོག

利樂妙相增上吉祥臨。

with the auspicious unfolding of benefit and happiness.

秋吉林巴的教法傳承和佛行事業定會興盛不衰，潤澤當今世界。

英譯者致謝

前言《澄澈寶鏡》　秋吉林巴

拉瑟洛匝瓦於二〇一六年翻譯，二〇二〇年修訂。

第二章《如意寶樹》　取藏：秋吉林巴

艾瑞克・貝瑪昆桑和拉瑟洛匝瓦於二〇一六年翻譯，二〇二〇年修訂。同時參考日巴譯本，完善了第十章中的《蓮師遺教祈請文》。

第三章《金剛六句祈請文》　取藏：秋吉林巴

讓炯耶喜和拉瑟洛匝瓦於二〇一六年翻譯，並由艾瑞克・貝瑪昆桑覆核藏文，奧瑞納・喜饒拉姆編輯。

第五章《空行耶喜措嘉請問章》　蓮花生大士

日巴譯本翻譯。拉瑟洛匝瓦於二〇一六年略加編輯，二〇二〇年修訂。

第七章《往生蓮花光淨土發願文・持明車輦》　蔣揚欽哲旺波

日巴譯本翻譯。

第十章《大伏藏師自傳》　秋吉林巴

拉瑟洛匝瓦於二〇一六年翻譯，二〇二〇年修訂。

第十一章《吉祥法螺悅耳音》　蔣貢康楚羅卓泰耶
一九八六年六月在納吉寺，當祖古烏金大聲宣說大伏藏師秋吉林巴生平時，由艾瑞克・貝瑪昆桑翻譯。拉瑟洛匝瓦於二〇一六年編輯，二〇二〇年修訂。

第十四章《西方極樂頌》
拉瑟洛匝瓦於二〇一六年翻譯，二〇二〇年修訂。

第十六章《具緣者耳之甘露》
在艾瑞克・貝瑪昆桑的草稿基礎上，由盧克漢利翻譯。拉瑟洛匝瓦於二〇一六年略加編輯，二〇二〇年修訂。

第十九章《蓮花遍滿的源泉》　頂果欽哲仁波切
艾瑞克・貝瑪昆桑和保羅・湯瑪斯翻譯，麥克・推德編輯。拉瑟洛匝瓦於二〇一六年略加編輯，二〇二〇年修訂。

第二十章《往生蓮花遍滿剎土發願文・遍喜明點》　蔣貢康楚羅卓泰耶
由艾瑞克・貝瑪昆桑和保羅・湯瑪斯翻譯。拉瑟洛匝瓦於二〇一六年略加編輯，二〇二〇年修訂。

第二十一章《秋林世系》　烏金督佳仁波切
由吉美欽哲和艾瑞克・貝瑪昆桑翻譯。拉瑟洛匝瓦於二〇一六年略加編輯，二〇二〇年修訂。

第二十二章 《傳承上師寶鬘》
在怙主祖古烏金仁波切口頭回憶並講解的基礎上，由艾瑞克・貝瑪昆桑翻譯，麥克・維德編譯。拉瑟洛匝瓦於二〇一六年略加編輯，二〇二〇年修訂。

慈克秋林仁波切對祖古烏金仁波切的生平記述，由艾瑞克・貝瑪昆桑翻譯，拉瑟洛匝瓦於二〇一六年略加編輯，二〇二〇年修訂。

第二十三章 《金剛妙音》　頂果欽哲仁波切
拉瑟洛匝瓦於二〇二〇年翻譯。

詞彙解釋

阿毗達摩（*Chos mngon pa*，Abhidharma）：三藏中的論藏，通常以外、內現象的系統分類形式，包含了佛陀形而上學的教義。

甘露（*bdud rtsi*，amrita）：「無死的甘露」或「天神的美飲」，能授予永生或其他力量的珍饈。

阿努瑜伽（*rJe su rnal 'byor*，Anuyoga）：三內續中的第二續，著重強調氣、脈、明點的圓滿次第修持。

阿羅漢（*dgra bcom pa*，arhat）：意即「殺敵者」，指已經從輪迴中解脫，但尚未達致圓滿證悟者。阿羅漢也是小乘的最終果位。

阿底瑜伽（*Shin tu rnal 'byor*，Atiyoga）：三內續中的第三續，是寧瑪派九乘次第之巔，與大圓滿同義。

中陰（*bar do*，bardo）：死亡與轉世之間的過渡階段，有睡夢中陰、禪定中陰、生有中陰等。

地（*sa*，bhumi）：菩薩十地或菩薩道十層階位，從證悟空性的初地開始，直至圓滿證悟。

明點（*thig le*，bindu）：意即「圓球」或「精滴」，微細身的三個組成要素之一，另外兩個是氣和脈，均屬於阿努瑜伽修法。

菩提心（*byang chub kyi sems*，bodhichitta）：即覺醒之心。分為兩種：為利益一切眾生而發願證悟的願菩提心、引領一切眾生達至證悟的行菩提心。

菩薩（*byang chub kyi sems dpa*，bodhisattva）：（1）藏文的字面意思是「覺醒的勇士」，指初地以上的聖者，譬如已直接洞見空性者。

（2）稱謂那些已開展菩提心，為利益一切眾生而發願達致證悟者。

梵天（*bram ze*，Brahmin）：（1）色界天神的治理者；（2）印度教四大種姓或世襲階層之一。

佛、佛陀（*sangs rgyas*，Buddha）：三寶中的第一皈依境，即佛寶。該詞出自梵文的「桑傑」，意即「證悟者」或「覺醒者」，其中「桑」指覺醒，「傑」指圓滿，即已完全淨除一切障蔽，圓滿所有善德與智慧。（在英文中，當該詞的首字母為大寫時，特指釋迦牟尼佛；小寫時，是指對佛的統稱。）

佛法（*sangs rgyas kyi chos*，Buddhadharma）：佛陀的教法。

施身法（*gcod*，chö）：亦稱「斷法」，其傳承可追溯至祖師瑪姬拉准和帕當巴桑傑。修法時，需使用法器，觀想將自己身體供養給證悟者及世間眾生，利用此「恐懼」，來斷除執著之根，修持布施波羅蜜。

圓滿次第（*rdzogs rim*，completion stage）：（1）收攝觀想，譬如儀軌修持中生起次第後的修持；（2）氣、脈、明點的修持。

勇父（*dpa 'bo*，daka）：字義為「英雄」，是與空行母對等的男性。

空行母（*mkha' 'gro ma*，dakini）：證悟力量的女性化身。

手搖鼓（*da ma ru*）：金剛乘修行中使用的一種小型手鼓。

生起次第（*bskyed rim*，development stage）：金剛乘修行的兩個主要面向之一。在生起次第的修行中，行者「開展」各種觀想，目的是放下凡庸的感知，開始視萬法為本初清淨。

法（*chos*，Dharma）：三寶中的第二皈依境，即法寶。分兩種：教法和證法。

護法（*chos skyong*，Dharma protector）：梵文是「dharmapla」，意指保護佛陀法教和行者的本尊。它們通常是非人或魔眾，被蓮花生大

士和密勒日巴尊者等偉大上師，以及其他諸佛、菩薩的化身所降伏，縛於誓言之下。

法身（*chos sku*，dharmakaya）：此「究竟」或「實相」之佛身是三身（金剛乘中，有時也會分為「二身」、「四身」或更多）之首，由證悟之力所獲得，另外二身是報身和化身。法身遍等虛空，是如來藏的究竟方面。

法性（*chos nyid*，dharmata）：意即「如是」，或實相的本質、萬法之自性。

直貢噶舉（*'Bri gung*，Drikung）：噶舉派分支之一，由帕莫竹巴多傑嘉波（一一一〇至一一七〇）八大主要弟子之一直貢巧巴吉天頌恭（一一四三至一二一七）於西元十二世紀創立。

竹千法會（*sgrub chen*，drupchen）：即「大成就法會」，一種持續至少九天以上的密集式共修，其功德等同於在僻靜處進行多年閉關。

竹巴噶舉（*'Drug pa*，Drukpa）：噶舉派分支之一，是不丹所遵循的主要傳承，由林傑日巴貝瑪多傑（一一二八至一一八八）或其弟子倉巴嘉惹耶喜（一一六一至一二一一）創立。

竹千（*rDzogs chen*，Dzokchen）：亦稱「大圓滿」或「阿底瑜伽」，是舊譯寧瑪派最高教法，被視為證悟本初佛性之究竟法門。在西藏時，蓮師以及後來通過他所埋藏的伏藏，被認為是最重要的大圓滿祖師。大圓滿的傳承源流可追溯至法身普賢王如來。

大鵬金翅鳥（*khyung*，garuda）：一種在神話中是龍族敵人的鳥類。在金剛乘中，它可以代表法道的不同面向，諸如本初自性，作為護法等。

大中觀（*dBu ma chen po*，Great Madhyamaka）：覺囊派創立者多波巴謝惹加參（一二九二至一三六一）的哲學觀點集成，他主張佛性

除本自固有外，無任何其他功德，也稱「他空見」。

噶舉派（*bKa 'brgyud*，Kagyü）：口訣或竅訣傳承，藏傳佛教四大教派之一。四大教派是：格魯派、噶舉派、薩迦派、寧瑪派。噶舉派的傳承源流可追溯至大譯師瑪爾巴及其主要弟子密勒日巴尊者。

遠傳（*bka' ma*，Kama）：以無間斷的口傳方式傳續下來的佛陀法教。寧瑪派兩種主要傳法方式是：遠傳與伏藏，後者是指在後世重新取出的伏藏法。

噶瑪噶舉（*Karma bKa 'brgyud*，Karma Kagyü）：噶舉派分支之一，由第一世噶瑪巴杜松虔巴於西元十二世紀創立。

嘎唐（*bKa' thang*，Chronicles）：即「編年史」，通常指被埋為伏藏，然後在特定時間由伏藏師取出的蓮師傳記。

身（*sku*，kaya）：證悟的佛身。詳見「三身」的解釋。

堪布（*mkhan po*，khenpo）：（1）在薩迦派、噶舉派和寧瑪派傳承中，當完成全部佛學課程後被授予的頭銜。（2）也指四大教派的寺院住持。

喇嘛（*bla ma*，lama）：即梵文的「上師」，或任何具廣大善德者。在佛教中指修行大師或老師。

大手印（*Phyag rgya chen po*，Mahamudra）：字義是「偉大印記」。（1）噶舉派傳承的禪修系統，從印度密續修行者傳至西藏大譯師瑪爾巴，以兩條主要脈絡，即從那洛巴和梅紀巴分別傳至瑪爾巴。大手印傳承的究竟源處是金剛總持。（2）也指圓滿證悟，即空性大手印。

大乘（*Theg pa chen po*，Mahayana）：意即「較大車乘」。相對於「小乘」或「較小車乘」而言，大乘的發願範圍、運用法門、智慧深度更加廣大。對大乘修持來說，菩薩戒至關重要。大乘中也包含了金剛乘密續教法。

瑪哈瑜伽（*rNal 'byor chen po*，Mahayoga）：三內續中的第一續，著重強調生起次第的善巧方便修持。

念珠（*'phreng ba*，mala）：用以計算持咒數量的串珠。

壇城（*kyyil 'khor*，mandala）：通常表示整個宇宙，藏文的字面意思是「中央與周圍」。（1）指中央為主尊，眷屬周匝圍繞的象徵性或圖像性代表。（2）指觀想用整個宇宙來做供養，以須彌山為中心，由堆疊珍寶的一組曼扎盤為象徵。

密咒士（*sngags pa*，mantrika）：密宗修行者和持誓言者，有時以身穿白紅相間的袍子為特徵。

甘露丸（*sman sgrub*，mendrup）：（1）法會上製成的神聖法藥；（2）藥物的別稱。

化身（*sprul pa'I sku*，nirmanakaya）：意即「應化身」，是凡夫可以感知到的佛身。

寧瑪派（*sNying ma*，Nyingma）：即「舊譯派」，藏傳佛教四大教派之一。寧瑪派的傳承可追溯至佛典初譯時期，與蓮花生大士密切相關。對寧瑪派的修持來說，蓮花生大士的伏藏教法至關重要。

寧瑪巴（*sNying ma pa*，Nyingmapa）：追隨寧瑪派的修行者。

頗瓦（*'pho ba*，phowa）：亦稱「遷識法」，一種在死亡時將神識從頭頂射出，通常是射到阿彌陀佛極樂淨土的密乘法門。

普巴（*phur ba*，purba）：一種用於續部儀式的法器，上有三面杵峰，通常跟普巴金剛的本尊修法有關。

替身像（*sku tshab*，physical representative）：一種特殊的蓮師像，其描述如下：「許多伏藏師都曾發掘出一種被認為是蓮師替身的雕像，具有『見解脫』的力量。使用『替身』一詞，說明此像可代表蓮師本人，而不是其他的常見表述，諸如『如我像』或『身所依』等。」

參閱霍利・蓋利的《西藏伏藏中的過去本體論和物化論》,《神聖傳承的創意》(213-240),詹姆斯・艾・路易斯和奧拉夫・漢莫編輯,劍橋大學出版社,二〇〇七年。

風、氣(*rlung*,prana):微細身脈中流動的風息或氣流。

法會(*mchod pa*,puja):意即「供養」,所有向各種不同本尊做供養的儀式。

羅刹(*srin po*,rakshasa):一種食肉飲血的魔眾。

色身(*gzugs sku*,rupakaya):根據大乘關於佛性的闡釋,證悟的是無相法身,色身則包含報身和化身。

儀軌(*sgrub thabs*,sadhana):即「成就法」,密續修法的儀式或步驟。典型的儀軌架構包含生起次第和圓滿次第。

三摩地(*ting nge 'dzin*,samadhi):不散亂的專注狀態或禪定狀態。

三昧耶(*dam tshig*,samaya):金剛乘修行的神聖誓言或戒律。

報身(*longs spyod rdzogs pa'i sku*,sambhogakaya):即「圓滿受用身」,諸佛之色身,具有三十二相、八十隨形好,唯有登地的菩薩方能感知。

僧(*dge 'dun*,sangha):三寶中的第三皈依境,即僧寶,指踐行佛陀傳授的法道者,尤指受具足戒的比丘和比丘尼群體。

成就者(*grub thob*,siddha):(1)指已經獲得成就的密續行者;(2)指修行有成就的大師。

成就(*dngos grub*,siddhi):藉由修行獲得的「證果」。

佛塔(*mchod rten*,tupa):一種紀念塔,通常包括方形底座、圓型屋頂和塔尖,用以供奉佛或過去偉大上師的聖骸。修建、繞行和供養佛塔,是一種強而有力的累積功德的方便。

善逝(*bde bar gshegs pa*,sugata):佛陀的名號之一,意指「去極

樂」。

經（*mdo*，sutra）：三藏中的經藏，是釋迦牟尼佛宣說的教導，分為三類：（1）佛陀直接宣講的；（2）透過佛陀的加持而宣講的；（3）在佛陀的命令下所宣講的。

達隆噶舉（*sTag lung bka' rgyud*，Taklung Kagyü）：噶舉派八小支之一，由帕莫竹巴的主要弟子之一達隆唐巴扎西巴於西元十二世紀創立。

續（*rgyud*，tantra）：基本意思是「連續」或「相續」。（1）指心相續和續部重要典籍，尤其是六部密續。（2）也指果乘的整體金剛乘教法，而非因乘的小乘和大乘教法。

伏藏（*gter ma*，terma）：意即「寶藏」，由蓮師和耶喜措嘉埋藏，並由與蓮師具業力連結者取出，其中包括經文、儀式物品和佛像等不同類型的珍寶。取出伏藏者，無論他們是從實體物質還是從心相續中掘取，都被稱為「伏藏師」或「取藏者」。

伏藏師（*gter ston*，tertön）：掘取伏藏者。

唐卡（*thang ka*，tangka）：一種西藏的卷軸畫作，通常採用傳統方式繪製並裝裱，主題內容大都關於諸佛、皈依境、壇城和傳承祖師。

托嘎（*thod rgal*，tögal）：即「頓超」，指在修持澈卻之後，通過各種看式和坐姿來親見實相的法道。

三寶（*dkon mchog gsum*，Three Jewels）：三皈依境之佛寶、法寶、僧寶。

食子或朵瑪（*gtor ma*，torma）：密續法會中使用的一種法器，用以供養本尊。通常由大麥粉和水調製而成，然後根據傳承和用途，形塑成不同的形狀和顏色。

澈卻（*khregs chod*，trekchö）：即「立斷」，與托嘎（頓超）合稱大圓滿兩大主要法門。澈卻是關於大圓滿智慧層面的修持，直接通向經驗心的清淨本質。

三身（*sku gsum*，trikaya）：證悟三身之法身、報身、化身。

三藏（*sDe gnod gsum*，Tripitaka）：釋迦牟尼佛的三種共通教法集成，即經藏、論藏、律藏。

祖古（*sphrul sku*，tulku）：藏文中意指「化身」，是對已證悟上師轉世的稱謂。在藏傳佛教中，偉大上師的轉世祖古通常是在上一世圓寂之後方被尋找，以進一步光弘化身的法脈。

金剛乘（*sDo rje theg pa*，Vajrayana）：亦稱「密咒金剛乘」，或簡稱「咒乘」（相較「經乘」而言），大乘中以果為道的密續法乘。由於金剛乘廣大的善巧方便，因而被稱為是至高無上的法乘，專為利根器者所設，是證悟內在佛性的方便快捷法道。

持明（*rig 'dzin*，vidyadhara）：（1）指「知識」或「本覺」持有者；（2）指經由金剛乘修持獲致了悟的大師。

毗奈耶（*'Dul ba*，Vinaya）：即三藏中的律藏，是佛陀為出家眾制定的關於規範和戒律的教義。

夜叉（*gnod sbyin*，yaksha）：字義是「帶來傷害者」，一種廣泛出現在印度教、耆那教和佛教文學中的兇惡非人。許多夜叉是欲界的最底層天眾，它們有時也與世間財神有關。

瑜伽士（*rnal 'byor pa*，yogi）：藏人視其為「連結實相」的密續行者，意指修持能獲得究竟實相法門的行者。

附錄

《秋林德薩》中的修法

- 《具緣歡喜音——證悟化身大伏藏師秋吉林巴取藏之簡短故事》
  (*sPrul pa'i gter chen mchog gyur gling pa'i gter 'byung mdor bsdus skal ldan dga' ba bskyed pa'i dbyangs snyan*, Trülpé Terchen Chokgyur Lingpé Terjung Dordü Kelden Gawa Kyepé Yangnyen, A Brief History of the Treasure Revelations of the Awakened Emanation, the Great Tertön Chokgyur Lingpa)

- 《長壽密續甘露漩成就法》（*Tshe rgyud bdud rtsi 'khyil pa'i sgrub thabs*, Tsegyü Dütsi Khyilpé Druptap, Amrita Kundali Longevity Tantra）

- 《甚深緣起成就法略述》（*rTen 'brel zab mo'i sgrub thabs mdo chings*, Tendrel Zabmö Druptap Doching, Basic Framework for the Sadhanas of Profound Auspicious Coincidence）

- 《往生蓮花光淨土發願文・持明車輦》（*Padma 'od du bgrod pa'i smon lam rig pa 'dzin pa'i shing rta*, Pema Ödu Dröpé Mönlam Rigpé Dzinpé Shingta, Chariot of the Vidyadharas: An Aspiration Prayer for Traveling to the Realm of Lotus Light）

- 《瑜伽日修極簡軌》（*rNal 'byor rgyun gyi bkol byang*, Neljor Gyüngyi Köljang, Concise Manual for Daily Practice）

- 《康區二十五聖地授記指引》（*gNas chen nyer lnga'i mdo byang*, Nechen Nyerngé Dojang, Concise Prophetic Guide to the Twenty-Five Major Sacred Sites）

- 《空行心滴》（*mKha' gro snying thig*, Khandro Nyingtik, Dakinis' Heart Essence）
- 《親授心要》（*Zhal gdams snying byang*, Zheldam Nyingjang, Essence Manual of Oral Instructions）
- 《上師意修遍除道障略軌》（*Thugs sgrub bar chad kun sel gyi phrin las snying po*, Tukdrup Barché Künsel Gyi Trinlé Nyingpo, Essential Practice of the Dispeller of All Obstacles）
- 《正法精要五類》（*Dam chos snying po skor lnga*, Damchö Nyingpo Kor Nga, Essential Sacred Dharma in Five Cycles）
- 《上師意修遍除道障廣軌》（*Thugs sgrub bar chad kun sel gyi phrin las rgyas pa*, Tukdrup Barché Künsel Gyi Trinlé Gyépa, Extensive Heart Practice, Dispeller of All Obstacles）
- 《瑪姆總集》（*Ma mo spyid bsdud*, Mamo Chidü, General Chanting Notes for the Mother Deities）
- 《大悲觀音修法根除輪迴》（*Thugs rje chen po 'khor ba dong sprugs*, Thukjé Chenpo Korwa Dongtruk, Great Compassionate One Who Dredges the Depths of Samsara）
- 《上師悉地海》（*bLa ma dngos grub rgya mtsho*, Lama Ngödrub Gyatso, Guru Ocean of Siddhis）
- 《大樂蓮師》（*Gu ru bde ba chen po*, Guru Dewachenpo, Guru of Great Bliss）
- 《上師意修密意總集》（*bLa ma'i thugs sgrub dgongs pa kun 'dus*, Lamé Tukdrup Gongpa Kündü, Guru's Heart Practice, Assembly of All Realization）
- 《上師意修遍除道障》（*bLa ma'i thugs sgrub bar chad kun sel*, Tukdrup

Barché Künsel, Guru's Heart Practice, Dispeller of All Obstacles）

- 《上師意修金剛威猛力》（*bLa ma'i thugs sgrub rdo rje drag rtsal*, Lamé Tukdrup Dorjé Draktsel, Heart Practice, Mighty Vajra Wrath）

- 《上師意修如意寶所願任成》（*bLa ma'i thugs sgrub yid bzhin nor bu bsam pa lhun grub ma*, Lamé Tukdrup Yizhin Norbu Sampa Lhündrupma, Guru's Heart Practice, Wish-Fulfilling Jewel, Spontaneous Fulfillment of Wishes）

- 《持明全圓心滴》（*Rig 'dzin yongs rdzogs snying thig*, Rikdzin Yongdzok Nyingtik, Heart Essence of All Vidyadharas）

- 《傑尊心滴》（*lCe btsun snying tig*, Chetsun Nyingtik, Heart Essence of Chetsün）

- 《文殊友心滴》（*Jam dpal bshes gnyen snying thig*, Jampel Shenyen Nyingtik, Heart Essence of Manjushrimitra）

- 《普賢意滴》（*Kun zang thugs tig*, Künzang Tutik, Heart Essence of Samantabhadra）

- 《黑汝嘎總集心滴》（*He ru ka 'dus pa'i thugs tig*, Heruka Düpé Tukthik, Heart Essence of the Assembly of Herukas）

- 《耳傳阿底深義心滴》（*A ti zab don snying tig*, Ati Zapdön Nyingtik, Heart Essence of the Profound Meaning of Ati）

- 《忿怒蓮師紅吽字心滴》（*Gur drag hung dmar snying tig*, Gurdrak Hungmar Nyingtik, Heart Essence of the Wrathful Guru: The Red Hung）

- 《措嘉心滴》（*mTsho rgyal snying thig*, Tsogyal Nyingtik, Heart Essence of Tsogyal）

- 《化身大伏藏師秋吉林巴傳記之種子・聖教大日光顯》（*sPrul pa'i*

gter šton chen mo'i rnam thar gyi sa bon zhal gsung ma rgyal bštan nyin byed 'od Snang, Trülpé Tertön Chenmö Namthar Gyi Sabön Zhel Sungma Gyelten Nyinché Önang, Illuminating Sun, the Teachings of the Conqueror: Seeds from the Liberation Story of the Awakened Emanation, the Great Tertön Chokgyur Lingpa）

- 《意滴精藏》（*Thugs tig snying po*, Tuktig Nyingpo, Inner Heart Essence）
- 《大悲觀音修法蓮花頂髻》（*Thugs rje chen po padma gtsug tor*, Tukjé Chenpo Pema Tsuktor, Lotus-Crested Great Compassionate One）
- 《大悲觀音修法蓮花幻網》（*Thugs rje chen po padma sgyu 'phrul drwa ba*, Tukjé Chenpo Pema Gyutrül Drawa, Lotus Net of Illusion of the Great Compassionate One）
- 《文殊語獅子》（*Jam dbyangs smra ba'i seng ge*, Jamyang Mawé Sengé, Manjushri, Lion of Speech）
- 《伏魔猛咒》（*Dregs 'dul drag sngags*, Drekdül Drakngak, Mantra for Subjugating the Haughty）
- 《上師意修遍除道障中軌》（*Thugs sgrub bar chad kun sel gyi phrin las 'bring po*, Tukdrup Barché Künsel Gyi Trinlé Dringpo, Middling Practice of the Dispeller of All Obstacles)
- 《極密上師金剛威猛力》（*Yang gsang rdo rje drag rtsal*, Yangsang Dorjé Draksel, Most Secret Mighty Vajra Wrath）
- 《母續空行祕密道用》（*Ma rgyud mkha' 'gro gsang ba lam khyer*, Magyü Khandro Sangwa Lamkhyer, Mother Tantra of the Dakinis' Secret Practice）
- 《具緣者耳之甘露——記述秋吉林巴銅色吉祥山淨觀之旅》（*mChog gling dag snang zangs mdog dpal ri'i lo rgyus skal ldan rna ba'i bdud*

rtsi,Chokling Dagnang Zangdok Palri Logyü Kelden Nawé Dütsi, Nectar for the Ears of the Fortunate: The Account of Chokgyur Lingpa's Visionary Journey to the Glorious Copper-Colored Mountain）

- 《秋林德薩》，即秋林新伏藏（*mChog gling gter gsar*,Chokling Tersar, New Treasures of Chokgyur Lingpa）

- 《努氏傲言》（*gNubs kyi kha pho*,Nupki Khapo, Nup's Boasting）

- 《真實心滴》（*Yang dag snying thig*,Yangdak Nyingtik, Perfectly Heart Essence）

- 《遣除道障祈請文》（*Bar chad lam sal*,Barché Lamsel, Prayer to Dispel Obstacles on the Path）

- 《往生西方極樂淨土發願文》（*Nub phyogs bde chen gsol 'debs*,Nubchok Dechen Söldeb, Prayer to the Blissful Realm of the West）

- 《度母甚深精要》（*sGrol ma'i zab tig*,Drolmé Zaptik, Profound Essence of Tara）

- 《三身族姓總集甚深精滴》（*sKu gsum rigs 'dus zab tig*,Kusum Rikdü Zaptik, Profound Essence, Embodiment the Three Kaya Families）

- 《上師心滴如意寶》（*bLa ma yang thig yid bzhin nor bu*,Lama Yangtik Yizhin Norbu, Quintessence of the Guru, A Wish-Fulfilling Jewel）

- 《正法珍寶七類》（*Dam chos nor bu skor bdun*,Damchö Norbu Kordün, Sacred Dharma in Seven Jewel Cycles）

- 《正法六卷》（*Dam chos sde drug*,Danchö Dedruk, Sacred Dharma in Six Parchments）

- 《密滴精要》（*gSang thig snying po*, Sangtik Nyingpo, Secret Vital Essence）

- 《息災天女七法類》（*Zhi byed lha mo skor bdun*,Zhiché Lhamo Kordün, Sevenfold Cycle of Pacifying Goddesses）

- 《甚深七法類》（*Zab pa skor bdun*,Zapa Kordün, Sevenfold Cycle of Profundity）

- 《極密唯一意金剛橛》（*Yang gsang thugs kyi phur gcig*,Yangsang Thuk Kyi Purchik, Single Mind-Kilaya of Innermost Secrecy）

- 《宿氏七法類》（*Zur bza me tog sgron thugs dam skor drug*,Zurza Metok Drön Tukdam Kordruk, Six Practice Cycles of Zurza Metok Drön）

- 《金剛六句祈請文》（*rDo rje tshig drug*, Dorjé Tsikdruk, Six Vajra Lines）

- 《利益藏地十法》（*Bod khams bde thabs chos bcu*,Bökham Detap Chöchu, Ten Teachings to Ensure the Welfare of Tibet and Kham）

- 《八大法行善逝普集》（*bKa' brgyad bde gshegs kun 'dus*,Kagyé Deshek Kündü, The Assembly of All Sugatas from the Eight Sadhana Teachings）

- 《吉祥法螺悅耳音》（*bKra shis 'khil pa'i dbyangs snyan*,Tashi Kilpé Yangnyen, Melody of the Auspiciously Curling Conch）

- 《和風妙音》（*bKra shis dbyangs snyan bskul ba'i dri bzhon*, Tashi Yangnyen Külwé Drizhön, The Breeze That Carries the Auspicious Melody）

- 《護法如意寶》（*Chos skyong yid bzhin nor bu*, Chökyong Yizhin Norbu, The Dharma Protectors' Wish-Fulfilling Jewel）

- 《五種甘露》（*bDud rtsi lnga*,Dütsi Nga, Five Nectars）

- 《伏魔勝王》（*bDud 'dul rgyal po*,Düdül Gyalpo, Mara-Taming King）

- 《澄澈寶鏡》（*Dwangs nor bu'i me long*,Dang Norbü Melong, The Lucid Jewel Mirror）

- 《往生蓮花遍滿剎土發願文・遍喜明點》（*rNam dag zhing du skye ba'i smon lam kun dga'i thig le*,Namdak Zhingdu Kyewé Mönlam Küngé Thiklé, The Sphere of Universal Joy: An Aspiration for Taking Rebirth in the

Realm of Utmost Purity）

- 《三根本壽白無量壽》（*rTsa gsum tshe dkar*,Tsasum Tsekar, Three Roots of White Amitayus）

- 《上師二教三類》（*bLa ma bstan gnyis skor gsum*,Lama Tenyi Korsum, Two Teachings and Three Cycles of the Guru）

- 《多聞天王成就法・如意寶》（*rGyal chen rnam sras sgrub thabs yid bzhin nor bu*,Gyalchen Namsé Drupthap Yizhin Norbu, The Wish-Fulfilling Jewel Sadhana of the Great King Vaishravana）

- 《如意寶樹——鄔金蓮師傳記》（*O rgyen rnam thar dpag bsam ljon shing*,Orgyen Namthar Paksam Jönshing, The Wish-Fulfilling Tree: The Life Story of Padmasambhava）

- 《大圓滿三部》（*rDzogs chen sde gsum*,Dzokchen Desum, Three Sections of the Great Perfection）

- 《本尊現前圓滿王》（*Yi dam mngon rdzogs rgyal po*,Yidam Ngöndzok Gyalpo, Truly Perfected King of Yidams）

- 《法身實義引導》（*Chos sku don khrid*,Chöku Döntri, Ultimate Instructions of Dharmakaya）

- 《勝樂諸佛等合》（*bDe mchog sangs rgyas mnyam sbyor*,Demchok Sangyé Nyamjor, Union with Buddha Samvara）

- 《毗盧遮那心滴》（*Bai ro snying thig*,Bairo Nyingtik, Vairocana's Heart Essence）

- 《祕密主金剛杖》（*gSang bdag rdo rje be con*,Sangdak Dorjé Bechön, Vajra Cudgel of the Lord of Secrets）

- 《金剛薩埵幻化網之文武百尊》（*rDo rje sems pa sgyu 'phrul drwa ba zhi khro*, Dorjé Sempa Gyutrül Drawa Zhitro, Vajrasattva's Peaceful and

Wrathful Net of Illusion）

- 《金剛薩埵密咒聞解脫》（*rDo rje sems dpa'i gsang sngags thos pas grol ba*,Dorjé Sempa Sang-ngak Töpé Drolwa, Vajrasattva's Secret Mantra of Liberation Upon Hearing）
- 《甚深無垢友上師修法》（*Bi ma'i bla sgrub zab mo*,Bimé Ladrup Zapmo, Profound Guru Sadhana of Vimalamitra）
- 《蓮師財神》（*bLa ma nor lha*,Lama Norlha, Wealth-God Guru）
- 《道次第智慧藏》（*Lam rim ye shes snying po*,Lamrim Yeshé Nyingpo, Wisdom Essence of the Gradual Path）
- 《忿怒蓮師智慧威伏》（*Gur drag ye shes zil gnon*,Gurdrak Yeshé Zilnön, Wrathful Guru of Overpowering Wisdom）

其他的修法

- 《持明總集》（*Rig 'dzin yongs 'dus*,Rikdzin Yongdü, Assembly of All Vidyadharas）
- 《解脫明點密意自解》（*Grol tig dgongs pa rang grol*,Droltik Gongpa Rangdrol, *Bindu of Liberation: Spontaneous Liberation of Wisdom*）
- 《遙呼上師祈請文》（*bLa ma rgyang 'bod*,lama Gyangbö, Calling the Guru from Afar）
- 《寧瑪十萬續》（*rNying ma rgyud 'bum*, Nyingma Gyübum, Collected Nyingma Tantras）
- 《寧瑪教傳》（*rNying ma bka' ma*, Nyingma Kama, Collected Nyingma Oral Transmissions）
- 《揚達黑汝嘎》與《普巴金剛》合修（*Yang phur*,Yangpur, Combined Practice of Yangdak Heruka and Vajrakilaya）

- 《猛咒法類》（*Drag sngags skor*, Drak-ngak Kor, Cycle on Fierce Mantras）
- 《楞伽經》（*Lang kar gshegs pa'i mdo*, Langkar Shekpé Do, Descent to Lanka Sutra）
- 《教集法海》（*bKa' 'dus chos kyi rgya mtsho*, Kadü Chökyi Gyatso, Dharma Ocean Subsuming All Teachings）
- 《遣除憂苦》（*sKyo sangs ma*, Kyo Sangma, Dispelling Sorrow）
- 《八大法行險隘堡壘》（*bKa' brgyad rdzongs 'phrang*, Kagyé Dzongtrang, Dzongtrang Eight Sadhana Teachings）
- 《八大法行》（*sGrub pa bka' brgyad*, Drupa Kagyé, Eight Sadhana Teachings）
- 《空行密意總集》（*mKha' 'gro dgongs 'dus*, Khandro Gongdü, Embodiment of the Dakini's Realization）
- 《護法密意總集》（*Chos skyong dgongs 'dus*, Chökyong Gongdü, Embodiment of the Dharma Protectors' Realization）
- 《上師密意總集》（*bLa ma dgongs 'dus*, Lama Gongdü, Embodiment of the Gurus' Realization）
- 《本尊密意總集》（*Yi dam dgongs 'dus*, Yidam Gongdü, Embodiment of the Yidams' Realization）
- 《上師密意總集九種幻輪鍛煉》（*dGongs 'du'i rtsal sprugs rnam dgu'i 'khrul 'khor*, Gongdü Tseltruk Namgü Trülkhor, Embodiment of Realization, the Yoga of the Ninefold Forceful Activities）
- 《空行密意總集精要》（*mKha' 'gro dgongs 'dus snying po*, Khandro Gongdu Nyingpo, Essential Embodiment of the Dakinis' Realization）
- 《大鵬展翅》（*mKha' lding gshog rlabs*, Khading Shoklap, Flight of the Garuda）
- 《四心滴》（*sNying thig ya bzhi*, Nyingtik Yapzhi, Four Branches of the

442

Heart Essence）

- 《四曼扎供》（*Mandal bzhi pa'i cho ga,*Mandala Zhipé Choka, Fourfold Mandala）
- 《教傳金剛莊嚴大匯總集壇城》（*Lung rdo rje bkod pa tshogs chen 'dus pa,*Lung Dorjé Köpa Tsokchen Düpa, Gathering of the Great Assembly from the Vajra-Arrayed Scripture）
- 《奧明大匯總集》（*Og min tshogs chen 'dus pa,*Okmin Tsokchen Düpa, Great Assembly of Akanishtha）
- 《大悲觀音修法善逝總集》（*Thugs rje chen po bde gshegs kun 'dus,*Tukjé Chenpo Deshek Kündü, Great Compassionate One Embodying All Sugatas）
- 《上師意修善逝總集》（*bLa ma'i thugs sgrub bde gshegs 'dus pa,*Lamé Tukdrup Deshek Kündü, Guru's Heart Practice, Assembly of All Sugatas）
- 《龍欽心滴》（*kLong chen snying thig,*Longchen Nyingtik, Heart Essence of Longchenpa）
- 《海生心滴》（*mTsho skyes snying tig,*Tsokyé Nyingtik, Heart Essence of Pema）
- 《大圓滿心滴》（*rDzogs chen snying thig,*Dzokchen Nyingtik, Heart Essence of the Great Perfection）
- 《無死聖母心滴》（*'Chi med 'phags ma'i snying tig,*Chimé Pakmé Nyingtik, Heart Essence of the Immortal Noble Lady）
- 《喜金剛續》（*Kye rdo rje'i rgyud,* Kyé Dorjé Gyü, Hevajra Tantra）
- 《百種斷法灌頂》（*gCod dbang rgya rtsa,* Chowang Gyatsa, Hundred Chö Empowerment）
- 《大幻化網文武百尊》（*sGyu 'phrul zhi khro,*Gyutrül Zhitro, Illusory

Display of the Peaceful and Wrathful Ones）

- 《大悲觀音修法精要總集》（ *Thugs rje chen po yang 'dus* ,Tukjé Chenpo Yangdü, Innermost Essence of the Great Compassionate One）

- 《寶鬘口授》（ *Nor phreng zhal gdams* ,Nortreng Zheldam,Jewel Garland of Oral Instructions）

- 《噶瑪林巴文武百尊》（ *Kar gling zhi khro* , Karling Zhitro, Karma Linpa's Peaceful and Wrathful Deities）

- 《普巴事業法類》（ *Phrin las phur ba'i skor* ,Trinlé Purbé Kor, *Kilaya* Cycle on Awakened Activity）

- 《普賢行願品》（ *'Phags pa zang po spyod pa'i smon lam gyi rgyal po* ,Pakpa Zangpo Chöpé Mönlam Gyi Gyalpo, The King of Aspiration Prayers: Samantabhadra's Aspiration to Excellent Conduct）

- 《心滴明燈》（ *sNying thig gsal sgron* ,Nyingtik Saldron, The Lamp That Illuminates the Heart Essence）

- 《南開寧波長壽修法》（ *gNam mkha'i snying po tshe sgrub* ,Namkhé Nyingpo Tsedrup, Longevity Practice of Namkhé Nyingpo）

- 《長壽修法日月和合》（ *Tshe sgrub nyi zla kha sbyor* ,Tsedrup Nyida Khajor, Longevity Practice of the Union of Sun and Moon）

- 《蓮花語密續》（ *Pad ma gsung gi rgyud* ,Pema Sungki Gyü, The Lotus Tantras on Awakened Speech）

- 《三根本光明心滴》（ *rTsa gsum 'od gsal snying thig* ,Tsasum Ösel Nyingthik, Luminous Heart Essence of the Three Roots）

- 《文殊身密法類》（ *'Jam dpal sku'i skor* ,Jampel Kuyi Kor, The Manjushri Cycle on Awakened Form）

- 《大幻化網根本續》（ *sGyu 'phrul rtsa rgyud* ,Gyutrül Tsagyü, Mayajala

Root Tantra）

- 《三寶總集》（*Yang zab dkon mchog spyi 'dus*, Yangzap Könchok Chidü, Most Profound Assembly of the Three Jewels）
- 《甚深長壽修法》（*Yang zab tshe sgrub*, Yangzap Tsedrup, Most Profound Longevity Practices）
- 《意修極密無上》（*Thugs sgrub yang gsang bla med*, Tukdrup Yangsang Lamé, Most Secret Unsurpassable Heart Practice）
- 《中觀自解脫》（*dBu ma rang grol*, Uma Rangdrol, Natural Liberation of the Middle Way）
- 《甘露功德密續》（*bDud rtsi yon tan gyi rgyud*, Dütsi Yönten Gyi Gyü, The Nectar Tantras on Awakened Qualities）
- 《揚達黑汝嘎九尊》（*Yang dag lha dgu*, Yangdak Lhagu, Nine Deities of Perfect Purity）
- 《教集法海》（*bKa' 'dus chos kyi rgya mtsho*, Kadü Chökyi Gyatso, Ocean of Dharma, the Gathering of Transmitted Precepts）
- 《護法供讚》（*Le'u bdun ma*, Tensung Chötö, Offerings and Praises to Protect the Teachings）
- 《蓮師七章祈請頌》（*sNying thig rtsa po*, Léu Dünma, Prayer in Seven Chapters）
- 《心滴根本函》（*dGongs pa 'dus pa'i mdo*, NyingtikTsapo, Root Texts of the Heart Essence）
- 《密意合集經》（*Thugs rje chen po gsang 'dus*, Gongpa Düpé Do, Scripture of the Embodiment of Realization）
- 《大悲觀音修法祕密總集》（*sGyu 'phrul drwa ba rtsa rgyud gsang ba'i snying po*, Tukjé Chenpo Sangdü, Secret Assembly of the Great

Compassionate One）

- 《大幻化網祕密藏續》（*gSang tig ye shes gsang lam*,Gyutrül Drawa Tsagyü Gyü Sangwé Nyingpo, Secret Essence, the Root Tantra of the Net of Illusion）
- 《密滴‧本智捷徑》（*gSang tig ye shes gsang lam*,Sangtik Yeshé Sanglam, Secret Wisdom Path of the Innermost Essence）
- 《七句祈請文》（*Tshig bdun gsol 'debs*,Tsikdün Soldep, Seven-Line Prayer）
- 《龍種上尊王如來》（*kLu dbang rgyal po*,Luwang Gyalpo, Sovereign King of Nagas）
- 《普巴最勝明覺續》（*Phur pa bo ti twa ma*,Purpa Botitama, Sublime Knowledge of Kilaya）
- 《摩羯陀懸記經》（*dBus 'gyur lung bstan mdo*, Ügyur Lungten Do, Sutra of Magadha Predictions）
- 《真實意密續》（*Yang dag thugs kyi rgyud*,Yangdak Tuk kyi Gyü, Tantras on Perfectly Pure Awakened Mind）
- 《初十修法祕密總集》（*Tshes bcu gsang 'dus*,Tsechu Sangdü, Tenth-Day Secret Assembly）
- 《三身上師》（*bLa ma sku gsum*,Lama Kusum, Three-Kaya Guru）
- 《寂靜三身上師》（*bLa ma zhi ba'i sku gsum*, Lama Zhiwé Kusum, Three Kayas of the Peaceful Guru）
- 《大藏經》（*Ka' gyur*,Kangyur, Translated Words of the Buddha）
- 《教敕藏》，又名《口訣藏》（*gDams ngak mdzod*,Dam-ngak Dzö, Treasury of Oral Instructions）
- 《大寶伏藏》（*Rin chen gter mdzod*,Richen Terdzö, Treasury of Precious Termas）

- 《遍照現證等覺續》，又名《大日經》（*rNam snang mngon byang*,Namnang Ngönjang, Vairocana's True Awakening）
- 《教傳金剛莊嚴》（*Lung rdo rje bkod pa*,Lung Dorjé Köpa, Vajra-Arrayed Scripture）
- 《金剛手降伏傲慢》（*Phyag rdor dregs 'dul*,Chakdor Drekdül, *Vajrapani, Subjugator of the Haughty*）
- 《噶舉密咒藏》（*bKa' rgyud sngags mdzod*,Kagyü Ngakdzö, Vajrayana Treasury of the Kagyü Lineage）
- 《大圓勝慧》（*Ye shes bla ma,* Yeshé Lama, Wisdom Guru）
- 《普賢上師言教》（*Kun bzang bla ma'i zhel lung*,Künzang Lamé Zhelung, Words of My Perfect Teacher）

人名及本尊名

- 阿彌陀佛（*'Od dpag med*, Öpakmé, Amitabha）
- 無量壽佛（*Tshe dpag med*, Tsepakmé, Amitayus）
- 阿難陀尊者（*Kun dga' bo*, Küngawo, Ananda）
- 阿那律陀（*Ma 'gags pa*, Magakpa, Aniruddha）
- 阿匝薩雷（*A tsa ra sa le*,Atsara Salé）
- 觀世音菩薩（*sPyen ras gzigs*, Chenrezik, Avalokiteshvara）
- 佛密大師（*Sangs rgyas gsang ba*, Sangyé Sangwa, Buddhaguhya）
- 乃多恰美仁波切（*gNas mdo chags med mchog sprul*, Chagmé Tulku of Nendo, Nendo Chakmé Choktrül）
- 吉美多傑匝（*'Chi med rdo rje rtsal*, Chimé Dorjé Tsal）
- 吉美丹尼永仲林巴匝，即蔣貢康楚（*'Chi med bstan gnyis g.yung drung gling pa rtsal*, Chimé Tenyi Yungdrung Lingpa Tsal）

- 國王札（*Chos rgyal lung bstan rdo rje*, Chögyal Lungten Dorjé, King Jah）
- 曲伽多傑（*Chos rgyal rdo rje*, Chögyel Dorjé）
- 秋吉林巴（*mChog gyur gling pa*, Chokgyur Lingpa）
- 秋若路加參（*Cog ro klu'i rgyal mtshan*, Chokro Lui Gyaltsen）
- 確吉扎巴（*Chos kyi grags pa*, Chökyi Drakpa）
- 確吉尼瑪仁波切（*Chos kyi nyi ma*, Chökyi Nyima Rinpoché）
- 確傑仁波切（*Chos rje rin po che*, Chöje Rinpoché）
- 確秋仁波切，即達瑪熱納（*Chos mchog rin po che*, Chönchok Rinpoché, Dharma Ratna）
- 確尼諾布（*Chos nyid nor bu*, Chönyi Norbu）
- 喝乳酪者（*Zho 'thung*, Curd Drinker）
- 達桑祖古涅頓天津雅傑（*Zla bzang sprul sku nges don bstan 'dzin rab rgyas*, Dapzang Tulku Ngedön Tendzin Rapgyé）
- 空行袞嘎布姆（*mKha' 'gro kun dga' bum*, Khandro Künga Bum, Dakini Kunga Bum）
- 達波拉傑岡波巴尊者（*Dwags po lha rjes*, Dakpo Lhajé, Gampopa）
- 德千確炯，即蘇卡達瑪（*bDe chen chos sgron*, Dechen Chödrön, Sukha Dharma）
- 德千巴炯（*bDe chen dpal sgron*, Dechen Paldrön）
- 達納桑至達尊者（*Dha na saM skri ta*, Dhanasamskrita）
- 法金剛（*rDo rje chos*, Dorjé Chö, Dharmavajra）
- 頂果欽哲久美德秋天貝加珍（*Dil mgo mkhyen brtse 'gyur med theg mchog bstan pa'i rgyal mtshan*, Dilgo Khyentsé Gyurmé Tekchok Tenpé Gyaltsen）
- 多昂丹增，即尼泊爾的加楚仁波切（*dPal yul rgya sprul rin po che mdo*

sngags bstan 'dzin, Do-Ngak Tendzin, the Gyatrül Rinpoché of Palyül）

- 多傑卓洛，即忿怒蓮師（*rDo rje khro lod*, Dorjé Drolö）
- 多傑敦珠（*rDo rje bdud 'joms*, Dorjé Düdjom）
- 多傑雷巴（*rDo rje legs pa*, Dorjé Lekpa, Vajrasadhu）
- 多傑措（*rDo rje mtsho*, Dorjé Tso）
- 直貢南加美巴（*Bri kung gnam lcags me 'bar*, Drikung Namchak Mebar）
- 卓萬譯師（*'Brog ban lo tswa ba*, Drogben Lotsawa）
- 丹增祕書（*Drung yig bstan 'dzin*, Drung-yig Tendzin）
- 敦珠仁波切（*bDud 'joms rin po che*, Düdjom Rinpoché）
- 敦珠若巴紐丹多傑（*bDud 'joms rol pa nus ldan rdo rje*, Düdjom Rolpa Nüden Dorjé）
- 敦杜紐丹多傑（*bDud 'dul nus ldan rdo rje*, Düdül Nüden Dorjé）
- 東措日巴（*Dung mtsho ras pa*, Dungtso Repa）
- 匝巴楚仁波切（*rDza dpal sprul rin po che*, Dza Patrül Rinpoché）
- 宗諾仁波切（*rDzongs nor rin po che*, Dzongnor Rinpoché）
- 蔣揚欽哲確吉羅卓（*rDzong gsar mkhyen brtse chos kyi blo gros*, Dzongsar Khyentsé Chökyi Lodrö）
- 一髻佛母（*E ka dza ti*, Ekajati）
- 火環上師（*Me phreng can*, Metreng Chen, Flame-Garlanded Guru）
- 岡嘎夏美（*Gangs dkar sha med*, Gangkar Shamé）
- 賈傑桑昂丹增（*sGa rje gsang sngags bstan 'dzin*, Gajé Sangngak Tendzin）
- 噶饒多傑，即極喜金剛（*dGa' rab rdo rje*, Prahevajra, Garab Dorjé）
- 噶蘇仁波切（*Gar zur*, Garzur）
- 金剛大鵬（*Dorjé Khyungchen*, Dorjé Khyungchen, Great Vajra Garuda）
- 大樂蓮師（*Gu ru bde ba chen po*, Guru Dewachenpo, Guru of Great Bliss）

- 蓮花生大士（*Gu ru padma 'byung gnas*, Guru Padmasambhava）
- 獅吼蓮師（*Gu ru seng ge sgra sgrog*, Guru Sengé Dradrok）
- 嘉瓦秋陽（*rGyal ba mchog yang*, Gyalwa Choyang）
- 嘉威紐固，即如來芽（*rGyal ba'i myu gu*, Gyalwé Nyugu）
- 久美紐丹多傑（*'Gyur med nus ldan rdo rje*, Gyurmé Nüden Dorjé）
- 大權馬音鳴（*rTa mgrin*, Tamdrin, Hayagriva）
- 黑汝嘎（*He ru ka*, Heruka）
- 吽伽羅尊者（*Hung chen ka ra*, Hungchenkara）
- 扎哈比（*Dza ha bhi ri*, Jahabhiri）
- 蔣貢康楚羅卓泰耶貝瑪嘎傑旺秋匝（*'Jam mgon kong sprul blo gros mtha' yas padma gar gyi dbang phyug rtsal*, Jamgön Kongtrül Lodrö Tayé Padma Gargyi Wangchuk Tsel）
- 蔣揚欽哲旺波貝瑪歐色多昂林巴（*'Jam dbyangs mkhyen brtse'i dbang po padma 'od gsal mdo sngags gling pa*, Jamyang Khyentsé Wangpo Pema Ösel Do-Ngak Lingpa）
- 蔣揚音敦給旺賢敦（*'Jam dbyangs nges don mkhas dbang gzhan don*, Jamyang Ngedön Kewang Shendön）
- 傑仲（*rJe drung*, Jedrung）
- 吉美林巴貝瑪旺千（*'Jigs med gling pa pad ma dbang chen*, Jigmé Lingpa Pema Wangchen）
- 吉天頌恭（*'Jig rten gsum gyi mgon po*, Jigten Sumgön）
- 伽羅羅刹（*Kha la raksha*, Kala Raksha）
- 噶瑪明就德瓦多傑，即第四世慈克秋林（*Karma mi 'gyur bde ba'i rdo rje*, Karma Mingyur Dewé Dorjé）
- 噶瑪涅頓丹巴雅傑（*mKhan chen zla bzang mchog gi sprul pa'i sku karma*

nges don bstan pa rab rgyas, Karma Ngedön Tenpa Rapgyé, Kenchen Dapzang Chogki Tulku）

- 噶瑪巴希（*Karma pakshi*, Karma Pakshi）
- 噶瑪仁增丹巴久美，即第四世給拉秋林（*Karma rig 'dzin bstan pa 'gyur med*, Karma Rigdzin Tenpa Gyurmé）
- 噶美仁千達傑（*Kar ma rin chen dar rgyas*, Karma Rinchen Dargyé）
- 噶瑪桑天（*Karma bsam gtan*, Karma Samten）
- 噶美堪布仁千達傑，即大班智達熱納（*Karma'i mkhan po rin chen dar rgyas*, Karmé Khenpo Rinchen Dargyé, Mahpandita Ratna）
- 嘎陀歐楚（*Katok Ongtrül*, Katok Ongtrül）
- 嘎瓦白哲（*Kawa Paltsek*, Kawa Paltsek）
- 卡恰多傑匝（*mKha' khyab rdo rje rtsal*, Khakhyab Dorjé Tsal）
- 康祖仁波切（*Khams sprul rin po che*, Khamtrül Rinpoché）
- 空行耶喜措嘉（*mKha' 'gro ye shes mtsho rgyal*, Khandro Yeshé Tsogyal）
- 噶千措嘉（*mKhar chen mtsho rgyal*, Kharchen Tsogyal）
- 阿瓊堪布（*mKhan po ngag chung*, Khenpo Ngakchung）
- 巴登堪布（*mKhan po dpal ldan*, Khenpo Palden）
- 耶喜仁增堪布（*mKhan po ye shes rig 'dzin*, Khenpo Yeshé Rikdzin）
- 努氏隆巴允丹嘉措（*gNubs khu lung pa yon tan rgya mtsho*, Khulungpa Yönten Gyamtso of Nub）
- 欽哲歐色，即頂果欽哲（*mKhyen brtse 'od zer*, Khyentsé Özer）
- 普巴（*Phur ba*, Purba, Kilaya）
- 貢秋敦珠（*dKon mchog don grub*, Könchok Döndrup）
- 貢秋久美（*dKon mchog 'gyur med*, Könchok Gyurmé）
- 貢秋巴炯，即熱納師利（*dKon mchog dpal sgron*, Könchok Paldrön,

Ratna Shri）

- 貢秋丹貝加參（*dKon mchog bstan pa'i rgyal mtshan*, Könchok Tenpé Gyaltsen）
- 古瑪仁千（*Ku ma rin chen*, Kuma Rinchen）
- 昆桑確炯（*Kun bzang chos sgron*, Künzang Chödrön）
- 昆桑確楚（*Kun bzang mchog sprul*, Künzang Choktrül）
- 昆桑德千（*Kun bzang bde chen*, Künzang Dechen）
- 作明佛母（*Rig byed ma*, Rikjema, Kurukulle）
- 嘉傑堪布仁波切（*sKyabs rje mkhen po rin po che*, Kyabjé Khenpo Rinpoché）
- 拉瓦巴尊者（*Lwa ba pa*, Lawapa）
- 拉瑟洛匝瓦，即天子譯師（*Lha sras lo tswa ba*, Lhasé Lotsawa, The Translator Prince）
- 獅面空行（*Seng ge gdong ma*, Sengé Dongma, Lion-Faced Dakini）
- 語獅子（*sMra ba'i seng ge,* Mawé Sengé, Lion of Speech）
- 世間供贊（*'Jig rten mchod bstod*, Jikten Chötö, Lokastotrapuja, Mundane Worship）
- 龍欽巴（*kLong chen pa*, Longchenpa）
- 貝瑪紐固，即蓮芽菩薩（*Padma myu gu*, Pema Nyugu, Lotus Essence）
- 蓮花遍照王（*Padma snang byed rgyal po*, Pema Nangché Gyalpo, Lotus-Illuminating King）
- 蓮花遍照（*Padma snang byed*, Pema Nangché, Lotus Illumination）
- 蓮花王（*Padma rgyal po,*Pema Gyalpo, Lotus King）
- 蓮花獅子（*Padma senge*, Pema Sengé, Lotus Lion）
- 蓮花威伏（*Padma zil gnon*, Pea Zilnön, Lotus Subjugator）

- 大勝黑汝嘎（*Che mchog he ru ka*, Chemchok Heruka, Mahottara Heruka）
- 威嚴忿怒熾盛（*Drag po gzi brjid me 'bar*, Drakpo Ziji Mebar, Majestic Blazing Wrath）
- 文殊菩薩（*'Jam dpal bdyangs*, Jampelyang, Manjushri）
- 文殊友（*'Jam dpal bshes gnyen*, Jampel Shenyen, Manjushrimitra）
- 猛咒詈詛（*dMod pa drag sngags*, Möpa Drak-ngak, Mantrabhiru, Wrathful Mantra）
- 瑪章汝扎（*Ma tram ru dra*, Matram Rudra）
- 蓮花大權（*Padma dbang*, Pema Wang, Mighty Lotus）
- 敏珠赤欽仁波切（*sMin gling khri chen rin po che*, Minling Trichen Rinpoché）
- 大勝現圓滿王（*Che mchog ma mo*, Chemchok Mamo, Most Supreme Mamo）
- 牟尼贊普（*Mu ne btsan po*, Muné Tsenpo）
- 牟汝贊普（*Mu rup btsan po*, Murup Tsenpo）
- 牟哲贊普（*Mu tig btsan po*, Mutig Tsenpo）
- 龍樹菩薩（*kLu sgrub*, Ludrub, Nagarjuna）
- 南開寧波（*gNam mkha'i snying po*, Namkhé Nyingpo）
- 根除地獄（*Na rag dong sprugs*, Narak Dongtruk）
- 阿里班禪（*mNga' ris pan chen*, Ngari Panchen）
- 昂旺丹貝尼瑪達隆瑪仁波切（*sTag lung ma rin po che ngag dbang bstan pa'i nyi ma*, Ngawang Tenpé Nyima Taklung Ma Rinpoché）
- 昂旺耶喜慈誠加參（*nGag dbang ye shes tshul khrims rgyal mtshan*, Ngawang Yeshé Tsültrim Gyaltsen）
- 涅頓竹貝多傑（*Nges don sgrub pa'i rdo rje*, Ngedön Drubpé Dorjé）
- 努千桑傑耶喜（*gNubs chen sangs rgyas ye shes*, Nubchen Sangyé Yeshé）

- 聶氏智童（*gNyags dznya na ku ma ra*, Nyak Jnanakumara）
- 年神唐拉（*gNyan chen thang lha*, Nyenchen Tanglha）
- 紐修堪仁波切（*sMyo shul mkhan rin po che*, Nyoshül Khen Rinpoché）
- 烏金督佳仁波切（*O rgyan stobs rgyal rin po che*, Orgyen Tobgyal Rinpoché）
- 沃香（*'O sham*, Osham）
- 蓮花持（*Padma 'chang*, Padmadhara）
- 巴沃祖拉碓嘉（*dPa' bo gtsug lag chos rgyal*, Pawo Tsuklag Chögyal）
- 寂靜上師（*Gu ru zhi ba*, Guru Zhiwa, Peaceful Guru）
- 修布的帕吉森給（*Shud bu dpal gyi seng ge*, Pelgyi Sengé of Shübu）
- 帕傑旺秋（*dPal gyi dbang phyug*, Pelgyi Wangchuk）
- 貝瑪敦杜（*Padma bdud 'dul*, Pema Düdül）
- 貝瑪久美（*Padma 'gyur med*, Pema Gyurmé）
- 蓮花顱鬘力（*Padma thod phreng rtsal*, Pema Tötreng Tsal）
- 貝瑪旺秋加波（*Padma dbang phyug rgyal po*, Pema Wangchuk Gyalpo）
- 貝諾仁波切（*Pad nor rin po che*, Penor Rinpoché）
- 帕秋仁波切（*Phags mchog rin po che*, Phakchok Rinpoché）
- 金剛熾燃力（*rDo rje 'bar brtsal*, Powerful Blazing Vajra）
- 扎巴哈德尊者（*Pra bha hasti*, Prabhahasti, Prachenhasti）
- 大樂佛母（*Yum mkha' bde chen rgyal mo*, Yumkha Dechen Gyalmo, Queen of Great Bliss）
- 天雷顱鬘羅剎（*Raksha glog phreng*, Raksha Loktreng, Rakshasa Garland of Lightning）
- 羅魔納（*mGrin bcu*, Drinchu, Ravana）
- 若嘎圖傑千波（*Ras dkar thugs rje chen po*, Rekar Tukjé Chenpo）

- 日佩多傑，即第十六世噶瑪巴（*Rig pa'i rdo rje*, Rigpé Dorjé）
- 仁增久美多傑，即第四世涅頓秋林（*Rig 'dzin 'gyur med rdo rje*, Rikdzin Gyurmé Dorjé）
- 仁增巴（*Rig 'dzin dpal*, Rikdzin Pel）
- 威光語獅子（*Sengge sgra sgrogs rngam brjid 'bar ba*, Sengé Dradrok Ngamji Barwa, Roaring Lion of Majestic Brilliance）
- 薩迦班智達（*Sa skya pandita*, Sakya Pandita）
- 釋迦牟尼（*Sha kya thub pa*, Shakyatubpa, Shakyamuni）
- 普賢王如來（*Kun tu bzang po*, Küntuzangpo, Samantabhadra）
- 普賢佛母（*Kun tu bzang mo*, Küntuzangmo, Samantabhadri）
- 桑天加措（*bSam gtan rgya mtsho*, Samten Gyatso）
- 桑天康薩（*bSam gtan khang gsar,* Samten Kangsar）
- 桑昂仁波切（*gSang sngags rin po che*, Sang-ngak Rinpoché）
- 桑昂丹增（*gSang sngags btsan 'dzin*, Sang-ngak Tendzin）
- 密智佛母（*gSang ba ye shes*, Sangwa Yeshé）
- 桑傑曲培（*Sangs rgyas chos dpal*, Sangyé Chöpel）
- 桑傑林巴（*Sangs rgyas gling pa*, Sangyé Lingpa）
- 桑傑耶喜（Sangs rgyas ye shes, Sangyé Yeshé）
- 寂護大師（*Shanta rakshi ta*, Shantarakshita）
- 釋迦獅子（*Shakya seng ge*, Shakya Sengé）
- 喜饒歐色，即般若光（*Shes rab 'od zer*, Sherab Özer, Prajnarasmi）
- 寂藏大師（*Shin taM garbha,*Shantigarbha）
- 索波巴允（*Sog po 'bar yon*, Sokpo Bar-Yön）
- 松藏干布（*Srong btsan sgam po*, Songtsen Gampo）
- 師利星哈（*Shri singha*, Shri Singha）

- 蘇雅星哈（*Su rya singha*, Surya Simha）
- 大司徒貝瑪寧謝（*Tai si tu padma nyin byed*, Tai Situ Pema Nyinché）
- 達金拉貝耶喜（*sTag sbyin lha dpal ye shes*, Takjin Lhapel Yeshé）
- 達相紐丹多傑（*sTag sham nus ldan rdo rje*, Taksham Nüden Dorjé）
- 度母（*sGrol ma*, Drolma, Tara）
- 泰秋多傑，即第十四世噶瑪巴（*Theg mchog rdo rje*, Tekchok Dorjé）
- 丹增確吉旺波（*bsTan 'dzin chos kyi dbang po*, Tendzin Chöki Wangpo）
- 丹增強秋尼瑪（*bsTan 'dzin byang chub nyi ma*, Tendzin Jangchub Nyima）
- 丹增南開（*bsTan 'dzin rnam rgyal*, Tendzin Namgyal）
- 丹傑（*bsTan rgyas*, Tengyé）
- 德達林巴尊者（*gTer bdag gling pa*, Terdak Lingpa）
- 丁增桑布（*Ting 'dzin bzang po*, Tingdzin Zangpo）
- 丁洛曼（*Ting lo sman*, Tinglomen）
- 哲霍夏仲臣列旺波（*Tre hor zhabs drung rin po che phrin las dbang po'i lha ri*, Trehor Zhapdrung Rinpoché, Trinlé Wangpö Lhari）
- 赤欽扎西仁欽（*Khri chen bkra shis rig 'dzin*, Trichen Tashi Rikdzin）
- 赤松德贊（*Khri srong de'u btsan*, Trisong Deutsen）
- 現圓滿王（*mNgon rdzogs rgyal po*, Ngöndzok Gyalpo, Truly Perfect King）
- 長壽修法金剛鬘（*Tshe sgrub rdo rje phreng ba*, Tsedrub Dorjé Trengwa）
- 長壽五姐妹（*Tshe ring ma*, Tseringma）
- 策旺扎巴（*Tshe dbang grags pa*, Tsewang Drakpa）
- 策旺諾布（*Tshe dbang nor bu*, Tsewang Norbu）
- 策旺欽列（*Tshe dbang phrin las*, Tsewang Trinlé）
- 海生金剛（*mTsho skyes rdo rje*, Tsokyé Dorjé, Padmavajra)
- 慈誠尼瑪（*Tshul khrims nyi ma*, Tsültrim Nyima）

- 祖古烏金仁波切（*sPrul sku o rgyan rin po che*, Tulku Urgyen Rinpoché）
- 毗盧遮那（*Bai ro ca na*, Vairocana）
- 金剛勇猛（*rDo rje dpa bor ba gtum drag rtsal*, Dorjé Pawor Batum Draktsal, Vajra Warrior of Powerful Ferociousness）
- 金剛持（*rDo rje 'chang*, Dorjé Chang, Vajradhara）
- 普巴金剛（*rDo rje phur ba*, Dorjé Purba, Vajrakilaya）
- 金剛童子身（*rDo rje gzhon un*, Dorjé Zhönnu, Vajrakumara）
- 金剛手菩薩（*Phyag na rdo rje*, Chakna Dorjé, Vajrapani）
- 金剛薩埵（*rDo rje sems pa*, Dorjé Sempa, Vajrasattva）
- 金剛亥母（*rDo rje phag mo*, Dorjé Phakmo, Vajravarahi）
- 金剛瑜伽母（*rDo rje rnal 'byor ma*, Dorjé Neljorma, Vajrayogini）
- 無垢友尊者（*Bi ma*, Bima, Vimalamitra）
- 毗濕奴（*Khyab 'jug*, Khyabjuk, Vishnu）
- 旺秋多傑（*dBang phyug rdo rje*, Wangchuk Dorjé）
- 沃贊旺秋（*O dran dbang phyug*, Wangchuk of Odren）
- 白度母（*sGrol dkar*, Drolkar, White Tara）
- 蓮花舞自在（*bLo ldan smra seng*, Loden Maseng, Wise Lion of Speech）
- 揚達黑汝嘎（*Yang dag he ru ka*, Yangdak Heruka）
- 耶喜多傑（*Ye shes rdo rje*, Yeshé Dorjé）
- 永給明就多傑紮波紐丹匝（*Yongs ge mi 'gyur rdo rje drag po nus ldan rtsal*, Yongé Mingyur Dorjé Drakpo Nüden Tsal）
- 玉扎寧波（*g.Yu sgra snying po*, Yudra Nyingpo）
- 夏仲仁波切（*Zhabs drung rin po che*, Zhapdrung Rinpoché）
- 祥耶喜德（*Zhang ye shes sde*, Zhang Yeshé De）
- 錫波林巴（*Zhig po gling pa*, Zhikpo Lingpa）

• 錫波歐色林巴（*Zhig gling 'od gsal sgyu ma*, Zhikling Ösel Gyuma）

地名

• 奧明噶瑪寺（*'Og min karma*, Ogmin Karma, Akanishtha Karma）

• 阿達谷地（*A ta rong*, Atarong Gorge）

• 西方極樂淨土（*bDe ba chen*, Dewachen, Blissful Realm, Sukhavati）

• 納本宗（*Bun rdzong*, Bündzong）

• 熾燃血湖（*Khrag mtsho me 'bar*, Traktso Mebar, Blazing Blood Lake）

• 熾盛大銅岩（*bLa brag zangs yang 'bar ba*, Ladrak Zangyang Barwa, Blazing Vast Copper Mountain）

• 波谷（*Bo yi rong*, Boyi Rong, Bo Gorge）

• 布曲（*Bu chu*, Buchu）

• 妙拂洲（*rNga yab gling*, Ngayab Ling, Chamara Continent）

• 江洛間寺（*lCang lo can*, Chang Lochen）

• 紅柳林（*lCang ra smug po*, Changra Mukpo）

• 榮麥奇美嘎嫫達倉（*'Chi med dkar mo stag tshang*, Chimé Karmo Taktsang）

• 奇美亞瑪龍（*'Chi med gya' ma lung*, Chimé Yamalung）

• 青浦（*mChims phu*, Chimpu）

• 瓊蔣木波（*lCong byang Mug po*, Chongjang Mukpo）

• 羅剎大雲島（*'Thib pa can gyi gling*, Clouded Island, Tibpa Chengi Ling）

• 屍陀林（*bSil ba'i tshal*, Silwé Tsal, Cool Grove, Shitavana）

• 紅色血肉城堡（*Sha mkhar zangs gling*, Shakar Zangling, Copper Sanctuary Flesh Castle）

• 雅龍水晶洞（*Yar lung shel phug*, Yarlung Shelpuk, Crystal Cave of Yarlung）

- 雅龍水晶岩（*Yar lung shel brag*, Yarlung Sheldrak, Crystal Cliff of Yarlung）
- 空行水晶洞（*mKha' 'gro shel phug*, Khandro Shelpuk, Dakini Crystal Cave）
- 達波（*Dwags po*, Dakpo）
- 丹陽卡拉絨果（*zLa nyin kha la rong sgo*, Danyin Khala Rongo）
- 丹鬥岩（*Dan tig brag*, Dentik Drak, Dentik Cliff）
- 德格（*sDe dge*, Dergé）
- 德格更慶寺（*sDe dge lhun grub steng*, Dergé Lhündrup Teng）
- 倉薩寺（*sDe rta be hu tshang sar*, Detabehu Tsangsar Monastery）
- 杜瑪塔拉（*Dhu ma tha la*, Dhumatala）
- 夏熱拉哲峰（*bZhag ra lha rtse*, Zhakra Lhatsé, Divine Zhakra Peak）
- 多囊（*rDo nang*, Donang）
- 多底岡嘎山（*rDo thi gangs dkar*, Doti Gangkar, Doti Gangkar Mountain）
- 紅岩柏樹林（*Brag dmar 'om bu*, Drakmar Ombu, Drakmar's Tamarisk Grove）
- 直年棟（*Bri gnyan sdong*, Drinyen Dong）
- 孜嘎寺（*Dzi sgar*, Dzigar Monastery）
- 孜麥（*Dzi smad*, Dzimé）
- 宗薩寺（*rDzong gsar*, Dzongsar Monastery）
- 宗修（*rDzong shod*, Dzongshö）
- 達岡旺普洞（*zLa gam dbang phug*, Dagam Wangphuk Cave）
- 善逝總集殿（*bDe gshegs 'dus pa'i pho brang*, Deshek Düpé Podrang）
- 給榮多傑炯普洞（*Ke rong rdo rje cong phug*, Kerong Dorjé Chongphuk, Dorjé Chongphuk Cave at Kerong）
- 底卓白岩（*Ti sgro brag dkar*, Tidro Drakar, Drakar Cliff of Tidro）
- 扎嘎宗瓊岩（*Brag dkar rdzong chung*, Drakar Dzongchung Cliff）

- 黑魔山（*bDud ri nag po*, Düri Nakpo）
- 香羯羅拘多塔（*mChod rten bde byed brtsegs pa*, Chöten Deché Tsekpa, Enchanting Mound Stupa, Shankarakuta Caitya）
- 埃旺確嘎（*E wam chos sgar*, Ewam Chögar）
- 五臺山（*Ri rtse lnga pa*, Ritsé Ngapa, Five-Peak Mountain）
- 大鵬鳥巢岩（*Khyung tshang brag*, Khyung Tsangdrak, Garuda Nest Cliff）
- 嘎多梅森（*sGa stod me seng*, Gatö Meseng）
- 格加囊（*dGe rgyal nang*, Gegyal Nang）
- 銅色吉祥山（*Zangs mdog dpal ri*, Zangdok Palri, Glorious Copper-Colored Mountain）
- 大吉祥岩（*Brag dpal chen po*, Drak Palchenpo, Great Glory Rock）
- 蓮花光明宮（*Padma 'od kyi pho brang chen po*, Pema Ökyi Podrang Chenpo, Great Palace of Lotus Light）
- 大祕密岩洞（*gSang phug chen mo*, Sangphuk Chenmo, Great Secret Cave）
- 蔣加玉措湖（*rGyam rgyal g.yu mtsho*, Gyamgyal Yumtso Lake）
- 黑扎（*He brag*, Hedrak）
- 賈戎卡修，即滿願大佛塔（*Bya rung kha shor*, Jarung Khashor）
- 世間自在歡喜殿（*'Jig rten dbang phyug dgyes pa'i pho brang*, Jikten Wangchuk Gyepé Podrang）
- 噶瑪本宗（*Karma'i 'bum rdzong*, Karmé Bumdzong）
- 嘎爾宗岩（*dKar 'dzong brag*, Kardzong Drak, Kardzong Cliff）
- 十萬空行洲（*mKha' 'gro 'bum rdzong*, Khandro Bumdzong）
- 瓊脫納波（*Khyung tho nag po*, Khyungto Nakpo）
- 瞻部洲（*'Dzam bu gling*, Jambudvipa）

- 慈雲寺（*Jams phrin*, Jamtrin Temple）

- 江達隆寺（*Byang stag lung*, Jang Taklung）

- 岩拉炯（*Byan lag ljongsKam*, Jenlak Jong）

  岡木（*Kam*, Kam）

- 加尼加佛塔（*Ka ni ka'i mchod rten*, Kaniké Chöten, *Kanika Stupa*）

- 噶瑪寺丹間紮岩（*Karma'i dam can brag*, Karmé Damchen Drak）

- 噶陀寺（*Ka thog*, Katok Monastery）

- 卡拉山隘口（*Kha la'i la*, Khalé La, Khala Pass）

- 康區（*Khams*, Kham）

- 才吉岩（*Kha ba steng*, Khawa Teng）

- 昆桑德千歐色林，即普賢大樂光明洲閉關院（*Kun bzang bde chen 'od gsal gling*, Künzang Dechen Ösel Ling）

- 拘屍那伽（*rTswa mchog grong*, Tsachok Drong, Kushinagar）

- 果榮（*sKyo rong*, Kyorong）

- 江雄拉卓寺（*rGyam gzhung bla bro dgon*, Gyamzhung Ladro Gön, Ladro Monastery in Gyamzhung）

- 清淨空行刹土（*Phur 'gro'i gling*, Purdrö Ling, Land of Swift Flight）

- 蘭卡布扎巴（*Langka pu ri brtsegs pa*, Langkapuri Tsekpa）

- 拉契（*La phyi*, Lapchi）

- 拉瓦地區（*La ba rkang gcig*, Lawa Kangchik）

- 拉薩（*Lha sa*, Lhasa）

- 卡秋洛扎岩（*lHo brag mkhar chu*, Lhodrak Karchu, Lhodrak Cliff of Kharchu）

- 落達地區（*Lho zla*, Lhonda）

- 貝瑪夏普，即蓮花水晶洞（*Padma shel phug*, Pema Shelphuk, Lotus

Crystal Cave）

- 蓮花水晶山（*Padma shel ri*, Pema Shelri, Lotus Crystal Mountain）
- 蓮花遍滿剎土（*Padma khebs pa'i zhing khams*, Pema Khebpé Zhingkham, Lotus-Covered Realm）
- 水神慈愛處（*Chu lha rnam par brtse ba*, Chulha Nampar Tsewa, Loving Ground of the Water God）
- 藍毗尼（*Lum ba'i tshal,* Lumbetsal, Lumbini）
- 沃姆瑪措湖（*rMa mtsho sngon mo*, Ma Tsongön Lake）
- 光熾懷柔宮（*dBang khang 'od zer 'bar ba*, Wang Khang Özer Barwa, Magnetizing Palace of Blazing Light）
- 瑪沁山（*rMa rgyal*, Magyel）
- 馬哈多（*Ma ha' do*, Mahado）
- 瑪卓（*Mal gro*, Maldro）
- 瑪尼卡（*Ma ni ka*, Manika）
- 魔鬼岩（*bDud kyi brag*, Düki Drak, Mara's Rock）
- 瑪拉蒂卡岩洞（*Brag phug ma ra ti ka*, Drakphuk Maratika, Maratika Cave）
- 瑪友雪山（*Ma yo gangs*, Mayo Gang, Mayo Glacier）
- 梅龍岩山（*Me lung brag*, Melung Drak, Melung Cliff）
- 曼東湖（*sMan sdong mtsho*, Mendong Tso, Mendong Lake）
- 麥宿贊囊（*sMad shod dzam nang*, Meshö Dzamnang）
- 米耶扎岩（*Mig dbye brag*, Mikyé Drak）
- 瑪雍森果玉湖（*Mi pham seng rgod gyu mtsho*, Mipham Sengö Yumtso Lake）
- 門隅（*Mon*, Mön）

- 給日山（*Ge ri brtsegs pa*, Geri Tsekpa, Mount Geri）
- 凱日山（*Kai ri*, Kairi, Mount Kairi）
- 拉汝頂（*Lha ru rtse*, Lharutsé, Mount Lharutsé）
- 天鐵熾燃瑪拉亞山（*Ri bo ma la gnam lcags 'bar ba*, Riwo Mala Namchak Barwa, Mount Malaya of Blazing Meteoric Iron）
- 扎桑山（*Riwo Trabzang*, Riwo Trabzang, Mount Trapzang）
- 尼連禪河（*Chu bo na re nyja na*, Chuwo Narenjana, Nairanjan River）
- 南加蔣秋林（*rNam rgyal byang chub gling*, Namgyal Jangchub Ling）
- 納木措湖（*gNam mtsho phyug mo*, Namtso Chukmo Lake）
- 乃寧岩洞（*gNas rning phug*, Né Nyingpuk Cave）
- 諾布林（*Nor bu gling*, Norbu Ling）
- 克拉諾布彭松岩（*Ke la nor bu spun gsum*, Kela Norbu Pünsum, Norbu Pünsum Rock of Kela）
- 豆蔻城（*Dza ti'i grong khyer*, Dzati Dronkhyer, Nutmeg City）
- 敏珠林寺（*O rgyan smin grol gling*, Orgyen Mindroling Monastery）
- 烏金桑天秋林，即烏金禪定洲佛學院（*rDzogs chen o rgyan bsam gtan chos gling*, Orgyen Samten Chöling at Dzokchen）
- 烏玉（*'O yug*, Oyuk）
- 巴沃布姆（*dPa' 'og 'bur mo*, Pa-ok Burmo）
- 瑪姆遊舞殿（*Ma mo rol pa'i pho brang*, Mamo Rolpé Phodrang, Palace of the Play of Mother Deities）
- 八麥寺（*dPal me dgon*, Palmé Monastery）
- 八蚌寺（*Pal spungs dgon*, Palpung Monastery）
- 八蚌寺圖丹確闊嶺，即釋教法輪洲（*Pal spungs thub bstan chos 'khor gling*, Palpung Thubten Chökhor Ling）

- 白玉寺（*dPal yul*, Palyül Monastery）
- 巴扎拉（*Pa tra la*, Patrala）
- 巴沃旺千岩（*dPa' bo dbang chen brag*, Pawo Wangchen Drak, Pawo Wangchen Cliff）
- 蓮花水晶洞（*Padma dbang phug*, Pema Wangpuk Cave）
- 帕平揚列雪（*Yang le shod*, Yangleshö, Pharping）
- 波岩（*sPo yi brag*, Poyi Drak, Poyi Drak Cliff）
- 彭措林（*Phun tshog gling*, Puntsok Ling）
- 忿怒紅堡（*dMar ba 'khrugs gling*, Marwa Trukling,Red Sanctuary of Violence）
- 珍寶水晶岩（*Rin chen shel brag*, Rinchen Sheldrak, Rinchen Sheldrak Cliff）
- 類烏齊寺（*Ri bo che*, Riwoche Monastery）
- 帝釋遊舞處（*brGya byin rnam par rgyu ba*, Gyajin Nampar Gyuwa, Roaming Ground of Indra）
- 藥師佛岩（*sMan rgyal 'dra ba'i brag*, Mengyel Drawé Drak, Rock that Resembles the King of Healing）
- 榮美（*Rong me*, Rongmé）
- 若丹納布（*Ro tam nag po*, Rotam Nakpo）
- 隆德寺（*Rum btegs*, Rumtek Monastery）
- 隆德寺謝珠確闊林，即講修法輪洲佛學院（*Rum btegs bshad sgrub chos 'khor gling*, Rumtek Shedrub Chökhor Ling）
- 桑耶寺（*bSam yas*, Samyé Monastery）
- 如意寶（*Re skong nor bu'i gling*, Rekong Norbü Ling, Sanctuary of the Wish-Fulfilling Jewel）

- 桑昂確林寺（*gSang sngags chos gling*, Sang-ngak Chöling）
- 桑加山（*gSang rgyal*, Sangyal Mountain）
- 森欽南扎岩（*Seng chen gnam brag*, Sengchen Namdrak Cliff）
- 桑當波密（*Seng 'dam bu bo*, Sengdam Buwo）
- 森給宗（*Seng ge rdzong*, Sengé Dzong）
- 香布日羅刹島（*Sham bu ri*, Shamburi）
- 香地（*Shang*, Shang）
- 雪謙寺（*Zhe chen*, Shechen Monastery）
- 雪謙寺丹尼大吉嶺，即二教增盛洲（*Zhe chen bstan gnyis gling*, Shechen Tennyi Ling）
- 修多迪多（*Zho stod ti sgro*, Shotö Tidro）
- 僧伽羅（*Singga la*, Singala）
- 涅珠岡（*gNas drug sgang*, Nedruk Gang, Six Ranges）
- 南開宗（*Nam mkha' rdzong*, Namkha Dzong, Sky Fortress）
- 閻魔敵遊戲處（*gShin rje rnam par rol pa*, Shinjé Nampar Rolpa, Sporting Ground of the Lord of Death）
- 夜叉遊戲處（*gNod sbyin rnam par rol pa,* Nöjin Nampar Rolpa, Sporting Ground of Yakshas）
- 自生任運塔（*Rang 'byung lhun grub kyi mchod rten*, Rangjung Lhündrub ki Chöten, Stupa of Self-Existing Spontaneous Presence）
- 清淨塔（*mChod rten rnam dag*, Chöten Namdak, Stupa of Total Purity）
- 尼瑪庫湖（*Nyi ma khud kyi mtsho*, Nyima Khü kyi Tso, Sun Rim Lake）
- 斯瓦揚布大佛塔（*'Phags pa shing kun*, Phakpa Shingkün, Swayambhunth Stupa）
- 唐果雪山（*sTar sgo*, Targo）

- 扎西炯（*bKra shis ljong*s, Tashi Jong）
- 涅頓岡泰秋久美林寺（*gNas brten sgang rten mchog 'gyur med gling*, Tenchok Gyurmé Ling at Neten Gang）
- 怖畏聖境羅刹城（*Rab 'jig gling*, Rapjik Ling, Terrifying Sanctuary）
- 創古寺（*Khra mgu dgon pa*, Trangu Gompa, Thrangu Monastery）
- 岡底斯（*Ti se*, Tisé）
- 堆龍（*sTod lung*, Tölung）
- 托嘎納波（*Thod dkar nag po*, Thökar Nakpo）
- 昌珠（*Khra 'brug*, Tradruk）
- 赤果納波（*Khri sgo nag po*, Trigo Nakpo）
- 匝扎仁千縶岩山（*Tsa 'dra rin chen brag*, Tsadra Rinchen Drak）
- 後藏（*gTsang*, Tsang）
- 扎日扎山（*TsA ri rgya la*, Tsari Gyala）
- 察瓦絨地區（*Tsha ba rong*, Tsawarong Gorge）
- 采久寺（*Tshe bcu dgon*, Tsechu Gön, Tsechu Monastery）
- 彩霞岩（*Tshe zhal brag*, Tsezhal Drak, Tsezhal Cliff）
- 措汝當雪山大樂禪修院（*gTso ru dam gangs khrod bde ba chen po*, Tso Rudam Gangtrö Dewa Chenpo）
- 鄔金國（*O rgyan gling*, Orgyen Ling, Uddiyana）
- 雅日山麓（*gYa' ri gong*, Yari Gong, Upper Slate Mountain）
- 菩提伽耶（*rDo rje gdan*, Dorjé Den, Varja Throne, Vajrasana）
- 廚師手山谷（*Byan lag ljongs*, Chenlak Jong, Valley of Cooks' Hands）
- 旺欽扎岩（*dBang chen brag*, Wangchen Drak, Wangchen Drak Cliff）
- 旺修山（*Ri bo dbang zhu*, Riwo Wangzhu, Wangzhu Mountain）
- 白聖湖（*mTsho dkar*, Tsokar, White Lake）

- 亞瑪龍山谷（*gYa' ma lung,* Yamalung, Yamalung Valley）
- 揚宗林（Yangdzong Ling）
- 揚宗岩（*bsGrags kyi yang rdzong,* Draki Yangdzong, Yangdzong Fortress of Drak）
- 雅奇聖地（*Yar khyil gnas,* Yarkhil Né）
- 耶加山（*Ye rgyal,* Yegyal, Yegyal Mountain）
- 耶汝（*bYas ru,* Yeru）
- 優布草甸（*Yo 'bog Thang,* Yobok Tang, Yobok Meadow）
- 優莫（*Yol mo,* Yolmo）
- 永汝（*gYon ru,* Yönru）
- 優如（*gYon ru,* Yoru）
- 允貝岩（*bYu 'bal brag,* Yubel Drak, Yubel Cliff）
- 嘎多玉扎岩（*sGa stod gyu brag,* Gatö Yudrak, Yudrak Cliff at Gatö）
- 薩布隆山谷（*Zab bu lung,* Zabu Valley）
- 薩霍國（*Za hor,* Zahor）
- 扎瑪桑雅南卡宗（*Brag dmar zangs yag nam mkha' rdzong,* Drakmar Zangyak Namkha Dzong, Zangyak Namkha Dzong in Drakmar）
- 蘇曼多袞寺（*Zur mang rdo dgon,* Zurmang Dogön Monastery）
- 蘇曼寺尊勝頂殿（*Zur mang rnam rgyal rtse,* Zurmang Namgyal Tsé）

JB0001	狂喜之後	傑克・康菲爾德◎著	380 元
JB0002	抉擇未來	達賴喇嘛◎著	250 元
JB0003	佛性的遊戲	舒亞・達斯喇嘛◎著	300 元
JB0004	東方大日	邱陽・創巴仁波切◎著	300 元
JB0005	幸福的修煉	達賴喇嘛◎著	230 元
JB0006	與生命相約	一行禪師◎著	240 元
JB0007	森林中的法語	阿姜查◎著	320 元
JB0008	重讀釋迦牟尼	陳兵◎著	320 元
JB0009	你可以不生氣	一行禪師◎著	230 元
JB0010	禪修地圖	達賴喇嘛◎著	280 元
JB0011	你可以不怕死	一行禪師◎著	250 元
JB0012	平靜的第一堂課——觀呼吸	德寶法師 ◎著	260 元
JB0013X	正念的奇蹟	一行禪師◎著	220 元
JB0014X	觀照的奇蹟	一行禪師◎著	220 元
JB0015	阿姜查的禪修世界——戒	阿姜查◎著	220 元
JB0016	阿姜查的禪修世界——定	阿姜查◎著	250 元
JB0017	阿姜查的禪修世界——慧	阿姜查◎著	230 元
JB0018X	遠離四種執著	究給・企千仁波切◎著	280 元
JB0019X	禪者的初心	鈴木俊隆◎著	220 元
JB0020X	心的導引	薩姜・米龐仁波切◎著	240 元
JB0021X	佛陀的聖弟子傳 1	向智長老◎著	240 元
JB0022	佛陀的聖弟子傳 2	向智長老◎著	200 元
JB0023	佛陀的聖弟子傳 3	向智長老◎著	200 元
JB0024	佛陀的聖弟子傳 4	向智長老◎著	260 元
JB0025	正念的四個練習	喜戒禪師◎著	260 元
JB0026	遇見藥師佛	堪千創古仁波切◎著	270 元
JB0027	見佛殺佛	一行禪師◎著	220 元
JB0028	無常	阿姜查◎著	220 元
JB0029	覺悟勇士	邱陽・創巴仁波切◎著	230 元
JB0030	正念之道	向智長老◎著	280 元
JB0031	師父——與阿姜查共處的歲月	保羅・布里特◎著	260 元

JB0032	統御你的世界	薩姜·米龐仁波切◎著	240 元
JB0033	親近釋迦牟尼佛	髻智比丘◎著	430 元
JB0034	藏傳佛教的第一堂課	卡盧仁波切◎著	300 元
JB0035	拙火之樂	圖敦·耶喜喇嘛◎著	280 元
JB0036	心與科學的交會	亞瑟·札炯克◎著	330 元
JB0037	你可以，愛	一行禪師◎著	220 元
JB0038	專注力	B·艾倫·華勒士◎著	250 元
JB0039X	輪迴的故事	堪欽慈誠羅珠◎著	270 元
JB0040	成佛的藍圖	堪千創古仁波切◎著	270 元
JB0041	事情並非總是如此	鈴木俊隆禪師◎著	240 元
JB0042	祈禱的力量	一行禪師◎著	250 元
JB0043	培養慈悲心	圖丹·卻准◎著	320 元
JB0044	當光亮照破黑暗	達賴喇嘛◎著	300 元
JB0045	覺照在當下	優婆夷 紀·那那蓉◎著	300 元
JB0046	大手印暨觀音儀軌修法	卡盧仁波切◎著	340 元
JB0047X	蔣貢康楚閉關手冊	蔣貢康楚羅卓泰耶◎著	260 元
JB0048	開始學習禪修	凱薩琳·麥唐諾◎著	300 元
JB0049	我可以這樣改變人生	堪布慈囊仁波切◎著	250 元
JB0050	不生氣的生活	W. 伐札梅諦◎著	250 元
JB0051	智慧明光：《心經》	堪布慈囊仁波切◎著	250 元
JB0052	一心走路	一行禪師◎著	280 元
JB0054	觀世音菩薩妙明教示	堪布慈囊仁波切◎著	350 元
JB0055	世界心精華寶	貝瑪仁增仁波切◎著	280 元
JB0056	到達心靈的彼岸	堪千·阿貝仁波切◎著	220 元
JB0057	慈心禪	慈濟瓦法師◎著	230 元
JB0058	慈悲與智見	達賴喇嘛◎著	320 元
JB0059	親愛的喇嘛梭巴	喇嘛梭巴仁波切◎著	320 元
JB0060	轉心	蔣康祖古仁波切◎著	260 元
JB0061	遇見上師之後	詹杜固仁波切◎著	320 元
JB0062X	白話《菩提道次第廣論》	宗喀巴大師◎著	500 元
JB0063	離死之心	竹慶本樂仁波切◎著	400 元
JB0064	生命真正的力量	一行禪師◎著	280 元
JB0065	夢瑜伽與自然光的修習	南開諾布仁波切◎著	280 元
JB0066	實證佛教導論	呂真觀◎著	500 元

JB0101	穿透《心經》：原來，你以為的只是假象	柳道成法師◎著	380 元
JB0102	直顯心之奧秘：大圓滿無二性的殊勝口訣	祖古貝瑪・里沙仁波切◎著	500 元
JB0103	一行禪師講《金剛經》	一行禪師◎著	320 元
JB0104	金錢與權力能帶給你什麼？ 一行禪師談生命真正的快樂	一行禪師◎著	300 元
JB0105	一行禪師談正念工作的奇蹟	一行禪師◎著	280 元
JB0106	大圓滿如幻休息論	大遍智 龍欽巴尊者◎著	320 元
JB0107	覺悟者的臨終贈言：《定日百法》	帕當巴桑傑大師◎著 堪布慈囊仁波切◎講述	300 元
JB0108	放過自己：揭開我執的騙局，找回心的自在	圖敦・耶喜喇嘛◎著	280 元
JB0109	快樂來自心	喇嘛梭巴仁波切◎著	280 元
JB0110	正覺之道・佛子行廣釋	根讓仁波切◎著	550 元
JB0111	中觀勝義諦	果煜法師◎著	500 元
JB0112	觀修藥師佛——祈請藥師佛，能解決你的困頓不安，感受身心療癒的奇蹟	堪千創古仁波切◎著	450 元
JB0113	與阿姜查共處的歲月	保羅・布里特◎著	300 元
JB0114	正念的四個練習	喜戒禪師◎著	300 元
JB0115	揭開身心的奧秘：阿毗達摩怎麼說？	善戒禪師◎著	420 元
JB0116	一行禪師講《阿彌陀經》	一行禪師◎著	260 元
JB0117	一生吉祥的三十八個祕訣	四明智廣◎著	350 元
JB0118	狂智	邱陽創巴仁波切◎著	380 元
JB0119	療癒身心的十種想——兼行「止禪」與「觀禪」的實用指引，醫治無明、洞見無常的妙方	德寶法師◎著	320 元
JB0120	覺醒的明光	堪祖蘇南給稱仁波切◎著	350 元
JB0121	大圓滿禪定休息論	大遍智 龍欽巴尊者◎著	320 元
JB0122	正念的奇蹟（電影封面紀念版）	一行禪師◎著	250 元
JB0123	一行禪師 心如一畝田：唯識 50 頌	一行禪師◎著	360 元
JB0124	一行禪師 你可以不生氣：佛陀的情緒處方	一行禪師◎著	250 元
JB0125	三句擊要： 以三句口訣直指大圓滿見地、觀修與行持	巴珠仁波切◎著	300 元
JB0126	六妙門：禪修入門與進階	果煜法師◎著	360 元
JB0127	生死的幻覺	白瑪桑格仁波切◎著	380 元
JB0128	狂野的覺醒	竹慶本樂仁波切◎著	400 元
JB0129	禪修心經——萬物顯現，卻不真實存在	堪祖蘇南給稱仁波切◎著	350 元

JB0130	頂果欽哲法王：《上師相應法》	頂果欽哲法王◎著	320元
JB0131	大手印之心：噶舉傳承上師心要教授	堪千創古仁切波◎著	500元
JB0132	平心靜氣：達賴喇嘛講《入菩薩行論》〈安忍品〉	達賴喇嘛◎著	380元
JB0133	念住內觀：以直觀智解脫心	班迪達尊者◎著	380元
JB0134	除障積福最強大之法——山淨煙供	堪祖蘇南給稱仁波切◎著	350元
JB0135	撥雲見月：禪修與祖師悟道故事	確吉·尼瑪仁波切◎著	350元
JB0136	醫者慈悲心：對醫護者的佛法指引	確吉·尼瑪仁波切 大衛·施林醫生 ◎著	350元
JB0137	中陰指引——修習四中陰法教的訣竅	確吉·尼瑪仁波切◎著	350元
JB0138	佛法的喜悅之道	確吉·尼瑪仁波切◎著	350元
JB0139	當下了然智慧：無分別智禪修指南	確吉·尼瑪仁波切◎著	360元
JB0140	生命的實相——以四法印契入金剛乘的本覺修持	確吉·尼瑪仁波切◎著	360元
JB0141	邱陽創巴仁波切 當野馬遇見上師：修心與慈觀	邱陽創巴仁波切◎著	350元
JB0142	在家居士修行之道——印光大師教言選講	四明智廣◎著	320元
JB0143	光在，心自在 〈普門品〉陪您優雅穿渡生命窄門	釋悟因◎著	350元
JB0144	剎那成佛口訣——三句擊要	堪祖蘇南給稱仁波切◎著	450元
JB0145	進入香巴拉之門—— 時輪金剛與覺囊傳承	堪祖嘉培珞珠仁波切◎著	450元
JB0146	（藏譯中）菩提道次第廣論： 抉擇空性見與止觀雙運篇	宗喀巴大師◎著	800元
JB0147	業力覺醒：揪出我執和自我中心， 擺脫輪迴束縛的根源	圖丹·卻准◎著	420元
JB0148	心經——超越的智慧	密格瑪策天喇嘛◎著	380元
JB0149	一行禪師講《心經》	一行禪師◎著	320元
JB0150	寂靜之聲——知念就是你的皈依	阿姜蘇美多◎著	500元
JB0151	我真正的家，就在當下—— 一行禪師的生命故事與教導	一行禪師◎著	360元
JB0152	達賴喇嘛講三主要道—— 宗喀巴大師的精華教授	達賴喇嘛◎著	360元
JB0153	輪迴可有道理？—— 五十三篇菩提比丘的佛法教導	菩提比丘◎著	600元
JB0154	一行禪師講《入出息念經》： 一呼一吸間，回到當下的自己	一行禪師◎著	350元

橡樹林文化 ❖❖ 蓮師文集系列 ❖❖ 書目

JA0001	空行法教	伊喜・措嘉佛母輯錄付藏	260 元
JA0002	蓮師傳	伊喜・措嘉記錄撰寫	380 元
JA0003	蓮師心要建言	艾瑞克・貝瑪・昆桑◎藏譯英	350 元
JA0004	白蓮花	蔣貢米龐仁波切◎著	260 元
JA0005	松嶺寶藏	蓮花生大士◎著	330 元
JA0006	自然解脫	蓮花生大士◎著	400 元
JA0007/8	智慧之光 1／2	根本文◎蓮花生大士／釋論◎蔣貢・康楚	799 元
JA0009	障礙遍除：蓮師心要修持	蓮花生大士◎著	450 元

橡樹林文化 ❖❖ 成就者傳紀系列 ❖❖ 書目

JS0001	惹瓊巴傳	堪千創古仁波切◎著	260 元
JS0002	曼達拉娃佛母傳	喇嘛卻南、桑傑・康卓◎英譯	350 元
JS0003	伊喜・措嘉佛母傳	嘉華・蔣秋、南開・寧波◎伏藏書錄	400 元
JS0004	無畏金剛智光：怙主敦珠仁波切的生平與傳奇	堪布才旺・董嘉仁波切◎著	400 元
JS0005	珍稀寶庫——薩迦總巴創派宗師貢嘎南嘉傳	嘉敦・強秋旺嘉◎著	350 元
JS0006	帝洛巴傳	堪千創古仁波切◎著	260 元
JS0007	南懷瑾的最後 100 天	王國平◎著	380 元
JS0008	偉大的不丹傳奇・五大伏藏王之一 貝瑪林巴之生平與伏藏教法	貝瑪林巴◎取藏	450 元
JS0009	噶舉三祖師：馬爾巴傳	堪千創古仁波切◎著	300 元
JS0010	噶舉三祖師：密勒日巴傳	堪千創古仁波切◎著	280 元
JS0011	噶舉三祖師：岡波巴傳	堪千創古仁波切◎著	280 元
JS0012	法界遍智全知法王——龍欽巴傳	蔣巴・麥堪哲・史都爾◎著	380 元
JS0013	藏傳佛法最受歡迎的聖者—— 瘋聖竹巴袞列傳奇生平與道歌	格西札浦根敦仁欽◎藏文彙編	380 元
JS0014	大成就者傳奇：54 位密續大師的悟道故事	凱斯・道曼◎英譯	500 元
JS0015	證悟的流浪者——巴楚仁波切之生平與言教	馬修・李卡德◎英譯	580 元
JS0018S	我的淨土到了——多芒揚唐仁波切傳	卻札蔣措◎著	1200 元

成就者傳記　JS0019

大伏藏師——秋吉林巴行傳
The Great Tertön：The Life and Activities of Chokgyur Lingpa

作　　　者／蓮花生大士、秋吉林巴、蔣揚欽哲旺波、蔣貢康楚羅卓泰耶、烏金督佳
　　　　　　仁波切、帕秋仁波切
譯　　　者／袞邦香巴群增（Maitrey Dharmadhara Ratnadas Litsabee Su）
責 任 編 輯／陳芊卉
業　　　務／顏宏紋

總　編　輯／張嘉芳
出　　　版／橡樹林文化
　　　　　　城邦文化事業股份有限公司
　　　　　　104 台北市民生東路二段 141 號 5 樓
　　　　　　電話：(02)2500-7696 ext2738　傳真：(02)2500-1951
發　　　行／英屬蓋曼群島商家庭傳媒股份有限公司城邦分公司
　　　　　　104 台北市中山區民生東路二段 141 號 5 樓
　　　　　　客服服務專線：(02)25007718；25001991
　　　　　　24 小時傳真專線：(02)25001990；25001991
　　　　　　服務時間：週一至週五上午 09:30 ～ 12:00；下午 13:30 ～ 17:00
　　　　　　劃撥帳號：19863813　戶名：書虫股份有限公司
　　　　　　讀者服務信箱：service@readingclub.com.tw
香港發行所／城邦（香港）出版集團有限公司
　　　　　　香港九龍九龍城土瓜灣道 86 號順聯工業大廈 6 樓 A 室
　　　　　　電話：(852)25086231　傳真：(852)25789337
　　　　　　Email：hkcite@biznetvigator.com
馬新發行所／城邦（馬新）出版集團【Cité (M) Sdn.Bhd. (458372 U)】
　　　　　　41, Jalan Radin Anum, Bandar Baru Sri Petaling,
　　　　　　57000 Kuala Lumpur, Malaysia.
　　　　　　電話：(603) 90563833　傳真：(603) 90576622
　　　　　　Email：services@cite.my

內　　　文／菩薩蠻電腦科技有限公司
封　　　面／周家瑤
印　　　刷／漾格科技股份有限公司

初版一刷／2023 年 8 月
初版二刷／2024 年 1 月
ISBN ／ 978-626-7219-52-2
定價／ 650 元

城邦讀書花園
www.cite.com.tw

國家圖書館出版品預行編目（CIP）資料

大伏藏師：秋吉林巴行傳 / 蓮花生大士, 秋吉林巴, 蔣揚
欽哲旺波, 蔣貢康楚羅卓泰耶, 烏金督佳仁波切, 帕
秋仁波切著；袞邦香巴群增 (Maitrey Dharmadhara
Ratnadas Litsabee Su) 譯 . -- 初版 . -- 臺北市：橡樹
林文化, 城邦文化事業股份有限公司出版：英屬蓋曼群
島商家庭傳媒股份有限公司城邦分公司發行, 2023.08
　　面；　公分 . --（成就者傳記；JS0019）
譯自：The great Tertön the life and activities of
Chokgyur Lingpa
ISBN 978-626-7219-52-2(平裝)

1.CST: 秋吉林巴 2.CST: 藏傳佛教 3.CST: 佛教傳記

226.969　　　　　　　　　　　112011469

104 台北市中山區民生東路二段 141 號 5 樓

城邦文化事業股分有限公司
橡樹林出版事業部　收

請沿虛線剪下對折裝訂寄回，謝謝！

橡　樹　林

書名：大伏藏師：秋吉林巴行傳　書號：JS0019

橡樹林文化
讀者回函卡

感謝您對橡樹林出版社之支持，請將您的建議提供給我們參考與改進；請別忘了給我們一些鼓勵，我們會更加努力，出版好書與您結緣。

姓名：＿＿＿＿＿＿＿＿＿＿＿＿　□女　□男　生日：西元＿＿＿＿＿＿年

Email：＿＿＿＿＿＿＿＿＿＿＿＿＿＿＿＿＿＿＿＿＿＿＿＿＿＿

● 您從何處知道此書？

□書店　□書訊　□書評　□報紙　□廣播　□網路　□廣告 DM　□親友介紹

□橡樹林電子報　□其他＿＿＿＿＿＿＿＿＿

● 您以何種方式購買本書？

□誠品書店　□誠品網路書店　□金石堂書店　□金石堂網路書店

□博客來網路書店　□其他＿＿＿＿＿＿＿＿

● 您希望我們未來出版哪一種主題的書？（可複選）

□佛法生活應用　□教理　□實修法門介紹　□大師開示　□大師傳紀

□佛教圖解百科　□其他＿＿＿＿＿＿＿＿

● 您對本書的建議：

＿＿＿＿＿＿＿＿＿＿＿＿＿＿＿＿＿＿＿＿＿＿＿＿＿

＿＿＿＿＿＿＿＿＿＿＿＿＿＿＿＿＿＿＿＿＿＿＿＿＿

＿＿＿＿＿＿＿＿＿＿＿＿＿＿＿＿＿＿＿＿＿＿＿＿＿

＿＿＿＿＿＿＿＿＿＿＿＿＿＿＿＿＿＿＿＿＿＿＿＿＿

＿＿＿＿＿＿＿＿＿＿＿＿＿＿＿＿＿＿＿＿＿＿＿＿＿

處理佛書的方式

　　佛書內含佛陀的法教，能令我們免於投生惡道，並且為我們指出解脫之道。因此，我們應當對佛書恭敬，不將它放置於地上、座位或是走道上，也不應跨過。搬運佛書時，要妥善地包好、保護好。放置佛書時，應放在乾淨的高處，與其他一般的物品區分開來。

　　若是需要處理掉不用的佛書，就必須小心謹慎地將它們燒掉，而不是丟棄在垃圾堆當中。焚燒佛書前，最好先唸一段祈願文或是咒語，例如唵（OM）、啊（AH）、吽（HUNG），然後觀想被焚燒的佛書中的文字融入「啊」字，接著「啊」字融入你自身，之後才開始焚燒。

　　這些處理方式也同樣適用於佛教藝術品，以及其他宗教教法的文字記錄與藝術品。

ཡེ་གེ་ཉི་ཤུ་རྩ་དྲུག་པ་འདི་དཔེ་ཆའི་ནང་དུ་བཞག་ན་དཔེ་ཆ་དེ་ཅི་འདྲར་
བགོམས་ཀྱང་ཉེས་པ་མི་འབྱུང་བར་འཇམ་དཔལ་རྩ་རྒྱུད་ལས་གསུངས་སོ།། །

此咒置經書中　可滅誤跨之罪